AI 코딩 어시스턴트
깃허브 코파일럿
제대로 활용하기

코딩, 설계, 테스트, 디버깅까지
깃허브 코파일럿 & 챗GPT와 함께하는
생성형 AI 페어 프로그래밍

코딩, 설계, 테스트, 디버깅까지
깃허브 코파일럿 & 챗GPT와 함께하는
생성형 AI 페어 프로그래밍

AI 코딩 어시스턴트
깃허브 코파일럿
제대로 활용하기

지은이 레오 포터, 다니엘 진가로

옮긴이 김연지

펴낸이 박찬규 엮은이 윤가희 디자인 북누리 표지디자인 Arowa & Arowana

펴낸곳 위키북스 전화 031-955-3658, 3659 팩스 031-955-3660

주소 경기도 파주시 문발로 115, 311호 (파주출판도시, 세종출판벤처타운)

가격 28,000 페이지 360 책규격 188 x 240mm

초판 발행 2024년 05월 21일

ISBN 979-11-5839-520-9 (93000)

등록번호 제406-2006-000036호 등록일자 2006년 05월 19일

홈페이지 wikibook.co.kr 전자우편 wikibook@wikibook.co.kr

AI 코딩 어시스턴트
깃허브 코파일럿
제대로 활용하기

코딩, 설계, 테스트, 디버깅까지
깃허브 코파일럿 & 챗GPT와 함께하는
생성형 AI 페어 프로그래밍

레오 포터, 다니엘 진가로 지음
김연지 옮김

위키북스

다니엘은 이 책을 쓸 시간을 낼 수 있도록 도와준 아내 도얄리에게 큰 감사를 표합니다.

레오는 아내 로리와 자녀인 샘과 에이버리의 사랑과 격려에 큰 감사를 표합니다.

서문

지금이야말로 프로그래밍을 배우기 가장 좋은 시기입니다. 왜 그럴까요? 비유를 들어 설명해 보겠습니다.

저는 직접 빵 만드는 것을 좋아합니다. 손으로 반죽하는 것보다 스탠드 믹서를 사용할 때 더 자주, 안정적으로 빵을 만듭니다. 누군가는 게으르다고 말할 수도 있습니다. 하지만 저는 생산성이 향상되고 실제로 맛있는 빵을 만들 가능성이 높아진다고 말하고 싶습니다. 이처럼 지루한 작업을 대신해 주는 도구를 쓰면 더 중요하거나 흥미로운 일에 집중할 수 있어 삶을 더 편하게 만들어 줄 수도 있습니다. 당신의 차에는 평행 주차를 돕는 기능이 있나요? Gmail이 영어 이외의 언어에 맞춤법 및 문법 검사 기능을 추가했을 때도 기억납니다. 남편의 독일인 친척은 잘 사용하지 않는 독일어 세부 사항을 기억해야 하는 수고를 덜고 내용 자체에 더 많은 시간을 할애할 수 있게 됐다며 아주 흥분해서 더 긴 이메일을 썼습니다!

안타깝게도 최근까지만 해도 프로그래밍을 배울 때 스탠드 믹서나 문법 검사기 같은 지원 도구가 없었습니다. 그래서 프로그래밍을 시작할 때 배우고 기억해야 할 지루한 내용이 많았습니다.

이제 상황이 달라졌습니다! 2023년 봄, 근본적으로 새롭고 (저희 생각에는) 효과적인 프로그래밍 보조 도구가 마침내 출시됐습니다. 여러분은 금세기 들어 가장 흥미로운 사람을 위한 보조도구 중 하나인 인공지능을 이용해 프로그래밍을 배우게 될 것입니다. 특히, 이 책은 깃허브 코파일럿(GitHub Copilot)이라는 도구를 사용해 파이썬(Python)으로 프로그래밍하는 방법을 알려줌으로써 개발을 더 쉽고 빠르게 해결할 수 있는 능력을 갖추는 데 도움을 주고자 합니다. 코파일럿은 LLM(Large Language Model, 대규모 언어 모델)을 사용해 과거 작성된 수많은 코드로부터 도움을 받을 수 있게 만들어진 프로그래밍 지원 도구입니다. 코파일럿에게 개발을 지시하는 방법을 배우면(안타깝게도 스탠드 믹서를 효과적으로 사용하는 방법보다는 더 복잡합니다) 코파일럿이 문제 해결을 위한 프로그램 작성의 생산성과 성공률을 크게 증가시켜 줄 것입니다.

그런데 코파일럿을 꼭 써야 할까요? 코파일럿을 사용하면 정말 프로그래밍을 잘 배울 수 있을까요? 저는 매우 그렇다고 말하고 싶습니다. 제가 최근 진행한 수업을 예로 들어보겠습니다. 코파일럿의 도움 없이 수행해야 하는 프로그래밍 과제를 낸 적이 있었습니다. 이때 학습에 코파일럿을 사용했던 학생들이 코파일럿 없이 학습한 학생들보다 더 잘 수행했다는 사실을 확인한 바 있습니다.[1] 기존의 프로그래밍 입문 수업에서 가르쳤던 때와 비교하면 코파일럿을 보조도구로 사용했을 때 프로그래밍에서 중요한 기술

---

1   M. Kazemitabaar, J. Chow, C.K.T.M., B. Ericson, D. Weintrop, and T. Grossman. "Studying the Effect of AI Code Generators on Supporting Novice Learners in Introductory Programming." ACM CHI Conference on Human Factors in Computing Systems, April 2023.

들, 특히 문제 분해력과 디버깅 실력이 달라졌습니다(아직 이 기술이 무엇인지 몰라도 괜찮습니다). 이러한 기술은 실무에서 꼭 필요하지만, 기존의 프로그래밍 입문자 교육에서 명시적으로 또는 효과적으로 가르치기 어려운 기술이었습니다. 이제 막 시작하는 학생들 입장에서는 맞춤법이나 문법(프로그래밍 언어에도 실제 언어처럼 언어마다 문법적 특징이 있음)과 같은 자잘한 기초를 익히느라 이런 고급 기술까지 배울 수 있는 두뇌 공간이 없었기 때문입니다.

레오와 다니엘은 전문 컴퓨팅 교육자이자 연구자입니다. 그런 두 사람의 전문적 지식이 이 책에 담겨 있습니다. 저는 이 책의 출간이 프로그래밍 교육의 새로운 시대를 여는 시작점이라고 여겨져 매우 기쁩니다.

축하드립니다! 당신이 프로그래밍을 한 번도 해본 적이 없어도, 이전에 배워봤지만 좌절했어도 코파일럿을 통해 프로그래밍을 학습한다면 더욱 '전문가 같은' 프로그래밍 경험에 몰입하며 프로그래밍에 익숙해지게 될 것입니다!

– 베스 사이먼, PH.D.

감사의 글

매일 새롭게 변하는 기술에 대한 책을 쓰는 것은 새로운 경험이었습니다. 매일 집필을 시작하기 전 새로운 기사, 칼럼, LLM 기능에 관한 글을 읽었습니다. 초기 계획은 폐기되거나 수정되어야 했습니다. 새로운 아이디어는 책의 앞부분을 이미 작성하고 최신 LLM 기능을 접한 후 나중 챕터에 반영할 수 있었습니다. 이 과정에서 민첩하게 대처하고 도움을 준 매닝 출판사 팀 전체에 감사드립니다.

특히 개발 전문 에디터인 레베카 존슨의 전문 지식과 지혜, 도움에 감사드립니다. 레베카는 통찰력 있는 피드백, 건설적인 비판, 창의적인 제안을 통해 책의 품질과 명확성을 크게 향상시켰습니다. 레베카는 지지와 격려를 아끼지 않았고 책 일정과 바쁜 스케줄을 관리하는 데 도움을 주었습니다. 레베카에게 고맙다는 말을 전합니다.

또한 기술 편집자 피터 모건과 기술 교정자 마크 토마스에게도 감사드립니다. 두 분 덕분에 이 책의 품질이 한껏 높아졌습니다.

모든 리뷰어 분들께 감사드립니다. 에이쉬바르야 베르마, 앤드류 프리드, 앤디 위젠당거, 베스 사이먼, 브렌트 호나델, 카이로 카나니아, 프랭크 토마스-하키, 가네쉬 팔락, 가네쉬 스와미나탄, 조지 로버트 프리먼, 하리스쿠마르 파낙말, 헨드리카 반 엠데 보아스, 일다르 아흐메토프, 장-밥티스트 방 은테메, 칼라이 C. E. 나단, 막스 파울러, 마야 리-랭턴, 미갤 더트리, 모니카 포파, 나타샤 총, 오즈렌 할로빅, 페드로 안토니오 이바라 파시오, 라드하크리시나 아닐, 스니할 보바드, 스리하리 스리드하란, 탄 위, 토니 홀드로이드, 웨이 루오, 원디 월드. 여러분의 조언이 이 책을 더 나은 책으로 만들었습니다.

이 작업을 지지해 주고 책에 대한 아이디어를 제공해 준 동료들에게도 감사드립니다. 그들의 아이디어 중 많은 부분이 프로그래밍 입문 교육을 다시 정의하는 데 큰 도움이 됐습니다. 특히 브렛 베커, 미셸 크레이그, 폴 데니, 빌 그리스월드, 필립 구오, 제럴드 수사이 라지에게 감사의 마음을 전합니다.

소개

오늘날 소프트웨어는 필수적인 요소가 되었습니다. 소프트웨어가 업무 수행 방식을 크게 바꾸지 않은 산업을 생각하기는 어렵습니다. 제조업에서는 제작 공정뿐만 아니라 생산과 배송을 모니터링하는 소프트웨어가 필요합니다. 광고, 정치, 피트니스 분야에서도 빅데이터가 넘쳐나고 있으며, 이를 이해하기 위해 일상적으로 소프트웨어를 사용합니다. 영화와 비디오 게임도 소프트웨어를 사용해 만듭니다. 더 많은 예를 들 수도 있지만, 요점은 이해했을 겁니다.

그 결과 그 어느 때보다 많은 사람이 프로그래밍을 배우고자 합니다. 지난 10년간 '등록 위기'(미국 대학생들이 전공으로 프로그래밍을 선택했다가 진도를 따라 가기가 어려워 학기가 올라갈수록 등록률이 저조해지는 현상)에 시달리고 있는 대학의 컴퓨터 공학, 컴퓨터 엔지니어링, 데이터 과학 전공자들에게만 해당하는 이야기가 아닙니다. 전공 분야의 데이터를 분석하기 위해 소프트웨어를 개발하는 과학자, 지루한 데이터 처리 작업을 자동화하고 싶은 직장인, 친구와 즐길 재미있는 비디오 게임을 만들고 싶어서 개발을 취미로 하는 사람들도 마찬가집니다.

학자들은 수십 년에 걸친 연구를 통해 커져가는 프로그래밍 학습 수요에도 불구하고 학습이 쉽지 않은 이유 몇 가지를 밝혀냈습니다. 문제를 해결하는 방법을 알아내는 것도 쉽지 않은데, 그 방법을 다시 기계에게 규칙이 까다로운 프로그래밍 언어로 알려줘야 하기 때문입니다. 물론 파이썬 같은 언어로 프로그램을 작성하는 것이 펀치 카드를 사용하는 과거의 프로그래밍보다는 훨씬 쉽지만, 여전히 어렵습니다. 우리는 컴퓨터 과학 입문 과정의 실패율을 보았기 때문에 그것이 어렵다는 것을 알고 있습니다. 이미 교육 현장에서 의욕 넘치는 똑똑한 학생도 여러 번씩 실패를 거듭하고서야 겨우 성공하거나, 중도 포기하는 경우가 많다는 것을 직접 목격했습니다.

하지만 컴퓨터와 의사소통하는 더 나은 방법이 있다면 달라지지 않을까요? 대부분의 초보자가 어려워하는 세부적인 문법 규칙이 중요하지 않게 된다면요? ChatGPT가 입력받은 문장에 따라 그럴듯한 응답을 작성하는 것처럼 코파일럿 같은 AI 어시스턴트가 사용자의 지시에 따라 인공지능을 활용해 그럴듯한 코드를 생성해 주는 시대가 열렸습니다. 이 책은 AI 어시스턴트 시대에 프로그래밍을 배우려는 모든 분을 위한 책입니다. 여러분의 학습 여정에 함께하게 되어 기쁩니다.

AI 어시스턴트가 프로그래밍 방식을 바꾼다

1장에서 AI 어시스턴트인 코파일럿에 대해 다룰 예정이지만, 우선 간략한 개요를 설명하겠습니다. 언론이나 전문가들이 코파일럿 또는 ChatGPT에 대해 얘기하는 기사를 읽어본 적이 있나요? AI 어시스턴트에 대한 다양한 의견이 존재한다는 것을 알고 있을 것입니다. 어떤 사람은 AI 어시스턴트의 등장이 모든 프로그래밍 일자리의 종말을 의미한다고 말합니다. 다른 사람들은 AI 어시스턴트가 너무 결점이 많아서 차라리 안 쓰는 것이 낫다고 말합니다. 두 견해는 너무 극단적이어서 어느 쪽이든 공격당하기 쉽습니다. AI 어시스턴트는 기존의 코드를 통해 학습하므로 새로운 도구나 기술이 개발되면 사람이 초기 코드 대부분을 작성해야 합니다. 최근 언론 보도들처럼 양자 컴퓨터는 아직 초기 단계에 있기 때문에 관련 코드가 많지 않습니다[2]. 이처럼 변화하는 신기술에 대한 코드는 코파일럿으로 작성할 수 없으므로 개발자의 일자리는 당분간 사라지지 않을 것입니다. 한편, 저희는 코파일럿을 사용하면서 이것이 얼마나 강력한 수단인지 확인했습니다. 저자 둘 다 수십 년째 소프트웨어를 개발해 왔는데도 저자들이 직접 작성하는 것보다 코파일럿이 훨씬 빠르게 올바른 코드를 제공하는 상황도 있습니다. 이렇게 강력한 도구를 무시하는 것은 자동차 정비공이 전동 공구를 사용하지 않는 것과 다를 바 없습니다.

교육자로서는 사람들이 소프트웨어 작성법을 배우도록 도울 기회가 눈앞에 펼쳐졌습니다. AI 어시스턴트가 제안하는 코드가 대부분 문법적으로 올바른데, 입문자들이 코드 작성 시 문법에 지금처럼 많은 시간을 소비할 필요가 있을까요? AI 어시스턴트가 코드 설명(특히 초보자 수준의 질문에 대해)을 정말 잘 하는데, 왜 학생들은 교수, 교수진, 친구 또는 인터넷 사이트에 도움을 요청해 코드를 파악해야 하나요? 그리고 AI 어시스턴트가 일반적인 프로그래밍 문제를 해결할 때 (과거에 작성된 많은 코드를 학습했기 때문에) 올바른 코드를 작성해 내는데, 학생들이 프로그래밍을 할 때 이를 활용하면 안 될 이유가 있을까요?

그렇다고 해서 소프트웨어 작성이 만만해지고 프로그래밍을 무작정 AI에 맡겨도 된다는 의미는 아닙니다. 대신 좋은 코드를 작성하는 기술이 더 중요해지고 있습니다. 문제 분해, 코드 명세, 코드 읽기, 코드 테스트와 같은 기술은 이전보다 더 중요해졌습니다. 의미론이나 문법 같은 기술은 과거보다 덜 중요해졌습니다. 다음 장에서 자세히 설명하겠지만, 이 책은 점점 더 중요해지는 프로그래밍 기술을 알려줍니다. 이 책이 강조하는 기술들은 개발을 취미로 하든 직업으로써 하든 매우 유용한 기술입니다.

대상

이 책의 주요 독자는 크게 두 부류입니다. 첫 번째는 삶을 개선하기 위해 소프트웨어를 작성하려고 생각해 본(혹은 시도했다가 실패한) 적이 있는 사람들입니다. 여기에는 소프트웨어가 원하는 대로 동작하지 않아서 수작업으로 문제를 해결하는 회계사도 포함됩니다. 또는 빠르게 데이터를 분석하고 싶지만 기존 도구로는 원하는 작업을 수행할 수 없었던 과학자, 엑셀로는 한계를 느껴 데이터에서 인사이트를 얻을 수 있는 더 나은 방법을 찾고 있는 사무직, SNS에 회사에 관한 내용이 언급될 때 알림을 받고 싶지만 개발 여력이 없는 작은 회사 경영진 등도 독자로 간주했습니다. 자신만의 비디오 게임을 만들거나 사진

---

2   D. M. Yellin, "The Premature Obituary of Programming," Commun. ACM, 66, 2 (Feb. 2023), 41–44.

으로 스토리텔링을 하거나 가족사진 콜라주를 만드는 등 관심사를 위한 프로그램을 개발하려는 전 연령대의 취미 개발자도 포함됩니다. 이들처럼 직업 또는 개인적 삶을 개선하기 위한 프로그램을 작성하려는 사람들을 우리의 첫 번째 독자로 상정했습니다.

두 번째는 소프트웨어 엔지니어 또는 프로그래밍 분야 진로를 희망해 개발을 배우려는 학생입니다. 이들은 고전적인 컴퓨터 과학 수업의 함정 없이 기초를 배우고 소프트웨어를 개발하고 싶어 합니다. 물론 전문 개발자가 되기 위한 여정에서 이 책에 이어 더 많은 학습 과정과 책을 거치겠지만, 이 책이 재미있고 보람찬 첫걸음이 되기를 바랍니다.

우리가 독자에게 기대하는 것

이 책을 읽는 데는 프로그래밍 배경지식이 전혀 필요하지 않습니다. 프로그래밍을 배웠으나 잊어버렸거나 첫 시도가 순탄치 않았다면 이 책이 다시 프로그래밍을 시작하기에 좋은 책이라고 생각합니다.

이 책을 효과적으로 학습하려면 기본적인 컴퓨터 활용 능력이 필요합니다. 소프트웨어를 설치하고, 폴더나 파일을 복사하고, 컴퓨터에서 파일을 여는 데 익숙해야 합니다. 만약 이 방법들을 모른다면 유튜브 동영상 등을 참조하세요.

또한 소프트웨어를 설치할 수 있는 권한이 있는 컴퓨터가 있어야 학습하는 개념을 따라 하고 적용할 수 있습니다. Windows, Mac 또는 Linux 개인용 컴퓨터나 노트북이라면 어떤 컴퓨터든 사용할 수 있습니다.

이 책을 읽고 나면 할 수 있게 되는 작업들

이 책에서는 코파일럿을 사용해 파이썬 코드를 작성하는 방법을 알려드립니다. 코드가 원하는 대로 동작하는지, 동작하지 않을 때는 어떻게 해야 하는지 파악하는 방법을 알려드립니다. 파이썬 언어에 대해서도 파이썬은 무엇이며, 파이썬 언어로 작성된 코드를 보면 어떤 코드인지 파악할 수 있을 정도로 충분히 알려드릴 것입니다.

하지만 이 책에서는 파이썬 프로그래밍 방법을 완전히 처음부터 설명하지는 않습니다. 이 책에 수록된 다른 참조자료 등으로 학습하면 되지만, 이 책에서 다루는 내용을 따라가기 위해 당장 배울 필요는 없습니다.

AI 어시스턴트가 보편화된 미래 사회에서 전문 개발자나 소프트웨어 엔지니어가 어떤 모습일지는 아직 알 수 없습니다. 그 역할은 이미 변화하고 있으며 AI 기술 발전에 따라 더욱 변화할 것입니다. 당장 전문 개발자나 소프트웨어 엔지니어가 되려면 이 책보다 더 많은 지식이 필요합니다.

코파일럿을 사용해 프로그래밍하는 방법을 배우면 기본적인 소프트웨어를 작성할 수 있다는 것은 희소
식입니다. 소프트웨어는 일반적인 입문 과정 수업에서 가르치는 것보다 더 복잡하기 마련입니다. 코파일
럿을 사용하면 문법 때문에 골머리를 앓거나 몇 달 동안 파이썬을 배우지 않고도 웬만한 프로그램을 작
성할 수 있습니다. 이후 전문적인 소프트웨어 작성을 계속 배우고 싶다면 프로그래밍에 대한 다음 단계
를 학습하면 됩니다.

이 책이 끝나면 데이터 분석, 작업 자동화, 간단한 게임 제작 등 다양한 주제의 기본 소프트웨어를 작성
할 수 있습니다.

AI 어시스턴트와 함께 작업할 때의 주의점

매우 빠르게 변화하는 분야의 기술에 뛰어들 준비가 필요합니다. 책의 실습을 따라하다 보면 코파일럿의
화면이나 결과가 책 내용과 완전히 같지 않을 때도 있을 수 있습니다. 코파일럿은 매일 발전하고 변화하
고 있으며, 이렇게 변화하는 기술을 매순간 따라잡기는 불가능합니다. 게다가 코파일럿은 비결정적이기
때문에 같은 작업을 여러 번 요청한다고 매번 같은 코드가 출력되지도 않습니다. 같은 요청에 대해 처음
에는 올바른 코드가 출력됐지만 다시 요청하면 정확하지 않은 코드가 나올 수도 있습니다. 예제와 똑같
은 프롬프트를 사용해 결과를 요청했을 때 다른 코드가 출력되기도 합니다. 이 책의 대부분은 그 상황에
코파일럿의 답변이 맞는지 틀린지, 틀리다면 어떻게 고쳐야 할지를 다룹니다. 이러한 최첨단 기술을 배
울 준비가 되셨기를 바랍니다.

이 책을 쓴 이유

저자 둘 다 10년 넘게 프로그래밍 교수로, 그보다 더 오랜 시간을 개발자로 일했습니다. 학생들에 대한
관심은 프로그래밍을 더 잘 가르치는 방법을 연구하는 연구자가 되게 했습니다. 저자 둘은 학생들의 학
습 경험 개선을 목표로 교육학, 학습 동기 부여, 평가 분야에 대해 100편에 가까운 글을 써 왔습니다.

이런 고민의 결과를 프로그래밍 수업에 적용해도 프로그래밍을 배우는 데 어려움을 겪는 학생들이 있었
습니다. 이들은 똑똑하지만 프로그래밍의 어떤 단계에서 어려움을 겪는 학생들입니다. 프로그래밍은 문
제를 이해하는 것부터 해결책을 생각해내는 것, 문제를 해결하는 과정을 컴퓨터에 전달하는 것까지 여러
단계로 나뉩니다. 그래서 우리는 AI 어시스턴트 코파일럿과 함께 일하기 시작했을 때, 특히 마지막 단계
인 '컴퓨터에게 문제 해결 과정 전달하기'에 얼마나 획기적인 변화를 가져올 수 있는지 바로 확인할 수 있
었습니다. 우리는 학생들이 성공하기를 바랍니다. 여러분도 성공하기를 바랍니다. 그 과정에 AI 어시스
턴트가 도움이 될 수 있다고 믿습니다.

경고: 엘리트주의를 경계하라

대학 수업을 진행하며 가장 슬픈 일 중 하나는 어떤 학생들이 다른 학생들에게 위협적인 존재가 될 때입니다. 파이썬 프로그래밍 입문 수업을 하다 보면 초반에 자신이 이미 이런저런 언어를 배웠다고 과시하는 경우를 종종 봅니다. 또, 그런 과시가 다른 수강생들에게 미치는 영향도 보게 됩니다. 잘난 체하는 수강생에게는 되도록 다른 수업을 수강하라고 안내하지만, 이런 수강생들은 초반에 자신의 실력을 지나치게 과대평가하다가 학기 말에는 수업을 따라가기 위해 고군분투하는 경우도 많습니다. 이런 자세가 낮은 자존감에서 비롯된다는 것은 심리학자가 아니더라도 알 수 있습니다.

이번에는 입문자 말고 실제 여러 분야의 개발자가 일하는 방식을 떠올려봅시다. 예를 들어 인간−컴퓨터 상호작용(HCI) 전문가는 소프트웨어의 디자인을 개선하여 인간 사용자에게 더 나은 환경을 제공하는 방법을 연구합니다. 매우 중요한 일이죠? 이 분야는 이전까지 컴퓨터 과학자들에 의해 단순한 '응용 심리학' 정도로 치부돼 왔지만, 최근 디자인과 매출이 직결된다는 것을 알아챈 주요 기업들이 이 분야를 전보다 높게 평가하는 분위기가 만들어졌습니다. HCI가 컴퓨터 과학 분야에서 빠르게 주류가 된 것은 놀라운 일이 아닙니다. 이러한 속물근성은 특정 분야에만 국한되지 않습니다. 심지어 서로 다른 언어를 사용하는 개발자들 사이에서도 이러한 현상이 나타납니다. 예를 들어, C++(한 프로그래밍 언어) 개발자가 자바스크립트(다른 프로그래밍 언어) 프로그래밍은 진짜 프로그래밍이 아니라는 등의 말도 안 되는 말을 하는 것을 보았습니다. (무슨 뜻인지 모르겠네요. 분명 진짜 프로그래밍인데 말입니다!)

저희 생각에 이런 비생산적이고 불행한 논란들은 사람들을 직업 의욕을 떨어뜨립니다. 저자가 좋아하는 만화 XKCD는 "진짜 개발자"[3]라는 연재물에서 이러한 논란의 우스꽝스러움을 잘 포착했습니다. 이 만화에서 개발자들은 프로그래밍에 가장 적합한 텍스트 편집기가 무엇인지 논쟁을 벌입니다. 개발자는 코드를 입력할 때 텍스트 편집기를 사용하는데, 2장에서 바로 이 작업을 시작하게 될 것입니다. 최고의 편집기에 대한 논쟁은 오래전부터 계속돼 왔습니다('이맥스'는 여러 편집기 중 하나입니다). 이 만화는 이 논쟁의 무의미함을 정말 기발한 방식으로 풍자합니다.

이런 소모적 논쟁을 이야기하는 이유는 코파일럿으로 프로그래밍을 배우는 것에 대해서도 부정적인 사람이 있으리라는 것을 알기 때문입니다. 어떤 사람들은 소프트웨어 작성법을 배우려면 코드 작성법을 완전히 처음부터 배워야 한다고 말합니다. 저자들 역시 개발자가 되려면 커리어의 어느 시점에서는 코드를 처음부터 작성하는 법을 배워야 한다는 의견에 동의합니다. 하지만 대부분의 사람들, 심지어 소프트웨어 엔지니어링 공부를 처음 시작하는 사람들에게도 코드를 완전히 처음부터 작성하는 방법을 배우게 하

---

3 XKCD. "Real Programmers." https://xkcd.com/378/. Accessed Feb. 1, 2023.

는 것은 이제 적합한 시작점이 아니라는 생각이 듭니다. 따라서 자신이나 자신의 삶 또는 세상을 더 좋게 만들기 위해 무언가를 하는 것에 대해 누군가가 비난한다면 테일러 스위프트의 노래 제목을 외치세요! Shake It Off(그냥 전부 털어버려).

이 책의 구성 방식: 로드맵

이 책은 11개의 장으로 구성됐습니다. 건너뛰지 말고 순서대로 읽는 것이 좋습니다. 대부분의 장이 유기적으로 연관돼 있어 다음 장에서 다룰 기술을 소개하기 때문입니다:

- 1장에서는 AI 코딩 어시스턴트가 무엇인지, 어떻게 동작하는지, 왜 프로그래밍 방식에 새로운 물결을 가져올지 설명합니다. 또한 AI 코딩 어시스턴트를 사용할 때 염두에 둘 사항을 살펴봅니다.

- 2장에서는 AI 코딩 어시스턴트인 깃허브 코파일럿과 프로그래밍 언어인 파이썬으로 프로그래밍을 할 수 있게 컴퓨터를 설정하는 방법을 안내합니다. 환경이 설정되면 코파일럿을 사용해 무료로 제공되는 스포츠 데이터를 분석하는 첫 번째 프로그래밍 예제를 실습합니다.

- 3장에서는 코드를 정리하고 코파일럿이 코드를 더 쉽게 작성할 수 있게 돕는 함수 사용법을 알려줍니다. 또한 많은 예제를 통해 코파일럿으로 생산성을 높이기 위한 일반적인 작업 흐름을 보여줍니다.

- 4장부터 두 장은 파이썬 코드를 읽는 방법을 알려줍니다. 코파일럿이 작성한 코드가 우리가 원하는 작업을 수행할 수 있는지 판단하려면 코드를 읽을 수 있어야 합니다. 걱정하지 마세요. 코파일럿은 코드 읽기에도 도움을 줍니다!

- 5장에서는 4장에 이어 파이썬 코드를 읽는 방법을 알려줍니다.

- 6장에서는 AI 코딩 어시스턴트로 작업할 때 특히 중요한 두 가지 핵심 기술, 테스트와 프롬프트 엔지니어링을 소개합니다. 테스트는 코드가 올바르게 동작하는지 확인하는 것이고, 프롬프트 엔지니어링은 AI 어시스턴트와 더 효과적으로 소통하기 위해 사용하는 문장을 변경하는 것입니다.

- 7장에서는 해결해야 할 큰 문제를 코파일럿이 다루기 쉬운 작은 문제들로 세분화하는 방법을 설명합니다. 이 기법은 하향식 설계라고 불리며, 이 장에서는 하향식 설계 기법으로 저자 불명의 텍스트가 누가 쓴 책인지를 식별하는 완전한 프로그램을 설계합니다.

- 8장에서는 버그(코드의 오류)를 알아보고, 버그를 찾는 방법과 수정하는 방법을 알아봅니다. 코드를 한 줄 한 줄 살펴보고 무엇이 잘못되었는지 정확히 찾아내는 방법과 코파일럿에게 버그 수정을 요청하는 방법까지 배웁니다.

- 9장에서는 지루한 작업을 자동화하는 데 도움이 되는 코파일럿을 소개합니다. 여러 번 전달된 이메일 정리, 수백 개의 PDF 파일에 표지 추가, 중복된 이미지 제거 등의 세 가지 예제를 살펴보고 이 원칙을 실생활에 적용할 수 있습니다.

- 10장에서는 코파일럿을 사용해 컴퓨터 게임을 만듭니다. 이 책을 통해 배운 기술을 사용해 단어 맞추기 퍼즐과 유사한 논리 게임과 2인용 주사위 놀이 보드게임, 두 가지를 만듭니다.

- 11장에서는 AI 어시스턴트를 더 많이 활용할 수 있게 도와주는 기술인 프롬프트 패턴이라는 신생 분야를 자세히 살펴봅니다. 또한 AI 코딩 어시스턴트의 한계를 요약하고 앞으로의 발전 방향을 살펴봅니다.

소스 코드 다운로드

프로그래밍 학습 서적에서 독자들은 작업을 수행하기 위해 저자가 작성한 코드를 그대로 입력하는 경우가 많습니다. 코파일럿이 생성한 코드는 비결정론적이기 때문에 이 책은 앞서 설명한 것처럼 독자의 코드가 책의 코드와 일치하지 않을 수 있습니다. 따라서 이 책에서는 다운로드할 수 있는 모든 코드를 제공하지 않습니다. 코드를 입력하는 것이 아니라 코파일럿에서 코드를 생성하는 데 집중하기 바랍니다! 다만 실습 과정에서 공유해야 할 몇 가지 중요한 파일이 있으며, 해당 파일은 아래 출판사 웹사이트에서 확인할 수 있습니다.

- https://wikibook.co.kr/copilot/

이 책에는 번호가 매겨진 코드를 비롯해 여러 예제가 포함돼 있습니다. 두 경우 모두 소스 코드에 일반 텍스트와 구분하기 위한 다른 서식을 지정했습니다. 코파일럿 또는 ChatGPT에서 해석하기 위한 프롬프트로 작성한 주석이나 코드는 굵은 글씨로 표시해 AI 어시스턴트가 제공한 내용이 아닌 개발자가 직접 작성한 내용이라는 것을 강조합니다.

많은 경우 원본 소스 코드의 서식이 변경되었으며, 책에서 사용 가능한 페이지 공간에 맞게 줄 바꿈과 들여쓰기를 추가했습니다. 이마저도 충분하지 않은 경우에는 줄 바꿈 마커(➥)를 목록에 포함했습니다. 또한 본문에서 코드에 대해 설명한 경우 예제 코드에서는 주석을 삭제한 경우가 종종 있습니다. 함께 적혀 있는 코드 주석은 중요한 개념을 강조합니다.

소프트웨어/하드웨어 요구 사항

이 책의 예제를 실습하기 위해서는 소프트웨어를 설치할 수 있는 권한이 있는 Windows, Mac 또는 Linux 컴퓨터가 필요합니다. 2장에서 자세히 설명하겠지만, 파이썬 소프트웨어, 비주얼 스튜디오 코드(VS Code) 및 다양한 확장 프로그램을 설치해야 합니다. 또한 (이 글을 쓰는 시점에) 학생과 교육자에게는 무료 평가판이 제공되지만, 그 외에는 월별 요금이 부과되는 깃허브 코파일럿 계정에 가입해야 합니다.

라이브북 토론 포럼

이 책의 구매자는 매닝 출판사의 온라인 독서 플랫폼인 라이브북에 무료로 접속할 수 있습니다. 라이브북 토론 항목을 사용하여 책 전체 또는 특정 섹션이나 단락에 코멘트를 첨부하거나 책에 관해 글을 작성하고, 질문을통해 저자와 다른 독자로부터 도움을 받을 수 있습니다. 포럼에 액세스하려면 https://livebook.manning.com/book/으로 이동하세요.

매닝 포럼의 사용법에 대한 세부 내용은 https://livebook.manning.com/discussion에서 확인할 수 있습니다.

매닝은 독자 간, 또 독자와 저자 간에 의미 있는 대화가 이루어질 수 있는 포럼을 제공합니다. 이 포럼에 대한 저자의 참여는 자발적으로(그리고 무보수로) 이루어지며, 저자의 참여를 약속하는 것은 아닙니다. 저자의 흥미를 잃지 않도록 몇 가지 도전적인 질문을 올려주셔도 좋습니다. 포럼과 이전 토론의 목록은 책에 인쇄되어 있는 출판사 웹사이트에서 확인할 수 있습니다.

저자에 대하여

레오 포터 박사(Dr. Leo Porter)는 UC 샌디에이고 컴퓨터 과학과의 조교수입니다. 그는 컴퓨터 학습에서 협업의 효과, 학습 효과를 예측하기 위한 클리커 데이터 사용, 인벤토리 형태의 기본 데이터 구조에 관한 연구 등으로 잘 알려져 있습니다. 그가 진행하는 코세라의 인기 강좌 "객체 지향 자바 프로그래밍: 데이터 구조와 그 너머(Object-Oriented Java Programming: Data Structures and Beyond)"에는 30만 명 이상의 수강자가 등록했으며, edX 데이터 과학 마이크로마스터의 입문 과정인 "데이터 과학을 위한 파이썬"도 20만 명 이상의 수강자가 등록하여 수업을 듣고 있습니다. 그는 6개의 최우수 논문상, SIGCSE 50주년 기념 역대 10대 심포지엄 논문상, 워런 칼리지의 우수 교육상, UC 샌디에이고의 학술 상원 공로상 등을 수상했습니다. 그는 ACM의 석학회원이며 ACM SIGCSE 이사회로도 활동한 바 있습니다.

다니엘 진가로 박사(Dr. Daniel Zingaro)는 토론토 대학교의 부교수입니다. 그는 지난 15년 동안 수천 명의 학생들에게 파이썬 프로그래밍 입문 과정을 가르쳤으며 현재 강의에 사용되는 파이썬 교재를 집필했습니다. 또한 컴퓨터 과학을 가르치고 배우는 방법에 관한 수십 편의 연구 논문을 발표했습니다. 다니엘은 앞서 언급한 파이썬과 알고리즘에 관한 두 권의 책을 여러 언어로 번역해 No Starch Press에서 출간했습니다. 다니엘은 50-Year Test of Time[4] 상과 다수의 최우수 논문상 등 권위 있는 교육 및 연구상을 여러 차례 수상했습니다.

기술 편집자 정보

피터 모건은 런던에 본사를 둔 AI 컨설팅 회사 딥러닝 파트너십(www.deeplp.com)의 설립자입니다. 그는 물리학 석사 학위와 MBA를 취득하고 시스코 시스템즈와 IBM 등의 회사에서 솔루션 아키텍트로 10년간 근무한 후 최근 10년간 AI 분야에서 일해 왔습니다. 그는 전 세계 스타트업과 기업을 대상으로 LLMOps 및 양자 컴퓨팅에 대한 컨설팅을 제공합니다. 피터는 트위터(@PMZepto)에서 팔로우할 수 있습니다.

---

4 (옮긴이) 프로그래밍 분야에서 오랜 기간 동안 영향을 미친 연구에 대해 매년 수상하는 어워드

표지 그림 정보

『AI와 함께하는 파이썬 프로그래밍 – GitHub 코파일럿 및 ChatGPT 활용』 책의 표지 그림은 1788년에 출판된 자크 그라셋 드 생–소베르의 컬렉션에서 가져온 "실레지아에서 온 프로이센인"입니다. 이 삽화는 수작업으로 정교하게 그려 채색되었습니다.

당시에는 복장만 보고도 사람들이 어디에 사는지, 직업이나 지위가 무엇인지 쉽게 알 수 있었습니다. 매닝은 수백 년 전 지역 문화의 다양성을 바탕으로 한 책 표지를 통해 컴퓨터 비즈니스 분야의 창의성과 주도성을 기리기 위해 이와 같은 표지 컬렉션으로 되살려냈습니다.

역자 서문

AI가 프로그래밍 업계의 판도를 바꾸고 있습니다. MS사의 AI 어시스턴트인 깃허브 코파일럿은 개발자의 생산성을 88% 높이고 개발 속도를 96% 개선한다는 평가를 받고 있습니다.[1] 그리고 프로그래밍 교육도 바꾸고 있습니다.

이 책의 최종 검수를 마친 2024년 4월 어느 날, 아마존 독자 리뷰 란에서 다음과 같은 리뷰를 봤습니다.

> *"This is a game changer on how to get introduced to learning the number one computer software language, Python, using artificial intelligence to assist a student learn*(이 책은 인공지능을 사용해 가장 많이 쓰이는 프로그래밍 언어 파이썬을 배우는 방법을 다루는 게임 체인저입니다)*."*

저는 이 책이 파이썬뿐만 아니라 다른 언어에 대해서도 적용할 수 있는 게임 체인저라고 일컫고 싶습니다. 특정 언어를 넘어서, AI 어시스턴트를 활용한 새로운 개발 방법론을 설명하기 때문입니다. 특히 매일 사용하는 VS Code와 연동한 코파일럿 개발 방법을 다루고 있어 편리하고 실용적입니다.

이 책을 번역하며 알게 된 AI 어시스턴트와의 협업 개발 덕분에 개인적으로도 업무 생산성이 높아졌습니다. 그리고 프로그래밍이 더 재미있어졌습니다. 생각한 바를 AI 어시스턴트에게 지시하고, 결과를 적합하게 받아내기 위한 프롬프팅 과정에서 고차원적인 컴퓨팅 사고[2]를 할 기회가 많아졌기 때문입니다.

프로그래밍 강사로 일하고 있는 저는 최근 수업에 이 책의 방법론을 적용했습니다. 그 결과 입문자 수업을 듣는 수강생들이 문법이나 오타 같은 사소한 실수를 신속하게 해결하고, 코드의 품질과 완성도를 훨씬 더 높일 수 있었습니다.

무엇보다 수강생들이 프로그래밍 교육 과정에서 강사의 코드를 따라 치기 바쁜 '코더'가 아니라 스스로 사고하고 큰 얼개를 짠 뒤 코파일럿에게 지시하고 디버깅하는 자율적인 '프로그래머'의 단계에 빠르게 진입하는 것을 목격했습니다.

이 책을 만난 현업 개발자 및 프로그래밍 입문자 여러분도 AI 어시스턴트와 함께 좀 더 빠르고 재미있게 개발할 수 있으면 좋겠습니다.

좋은 책을 번역할 기회와 도움을 주신 위키북스 관계자분들께 감사드립니다.

1　〈MS "개발자 돕는 AI로 생산성 88% 증가…AI 보조로 개발자 범위 확장 중"〉, 뉴스1, 2024.04.30.
2　컴퓨터(사람이나 기계)가 효과적으로 수행할 수 있도록 문제를 정의하고 그에 대한 답을 기술하는 것이 포함된 사고 과정 일체를 의미합니다.

목차

코파일럿을 이용한
AI 어시스턴트 프로그램 소개

이 장에서는 다음 내용을 다룹니다.

- AI 어시스턴트가 바꿀 프로그래밍 학습 방식
- (코파일럿의 등장을 기점으로) 프로그래밍의 정의가 이전과 달라지는 이유
- 코파일럿과 같은 AI 어시스턴트의 동작 방식
- 코파일럿이 프로그래밍 입문자를 돕는 방법
- AI 어시스턴트를 사용한 프로그래밍의 위험성

이 장에서는 인간과 컴퓨터가 소통하는 방법에 대해 이야기합니다. 인공지능(AI) 기반으로 소프트웨어를 작성하는 데 도움을 주는 놀라운 도구, 깃허브 코파일럿이라는 AI 어시스턴트를 소개합니다. 또, 코파일럿이 프로그래밍을 배우는 데 어떻게 도움이 되는지 구체적으로 보여줍니다. 물론 독자들이 전에 프로그램을 작성해 본 적이 아예 없을 거라고 생각하지는 않습니다. 이미 프로그래밍에 대해 조금 알고 있더라도 이 장을 건너뛰지 마세요. ChatGPT나 코파일럿과 같은 인공지능 어시스턴트의 등장으로 프로그램 작성 방식이 왜 달라졌는지, 효과적인 개발자가 되기 위해 필요한 기술이 어떻게 달라졌는지를 알려드리겠습니다. 또, 앞으로 살펴보겠지만, 때때로 ChatGPT나 코파일럿과 같은 도구가 거짓말을 하는 경우도 있기 때문에 경계를 늦추지 말아야 합니다.

1.1   컴퓨터와 대화하는 방법

먼저 다음 코드를 읽고 이해해 보겠습니다.[1]

```
section .text
global _start
_start:
    mov ecx, 10
    mov eax, '0'
    l1:
    mov [num], eax
    mov eax, 4
    mov ebx, 1
    push ecx
    mov ecx, num
    mov edx, 1
    int 0x80
    mov eax, [num]
    inc eax
    pop ecx
    loop l1
    mov eax, 1
    int 0x80
section .bss
    num resb 1
```

이 알쏭달쏭한 문자들은 0에서 9까지의 숫자를 출력합니다. 저수준 프로그래밍 언어인 어셈블리 언어를 사용해 작성됐습니다. 보다시피 저수준 프로그래밍 언어는 사람이 쉽게 읽고 쓸 수 있는 언어가 아닙니다. 사람이 아닌 컴퓨터를 위해 설계된 언어기 때문입니다.

아무도 프로그램을 이런 방식으로 작성하고 싶어하지는 않겠지만, 과거에는 이런 방식의 코드가 필요했습니다. 개발자는 이런 방식으로 컴퓨터가 수행하기를 원하는 작업을 개별 명령어까지 정확하게 정의했습니다. 낮은 사양을 가진 과거의 컴퓨터에서 모든 성능을 끌어 올리려면 이런 수준의 제어가 필요했습니다. 예를 들어, 1990년대 컴퓨터 게임 중 속도가 매우 중요했던 둠(Doom)과 퀘이크(Quake)는 앞의 코드 예제와 같은 어셈블리 언어로 작성됐습니다. 어셈블리 언어가 아니었다면 그런 명작을 만들 수 없었을 겁니다.

---

1   코드 출처: https://draftsbook.com/part-7-conditions-and-loop-uses-in-assembly-language/

1.1.1 조금 더 쉽게 만들기

이번에는 다음 코드를 살펴보겠습니다.

```
for num in range(0, 9):
    print(num)
```

이 코드는 요즘 많은 개발자가 사용하는 파이썬 언어로 작성됐습니다. 저수준 언어인 어셈블리어와 달리 파이썬은 자연어에 훨씬 가깝기 때문에 고수준 언어로 여겨집니다. 아직 파이썬을 모르더라도 이 프로그램이 무엇을 하려고 하는지 짐작할 수 있습니다. 첫 번째 줄은 0에서 9까지의 숫자 범위로 무언가를 수행하고 있습니다. 두 번째 줄은 무언가를 인쇄(print)하고 있습니다. 이 프로그램은 처음의 어셈블리어 코드처럼 0에서 9까지의 숫자를 인쇄하는 코드라고 추측할 수 있습니다. 다만 안타깝게도 이 코드를 실행하면 실제로 0에서 9까지의 숫자가 인쇄되지 않습니다(대신 0에서 8까지 인쇄됩니다).

이 코드는 영어에 가깝지만 영어는 아닙니다. 어셈블리어와 마찬가지로 특정 규칙이 있는 프로그래밍 언어입니다. 처음 코드와 마찬가지로 이러한 규칙의 세부 사항을 잘못 이해하면 프로그램이 오류를 낼 수 있습니다.

프로그래밍을 가장 편하게 하는 방법은 영어와 같은 자연어[2]로 소통하는 것일 겁니다. 지난 70년 동안은 우리가 원해서가 아니라, 그래야 하기 때문에 다양한 프로그래밍 언어를 사용해 컴퓨터와 대화했습니다. 과거의 컴퓨터는 영어와 같은 언어의 미묘함과 특수성을 감당할 만큼 똑똑하지 않았습니다. 위에서 보듯이 컴퓨터 중심으로 작성된 어셈블리 언어에서 파이썬 같은 자연어에 가까운 방식으로 프로그래밍 언어가 발전했지만, 여전히 컴퓨터 언어이지 자연어는 아닙니다. 그러나 이제 프로그래밍이 변화하고 있습니다.

1.1.2 훨씬 더 쉽게 만들기

AI 어시스턴트를 사용하면 사용자가 원하는 것을 자연어로 요청하고 그에 대한 응답으로 컴파일러[3]가 이해할 수 있는 코드를 작성할 수 있습니다. 0에서 9까지의 숫자를 출력하는 올바른 파이썬 프로그램을 얻으려면 AI 어시스턴트(코파일럿)에게 다음과 같이 요청하면 됩니다.

```
# 0에서 9까지의 숫자를 출력합니다.
```

---

2   (옮긴이) 사람들이 일상적으로 쓰는 언어를 인공적으로 만들어진 언어인 인공어와 구분하여 부르는 개념
3   (옮긴이) 개발자가 작성한 고수준 언어를 컴퓨터가 이해할 수 있는 저수준 언어인 기계어나 바이너리 코드로 변환하는 프로그램

코파일럿은 이 프롬프트에 대한 응답으로 다음과 같은 내용을 생성합니다.

```
for i in range(10):
    print(i)
```

앞서 보여드린 예제와 달리 이 파이썬 코드는 실제로 동작합니다!

AI 어시스턴트는 사람들이 코드를 작성하는 데 도움을 줍니다. 이 책에서는 코파일럿을 사용해 코드를 작성하는 방법을 배웁니다. 원하는 것을 자연어로 요청하면 파이썬으로 코드를 돌려받게 됩니다.

그뿐만 아니라 코파일럿을 업무에도 사용할 수 있습니다. 코파일럿과 같은 도구 없이 일하는 개발자는 코드를 작성하는 창과 구글에 코드 작성 방법을 문의하는 창 두 개를 열어두고 일하는 경우가 흔합니다. 두 번째 창에는 특정 문제를 해결하기 위한 코드를 작성법에 대한 구글 검색 결과, 파이썬 공식 문서, 또는 개발자들이 모이는 사이트를 열어두곤 합니다. 이 사이트들에서 검색해서 얻은 결과를 자신의 작업물에 붙여넣고 약간씩 수정하면서 대안을 찾는 작업을 하는 경우가 많습니다. 이는 개발자에게 너무 당연한 작업 방식이지만, 꽤 비효율적인 과정입니다. 추정에 따르면 개발자의 업무 시간 중 최대 35%가 코드 검색에 소비되며[4], 검색된 코드 중 상당수는 바로 사용할 수 없는 상태인 것으로 나타났습니다. 코파일럿은 코드 작성을 지원함으로써 이러한 작업 과정을 크게 개선합니다.

1.2 기술 정보

이 책에서는 두 가지 주요 기술을 사용합니다. 파이썬과 깃허브 코파일럿입니다.

파이썬은 프로그래밍 언어로, 컴퓨터와 소통하는 하나의 방법입니다. 사람들은 게임, 대화형 웹사이트, 시각화, 파일 정리 앱, 작업 자동화 등 필요한 작업을 수행하는 모든 종류의 프로그램을 작성하는 데 이 언어를 사용합니다.

Java, C++, Rust 등 다른 프로그래밍 언어도 있습니다. 코파일럿은 이런 언어에서도 동작하지만, 이 글을 쓰는 현재 기준으로 파이썬에서 특히 잘 동작합니다. 파이썬 코드는 다른 많은 언어(특히 어셈블리 코드)에 비해 훨씬 쉽게 작성할 수 있습니다. 그리고 이 언어를 책의 중심 언어로 선정한 가장 중요한 이유는 읽기 쉽다는 점입니다. 우리가 직접 파이썬 코드를 작성하는 일은 거의 없을 겁니다. 코드는 AI 어시스턴트가 작성합니다!

---

4   G. Heyman, R. Huysegems, P. Justen, and T. Van Cutsem, "Natural Language–Guided Programming," In 2021 Proc. ACM SIGPLAN Int. Symp. on New Ideas, New Paradigms, and Reflections on Programming and Software (Oct. 2021), 39–55.

컴퓨터는 실제로 파이썬 코드를 읽고 실행하는 방법을 모릅니다. 컴퓨터가 이해할 수 있는 유일한 것은 기계어라고 불리는 언어인데, 이는 어셈블리 코드를 이진법으로 표현한 것이기 때문에 어셈블리어보다 훨씬 더 기괴합니다(0과 1로만 구성되어 있습니다!). 컴퓨터는 그림 1.1과 같이 사용자가 제공한 파이썬 코드를 가져와 실행하기 전에 기계어로 변환합니다.

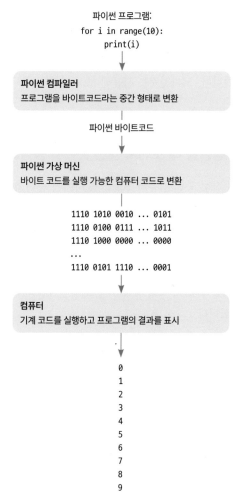

그림 1.1 파이썬 프로그램이 여러 단계를 거쳐 결과를 화면에 출력하는 과정

1.2.1 AI 어시스턴트, 코파일럿

AI 어시스턴트란 무엇일까요? AI 어시스턴트는 업무 처리를 도와주는 인공지능(AI) 에이전트입니다. 여러분이 사용 중인 아마존 알렉사(Amazon Alexa)나 아이폰 시리(iPhone Siri)도 AI 어시스턴트입

니다. 이들은 음식을 주문하고, 날씨를 확인하고, 영화 '해리포터'에서 벨라트릭스 역을 맡은 배우가 영화 '파이트 클럽'에도 출연했는지를 확인하는 등 여러 상황에 도움을 줍니다. AI 어시스턴트는 음성 및 텍스트로 입력된 사람의 요청에 대해 사람이 쓰는 언어로 응답하는 컴퓨터 프로그램입니다.

코파일럿은 그중 자연어를 컴퓨터 프로그램 언어로 변환하는 작업에 특화된 인공지능 어시스턴트입니다. (곧 살펴보겠지만 훨씬 더 많은 일을 합니다.) 코파일럿과 같은 AI 어시스턴트에는 코드위스퍼러(CodeWhisperer), 탭나인(Tabnine), 고스트라이터(Ghostwriter) 등 여러 가지가 있습니다. 이 책에서는 코드 품질, 안정성(코파일럿은 한 번도 다운된 적이 없습니다!), 개인적인 선호도 등을 종합적으로 고려해 코파일럿을 선택했습니다. 코파일럿을 사용해 보고 다른 도구도 확인해 보며 더 잘 맞는 도구를 찾아봐도 좋습니다.

1.2.2 코파일럿이 코드를 생성할 때 보이지 않는 곳에서 동작하는 방식(30초 요약)

코파일럿을 사용하면 사용자와 작성 중인 컴퓨터 프로그램 사이에 층이 하나 더 만들어진다고 생각하면 됩니다. 파이썬으로 코드를 직접 작성하는 대신 원하는 프로그램을 말로 설명하기만 하면(이를 **프롬프트**라고 부릅니다) 코파일럿이 코드를 작성해 프로그램을 생성해 줍니다.

코파일럿의 두뇌는 **대규모 언어 모델(LLM)**이라는 멋진 컴퓨터 프로그램입니다. LLM은 특정 문맥에서 어떤 단어가 의미가 있는지 등 단어 간 관계에 대한 정보를 저장하고 이를 사용해 프롬프트에 응답하기 위한 최적의 단어 순서를 예측합니다.

코파일럿에게 다음 문장을 주며 빈칸에 들어갈 단어를 물어봤다고 상상해 보세요.

"그 사람이 __을 열었다."

'문', '도시락', '입'과 같이 여기에 넣을 수 있는 단어가 많지만, '그', '저', '열리다'와 같이 그 자리에 맞지 않는 단어도 많습니다. LLM은 들어온 문장을 다 읽을 때까지 각 단어의 현재 맥락을 고려하며 다음 단어를 생성하는 작업을 계속합니다. 코파일럿이 현재 작업이 무엇에 대한 것인지 사람처럼 이해하는 것은 아닙니다. 단지 현재 맥락을 이용해 코드를 계속 작성할 뿐입니다. 그러므로 코파일럿이 생성한 코드가 의도대로 동작할지는 오직 사람만 안다는 점을 기억해 주세요. 물론 대부분의 코드는 실제로 동작하지만, 코파일럿과 일할 때는 항상 건강한 회의주의가 필요합니다.

그림 1.2는 코파일럿이 프롬프트를 코드로 변환하는 과정을 보여줍니다.

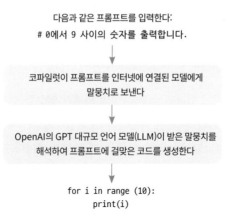

그림 1.2 코파일럿 사용 시 프롬프트가 프로그램으로 변환되는 과정

위 결과를 보고 왜 코파일럿이 기계어가 아니라 파이썬 코드를 작성하게 되는지 궁금한 사람도 있을 겁니다. 응답이 파이썬으로 출력되는 것이 소모적인 중간 단계라고 생각되나요? 아닙니다. 코파일럿이 실수할 수도 있기 때문입니다. 우리가 코드를 직접 수정해야 하는 코파일럿의 실수가 발생한다면 기계어보다 파이썬으로 되어 있을 때 바로잡기가 훨씬 더 편리합니다.

사실 파이썬에서 생성된 기계어가 올바른지 확인하는 사람은 거의 없습니다. 이는 파이썬의 언어적 특성 때문이기도 합니다. 언젠가는 코파일럿의 응답 결과가 너무 완벽해서 굳이 사람이 파이썬 코드로 중간 검수를 할 필요가 없는 미래도 올 수 있겠지만, 아직은 먼 이야기입니다.

1.3   코파일럿이 바꾸게 될 프로그래밍 학습 방법

이번 절에서는 AI 어시스턴트를 사용하면 프로그래밍 학습 방식이 어떤 식으로 달라지게 될지 설명하겠습니다. 이를 위해 코파일럿이 프로그래밍 입문 서적에 나오는 일반적인 프로그래밍 과제를 얼마나 잘 해결하는지 보여주겠습니다.

기존 프로그래밍 입문 과정에서는 학습자들이 프로그램의 문법과 기본 구조를 익히는 데 대부분의 시간을 보냈습니다. 처음부터 한 줄 한 줄 프로그램을 작성하는 다음과 같은 과정은 모든 학습의 기본으로 간주됩니다. 대부분의 프로그래밍 강사(및 책의 저자)는 입문자도 다음 정도 문제는 해결해야 한다고 생각하지만, 다음 문제를 해결하기 위한 코드를 작성하는 일은 이제 막 프로그래밍을 배우기 시작한 사람들에게 쉽지 않습니다.[5]

---

5   A. Ebrahimi, "Novice Programmer Errors: Language Constructs and Plan Composition," Int. J. Hum.–Comput. Stud. 41, 4 (Oct. 1994), 457–480.

"매일 강우량을 기록하는 프로그램을 작성하세요. 강우량은 음수 값이 될 수 없으므로 음수가 입력되면 거부해야 합니다. 이 프로그램은 강우량이 기록된 일수, 비가 내린 일수, 해당 기간의 강우량 및 하루 중 내린 최대 강우량을 출력해야 합니다. 또한 9999라는 값이 입력되면 프로그램이 종료됩니다."

이전에 프로그래밍을 배워본 적이 있다면 이런 유형의 과제가 익숙할 수 있으며, 이런 과제를 해결하는 데 어려움을 겪었을 수도 있습니다. 이제는 다릅니다. 코파일럿에 이 과제를 입력하면 코드 1.1과 같은 파이썬 코드가 출력됩니다. (코파일럿은 비결정론적이기 물어볼 때마다 조금씩 다른 코드가 나올 수 있다는 점을 기억하세요!)

코드 1.1 강우량 문제를 해결하는 코파일럿 코드

```python
rainfall = 0
total_rainfall = 0
num_rainy_days = 0
num_valid_days = 0
max_rainfall = 0
rainfall = int(input(
    "Enter the amount of rainfall for the day: "))
while rainfall != 9999:
    if rainfall < 0:
        print("Invalid rainfall amount. Please try again.")
        rainfall = int(input(
            "Enter the amount of rainfall for the day: "))
    else:
        num_valid_days += 1
        total_rainfall += rainfall
        if rainfall > 0:
            num_rainy_days += 1
        if rainfall > max_rainfall:
            max_rainfall = rainfall
        rainfall = int(input(
            "Enter the amount of rainfall for the day: "))
print("Number of valid days:", num_valid_days)
print("Number of rainy days:", num_rainy_days)
print("Total rainfall over the period:", total_rainfall)
print("Maximum amount of rain that fell on any one day:", max_rainfall)
```

이 책을 읽는 독자가 당장 이 코드가 좋은 코드인지를 알아보리라고 기대하지는 않습니다. 하지만 저자들은 컴퓨터 공학 교수로서 이 코드에 높은 점수를 줄 것입니다.

실제로 프로그래밍 입문자들이 이 정도 프로그램을 작성할 수준에 도달하기까지는 몇 주 또는 몇 달이 걸립니다. 그러나 코파일럿을 사용하면 즉시 이 정도 코드를 만들 수 있습니다. 더이상 처음부터 코드를 작성할 필요는 없습니다. 다만 코파일럿은 실수를 하기 때문에 이 코드가 올바른지 검증하는 과정이 필요합니다. 코파일럿 덕분에 지금까지 우리가 프로그래밍을 가르치고 배워온 방식은 확연히 달라지리라 믿습니다.

코파일럿을 이용하면 프로그래밍을 배우는 데 관심이 있는 사람이 과거처럼 코드를 작성하는 데 필요한 문법, 제어 흐름 및 기타 개념과 씨름할 필요가 없습니다. 물론 이 책에서도 주요 개념에 대해 배우겠지만, 코파일럿에서 쉽게 생성할 수 있는 코드를 굳이 맨 손으로 처음부터 작성하려고 배우는 것은 아닙니다. 코파일럿으로 문제를 해결하고 코파일럿과 생산적으로 상호작용하는 데 도움이 되기 때문에 배우는 겁니다. **대신, AI 어시스턴트가 프로그래밍을 배우는 데 필요한 기술을 근본적으로 바꾸기 때문에 더 복잡하고 의미있는 소프트웨어를 더 빨리 작성하는 방법을 배울 수 있습니다.**

1.4　코파일럿이 제공하는 또 다른 기능들

지금까지 살펴본 것처럼 코파일럿을 사용하면 자연어로 우리가 하려는 작업을 설명하는 것만으로도 파이썬 코드를 작성할 수 있습니다. 프로그램을 개발할 때 개발자는 각 언어에 맞는 **문법**과 기호, 단어를 사용해야 합니다. 그런데 코파일럿은 자연어로 설명해주면 파이썬 문법에 맞는 코드를 알려줍니다. 지금껏 초보 개발자에게는 프로그래밍 문법 공부가 가장 큰 걸림돌이었기 때문에 이는 대단한 진일보입니다. 파이썬 문법에 맞추려면 코드의 특정 부분에 어떤 괄호([, (, 또는 {)를 사용해야 하는지, 어느 부분에 들여쓰기가 필요한지, x를 작성한 다음 y를 작성해야 하는지, 아니면 y를 작성한 다음 x를 작성해야 하는지 같은 문법에 대한 부담이 줄어듭니다.

프로그래밍 수업을 하다 보면 위와 같은 문법에 관한 질문을 꽤 자주 받습니다. 솔직히 말해서 흥미롭지 않은 질문입니다. 그저 무언가를 실행하기 위한 프로그램을 작성하는 것뿐인데, 이런 사소한 것까지 신경 쓸 필요가 있을까요? 코파일럿을 사용하면 문법의 지루함에서 벗어날 수 있습니다. 문법 규칙에서 자유로워지는 것이 초보 입문자의 프로그램 작성을 쉽게 만들어주는 중요한 단계라고 생각하며, 이런 문법에 대한 장벽이 제거되는 날을 고대하고 있습니다. 아직도 파이썬 문법이 필요하기는 하지만, 코파일럿을 사용하면 문법 실수 때문에 생기는 문제를 줄이는 데 큰 도움이 됩니다.

코파일럿이 할 수 있는 일은 이뿐만이 아닙니다. 코파일럿이 도와줄 수 있는 몇 가지 작업을 설명해 보겠습니다.

- **코드 설명하기** – 코파일럿으로 파이썬 코드를 생성하면 해당 코드가 원하는 대로 동작하는지 확인해야 합니다. 앞서 말했듯이 코파일럿은 실수할 때가 있습니다. 파이썬이 어떻게 동작하는지에 대해 가르치고 싶지는 않지만(이는 오래된 프로그래밍 모델이기 때문입니다), 파이썬 코드를 읽는 방법을 가르쳐서 파이썬이 무엇을 하는지에 대한 전반적인 이해를 돕고자 합니다. 또한 코드를 영어로 설명해 주는 코파일럿의 기능을 사용할 것입니다. 이 책과 설명을 다 읽고 나면 코파일럿이 제공하는 복잡한 코드를 이해하는 데 도움이 될 것입니다.

- **코드를 이해하기 쉽게 만들기** – 동일한 작업 수행에 대해서도 여러 방식으로 코드를 작성할 수 있습니다. 그중 어떤 방법은 다른 방법보다 이해하기 쉬울 수도 있습니다. 코파일럿에는 코드를 재구성할 수 있는 도구가 있습니다. 읽기 쉬운 코드를 작성해 두면 필요할 때 코드를 개선하거나 수정하기도 쉬워집니다.

- **버그 수정하기** – 버그는 프로그램을 작성할 때 실수로 인해 프로그램이 잘못된 작업을 하는 경우를 말합니다. 파이썬 코드가 대부분 상황에서는 잘 동작하지만, 특정 상황에서 동작하지 않는 경우가 있습니다. 개발자들이 프로그래밍 중에 = 기호 하나를 빼먹은 것 같은 사소한 실수 때문에 몇 시간씩 낭비한 이야기를 들어본 적이 있을 것입니다. 즐거운 시간은 아니었겠죠! 이런 경우에도 프로그램에서 버그를 자동으로 찾아서 수정하는 데 도움이 되는 코파일럿 기능을 사용할 수 있습니다.

1.5   코파일럿을 사용할 때의 주의점 및 과제

코파일럿이 코드를 대신 작성해 줄 것이라는 기대감만큼이나 AI 어시스턴트 사용에 내재된 위험에 대해 경계할 필요가 있습니다. 미주의 참조 자료[6][7]를 통해 이러한 사항을 확인하세요.

- **저작권** – 코파일럿은 사람이 작성한 코드를 사용해 프로그래밍을 학습했습니다. (사람들이 코파일럿과 같은 AI 도구에 대해 이야기할 때 "훈련"이라는 단어를 사용하는 것을 듣게 될 것입니다. **훈련**(training)은 **학습**(learning)의 다른 말입니다.) 좀 더 구체적으로 말하자면, 오픈 소스 코드가 포함된 수백만 개의 깃허브 리포지토리를 사용하여 학습했습니다. 한 가지 걱정되는 점은 코파일럿이 해당 코드를 "훔쳐서" 우리에게 제공하는 것은 아닐까 하는 것입니다. 경험상 코파일럿이 다른 사람의 코드를 통째로 제안하는 경우는 많지 않지만, 그럴 가능성도 있습니다. 코파일럿이 제공하는 코드가 여러 사람의 코드를 합쳐서 변형한 코드라도 그 코드에는 저작권 문제가 있을 수 있습니다. 코파일럿에서 생성한 코드의 소유권에 대해서는 아직까지 정해진 규정이 없습니다. 코파일럿 팀이 소유권 판별에 도움이 되

---

6   N. A. Ernst and G. Bavota, "AI–Driven Development Is Here: Should You Worry?" IEEExplore, https://ieeexplore.ieee.org/document/9713901/figures#figures, Accessed Feb. 7, 2023.

7   M. Chen, J. Tworek, H. Jun, Q. Yuan, H.P.D.O. Pinto, J. Kaplan, et al. "Evaluating large language models trained on code," 2021, arXiv preprint, https://arxiv.org/abs/2107.03374, Accessed February 7, 2023.

는 기능을 추가하고 있기는 합니다[8]. 예를 들어, 코파일럿은 생성한 코드가 이미 존재하는 코드와 유사한지 여부와 해당 코드의 라이선스를 알려줄 수 있습니다. 스스로 학습하고 실험하는 것은 좋은 일이지만, 이 코드를 개인 작업 이외의 용도로 사용하려는 경우 신경 써야 합니다. 아직 소유권에 대한 규정이 모호한 이유는 이 새로운 기술을 법이 따라잡는 데 시간이 걸리기 때문입니다. 논쟁이 벌어지는 동안에는 안전하게 행동하는 것이 가장 좋습니다.

■ **교육** – 프로그래밍 입문 과정의 강사인 저자들은 지금까지 학생들을 가르칠 때 쓰던 예제들을 코파일럿에게 풀어보게 하여 얼마나 풀 수 있는지를 직접 확인했습니다. 한 연구[9]에서는 코파일럿에게 166개의 일반적인 프로그래밍 입문 과제를 풀도록 요청했습니다. 결과는 어땠을까요? 첫 번째 시도만에 거의 50%의 문제를 해결했습니다. 코파일럿에 조금 더 많은 정보를 제공하면 그 수치는 80%까지 올라갑니다. 이 장에서도 이미 코파일럿이 표준 프로그래밍 입문 문제를 어떻게 해결하는지 직접 확인했습니다. 코파일럿과 같은 도구의 등장을 고려하면 기존의 교육 방식은 변화해야 하며, 강사들 또한 이러한 변화를 어떻게 받아들일지 현재 논의 중입니다. 학생들이 코파일럿을 사용한다면 어떤 방식으로 사용해야 할까요? 미래의 프로그래밍 교육은 어떤 모습이어야 할까요?

■ **코드 품질** – 특히 민감한 코드나 보안이 필요한 코드의 경우 코파일럿을 신뢰하지 않도록 주의해야 합니다. 의료 기기용 코드, 시험용 코드 또는 민감한 사용자 데이터를 처리하는 코드는 항상 철저하게 관리할 필요가 있습니다. 코파일럿에게 코드를 요청하고, 코파일럿이 생성한 코드에 감탄하면서 코드를 제대로 살펴보지도 않고 사용하고 싶은 유혹이 있을 수 있습니다. 하지만 그 코드가 잘못된 것일 수 있다는 점을 잊지 마세요! 이 책이 다루는 예제들은 현업에서 쓰이지 않을 코드이므로 올바른 코드를 얻는 데 집중합니다. 여기서 얻은 지식과 코드를 실무 등 다른 목적으로 사용할지는 여러분의 결정에 달려 있습니다. 이 책은 코드가 올바른지 독립적으로 판단하는 데 필요한 기초를 쌓는 과정부터 시작하겠습니다.

■ **코드 보안** – 코드 품질과 마찬가지로 코파일럿이 제공한 코드는 보안이 절대적으로 보장되는 것은 아닙니다. 예를 들어 사용자 데이터를 작업하는 경우 코파일럿에서 코드를 받는 것만으로는 충분하지 않습니다. 현업에서는 보안 감사를 수행하고 코드가 안전한지 판단할 수 있는 전문 지식이 필요합니다. 다시 한번 말하지만, 현업에서 코파일럿의 코드를 사용하는 것은 신중해야 합니다. 이 책은 보안 문제는 따로 다루지 않을 것입니다.

■ **전문가가 아님** – 전문가를 판단할 수 있는 지표 중 하나는 자신이 무엇을 알고 있는지이며, 그 못지 않게 중요한 것은 무엇을 모르는지를 아는 것입니다. 또한 전문가는 자신의 답변에 대해 얼마나 확신하는지 말할 수 있으며, 충분히 확신하지 못하면 자신이 알고 있다고 자부할 수 있을 때까지 더 배우려고 합니다. 코파일럿 같은 LLM은 다릅니다. 질문에 대해 어떻게든 대답합니다. 이때 필요하다면 거짓말을 하기도 하고, 진실과 쓰레기를 섞어 그럴 듯하게 들리지만 틀리거나 쓸모없는 대답을 하기도 합니다. 예를 들어, LLM이 살아 있는 사람의 부고 기사를 조작해 문제가 된 적이 있었습니다. '부고 기사'는 생사에 대한 사실이어야 하는데 말도 안 되는 일이 벌어진 것입니다. 또, LLM은 주판이 컴퓨터보다 더 빨리 계산하는 이유를 묻는 질문에 주판은 더 정교한 기계라서 빠르다고 엉뚱하게 응답하기도 합니다.

---

8   R. D. Caballar, "Ownership of AI-Generated Code Hotly Disputed 〉 A Copyright Storm May Be Brewing for GitHub Copilot," Spectrum. IEEE.org. https://spectrum.ieee.org/ai-code-generation-ownership. Accessed Feb. 7, 2023.

9   P. Denny, V. Kumar, and N. Giacaman. "Conversing with Copilot: Exploring Prompt Engineering for Solving CS1 Problems Using Natural Language," 2022. arXiv preprint. https://arxiv.org/abs/2210.15157. Accessed February 7, 2023.

LLM이 "죄송합니다만 저는 이 문제에 대한 답을 모릅니다"라고 말할 수 있도록 연구하고 있기는 하지만, 우리가 사용하는 모델은 아직 그 단계에 이르지 못했습니다. LLM은 자신이 모르는 것이 무엇인지를 모르기 때문에 감독관이 필요합니다.

- **편향성** – LLM은 학습에 사용한 데이터에 존재하는 편향성을 그대로 재현합니다. 코파일럿에게 이름 목록을 생성해 달라고 요청하면 영어 이름을 우선적으로 생성합니다. 그래프를 요청하면 사람마다 다른 관점 차이를 고려하지 않은 그래프를 생성하기도 합니다. 코드를 요청하면 주류 집단이 코드를 작성하는 방식을 연상시키는 스타일의 코드를 생성하기도 합니다. (주류 집단이 전 세계 코드의 대부분을 작성했고, 코파일럿은 그 코드를 학습했기 때문입니다.) 컴퓨터 과학과 소프트웨어 공학은 오랫동안 다양성 부족으로 어려움을 겪어 왔습니다. 더이상 다양성을 억압할 여유가 없으며, 이러한 추세를 반전시킬 필요가 있습니다. 다양한 사람들이 소프트웨어 업계에 진입하여 자신만의 방식으로 표현할 수 있게 해야 합니다. 코파일럿과 같은 도구에서 편향성을 제거하기 위한 방법을 현재 연구 중이며 프로그래밍의 미래를 위해 매우 중요한 문제입니다. 한편, 코파일럿은 이 분야에 대한 진입 장벽을 낮춰 다양성을 향상시킬 잠재력이 있다고 여겨집니다.

1.6   필요한 기술

코파일럿이 코드를 작성하고 설명하고 버그를 수정할 수 있다면 모든 작업이 끝난 걸까요? 코파일럿에게 지시를 내려 도출한 성과에 대해 기뻐하기만 하면 되는 걸까요?

코파일럿 덕분에 개발자에게 필요한 일부 기술(예: 올바른 문법에 맞춰 코드 작성)의 중요성이 감소하는 것은 사실입니다. 하지만 다른 기술들은 여전히 중요합니다. 예를 들어, 코파일럿에게 "비디오 게임을 만들어 주세요. 아, 재미있게 만드세요."라고 지시한다면 분명 실패할 겁니다. 대신 큰 문제를 더 작은 작업으로 나누어 도움을 받아야 합니다. 문제를 세분화하려면 어떻게 해야 할까요? 이 기술은 쉽지 않습니다. 인간은 코파일럿과 같은 도구를 이용할 때 이 핵심 기술을 개발해야 하며, 이 책에서 그 기술을 설명합니다.

코파일럿을 사용하게 되면서 더욱 중요해질 또 다른 기술이 있습니다. 코드 테스트는 제대로 동작하는 코드를 작성하기 위해 매우 중요한 작업이었습니다. 사람이 작성한 코드를 테스트하는 방법은 많이 알려져 있기 때문에 사람이 작성한 코드를 테스트할 때는 보통 어떤 부분을 확인해야 하는지 잘 알고 있습니다. 인간은 값의 경계에서 오류를 범하는 경우가 많습니다. 예를 들어, 두 숫자를 곱하는 프로그램이라면 대부분 결과가 제대로 출력되지만, 값 하나가 0일 때 오류가 나기도 합니다. 그러나 AI가 작성한 코드는 스무 줄의 완벽한 코드 사이에 우리가 예상하지 못한 터무니없는 한 줄이 숨어있기도 합니다. 우리는 AI를 활용해 코드를 작성해 본 경험이 거의 없습니다. 그래서 이전보다 훨씬 더 신중한 테스트가 필요합니다.

마지막으로, AI 어시스턴트 활용 시 필수적인 몇몇 기술은 아예 새로운 기술입니다. 그중 가장 중요한 기술은 **프롬프트 엔지니어링**으로, 코파일럿에게 수행할 작업을 지시하는 방법을 의미합니다. 개발자는 코파일럿에게 코드 작성을 요청할 때 **프롬프트**를 사용해 요청합니다. 프롬프트를 작성할 때 사람의 말인 자연어를 사용하는 것만으로는 충분하지 않습니다. 코파일럿이 올바른 결과를 내게 하려면 정확한 지시를 내려야 합니다. 우리가 정확하게 지시해도 코파일럿이 여전히 잘못된 일을 하는 경우도 있습니다. 이 경우, 먼저 코파일럿의 실수를 확인한 다음, 프롬프트를 수정해 올바른 방향으로 유도해야 합니다. 경험상 작은 프롬프트 변경은 코파일럿의 생성 결과에 큰 영향을 미칩니다.

이 책에서 이 모든 기술을 알려드릴 겁니다.

1.7 코파일럿과 같은 AI 코드 어시스턴트에 대한 사회적 우려

코파일럿과 같은 인공지능 코드 어시스턴트에 대한 사회적 불신도 존재합니다. 이 상황을 대변하는 몇 가지 흔한 질문과 그에 대한 저자들의 답변으로 이 장을 마무리하겠습니다. 여러분도 아래 질문 중 몇 가지는 생각해봤을 겁니다. 우리의 답변이 엉뚱하거나 틀릴 수도 있지만, 프로그래밍을 가르치는 데 커리어를 바친 교수와 연구자로서 현재 저희의 생각은 다음과 같습니다.

Q 코파일럿이 생기면 기술 및 프로그래밍 관련 일자리가 줄어들까요?

A 아마도 아닐 것입니다. 다만 일자리의 성격에 변화가 예상됩니다. 예를 들어, 코파일럿은 주니어 수준의 개발자가 맡는 많은 작업을 지원할 수 있을 것으로 예상됩니다. 그렇다고 초급 수준의 일자리가 사라지는 것은 아니며, 주니어 개발자가 더 고도화된 일을 할 수 있는 도구 덕분에 업무의 성격이 변화하는 것일 뿐입니다.

Q 코파일럿은 인간의 창의성을 저해할까요? 이미 다른 개발자가 작성한 유사한 코드를 계속 반복해서 재활용하기 때문에 업무에 새로운 아이디어가 도입되는 경우가 줄어들까요?

A 그렇지 않으리라 생각합니다. 코파일럿은 기계어, 어셈블리어 또는 파이썬 코드 같은 프로그래밍 언어의 한계를 뛰어넘어 더 높은 수준의 사고방식으로 작업할 수 있도록 도와줍니다. 컴퓨터 과학 분야에는 추상화라는 용어가 있습니다. 이는 컴퓨터를 동작시키는 데 필요한 저수준의 자잘함으로부터 개발자를 분리하기 위한 노력을 의미합니다. 추상화에 대한 시도는 컴퓨터 과학이 시작된 이래로 계속돼 왔으며, 이 시도 덕분에 컴퓨터 과학 분야는 발전해 왔습니다. 추상화는 이미 해결된 문제들을 무시하고 더 광범위한 문제 해결에 집중할 수 있게 해줍니다. 실제로 추상화가 고도화된 프로그래밍 언어가 등장할수록 더 나은 소프트웨어가 개발되고 있습니다. 구글 검색, 아마존 쇼핑, 핑 카트, macOS 등의 소프트웨어는 어셈블리어만 있었을 때는 작성될 수도 없었을 것입니다!

Q: ChatGPT에 대해 많이 얘기하던데 그게 뭔가요? 코파일럿 같은 건가요?

A: 코파일럿과 완전히 같지는 않지만 동일한 기술을 기반으로 합니다. 하지만 ChatGPT는 코드 작성이 아닌 일반적인 지식에 초점을 맞춥니다. 그 결과 코파일럿보다 더 다양한 작업에 활용할 수 있습니다. 예를 들어, 일반적인 질문에 답하고 에세이를 작성하며 심지어 대학교의 MBA 시험에서 좋은 성적을 거두기도 합니다[10]. 이런 변화가 진행 중이기에 사람이 시간을 보내는 방법도 바뀌게 되리라 예측됩니다. 미래에도 책이라는 것이 존재할까요? 그렇다면 어떤 방식으로 책을 쓸까요? 사람들이 책의 대부분이 인공지능에 의해 작성됐다는 사실을 알면서도 책을 읽고 싶어할까요? ChatGPT 사용의 확산으로 인해 금융, 의료, 출판 등 산업 전반에 걸쳐 영향이 있을 것입니다[11]. 다만 현재는 인공지능에 대한 과대광고가 난무하고 있어 진실과 허구를 구분하기 쉽지 않습니다. 이 문제로 어떤 장기적 효과가 초래될지는 아무도 모릅니다. 로이 아마라(Roy Amara)는 "우리는 기술의 효과를 단기적으로는 과대평가하고 장기적으로는 과소평가하는 경향이 있다"고 말했습니다('아마라의 법칙'이라고도 부릅니다).[12] 우리는 변화에 대한 논의를 거듭하고 좋은 미래를 위해 최선을 다해야 합니다.

다음 장에서는 컴퓨터에 코파일럿을 설치하고 실제 프로그래밍에 사용하는 법을 살펴보겠습니다.

요약

- 코파일럿은 업무 수행을 도와주는 인공지능(AI) 에이전트인 AI 어시스턴트입니다.

- 코파일럿은 인간과 컴퓨터가 상호작용하는 방식과 프로그램을 작성하는 방식을 변화시킵니다.

- 코파일럿은 우리가 연마해야 할 기술의 초점을 바꿉니다(문법 규칙 등에 덜 집중하고 신속한 엔지니어링 및 테스트에 더 집중해야 합니다).

- 코파일럿은 비결정적이기 때문에 올바른 코드를 생성할 때도 있고 그렇지 않을 때도 있습니다. 이 점을 경계해야 합니다.

- 코드 저작권, 교육 및 직무 훈련에서의 활용 방향, 코파일럿이 출력한 결과의 편향성 등의 문제는 여전히 해결해야 할 과제로 남아 있습니다.

---

10 A. Zilber, "AI Bot ChatGPT Outperforms Students on Wharton MBA Exam: Professor." New York Post, Jan. 1, 2023. https://nypost.com/2023/01/23/chatgpt-outperforms-humans-on-wharton-mba-exam-professor/. Accessed February 7, 2023.
11 A. Mitchell, "ChatGPT Could Make These Jobs Obsolete: 'The Wolf Is at the Door.'" New York Post, Jan. 25, 2023. https://nypost.com/2023/01/25/chat-gpt-could-make-these-jobs-obsolete/ Accessed Feb. 7, 2023.
12 (옮긴이) 미국의 미래학자이자 과학자, '아마라의 법칙'은 기술의 등장 초기에는 기술의 생산성이 사람들의 기대치보다 낮으나 기술의 발전에 따라 생산성은 빠르게 증가하고, 반면 사람들의 기대치는 오히려 낮아진다는 신기술의 사이클에 대해 설명하는 이론입니다.

코파일럿
시작하기

이 장에서는 다음 내용을 다룹니다.

- 개발환경에 파이썬, VS Code, 코파일럿 설치 및 설정
- 코파일럿을 활용한 개발 과정 설계
- 코파일럿을 활용한 데이터 처리 작업

이 장에서는 개발 환경에 코파일럿을 설치하고 익숙하게 사용하는 법을 다룹니다. 코파일럿 설정을 완료한 후에는 가능한 한 예제를 따라 해 보기 바랍니다. '백문이불여일타'라고, 실습을 꾸준히 따라하는 것만큼 이 책이 소개하는 기술을 익히기에 좋은 방법은 없습니다.

이번 장에서는 1) 코파일럿의 설치 방법 및 기본 설정과 2) 코파일럿의 강력한 기능을 확인할 수 있는 재미있는 예제를 수록했습니다. 예제를 통해 코파일럿과 상호작용하는 방법을 살펴보고, 코드를 직접 작성하지 않고도 소프트웨어를 개발하는 방법을 배웁니다.

2.1 학습을 위한 개발 환경 설정하기

소프트웨어 개발을 배우려면 내용을 읽는 데 그치지 않고 직접 작성해 봐야 합니다. 기타 연주법에 관한 책을 기타를 연주해 보지 않고 계속 읽기만 할까요? 직접 따라 하지 않으면서 이 책을 읽겠다는 것은 마라톤 선수의 완주 장면만 보고 자신도 마라톤을 할 준비가 됐다고 생각하는 것과 같습니다. 이제 AI와 함께하는 개발 방법을 더 자세히 설명하기에 앞서 필요한 소프트웨어를 설치하고 실행하겠습니다.

지금 저자들이 가장 두려워하는 것은 프로그래밍 입문자들이 멈추기 가장 쉬운 지점에 도달했다는 것입니다. "네? 지금 막 시작했는데요?" 네, 바로 그 지점입니다. 이 책의 공저자인 레오의 자바 프로그래밍 학습에 관한 코세라(Coursera) 인기 강좌에서 신규 학습자가 가장 많이 이탈하는 시점은 어디일까요?[1] 강좌 마지막 부분의 전 지구에 실시간으로 지진이 일어나는 지점을 받아와 마커를 그려야 하는 어려운 과제 부분일까요? 아니요, 학습자가 개발 환경을 설정해야 하는 준비 단계입니다. 우리는 이 부분이 힘든 벽일 수 있다는 것을 잘 알고 있습니다. 이 단계를 잘 뛰어넘으면 이 책을 구입했을 때 염두에 두었던 모든 목표를 달성하는 데 한 걸음 가까워질 겁니다. 모든 것은 소프트웨어 설치에서 시작합니다.

2.1.1 개발 환경 개요

이번 장에서는 코파일럿을 쉽게 사용하는 소프트웨어 개발 도구를 설치합니다. 사용할 도구는 현업에서도 널리 사용되는 깃허브(GitHub), 코파일럿, 파이썬, VS Code(Visual Studio Code)입니다. 이 도구가 모두 설치되어 있다면 2.5절로 넘어가세요.

깃허브 계정

깃허브는 소프트웨어 개발, 유지 관리 및 저장을 위한 업계 표준 도구입니다. 이 책에서는 깃허브를 사용하지는 않습니다. 코파일럿에 액세스하려면 깃허브 계정이 필요하기 때문에 가입합니다. 깃허브 가입은 무료지만, 코파일럿을 이용하려면 요금이 부과됩니다. 이 글을 쓰는 시점(2023년 11월)을 기준으로 학생인 경우에는 무료이며, 학생이 아닌 경우에는 30일 무료 평가판을 사용할 수 있습니다.

서비스 비용은 모델이 예측 결과를 제공하기 위해 발생하는 비용입니다. 코파일럿의 기반인 GPT 모델을 구축하는 데는 비용이 많이 들며(모델을 구축하기 위해 1년 동안 수천 대의 컴퓨터가 실행된다고 상상해 보세요), 깃허브는 이 GPT 모델을 실시간으로 제공하기 때문에 비용이 발생합니다(사용자가 입력한 내용을 많은 컴퓨터를 통해 모델을 돌려 실행하고 출력을 생성합니다). 무료 평가판 가입 후 코파일럿을 사용해 봤는데 생각보다 많이 쓰지 않을 것 같다면 가입한 날부터 약 25일 이내에 구독을 취소하면 됩니다. 반면에 코파일럿이 업무 생산성 향상이나 취미 개발에 큰 도움이 된다면 요금을 지불하면서 계속 사용하면 됩니다.

---

1   C. Alvarado, M, Minnes, and L. Porter, "Object Oriented Java Programming: Data Structures and Beyond Specialization," https://www.coursera.org/specializations/java-object-oriented, Accessed Apr. 9, 2023.

파이썬

사실 어떤 프로그래밍 언어라도 이 책의 목적에 적합할 수 있지만, 굳이 파이썬을 선택한 이유는 파이썬이 세계적으로 가장 인기 있는 프로그래밍 언어 중 하나이기 때문입니다. 저자들이 수업하는 대학교에서도 파이썬을 기본으로 가르치고 있습니다. 1장에서 말했듯이 다른 언어에 비해 파이썬은 읽기 쉽고, 이해하기 쉽고, 작성하기 쉽습니다. 이 책에서는 주로 사람이 아닌 코파일럿으로 코드를 생성할 것입니다. 하지만 코파일럿이 생성한 코드를 읽고 이해할 수는 있어야 하는데, 파이썬은 이를 위해 최적화된 언어입니다.

비주얼 스튜디오 코드(VS Code)

어떤 텍스트 편집기를 사용하든 개발은 할 수 있습니다. 하지만 코드를 작성하고, 코파일럿의 도움을 쉽게 받고, 바로 코드를 실행할 수 있는 프로그래밍 환경을 원한다면 VS Code를 권장합니다. VS Code는 소프트웨어를 처음 배우는 초보자가 사용하기에 편리해 학생들로부터 호평을 받고 있습니다[2]. 또한 현업 개발자들도 전 세계적으로 사용하므로 책을 다 읽고 난 후에도 이 환경을 사용해 일하거나 다른 기술을 배울 수 있습니다.

이 책은 VS Code를 편집기로 사용해 파이썬 언어로 작업하고 코파일럿을 위한 몇 가지 확장 프로그램을 설치해 개발합니다. VS Code의 가장 큰 장점 중 하나는 이러한 확장 프로그램의 설치가 쉽다는 점입니다.

2.2   개발 환경 설정

설치 과정은 네 단계로 이루어집니다. 이 절에서는 해당 프로세스의 주요 단계만 제공합니다. 다음 링크를 참조하면 더 자세한 설치 방법을 확인할 수 있습니다.

- 깃허브 문서(https://docs.github.com/ko/copilot/getting-started-with-github-copilot)를 참조하세요.

- 이 책의 웹사이트(https://wikibook.co.kr/copilot/)는 PC 및 macOS 시스템 설정에 대한 자세한 지침을 제공합니다. 이 책의 출판 후 이러한 도구의 웹 사이트가 변경되었다면 깃허브 링크와 책 웹 사이트를 함께 확인하기 바랍니다.

- 관련 온라인 도서 포럼(https://livebook.manning.com/book/learn-ai-assisted-python-programming/discussion)에서 도움을 요청하고 자주 묻는 질문에 대한 답변을 확인할 수 있습니다.

---

2   S. Valstar, W. G. Griswold, and L. Porter, "Using DevContainers to Standardize Student Development Environments: An Experience Report." In Proceedings of 2020 ACM Conference on Innovation and Technology in Computer Science Education, July 2020, pp. 377–383.

설정을 위한 주요 단계는 다음과 같습니다.

1. 깃허브 계정을 만들고 코파일럿에 가입합니다.

   a. https://github.com/signup으로 이동해 깃허브 계정에 가입합니다.

   b. 깃허브 메뉴 중 설정 항목으로 이동해 코파일럿을 활성화합니다. 학생임을 인증하거나 30일 무료 평가판(이 글을 쓰는 시점에는 사용 가능)으로 가입합니다.

2. 파이썬을 설치합니다.

   a. www.python.org/downloads/로 이동합니다.

   b. 최신 버전의 파이썬(작성 시점 기준 3.11.1)을 다운로드해 설치합니다.

3. VS Code를 설치합니다.

   a. https://code.visualstudio.com/download로 이동해 사용 중인 운영체제에 맞는 기본 버전 다운로드 버튼(예: Windows 다운로드 또는 Mac 다운로드)을 선택합니다.

   b. 최신 버전의 VS Code를 다운로드해 설치합니다.

   c. 다음의 VS Code 확장 프로그램을 설치합니다(자세한 내용은 https://code.visualstudio.com/docs/editor/extension-marketplace 참조).

   · Python(**Microsoft 제공**) – https://code.visualstudio.com/docs/languages/python의 설명에 따라 파이썬 확장 프로그램을 설정하세요(특히 올바른 인터프리터를 선택해야 합니다).

   · GitHub Copilot(**깃허브 제공**)

   · GitHub Copilot Chat(**깃허브 제공**) – 이 기능은 이후 장에서 사용될 예정입니다. 코파일럿 챗을 이용하면 ChatGPT와 동일한 대화를 VS Code에서 할 수 있습니다. 이 기능을 사용하는 장에서 더 자세한 내용을 설명합니다.

설치 과정에서 문제가 발생하면 앞서 언급한 관련 웹 페이지의 상세 설정 안내를 참조하기 바랍니다.

2.3   VS Code에서 코파일럿으로 작업하기

이제 환경 설정이 완료됐으므로 그림 2.1에 표시된 VS Code의 사용자 화면을 살펴봅시다. (왼쪽 중앙/상단에 있는 탐색기 아이콘을 클릭하면 그림과 같은 화면을 볼 수 있습니다.) 그림 2.1은 다음과 같은 영역으로 나뉩니다.

- **활동 표시줄** – 맨 왼쪽에는 파일 폴더(디렉터리라고도 함)를 열거나 확장 프로그램을 설치할 수 있는 활동 표시줄입니다(이전 절에서 깃허브 코파일럿 확장 프로그램을 설치할 때 사용했던 방식으로 사용합니다).

- **사이드 바** – 사이드 바에는 현재 활동 표시줄에서 열려 있는 항목이 표시됩니다. 그림 2.1에서는 활동 표시줄의 탐색기를 선택했으므로 사이드 바에는 현재 폴더의 파일 목록이 표시됩니다.

- **편집기 영역** – 코드 작성에 주로 사용하는 영역입니다. 편집기 영역은 클립보드를 사용하여 텍스트를 작성, 편집, 복사, 붙여넣기할 수 있다는 점에서 다른 텍스트 편집기와 유사합니다. 하지만 코드 작업에 최적화되어 있습니다. 이 책에서는 이 영역을 주로 코파일럿에 코드 생성을 요청한 다음 해당 코드를 테스트하는 방식으로 사용할 예정입니다.

- **출력 및 터미널 영역** – 코드의 출력 결과나 발생한 오류 등을 보기 위한 영역입니다. PROBLEMS, OUTPUT, DEBUG CONSOLE, TERMINAL 항목이 있습니다. 우리는 주로 PROBLEMS 항목을 사용합니다. TERMINAL 항목에서는 파이썬 코드를 실행했을 때의 출력 결과 및 오류를 확인할 수 있습니다.

이전 절에서 코파일럿을 올바르게 설정했다면 그림 2.1과 같이 오른쪽 하단에 코파일럿 로고(또는 이와 유사한 로고)가 표시됩니다.

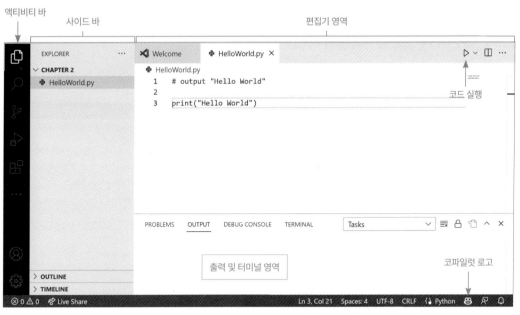

그림 2.1 VS Code의 사용자 화면[3]

3　VS Code. "User Interface" https://code.visualstudio.com/docs/getstarted/userinterface Accessed Apr. 9, 2023.

2.3.1 작업 폴더 설정

VS Code 왼쪽 화면 상단의 활동 표시줄을 확인해 보세요. 탐색기가 맨 위에 표시되어 있습니다. 탐색기를 클릭했을 때 "No Folder Open"이라고 뜬다면 [Open Folder...]([Ctrl]+[K]+[O]) 버튼을 클릭하고 컴퓨터에서 실습할 폴더를 선택합니다(또는 폴더 이름을 fun_with_copilot으로 새로 만듭니다). 이렇게 폴더를 열고 나면 폴더 자체가 작업 영역이 되므로 이 장의 뒷부분에 사용할 데이터 파일이나 앞으로 작성할 코드 파일들도 해당 폴더에 있어야 합니다.

파일을 찾을 수 없거나 누락됐다는 오류

파일이 누락됐다는 오류 메시지가 표시되는 경우, 이 오류는 자주 겪게 될 오류이니 안심하세요. 이 오류는 파일을 작업 폴더에 넣지 않았기 때문에 생긴 오류일 수 있습니다. 이 경우 파일을 올바른 폴더로 복사하거나 이동하면 쉽게 해결됩니다. 가끔 폴더를 살펴보면 파일이 있지만 VS Code에서 코드를 실행할 때 파이썬 인터프리터가 파일을 찾지 못하는 경우가 있습니다. (이 책을 집필할 때 저자에게도 이런 일이 발생했습니다!) 이런 상황에는 VS Code의 탐색기를 사용해 코드가 있는 폴더와 원하는 파일을 열어야 합니다(그림 2.1의 사이드바를 참조하세요).

2.3.2 설정이 제대로 동작하는지 확인

이제 모든 설정이 제대로 되었는지, 코파일럿이 잘 동작하는지 확인해 보겠습니다. 이를 위해 먼저 코드를 저장할 새 파일을 생성합니다. [File] 〉 [New File](그림 2.2 참조)로 이동한 다음 [Python File](그림 2.3)을 선택하면 됩니다.

그림 2.2 VS Code에서 새 파일 생성

그림 2.3 새 파일에서 파이썬 파일 선택

파일을 만든 후에는 파일을 저장합니다. [File] 〉 [Save As]로 이동해 이 파일의 이름을 'first_Copilot_ program.py'로 지정합니다.

다음으로 텍스트 편집기에서 아래 내용을 입력합니다.

```
# 화면에 "Hello Copilot"을 출력합니다.
```

VS Code 편집기에서 사용자가 작성하는 프롬프트와 코드는 굵은 글꼴로 표시됩니다. 이를 통해 사용자가 작성한 내용과 코파일럿이 제공한 코드 및 코멘트를 구분할 수 있습니다. 프롬프트의 시작 부분에는 # 기호를 꼭 달아야 합니다. 이는 사용자가 작성한 내용을 주석 처리하겠다는 것을 의미합니다(VS Code 색상 팔레트에 따라 생성하려는 코드와 다른 색상으로 출력됩니다). 주석은 코드가 **아닙니다**. 컴퓨터는 코드만 실행하고 주석은 실행하지 않습니다. 주석은 원래 개발자가 다른 개발자의 코드를 읽을 때 참고할 수 있게 코드 내용에 대해 사람이 읽을 설명을 달기 위해 고안됐습니다. 오늘날에는 주석의 목적이 확장되어 코파일럿에게 명령을 내리는 용도로도 사용됩니다.[4] 주석을 작성한 후(때로는 주석을 작성하는 와중에도) 코파일럿은 주석에 대한 결과를 제안합니다. 검색 엔진에 "New York T"를 입력하면 "New York Times"라고 자동 완성되는 것과 유사한, 그러나 훨씬 더 정교한 자동 완성 기능이라고 볼 수 있습니다.

코파일럿이 코드(또는 더 상세한 주석)를 입력하게 하려면 주석 마지막 줄에서 엔터를 눌러보세요. 커서가 새 줄로 넘어가면서 무언가 표시되는 것을 볼 수 있습니다. 사용자가 수락할 때까지 코파일럿의 제안은 연한 회색의 이탤릭체로 표시됩니다. 아직 제안이 표시되지 않으면 [Enter] 키를 한 번 더 눌러 코파일럿이 코드를 제안하도록 트리거해야 할 수도 있습니다. 위 코드의 경우는 다음과 같습니다.

```
# 화면에 "Hello Copilot"을 출력합니다.
print("Hello Copilot")
```

---

4   (옮긴이) 이렇게 주석을 이용해 명령을 내리는 문구를 '프롬프트'라고 부릅니다.

아직도 코파일럿의 제안이 표시되지 않는다면 [Ctrl]과 [Enter] 키를 동시에 눌러보세요. 그러면 화면 오른쪽에 새 창이 나타납니다. 이 창은 코드를 작성 중인 에디터 창 오른쪽에 생기며, GitHub Copilot Suggestions라는 이름으로 표시됩니다. 이 창이 나타나지 않으면 설정에 문제가 있는 것이므로 2.3절의 앞부분에서 소개한 웹사이트로 이동하여 모든 단계를 올바르게 수행했는지 다시 확인하거나 도움을 요청하는 것이 좋습니다.

코파일럿의 제안이 표시된다면 [Tab] 키를 눌러 제안을 수락합니다. 수락을 완료하면 이전에 연한 회색 이탤릭체로 표시되던 제안이 일반 글꼴로 표시되는 것을 확인할 수 있습니다:

```
# 화면에 "Hello Copilot"을 출력합니다.   ◀─ 우리가 작성한 프롬프트
print("Hello Copilot")   ◀─ 코파일럿이 작성한 코드
```

위 내용과 다른 코드가 표시된다면 1장에서 언급한 내용 때문일 수 있습니다. 코파일럿은 비결정론적이기 때문에 책과 다른 코드가 결과로 표시될 수 있습니다. 이 점을 언급하는 이유는 코파일럿이 사소한 실수를 해서 다음과 같은 코드가 표시되는 상황도 발생하기 때문입니다.

```
print "Hello Copilot"
```

이 약간의 차이("Hello Copilot" 앞뒤로 괄호가 없는 출력 결과)가 대수롭지 않아 보일 수도 있지만, 사실 매우 중요한 차이입니다. 파이썬 3 버전 이전에는 이것이 올바른 코드였으며, 파이썬 3 버전이 도입되면서 괄호 안에 데이터를 넣는 방식으로 바뀌었습니다. 우리는 파이썬 3를 실행하고 있는데 왜 이런 오류가 생기는지 의아한가요? 코파일럿은 일부 오래된 파이썬 코드도 함께 학습했기 때문입니다. 약간 귀찮게 느껴지지만, 이는 개발 초보자가 코파일럿을 사용하기 전에 겪을 오류의 힌트가 될 수 있습니다. 코파일럿이 제안하는 코드 대부분은 문법적으로 정확합니다. 반면 코드를 처음 작성하는 초보자라면 괄호가 누락되거나 콜론이 누락되어 시간을 낭비할 때가 많습니다.

올바른 코드를 얻었다면 "Hello Copilot"이 화면에 인쇄되는지 테스트해 보겠습니다. 먼저 [File] 〉 [Save]로 이동해 파일을 저장합니다. **실행하기 전에 꼭 파일을 저장하세요!**

파일을 실행하려면 그림 2.1을 참조하여 텍스트 편집기 오른쪽 상단 모서리의 삼각형 모양 코드 실행 아이콘을 클릭합니다. 아이콘을 누르면 하단의 터미널에 다음과 같은 내용이 출력됩니다.

```
> & C:/Users/YOURNAME/AppData/Local/Programs/Python/Python311/Python.exe
c:/Users/YOURNAME/Copilot-book/first_Copilot_program.py
Hello Copilot
```

〉 표시 옆의 첫 번째 줄은 컴퓨터가 코드를 실행하도록 명령한 것으로, 파이썬을 사용해 first_ Copilot_ program.py를 실행하라는 내용입니다. 두 번째 줄은 명령을 실행한 결과의 출력으로, 예상대로 "Hello Copilot"이라는 결과가 출력됩니다.

축하합니다! 첫 번째 코드를 작성했습니다! 이제 프로그래밍 환경이 올바르게 설정된 것을 확인했습니다. 다음 실습으로 넘어가기 전에 코파일럿으로 작업할 때 흔히 발생하는 몇 가지 문제를 해결하는 방법을 살펴보고 다음 예제에서 이 팁을 활용해 보겠습니다.

2.4　코파일럿을 사용할 때 자주 겪는 문제들

이제 막 코파일럿을 사용한 상황에 코파일럿의 일반적인 문제점에 대해 이야기하기에는 이른 감이 있지만, 이미 첫 번째 프로그램을 작성할 때 어려움을 겪으셨을 수도 있습니다. 향후에도 이러한 문제가 빈번히 발생할 수 있으므로 미리 짚고 넘어갑시다.

코파일럿을 사용할 때 흔히 겪는 몇 가지 문제가 있습니다. 코파일럿이 개선됨에 따라 점차 감소하겠지만, 이 글을 작성하는 시점에 발생할 수 있는 문제를 유형별로 살펴봅니다. 표 2.1의 문제 유형 외의 문제가 발생하더라도 아래에 설명한 팁이 도움이 되기를 바랍니다. 이 책의 웹사이트에 목록을 계속 추가해 나갈 예정이니 새로운 문제 유형을 발견했다면 언제든지 포럼에 문의해 주세요!

표 2.1 코파일럿을 사용할 때 자주 겪는 문제들

문제 유형	상세 설명	해결 방법
주석만 연달아 생성	코파일럿에 주석 기호(#)를 사용하여 프롬프트를 제공하면 다음 줄에 코드가 아니라 새로운 주석이 출력됩니다 예시 **# 화면에 "Hello Copilot"을 출력합니다** # 화면에 "Hello world"를 출력합니다 주석만 계속 생성되는 문제가 생기며, 때로는 똑같은 주석이 반복되는 경우도 있습니다. 이 경우 해결 방법 3(docstring 사용하기)을 참조하면 효과적으로 해결할 수 있습니다.	1. 주석과 코파일럿의 제안 결과 사이에 줄바꿈(Enter)을 추가해 코드로 전환할 수 있게 합니다. 2. 줄바꿈으로 문제가 해결되지 않는다면 주석을 의미하는 # 기호 없이 한두 글자의 코드를 작성해 보세요. 작성하려는 코드의 핵심 키워드 몇 글자를 입력하면 문제가 해결될 수도 있습니다. 예를 들어, 다음과 같이 코드의 앞 몇 글자를 입력하면 코파일럿이 코드의 나머지를 제안합니다. **# 화면에 "Hello Copilot"을 출력합니다.** pr

문제 유형	상세 설명	해결 방법
		3. 주석(#) 대신 다음과 같은 docstring 부호(""" """)를 사용합니다. """ 화면에 "Hello Copilot"을 출력합니다. """ 4. [Ctrl]+[Enter]를 사용해 코파일럿이 주석이 아닌 코드를 제안하는지 확인합니다.
잘못된 코드를 출력	코파일럿이 잘못된 코드를 제공하는 경우도 있습니다. (이 책에서 잘못된 코드를 구별하는 방법을 배우게 됩니다.) 또는 코파일럿이 프롬프트를 잘못 인식하기도 합니다. 그 결과 사용자가 요청한 문제와 다른 문제를 해결하려고 하는 것처럼 보일 수 있습니다. (특히 해결방안 3은 코파일럿이 새로운 방법을 인식하는 데 도움이 될 수 있습니다.)	이 책은 앞으로 계속 이 문제를 해결하는 방법을 다루겠지만, 우선 간략한 팁을 몇 가지 적어보겠습니다. 1. 필요한 사항을 더 잘 설명하도록 프롬프트를 변경해 보세요. 2. [Ctrl]+[Enter]를 사용하여 출력된 코파일럿의 제안 중 올바른 코드를 찾아보세요. 3. VS Code 프로그램을 닫고 잠시 기다렸다가 다시 시작하세요. 코파일럿 관련 캐시가 지워지며 새로운 제안을 받을 수 있습니다. 4. 문제를 더 작은 단계로 세분화해 프롬프트를 작성해 보세요(7장 참조). 5. 코드를 디버그합니다(8장 참조). 6. ChatGPT에 코드를 요청하고 그 제안을 VS Code에 입력해 보세요. 때때로 다른 대규모 언어 모델(LLM)을 사용한 결과가 다른 LLM이 막힌 부분을 해결하는 데 도움이 될 수 있습니다.
코파일럿이 아래와 같은 결과를 출력 # 여기에 코드를 입력하세요.	코파일럿이 프롬프트에 대한 제안으로 아래와 같이 직접 코드를 작성하라는 메시지를 출력합니다. # 여기에 코드를 입력하세요.	기존에 프로그래밍 강사가 학생들에게 풀라고 제공했던 문제와 비슷한 코드를 코파일럿에게 풀도록 요청했을 때 이런 일이 발생합니다. 강사가 학생들을 위한 과제 파일의 소스코드에 "**# 여기에 코드를 입력하세요.**"라는 주석을 남겨 학생들에게 나머지 코드를 작성해 두는 경우가 있습니다. 실제로는 결과와 무관하더라도 코파일럿이 이 주석까지 중요한 부분이라고 학습했기 때문에 "**# 코드를 작성하세요.**" 같은 결과가 출력됩니다. 이 경우 [Ctrl]+[Enter]를 사용한 제안에서 합리적인 해결 방법을 찾아보거나, 그래도 해결되지 않는 경우 잘못된 코드에 대한 해결 방법을 참조하기 바랍니다.

문제 유형	상세 설명	해결 방법
모듈 누락	코파일럿은 코드를 제공했으나, 개발 환경에 관련 모듈이 설치되지 않아 동작하지 않습니다. (모듈은 미리 빌드된 기능을 제공하기 위해 파이썬에 추가할 수 있는 라이브러리를 의미합니다.)	개발 환경에 새 모듈을 설치하는 방법은 2.5절의 '모듈' 섹션을 참조하세요.

2.5 첫 번째 프로그래밍 실습

이번 절의 목표는 두 가지입니다. 1) 코파일럿과 상호작용하는 작업 흐름을 살펴보고, 2) 복잡한 작업을 쉽게 해결해 보면서 코파일럿이 얼마나 강력한 기능을 가지고 있는지 알아보는 것입니다.

코파일럿의 작업 흐름에 대해서는 다음 장에서 더 자세히 다룰 예정이지만, 일반적으로 코파일럿으로 코드를 작성할 때는 다음 단계를 사용합니다.

1. 주석(#) 또는 독스트링(""")을 사용하여 코파일럿에 프롬프트를 작성합니다.

2. 코파일럿이 코드를 생성하게 합니다.

3. 코드를 읽고 테스트로 코드가 잘 동작하는지 확인합니다.

   a. 코드가 잘 동작하면 다시 1단계 작업으로 다음 코드를 생성합니다.

   b. 코드가 잘 동작하지 않으면 생성된 코드를 삭제하고 1단계로 돌아가 프롬프트를 수정합니다(표 2.1 참조).

이제 막 코파일럿을 설치한 마당에 너무 복잡한 예제를 보여주기가 조심스럽기는 하지만, 이번 예제는 코파일럿이 얼마나 강력한 기능을 제공하는지 확인하기에 좋을 것 같아 준비했습니다. 최대한 코파일럿을 직접 사용해서 실습을 따라 해 보고, 중간에 막힌다면 다음 장으로 넘어가 VS Code에서 코파일럿과 함께 작업하는 방법을 먼저 읽어보세요. 다음 장에서는 코파일럿으로 작업하는 과정을 더 자세히 설명합니다. 또한 이 장에서 코파일럿을 사용해 생성한 코드들을 이해할 필요는 없습니다. 코파일럿이 제공한 코드를 확인하기 위해 보여주는 것일 뿐이므로 이 장에서 보여주는 코드를 이해하려고 노력할 필요는 없습니다.

실습을 시작하기 위해 새 파일을 만들어 보겠습니다. VS Code를 열어서 새 파이썬 파일을 생성하고 nfl_stats.py라는 이름으로 저장합니다.

2.5.1 데이터 처리 작업에서의 코파일럿의 유용성

첫 번째 실습으로 업무나 개인 생활에서 자주 겪는 기본적인 데이터 처리를 코파일럿과 해보겠습니다. 실습에 필요한 데이터는 무료로 사용할 수 있는 수많은 데이터 세트가 있는 캐글(Kaggle)[5]이라는 웹사이트에서 가져옵니다. 이 사이트에서 제공하는 데이터로는 여러 나라의 건강 통계, 질병 확산 추적에 도움이 되는 정보 등 중요한 데이터가 많이 포함돼 있습니다. 그러나 첫 번째 실습이니만큼 좀 더 가벼운 주제를 다루겠습니다. 저자 두 명 모두 미식축구 팬이기 때문에 미식축구 리그(NFL)의 공격 관련 통계 데이터베이스를 활용했습니다.

먼저 www.kaggle.com/datasets/dtrade84/nfl-offensive-stats-2019-2022에서 데이터 세트를 다운로드합니다.

데이터 세트를 다운로드하려면 캐글에 가입해 계정을 만들어야 합니다. 가입을 원치 않는다면 VS Code 및 코파일럿을 사용한 코드 생성 실습 없이 이 장을 읽기만 해도 됩니다. 다운로드가 완료되면 zip 파일로 된 압축을 풉니다. 압축을 풀고 데이터 세트 파일(nfl_offensive_stats.csv)을 VS Code의 탐색기에서 열어둔 현재 폴더에 복사합니다. (Mac을 사용 중이고 파일이 .numbers 파일로 저장된 경우 [File] 〉 [Export]를 사용해 파일을 현재 작업 디렉터리에 CSV로 저장해야 합니다). 이 데이터 세트에는 2019년부터 2022년까지 NFL 정보가 포함되어 있습니다(그림 2.4 참조).

```
▦ nfl_offensive_stats.csv  ×

▦ nfl_offensive_stats.csv
   1   game_id,player_id,position  ,player,team,pass_cmp,pass_att,pass_yds,
   2   201909050chi,RodgAa00,QB,Aaron Rodgers,GNB,18,30,203,1,0,5,37,47,91,
   3   201909050chi,JoneAa00,RB,Aaron Jones,GNB,0,0,0,0,0,0,0,0,0,13,39,0,9
   4   201909050chi,ValdMa00,WR,Marquez Valdes-Scantling,GNB,0,0,0,0,0,0,0,
   5   201909050chi,AdamDa01,WR,Davante Adams,GNB,0,0,0,0,0,0,0,0,0,0,0,0,0,0
   6   201909050chi,GrahJi00,TE,Jimmy Graham,GNB,0,0,0,0,0,0,0,0,0,0,0,0,0,0,
   7   201909050chi,DaviTr03,WR,Trevor Davis,GNB,0,0,0,0,0,0,0,0,0,0,0,0,0,
   8   201909050chi,TonyRo00,TE,Robert Tonyan,GNB,0,0,0,0,0,0,0,0,0,0,0,0,0,0
   9   201909050chi,WillJa06,RB,Jamaal Williams,GNB,0,0,0,0,0,0,0,0,0,5,0,0,
  10   201909050chi,LewiMa00,TE,Marcedes Lewis,GNB,0,0,0,0,0,0,0,0,0,0,0,0,0,
  11   201909050chi,TrubMi00,QB,Mitchell Trubisky,CHI,26,45,228,0,1,5,20,27
  12   201909050chi,DaviMi01,RB,Mike Davis,CHI,0,0,0,0,0,0,0,0,0,5,19,0,8,7
  13   201909050chi,MontDa01,RB,David Montgomery,CHI,0,0,0,0,0,0,0,0,0,6,18
```

그림 2.4 nfl_offensive_stats.csv 데이터 세트의 시작 부분

---

5   캐글(Kaggle Inc.) https://www.kaggle.com/Accessed Apr. 9, 2023.

nfl_offensive_stats.csv 파일은 값이 쉼표로 구분된 텍스트 파일입니다. 이 파일은 데이터를 저장하는데 자주 사용되는 표준 형식입니다. 파일의 맨 첫 번째 줄에는 각 열이 어떤 항목인지 설명하는 헤더 행이 있습니다. 개발자(또는 컴퓨터)는 셀 사이의 쉼표로 열과 열 사이의 경계를 구분합니다. 또한 줄마다다른 행이 배치됩니다. 다행스럽게도 파이썬에는 CSV 파일을 읽기 위한 다양한 도구가 있습니다.

1단계: 2019년에서 2022년 사이에 애런 로저스(Aaron Rodgers) 선수가 던진 패싱 야드 합계는 몇 야드인가?

먼저 이 파일에 저장된 데이터를 살펴보겠습니다. 파일에 있는 내용을 미리 보려면 캐글 웹페이지의 'Detail' 항목에서 간략한 통계를 보거나, 파일을 VS Code나 엑셀 같은 프로그램에서 열면 됩니다. (파일을 엑셀로 여는 경우 다른 형식으로 저장되지 않도록 주의하세요. 파일을 .csv 형식으로 남겨둬야 하기 때문입니다.) 어떤 방법으로 열든 헤더 행의 시작 부분은 다음과 같습니다(그림 2.4 참조).

```
game_id,player_id,position ,player,team,pass_cmp,pass_att,pass_yds, …
```

이외에도 헤더 행에는 많은 항목이 있습니다. 그러나 위의 열들만으로도 1단계 질문을 해결할 수 있습니다. 이제 선수에 대한 열(player)과 패싱 야드에 대한 열(pass_yds)이 있다는 것을 알았습니다. 애런 로저스는 경기마다 패싱 야드를 갱신하는 선수입니다. 그렇다면 2019년부터 2022년까지 출전한 모든 경기에서 로저스가 기록한 패싱 야드의 총합은 얼마일까요? 파일의 행을 하나씩 찾아보는 것으로는 이 질문에 답하기가 어렵습니다. 우리는 컴퓨터로 이 문제를 더 쉽게 해결했으면 합니다.

player 열에 Aaron Rodgers라는 문자열이 들어 있는 행(경기)의 모든 패싱 야드(pass_yds)를 합산하고 싶습니다. 데이터 파일이 여러 시즌을 포함하고 있기 때문에 모든 야드를 요청하겠습니다. 원한다면 나중에 시즌별로 요청하는 방식으로 변경할 수도 있습니다. 이 문제는 일반적인 대학교 프로그래밍 입문 과정 수업의 4주차 정도에 제시하기에 좋은 수준의 문제입니다. 그러나 우리에게는 코파일럿이 있습니다! 이 코드를 처음부터 작성하는 방법을 배우는 대신 코파일럿이 코드를 생성하도록 요청할 것입니다. 올바른 결과를 출력하기 위해서는 코파일럿이 우리가 요청하는 바를 확실히 인식하도록 매우 구체적으로 프롬프트를 작성해야 합니다. 우선 일부 작업만 수행하도록 요청하고 다음 단계를 수행하도록 추가 프롬프트를 작성할 것입니다. 향후에 좋은 프롬프트를 작성하는 방법에 대해서 설명하겠지만, 지금은 이 텍스트를 새 파일의 맨 위에 작성해주세요.

```
"""
open the csv file called "nfl_offensive_stats.csv" and read in
```

```
the csv data from the file
"""

# """
# "nfl_offensive_stats.csv"라는 csv 파일을 열고 csv를 읽어 들입니다
# """
```

파이썬에서는 내용의 위쪽과 아래쪽을 """로 둘러싸는 주석 표기법을 독스트링이라고 부릅니다. 독스트링은 #으로 시작하는 주석과 유사한 방법입니다. 독스트링은 일반적으로 함수를 설명할 때 사용되지만 (함수에 대한 자세한 내용은 3장 참조), 이번 예제에서는 코파일럿이 주석을 연달아 생성하는 것을 방지하기 위해 사용합니다(표 2.1의 '주석만 연달아 생성' 참조). 이 프롬프트가 표시되면 코파일럿은 코드 생성을 시작합니다. 저자의 경우 다음과 같은 코드 블록이 생성됐습니다.

```
import csv
with open('nfl_offensive_stats.csv', 'r') as f:    ←── 파일 이름을 확인하세요.
    reader = csv.reader(f)
    nfl_data = list(reader)
```

먼저 이 책을 읽는 목적을 다시 한번 떠올려 봅시다. 이 책에는 코파일럿이 생성한 코드와 여러분이 작성한 프롬프트가 다른 방식으로 표시되어 있다는 점을 기억해 주세요. 이는 의도된 것으로 개발자가 작성해야 할 내용과 코파일럿이 작성한 내용을 구분하기 위함입니다.

두 번째로 코파일럿이 생성한 코드는 꽤 합리적입니다. 아직 코드를 이해할 필요는 없지만, 대강 열려는 파일의 이름과 파일 열기 및 읽기에 관한 코드가 생성된 것을 볼 수 있습니다. 책의 뒷부분에서 코드 읽는 방법을 배우게 될 테니 일단은 계속 따라 해 주세요.

이제 파일에서 데이터를 가져오는 코드를 완성했으므로 이 데이터에서 Aaron Rodgers의 모든 패싱 야드를 합산하도록 요청하는 새로운 프롬프트를 작성하겠습니다. 컴퓨터는 미식축구라는 스포츠나 Aaron Rodgers가 쿼터백 선수라는 사실과 같은 구체적인 정보를 알지 못하므로 매우 구체적인 설명이 필요합니다. 이 책을 통해 구체적인 프롬프트를 작성하는 방법을 알려드리겠습니다. 다음은 새롭게 작성해야 할 프롬프트입니다.

```
"""
In the data we just read in, the fourth column is the player
and the 8th column is the passing yards. Get the sum of
yards from column 8 where the 4th column value is
```

```
"Aaron Rodgers"
"""
# """
# 우리가 방금 읽어 들인 데이터에서 네 번째 열은 선수이고 8번째 열은 패싱 야드입니다
# 네 번째 열의 값이 "Aaron Rodgers"인 경우, 8번째 열에서 야드의 합계를 구합니다
# """
```

위 프롬프트는 어떤 열이 선수에 대한 열이고 어떤 열이 패싱 야드에 대한 열인지 컴퓨터에게 알려줍니다. 컴퓨터에게 데이터를 해석하는 방법을 설명하기 위해서입니다. 또한 선수 이름이 Aaron Rodgers인 경우에만 야드를 합산하고 싶다고 구체적으로 명시한 것을 주목하세요. 이처럼 차근차근 프롬프트를 작성하는 방법을 알려드리겠습니다. 이 프롬프트가 주어졌을 때 코파일럿은 다음 코드를 생성했습니다.

```python
passing_yards = 0
for row in nfl_data:
    if row[3] == 'Aaron Rodgers':
        passing_yards += int(row[7])
print(passing_yards)
```

알림: 코파일럿은 비결정적이다

1장에서 설명했듯이 코파일럿은 비결정론적이기 때문에 코파일럿이 제안하는 코드나 정보가 책과 일치하지 않을 수 있습니다. 이는 이 책에서 깊이 있게 다룰 문제입니다. 만약 잘못된 결과를 얻으면 어떻게 해야 할까요? 코파일럿이 정답을 제시할 것이라고 확신하지만, 코파일럿에서 잘못된 답을 얻는다면 VS Code에서 코파일럿과 씨름하던 것을 멈추고 이 장을 마저 읽으세요. 코파일럿이 틀린 답을 줄 때 코드를 수정하는 데 필요한 기술들은 책의 나머지 부분에서 배울 것이므로 지금 이 문제와 씨름하지 않기를 바랍니다.

코드를 실행하면(그림 2.1의 코드 실행 방법을 참조하세요) 정답인 **13852**라는 결과를 얻을 수 있습니다. (미식축구에 익숙하다면 이 수치가 합리적인지 대략 계산으로 추정해 볼 수 있습니다. 쿼터백 선수는 한 시즌에 3,000~5,500야드를 던지는데, 우리가 가진 데이터는 세 시즌 분량의 데이터이므로 세 시즌 동안 13,852야드는 실력 좋은 쿼터백 선수가 내기에 적합한 성과입니다.) 위 결과에서 특히 흥미로운 점은 우리는 코파일럿에 세 번째 프롬프트를 제공하여 결과를 출력하도록 요청할 계획이었지만 코파일럿이 우리가 원하는 것을 추측하고 스스로 수행했다는 것입니다.

이 예제(및 이 장의 나머지 부분)를 통해 얻을 수 있는 통찰은 다음과 같습니다.

1. **코파일럿은 강력한 도구입니다.** 위 예제에서는 직접 코드를 작성하지 않고도 코파일럿을 이용해 데이터 분석에 필요한 코드를 생성할 수 있었습니다. 스프레드시트를 사용해 본 독자라면 엑셀과 같은 스프레드시트 응용 프로그램으로 이 작업을 수행하는 방법도 고려할 수 있겠지만, 코파일럿으로 코드를 작성하는 것만큼 쉽지는 않을 것입니다. 스프레드시트를 사용해 본 적이 없는 독자라면 기본적인 프롬프트 작성만으로도 이와 같은 올바른 코드와 결과를 얻을 수 있다는 사실에 놀랐으리라 생각합니다.

2. **해결하려는 문제를 작은 작업 단위로 나누는 것이 중요합니다.** 이 예제는 코드를 하나의 큰 프롬프트로만 작성(뒤에서 실습 예정)하거나 두 개의 작은 작업 단위로 나누어 작성했습니다. 큰 프롬프트는 우리가 사용한 두 개의 작은 작업과 거의 동일한 텍스트로, 하나의 프롬프트입니다. 코파일럿은 큰 프롬프트를 사용하면 대개 정답을 알려주지만, 가끔 실수도 합니다. 다음에 소개할 예제가 그 사례입니다. 하지만 해결할 문제를 더 작은 작업 단위로 나누면 코파일럿이 올바른 코드를 생성할 가능성이 크게 높아집니다. 이 책의 나머지 부분에서 큰 문제를 작은 작업으로 나누는 방법을 살펴볼 텐데, 이것이 프롬프트를 잘 사용하기 위한 가장 중요한 기술 중 하나이기 때문입니다. 다음 장은 코파일럿에게 부여하기에 적합한 작업 단위가 어떤 것인지를 파악하는 데 도움이 될 것입니다.

3. **우리는 여전히 어느 정도는 코드를 이해할 수 있어야 합니다.** 첫 번째로, 좋은 프롬프트를 작성하려면 컴퓨터가 알고 있는 것과 모르는 것에 대한 기본적인 이해가 필요하기 때문입니다. 코파일럿은 "애런 로저스의 패싱 야드 거리의 총합을 알려줘." 같은 프롬프트를 이해할 수 없습니다. 코파일럿은 데이터가 저장된 위치, 데이터의 형식, 선수와 패싱 야드에 해당하는 열, 애런 로저스가 선수라는 사실을 파악할 수 없기 때문입니다. 코파일럿에게 이런 정보를 함께 설명해야만 올바른 결과를 얻을 수 있습니다. 두 번째 이유는 개발자가 코파일럿의 코드가 합리적인지 판단해야 하기 때문입니다. 저자들은 코파일럿의 응답을 읽을 때 코드를 읽는 방법을 알고 있기 때문에 생성된 코드가 합리적인지 판단할 수 있었습니다. 이 작업을 수행할 수 있어야 하므로 4장과 5장에서는 코드 읽기에 대해 설명합니다.

4. **테스트는 중요합니다.** 개발자에게 테스트란 예상치 못한 상황에서도 코드가 올바르게 동작하는지 확인하는 과정을 의미합니다. 이번 실습에서는 하나의 데이터 세트에 대해 추정치를 사용하여 코파일럿의 답변이 타당한지 확인하는 것 외에는 테스트에 많은 시간을 할애하지 않았지만, 일반적으로 테스트는 코드 작성 과정의 중요한 부분이므로 더 많은 시간을 할애해야 합니다. 코드 오류는 부끄러운 상황(열성적인 미식축구 팬인 친구에게 특정 선수의 패싱 야드를 잘못 알려주는 경우)부터 위험한 상황(자동차의 소프트웨어가 잘못 동작하는 경우)에 이르기까지 다양한 경우를 초래하며, 기업이 잘못된 분석에 따라 의사결정을 내릴 경우 막대한 비용을 초래하기도 합니다. 개발자가 코드를 읽는 방법을 알고 있고, 코드가 정확해 보여도 실제로는 제대로 동작하지 않는 경우도 허다합니다! 이러한 문제를 해결하려면 코파일럿이 생성한 모든 코드가 제대로 동작하는지 확인해야 합니다. 이후 장에서 코파일럿의 코드를 엄격하게 테스트하는 방법을 알아보겠습니다.

코파일럿의 기능을 보여주기 위한 예제를 계속 진행하겠습니다. 코파일럿에서 프롬프트를 작성하고 코드를 실행하거나 그냥 읽어보면서 자유롭게 따라 해 보세요.

2단계: 해당 기간 동안 모든 쿼터백 선수는 어느 정도의 성적을 냈나?

애런 로저스가 얼마나 잘하는 선수인지를 아는 것은 흥미롭습니다. 하지만 더 의미 있는 분석은 그의 성과를 같은 기간 동안 뛴 다른 쿼터백 선수들과 비교해 통계를 내는 것입니다. 쿼터백은 공을 던지는 것이 주력 포지션이기 때문에 다른 쿼터백 선수들과만 비교하고자 합니다. 같은 선수가 러닝백 같은 유사 포지션으로 뛴 경기를 제외하고 쿼터백으로 뛴 경기만 포함하려면 잠시 데이터로 돌아가야 합니다. 데이터의 세 번째 열은 포지션이며 **QB**가 쿼터백을 의미합니다. 따라서 코파일럿이 제공한 모든 코드(처음 작성했던 주석이 만들어낸 모든 코드)를 삭제하고 다시 시작하겠습니다. 이전처럼 각 단계를 설명하지는 않겠습니다. 코드 2.1은 코파일럿과의 전체 상호작용 결과로, 코파일럿이 제공한 코드와 별도로 강조 표시된 프롬프트가 있습니다.

코드 2.1 상위 쿼터백을 분석하기 위한 코파일럿의 코드

```
"""
open the csv file called "nfl_offensive_stats.csv" and
read in the csv data from the file
"""
```
데이터를 읽어오는 첫 번째 프롬프트

```
# """
# "nfl_offensive_stats.csv"라는 csv 파일을 열고 csv를 읽어 들입니다
# """
# import the csv module
import csv
# open the csv file
with open('nfl_offensive_stats.csv', 'r') as f:
    # read the csv data
    data = list(csv.reader(f))
```
코파일럿의 응답에 주석이 포함됨. 프롬프트는 굵은 글씨로, 코파일럿으로부터 받은 주석은 일반 글씨로 표시

```
"""
the 3rd column in data is player position, the fourth column
is the player, and the 8th column is the passing yards.
For each player whose position in column 3 is "QB",
determine the sum of yards from column 8
"""
```
데이터 분석을 위한 두 번째 프롬프트

```
# """
# 데이터의 세 번째 열은 선수의 포지션, 네 번째 열은 선수이며, 8번째 열은 패싱 야드입니다
# 세 번째 열의 포지션이 "QB"인 각 선수에 대해 8번째 열에서 야드의 합계를 결정합니다
# """
# create a dictionary to hold the player name and passing yards
```

```
passing_yards = {}

# loop through the data
for row in data:
    # check if the player is a quarterback
    if row[2] == 'QB':
        # check if the player is already in the dictionary
        if row[3] in passing_yards:
            # add the passing yards to the existing value
            passing_yards[row[3]] += int(row[7])
        else:
            # add the player to the dictionary
            passing_yards[row[3]] = int(row[7])

"""
print the sum of the passing yards sorted by sum
of passing yards in descending order
"""
# """
# 패싱 야드의 합계를 내림차순으로 정렬하여 출력합니다
# """
for player in sorted(passing_yards, key=passing_yards.get, reverse=True):
    print(player, passing_yards[player])
```

결과를 인쇄하라는 세 번째
프롬프트

코드 2.1의 경우 코파일럿에 세 개의 프롬프트를 제공했습니다. 첫 번째는 입력 데이터를 처리하는 프롬프트, 두 번째는 데이터를 처리하는 프롬프트, 세 번째는 응답을 출력하는 프롬프트입니다. 입력 데이터, 데이터 처리, 출력 제공의 이 사이클은 프로그래밍 작업에서 매우 일반적입니다.

코파일럿이 출력한 결과는 수년 간 프로그래밍을 가르쳐온 저자들로서는 매우 인상적인 결과입니다. 대학교 수준의 수업에서 기말고사 때 학생들에게 이와 같은 문제를 풀라고 하면 제대로 풀 수 있는 학생이 절반도 되지 않습니다. 결과를 자세히 설명하지는 않겠지만, 코파일럿은 딕셔너리(파이썬에서 데이터를 저장하는 방식 중 하나)를 사용하여 데이터를 저장하는 좋은 방법을 선택했고, 결과를 표시할 때 도움이 되도록 데이터를 정렬하는 영리한 방법까지 사용했습니다.

코드를 실행했을 때 출력된 결과의 맨 앞 다섯 줄은 다음과 같습니다.

```
Patrick Mahomes 16132
Tom Brady 15876
Aaron Rodgers 13852
Josh Allen 13758
Derek Carr 13271
```

미식축구를 좋아한다면 이 결과가 놀랍지 않을 겁니다. 이제 코파일럿이 우리의 요청을 얼마나 잘 받아들이는지 알아보기 위해 약간의 변화를 시도해 봅시다. 톰 브래디는 이미 역대 최고의 쿼터백 선수로 인정받고 있으므로 이 비교에서 그를 생략한다고 가정해 보겠습니다.

이러한 변경을 수행하려면 코드 2.1의 세 번째 프롬프트를 약간만 수정하면 됩니다. 코드에서 다음 지점으로 이동합니다.

```
"""
print the sum of the passing yards sorted by sum
of passing yards in descending order
"""
# """
# 패싱 야드의 합계를 내림차순으로 정렬하여 출력합니다
# """
for player in sorted(passing_yards, key=passing_yards.get, reverse=True):
    print(player, passing_yards[player])
```

독스트링 아래의 코드를 삭제하고 독스트링에 한 줄을 추가합니다.

```
"""
print the sum of the passing yards sorted by sum
of passing yards in descending order
Do not include Tom Brady because he wins too much
"""
# """
# 패싱 야드의 합계를 내림차순으로 정렬하여 출력합니다
# 너무 많이 이기는 Tom Brady는 제외합니다
# """
```

이제 코파일럿이 다른 코드를 제안합니다.

```
for player in sorted(passing_yards, key=passing_yards.get, reverse=True):
    if player != "Tom Brady":   ◄──
        print(player, passing_yards[player])
```

데이터에서 Tom Brady를 제외하는 코드

바로 이 부분이 코드에서 변경하려 했던 부분입니다. 이 코드는 결과를 출력할 때 톰 브래디에 대한 모든 데이터를 제외했습니다. 이 파일을 저장하고 실행하면 결과 코드의 처음 다섯 줄은 이제 다음과 같습니다.

```
Patrick Mahomes 16132
Aaron Rodgers 13852
Josh Allen 13758
Derek Carr 13271
Matt Ryan 13015
```

3단계: 비교하기 쉽게 통계를 시각화하자

3단계는 코파일럿의 유용성을 다시금 보여주는 예제입니다. 모든 쿼터백 선수에 대한 통계표는 유용한 분석이 될 수 있습니다. 하지만 시각화된 도표가 있다면 이 정보를 더 잘 표현할 수 있지 않을까요? 코파일럿에게 그래프를 그려달라고 요청할 수 있을까요? 우리는 성과가 좋은 쿼터백 선수에게만 관심이 있으므로 데이터가 수집된 기간 동안 4,000야드 이상 던진 쿼터백 선수들만 추려내어 그래프를 그리기로 결정했다고 가정해 보겠습니다. 물론 코파일럿에 데이터를 시각화하도록 요청하면 몇 가지 새로운 문제가 발생할 수 있지만, 일단 시도해 보겠습니다.

위에서 작성한 코드 끝에 다음 주석을 추가합니다.

```
"""
plot the players by their number of passing yards only for
players with more than 4000 passing yards
"""
# """
# 패싱 야드가 4000야드 이상인 선수들을 대상으로
# 패싱 야드 수를 plot으로 표시합니다
# """
```

코드 2.2는 코파일럿이 위 프롬프트에 대한 응답으로 제공한 코드입니다.

코드 2.2 코파일럿이 제안한 쿼터백 선수에 대한 데이터 시각화 코드

```python
import matplotlib.pyplot as plt
import numpy as np

# create a list of players
players = []
# create a list of passing yards
yards = []
# for each player in the dictionary
for player in passing_yards:
    # if the player has more than 4000 passing yards
    if passing_yards[player] > 4000:
        # add the player to the list of players
        players.append(player)
        # add the passing yards to the list of passing yards
        yards.append(passing_yards[player])
# create a numpy array of the passing yards
yards = np.array(yards)
# create a numpy array of the players
players = np.array(players)
# sort the players by the passing yards
print(np.argsort(yards))
players = players[np.argsort(yards)]
# sort the passing yards
yards = np.sort(yards)
# create a figure
plt.figure()
# create a bar chart of the players and their passing yards
plt.bar(players, yards)
# rotate the x axis labels
plt.xticks(rotation=90)
# show the plot
plt.show()
```

코파일럿은 (비결정론적이기 때문에) 이 프롬프트를 제공할 때마다 약간씩 다른 코드와 그래프를 출력합니다. 위 코드는 대표적인 결과 중 하나일 뿐이며, 코파일럿이 생성한 코드는 이 장의 앞부분에서 생성한 코드보다 눈에 띄게 발전했습니다. 코드를 자세히 살펴보려면 코드에 대한 심층적인 이해가 필요하므로 코드를 읽거나 해석하려는 시도는 생략하겠습니다. 큰 흐름을 보면, 그래프를 그리도록 설계된 파이썬의 모듈 맷플롯립(matplotlib)을 적절히 임포트하고, 넘파이라는 파이썬 모듈을 사용하여 꽤 수준 있는 데이터 조작을 수행했으며, 쿼터백 선수 이름을 회전하여 X축 레이블로 겹치지 않게 출력하는 센스까지 갖춘 코드임을 알 수 있습니다.

하지만 이 코드를 실행하면 문제가 발생할 수 있습니다. 코파일럿의 코드가 실행하려는 모듈이 컴퓨터에 설치되어 있지 않으면 모듈을 찾을 수 없다는 오류가 표시됩니다. 코파일럿은 깃허브의 코드를 통해 학습하기 때문에 사용자의 컴퓨터에 어떤 파이썬 모듈이 설치되어 있는지 알지 못합니다. 코파일럿이 학습한 코드를 사용한 개발자는 맷플롯립을 설치했을 가능성이 높으며, 그래프 그리기에 사용하기에 적합한 모듈은 맷플롯립이지만 맷플롯립은 파이썬의 기본 모듈이 아닙니다.

파이썬 모듈

파이썬 모듈은 프로그래밍 언어의 기능을 확장하는 역할을 합니다. 파이썬에는 많은 모듈이 있으며, 데이터 분석부터 웹 사이트 제작, 비디오 게임 제작에 이르기까지 다양한 작업에 도움이 될 수 있습니다. 코드에서 사용하는 파이썬 모듈은 코드의 import 문을 통해 확인할 수 있습니다. 범용적인 프로그래밍에서는 특정 모듈을 사용하지 않을 가능성이 높기 때문에 파이썬은 모든 모듈을 자동으로 설치하지 않습니다. 모듈을 사용하려면 해당 모듈이 포함된 패키지를 직접 설치해야 합니다.

이 오류를 해결하려면 맷플롯립을 설치해야 합니다. 다행히도 파이썬에서는 새 패키지를 쉽게 설치할 수 있습니다. VS Code의 오른쪽 하단에 있는 터미널로 이동하여 다음 명령어를 입력합니다:

```
pip install matplotlib
```

참고

일부 운영체제에서는 pip 대신 pip3라는 명령어를 사용해야 할 수도 있습니다. 윈도우 시스템에서는 pip를 사용하는 것이 좋습니다. Mac 또는 Linux 시스템에서는 pip3를 사용하는 것이 좋습니다.

이 명령을 실행하면 코드 2.2가 사용하고자 하는 다음 모듈인 numpy를 포함한 여러 모듈이 설치되는 것을 볼 수 있습니다. (맷플롯립은 자체적으로 파이썬 모듈을 필요로 하므로, 맷플롯립 자체 외에도 맷플롯립을 사용하는 데 필요한 모든 모듈을 설치합니다.) 코드를 다시 실행하면 그림 2.5와 같은 그래프가 표시됩니다.

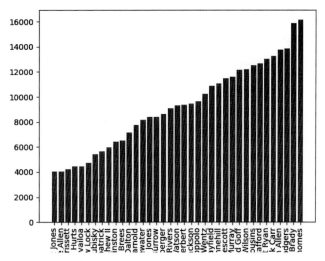

그림 2.5 코드 2.2의 코드가 생성한 플롯

이 막대 그래프에서 Y축은 패싱 야드 거리이고 X축은 선수의 이름입니다. 선수 이름은 최소 야드(최소 4,000야드)부터 최대 야드까지 정렬돼 있습니다. 물론 Y축 레이블이 없고 X축의 이름이 아래쪽에서 잘려나가기 때문에 완벽하지는 않지만, 코파일럿에 짧은 프롬프트만 제공한 결과임을 고려하면 꽤 인상적입니다. 그래프의 서식을 더 잘 지정하려면 계속 프롬프트를 추가하면 되지만, 이 장의 주요 목표인 코파일럿이 코드 작성에 얼마나 강력한 도구인지를 보여주고 코파일럿과 상호작용하는 방법에 대한 감을 잡는 것은 이미 달성했습니다.

실제로 이 장에서 우리는 많은 것을 성취했습니다! 개발 환경 설정을 완료하고 예제를 따라 해보셨다면 꽤 자부심이 느껴질 겁니다. 이제 소프트웨어 작성을 위한 큰 걸음을 내딛었습니다! 코파일럿 사용을 위한 환경을 설정하고, 첫 번째 문제를 해결하기 위한 코드를 작성했습니다. 또한 원하는 코드를 생성하기 위해 코파일럿에게 좋은 프롬프트를 작성하는 것부터 시작하여 코파일럿으로 소프트웨어를 작성하는 과정을 직접 해보았습니다. 이 장의 예제에서는 프롬프트를 변경하거나 코드가 제대로 동작하지 않는 이유를 파악하기 위해 디버깅하는 과정 없이도 코파일럿이 원하는 코드를 제공했습니다. 하지만 코드를 테스트하거나 프롬프트를 변경하고 때때로 코드가 잘못된 이유를 이해하려고 노력해야 하는 경우가 종종 있습니다. 이러한 전체 과정을 우리는 AI 어시스턴트 개발 과정이라고 부릅니다. AI 어시스턴트 개발 과정에 대해서는 다음 장에서 자세히 살펴보겠습니다.

요약

- 책의 예제에 맞춰 직접 코드를 작성할 수 있도록 파이썬과 VS Code를 설치하고 코파일럿을 설정했습니다.

- 이 책에서 사용하게 될 편집기인 VS Code의 사용자 인터페이스에는 파일 관리, 코드 편집, 코드 실행을 위한 영역이 있습니다.

- 프롬프트는 코파일럿에게 코드를 생성하도록 지시하는 방법으로, 잘 작성하면 매우 효과적인 프로그래밍 방법이 될 수 있습니다.

- 데이터 분석은 일반적인 프로그래밍 작업이며, CSV 파일은 컴퓨터가 처리할 데이터를 저장하는 일반적인 방법입니다.

- 코파일럿은 추가 모듈을 설치해야 하는 코드를 생성하기도 합니다.

- 코파일럿은 대학교 수준의 프로그래밍 과정을 마친 입문자가 만든 것 이상으로 정교한 코드를 생성할 수 있는 강력한 도구입니다.

기능 설계

이 장에서는 다음 내용을 다룹니다.

- 함수를 파이썬 프로그래밍에 도입하기
- 코파일럿으로 할 수 있는 작업
- 코파일럿과 상호작용할 때의 기본 작업 흐름
- 코파일럿을 사용한 함수 작성 모범 사례

프로그래밍 입문자가 코파일럿을 이용할 때 어려운 것 중 하나는 코파일럿에게 프롬프트로 요청했을 때 좋은 결과가 나올 수 있는 합리적 규모의 과제를 판단하는 것입니다. 코파일럿에게 너무 큰 과제를 주면 바로잡기 어려울 정도로 큰 실패를 하는 경우가 많습니다. 그렇다면 합리적인 작업 수준이란 어느 정도일까요?

이 질문은 코파일럿을 사용할 때뿐만 아니라, 전반적인 개발 프로세스에서 꽤나 중요한 질문입니다. 인간 개발자에게도 복잡성은 큰 문제입니다. 숙련된 개발자들도 너무 복잡한 문제를 더 작은 작업 단위로 나누지 않고 코드를 작성하려고 하면 어려움을 겪습니다. 사람들은 이 문제를 해결하기 위해 작업 단위별로 하나의 함수를 만들어 사용합니다. 합리적인 함수 작성법에 대해서는 다양한 경험 법칙이 있지만, 기본적으로 1) 단일 작업을 수행하며 2) 제대로 이해하기 어려울 정도로 복잡하지 않게 함수를 작성한다는 원칙을 따릅니다.

코파일럿 없이 프로그래밍을 배운다면 함수를 배우기 전까지 한 달 정도는 5~10줄 길이의 코드 구문을 작성하게 될 겁니다. 그다음 함수를 배울 때 즈음에서야 테스트와 디버깅을 위해서 함수 하나에 너무 긴 코드를 작성하지 말라는 이야기를 듣게 됩니다. 그러나 이 장에서는 문법 위주가 아니라 코파일럿으로 작업하는 방법을 배우기 때문에 간략히 코파일럿에게 단일 함수 수준에서 해결하도록 요청해도 되는 작업과 단일 함수로 작성하도록 요청하지 말아야 할 작업이 무엇인지 설명하겠습니다.

이 장에서는 함수가 무엇인지 익히는 데 도움이 되는 여러 예제를 제공합니다. 이러한 예제에서 코파일럿과 상호작용하는 주요 흐름, 즉 프롬프트를 작성하고 코파일럿에서 코드를 받은 다음 해당 코드가 올바른지 테스트하는 작업 과정을 진행하겠습니다. 이 과정에서 코파일럿이 생성하는 함수에서 반복문, 조건문, 리스트 등 프로그래밍의 핵심 개념을 보게 될 텐데, 이들에 대해서는 이어지는 두 장에서 자세히 살펴볼 예정입니다.

3.1   함수

함수 작성을 자세히 배우기 전에 소프트웨어에서 함수를 왜 쓰는지를 먼저 알아보겠습니다. 함수는 더 큰 작업을 수행하는 데 도움이 되는 작은 작업 단위이며, 프로그램은 이 작은 작업들을 통해 더 큰 작업을 해결하는 방식으로 동작합니다. 다음 예제를 바탕으로 큰 작업을 작은 작업으로 나누는 것에 대해 이해해 봅시다.

신문에서 단어 맞추기 퍼즐을 발견했다고 가정해 보세요(퍼즐의 예는 그림 3.1 참조). 이런 종류의 퍼즐은 단어 목록에 적힌 각 단어를 주어진 그림에서 찾게 됩니다. 단어는 왼쪽에서 오른쪽, 오른쪽에서 왼쪽, 위에서 아래, 또는 아래에서 위 방향으로 찾게 됩니다.

R	M	E	L	L	L	D	I	L	A	Z	K
B	F	W	H	F	M	O	Z	G	L	Z	C
B	D	T	U	C	N	G	S	L	S	H	A
Y	Y	O	F	U	N	C	T	I	O	N	T
F	A	H	S	I	L	T	A	S	K	O	C
H	N	H	J	O	H	E	L	L	O	C	A
Y	F	M	P	I	P	W	L	B	T	R	J
L	N	S	J	N	E	Z	Y	Z	Z	I	T

그림에서 아래 목록에 있는 단어를 찾아보세요.

CAT   FUNCTION   TASK
DOG   HELLO

그림 3.1 단어 맞추기 퍼즐 예시

단어 맞추기 퍼즐을 할 때 고수준의 작업은 '그림에서 목록에 있는 단어 모두 찾기'입니다. 안타깝게도 이러한 설명은 (프로그래밍에서) 문제 해결에 도움이 되지 않습니다. 문제를 해결하기 위해 어떤 단계를 거쳐야 하는지 설명하지 않았기 때문입니다.

지금 바로 이 문제를 해결해 보세요. 단어 맞추기 퍼즐을 완수하려면 어떻게 시작해야 할까요? 목표 달성 가능성을 높이려면 전체 작업을 어떻게 세분화해야 할까요?

"좋아, 모든 단어를 찾는 것은 큰 작업이지만 첫 번째 단어(CAT)를 찾는 것은 더 작은 작업이니까 그거부터 해보자!"라고 생각할 수 있습니다. 이런 방식이 큰 작업을 작은 작업 단위로 나누는 방법입니다. 전체 퍼즐을 풀려면 찾아야 하는 각 단어마다 이 작은 작업을 반복하면 됩니다.

그렇다면 CAT과 같은 개별 단어는 어떻게 찾을 수 있을까요? 이 작업도 더 쉽게 수행할 수 있도록 더 세분화하면 됩니다. 예를 들어 왼쪽에서 오른쪽으로 CAT이라는 단어가 되는지 찾기, 오른쪽에서 왼쪽으로 CAT 찾기, 위에서 아래로 CAT 찾기, 아래에서 위로 CAT 찾기 등 네 가지 작업으로 나눌 수 있습니다. 이렇게 문제를 세분화하면 작업이 더 단순해질 뿐 아니라 논리적으로 정리됩니다. 여기서 가장 중요한 것은 코파일럿에게 코드를 작성하도록 요청하고 궁극적으로 완전한 프로그램으로 만드는 것은 바로 이러한 간단한 작업을 순서대로 조립한 결과라는 점입니다.

큰 문제를 작은 작업으로 나누는 것을 **문제 분해**라고 하며, 이는 소프트웨어 설계에서 가장 중요한 기술입니다. 이 책의 후반부 한 장 전체를 문제 분해에 할애하고, 이에 관해 설명했습니다. 당장은 코파일럿에게 요청하기에 너무 큰 작업이 어느 정도인지를 아는 것이 중요합니다. 워드스케이프와 워들[1]을 결합한 새 게임을 만들어 달라고 코파일럿에게 요청하는 것은 효과가 없을 겁니다. 하지만 코파일럿에게 큰 문제를 해결하는 데 필요한 함수를 작성하도록 요청할 수는 있습니다. 예를 들어 사용자가 제공한 단어가 유효한 단어 목록에 있는지 확인하는 함수를 요청할 수 있습니다. 코파일럿은 이런 작은 단위의 문제를 해결할 수 있으며, 이 함수는 코파일럿이 더 큰 문제를 해결하는 데 사용됩니다.

3.1.1 함수의 구성 요소

프로그래밍의 함수라는 이름은 수학의 개념에서 차용됐습니다. 함수는 입력값에 따른 출력을 정의하는 것입니다. 예를 들어, $f(x) = x^2$이라면 x가 6일 때 $f(x)$는 36이 됩니다. 프로그래밍에서의 함수도 특정 입력값에 따르는 출력이 있기 때문에 그와 유사합니다.

---

1 (옮긴이) 모두 단어 맞추기 퍼즐 게임의 일종입니다.

개발자인 우리는 함수를 약속이나 계약으로 생각하기도 합니다. larger라는 함수가 두 개의 숫자를 입력받아 둘 중 더 큰 값을 반환하는 함수라면, 함수에 숫자 2와 5를 주면 5라는 답을 반환할 것입니다. 브레이크 페달을 밟기 위해 자동차의 전체 동작을 알 필요는 없듯이, 함수를 사용하기 위해 그 함수가 어떻게 동작하는지 알 필요는 없습니다. 브레이크를 밟으면 차의 속도가 느려지듯 함수에 두 개의 숫자를 입력하면 둘 중 더 큰 숫자가 반환될 뿐입니다.

파이썬의 모든 함수에는 함수의 첫 번째 코드 줄인 함수 헤더(시그니처라고도 함)가 있습니다. 함수의 헤더는 함수의 이름과 입력에 관해 설명합니다. 다른 언어에서는 헤더에 출력에 관한 정보를 포함하는 경우도 있으나 파이썬에서는 코드의 출력에 대한 내용은 다른 곳에 적습니다.

2장에서 코파일럿에 #을 이용한 주석으로 무엇을 할지 알려주었습니다. 코파일럿에게 함수 설계를 요청할 때도 이 방식으로 지시합니다. 예를 들어 주석을 사용하여 두 숫자 중 어느 것이 큰지 알려주는 함수를 작성하도록 요청해 보겠습니다.

```
# write a function that returns the larger of two numbers
# input is two numbers
# output is the larger of the two numbers
# 두 수 중에서 더 큰 수를 반환하는 함수를 작성합니다
# 입력은 두 개의 숫자입니다
# 출력은 두 숫자 중 더 큰 숫자입니다
def larger(num1, num2):    ◀── 이 줄이 함수 헤더
    if num1 > num2:
        return num1
    else:
        return num2
```

2장과 마찬가지로, 코파일럿에게 주석으로 함수에 관한 코드를 요청했습니다. 함수 헤더에는 세 가지 주요 구성 요소가 있습니다. 1) 함수임을 알려주는 키워드, 2) 함수의 이름, 3) 함수에 대한 입력값입니다. 헤더 줄 끝에는 콜론이 있어야 하며, 콜론을 포함하지 않으면 유효한 파이썬 코드로 인식되지 않습니다. def라는 키워드는 함수를 생성(정의)하고 있음을 나타냅니다. def 뒤에는 함수의 이름이 오는데, 함수의 동작을 잘 설명하는 이름으로 짓는 것이 좋습니다. 이 함수의 이름은 larger라고 지었습니다. 함수가 여러 가지 작업을 해서 함수의 이름을 짓기가 까다롭다면 아마 단일 함수로 처리하기에는 너무 큰 작업을 하나의 함수에 넣은 것일 수 있으므로 고민해 볼 여지가 있습니다. 곧 이 문제를 다뤄보겠습니다.

함수 선언의 괄호 안에 작성된 것은 매개변수입니다. 매개변수는 함수가 실행하는 데 필요한 정보를 제공하는 수단입니다. 함수에는 매개변수가 몇 개든지 포함될 수 있으며 일부 함수는 매개변수가 없습니다. 이 함수는 비교할 두 개의 숫자를 입력받아야 하므로 두 개의 매개변수가 괄호 안에 적혀 있습니다.

함수의 출력은 하나만 존재하며, 이 함수가 무엇을 반환하는지 알고 싶으면 return이라는 키워드를 살펴보면 됩니다. return 뒤에 오는 내용은 함수의 출력입니다. 이 코드에서는 num1 또는 num2가 반환됩니다. 함수가 꼭 무언가를 반환할 필요는 없으므로(예: 화면에 목록을 출력만 하는 함수는 아무것도 반환할 필요가 없음) return 문이 보이지 않는다고 해도 다른 작업(예: 사용자와의 상호작용)을 하기 때문에 문제 있는 함수는 아닙니다. 무언가를 반환하는 함수도 있고 반환하지 않는 함수도 있습니다. 특정 상황에는 무언가를 반환하고, 어떤 상황에는 아무것도 반환하지 않을 수 있습니다.

우리는 간단한 주석으로 larger 함수를 생성했지만, 코파일럿은 우리가 입력한 주석을 읽고 꽤 많은 작업을 했습니다. 먼저 필요한 매개변수의 수를 파악하는 등 헤더를 올바르게 생성했습니다. 그다음 함수의 실제 동작 코드를 올바르게 생성했습니다.

이제 코파일럿에게 함수에 대한 코드를 작성하라고 지시하는 다른 방법을 살펴보겠습니다. 이 방법은 코드를 더 정확하게 생성하고 함수가 수행하려는 작업을 더 잘 설명하는 데 도움이 되는 방법입니다. 이 방법에는 독스트링 작성이 포함되며, 이 책의 대부분 내용은 함수 작성에 독스트링을 사용할 것입니다.

독스트링(Docstring) – 함수의 동작을 설명하는 문자열

독스트링은 파이썬 개발자가 함수를 설명하는 방식입니다. 함수 헤더 뒤에 주로 작성하며 따옴표 세 개로 시작하고 따옴표 세 개로 끝납니다.

헤더와 독스트링을 작성하면 코파일럿이 더 쉽게 올바른 코드를 생성할 수 있습니다. 헤더에서는 함수 이름을 결정하고 함수에 사용할 각 매개변수의 이름을 입력합니다. 함수 헤더의 다음 줄에는 코파일럿에게 독스트링으로 함수가 수행할 작업을 알려줍니다. 그러면 코파일럿이 함수에 대한 코드를 생성합니다. 사용자가 프롬프트에 함수 헤더를 제공하면 코파일럿이 헤더를 통해 기본 사항을 학습할 수 있으므로 실수할 가능성이 줄어듭니다.

larger 함수를 작성하기 위해 주석이 아닌 독스트링을 사용하는 방식은 다음과 같습니다.

```
def larger(num1, num2):
    """
    num1 and num2 are two numbers.
```
독스트링으로 함수의 내용을 설명

```
Return the larger of the two numbers.              독스트링으로 함수의 내용
"""                                                을 설명
# """
# num1과 num2는 두 숫자입니다
# 두 숫자 중 더 큰 숫자를 반환합니다
# """
if num1 > num2:
    return num1
else:
    return num2
```

우리가 작성한 함수 헤더와 독스트링에 이어서 코파일럿이 함수 본문을 제공했습니다.

3.1.2 함수 사용

함수를 만들고 나면 어떻게 사용할 수 있을까요? f(x) = x²의 비유에서, 함수가 36을 반환하게 하기 위해 x에 6이라는 값을 어떻게 부여할 수 있을까요? 방금 작성한 larger 함수를 사용해 코드에서 이 작업을 수행하는 방법을 살펴봅시다.

함수를 사용하려면 함수를 호출해야 합니다. 함수를 호출한다는 것은 특정 매개변수 값을 넣고 함수를 동작시키는 것을 의미합니다. 이러한 매개변수 값을 인자라고 합니다. 파이썬에서는 각 입력값에 맞는 자료형이 있으므로 적절한 자료형의 값을 제공하는 데 유의해야 합니다. 예를 들어, larger 함수는 두 개의 숫자가 입력되도록 작성되었는데, 숫자가 아닌 문자를 입력하면 제대로 동작하지 않습니다. 함수를 호출하면 함수는 코드를 실행하고 결과를 반환합니다. 이 결과를 나중에 사용할 수 있도록 남겨둬야 하며, 그렇지 않으면 사라집니다. 결과를 적어두기 위해 결과에 이름을 붙이는 변수가 필요합니다.

다음 코드는 코파일럿에게 함수를 호출하고 결과를 변수에 저장한 다음 그 결과를 인쇄하도록 요청합니다.

```
# call the larger function with the values 3 and 5
# store the result in a variable called result
# then print result
# 값 3과 5로 larger 함수를 호출합니다
# 결과를 result라는 변수에 저장합니다
# 그리고 result를 출력합니다
result = larger(3, 5)  ◀──────  값 3과 5를 입력값으로 사용해 larger 함수를 호출하고
print(result)                   결과를 result라는 변수에 저장
```

코드가 larger 함수를 잘 호출했습니다. 여는 괄호 뒤에 비교하려는 두 값을 넣었습니다. 함수가 완료되면 반환한 값을 result라는 변수에 할당합니다. 그런 다음 result를 인쇄합니다. 이 프로그램을 실행하면 5라는 값이 출력되는 것을 볼 수 있는데, 이는 앞서 함수에 넣은 두 값 중 5가 더 크기 때문입니다.

모든 세부 내용을 알 필요는 없지만, 함수를 호출하려면 다음처럼 코드를 작성한다는 것은 알아두면 좋습니다.

```
larger(3, 5)
```

함수 호출의 일반적인 형식은 다음과 같습니다.

```
function_name(argument1, argument2, argument3,... )
```

코드에서 이름 바로 뒤에 괄호를 작성하면 함수를 호출한다는 뜻입니다. 여기서처럼 함수를 호출하는 것은 코파일럿을 사용하는 작업 흐름에서 중요한 동작입니다. 함수가 제대로 동작하는지 테스트하려면 더 중요합니다. 또한 호출하기 전까지는 함수는 아무 동작도 하지 않으므로 작업을 완료하려면 함수를 호출해야 한다는 점을 기억해 둡시다.

3.2 함수의 장점

함수는 문제 분해에 매우 중요한 과정입니다. 소프트웨어에서 함수는 문제 분해 외에도 다음과 같은 여러 이유로 매우 유용합니다.

- **인지 부하** – 인지 부하[2]에 대해 들어본 적이 있을 것입니다. 인지 부하는 주어진 시간에 두뇌가 처리할 수 있는 정보의 양을 말합니다. 단어 네 개를 무작위로 주고 이를 다시 따라 말해보라는 요청을 받으면 누구나 할 수 있을 겁니다. 하지만 20개의 단어로 같은 과제를 주면 한 번에 처리하기에 너무 많은 정보이기 때문에 대부분의 사람이 실패할 것입니다. 마찬가지로 가족과 함께 여행을 떠날 때 휴게소, 점심시간, 화장실, 주유소, 좋은 호텔 위치 등 많은 제약 조건을 고려해가며 이동 시간을 최적화하려고 하면 머릿속이 하얘집니다. 두뇌의 처리 능력을 초과해 한꺼번에 모든 것을 처리할 수 없을 것 같이 느껴지기 때문입니다. 개발자도 같은 문제를 겪습니다. 한 번에 너무 많은 작업을 수행하거나 너무 복잡한 문제를 하나의 코드로 해결하려고 하면 제대로 작업하기가 어려워집니다. 함수는 개발자가 한 번에 너무 많은 작업을 작성하지 않게 돕습니다.

---

2   J. Sweller, "Cognitive Load Theory." Psychology of Learning and Motivation (Vol. 55, pp. 37–76). Academic Press, 2011.

- **반복 피하기** – 개발자(그리고 대부분의 사람들)는 같은 작업을 반복하는 것을 싫어합니다. 원의 넓이를 정확하게 계산하는 함수를 한 번 작성하면 다시는 같은 코드를 작성할 필요가 없습니다. 예를 들어, 원의 넓이를 계산해야 하는 코드 섹션이 두 개 있는 경우 원의 넓이를 계산하는 함수를 하나 작성한 다음 두 곳에서 각각 해당 함수를 호출하도록 코드를 작성해 반복을 피할 수 있습니다.

- **테스트 개선** – 한 가지 작업을 수행하는 코드에 비해 여러 가지 작업을 수행하는 코드를 테스트하는 것은 훨씬 더 어렵습니다. 개발자가 하는 다양한 테스트 중 가장 많이 사용하는 방법으로 **단위 테스트**라는 방법이 있습니다. 모든 함수는 입력값을 받아 어떤 출력값을 생성합니다. 예를 들어 원의 넓이를 계산하는 함수의 경우 입력값은 원의 반지름이고 출력값은 원의 넓이가 됩니다. 단위 테스트는 함수에 입력값을 제공한 다음 해당 입력값을 원하는 결과와 비교합니다. 원의 넓이에 대한 함수의 경우 다양한 입력값(예: 작은 양수, 큰 양수, 0 등)을 입력해 테스트하고 함수의 출력 결과를 예상되는 값과 비교할 수 있습니다. 함수의 답이 예상한 값과 일치하면 코드가 정확할 확률이 높아집니다. 만약 코드가 잘못된 값을 출력한다면 코드 전체가 원의 넓이 계산이라는 작업만 하고 있기 때문에 문제가 되는 부분을 찾아 수정하면 됩니다. 그러나 하나의 함수가 두 가지 이상의 작업을 하는 경우 각 작업과 해당 작업의 상호작용을 함께 확인하며 테스트해야 하므로 테스트 과정이 매우 복잡해집니다.

- **신뢰성 향상** – 숙련된 소프트웨어 엔지니어도 코드를 작성할 때 실수를 합니다. 마찬가지로 코파일럿도 실수를 합니다. 여러분이 숙련된 개발자고 작성한 코드 한 줄 한 줄이 맞을 확률이 95%라고 가정한다면, 몇 줄까지 코드를 틀리지 않고 작성할 수 있을까요? 고작 14줄입니다. 한 줄당 95%라는 정답률은 숙련된 개발자에게도 높은 기준이며, 코파일럿이 제공하는 것보다 더 높은 기준일 가능성이 높습니다. 12~20줄의 코드로 해결할 수 있는 작은 작업 단위를 유지하며 코드의 오류 가능성을 줄일 수 있습니다. 좋은 테스트까지 함께 한다면 더더욱 코드가 정확하다는 확신을 가질 수 있습니다. 또한 여러 개의 실수가 숨어 있어서 오동작하는 코드보다 더 나쁜 상황은 없으며, 코드를 길게 작성할수록 실수가 동시다발적으로 발생할 가능성은 커집니다. 저자들 역시 코드에 여러 개의 사소한 실수가 숨어있어 찾느라 몇 시간씩 애를 먹곤 했습니다. 그 결과 짧은 코드를 작성하고, 자주 테스트하는 게 습관이 됐습니다!

- **코드의 가독성 향상** – 이 책에서는 코드 작성에 코파일럿을 사용하지만, 코파일럿은 코드 작성 외에도 많은 일을 할 수 있습니다. 여러분과 동료들이 함께 작성 중인 대규모 소프트웨어가 있는 경우 코파일럿으로 해당 코드를 작업 단위로 나누어 작성하는 데 도움을 받을 수 있습니다. 사람이 작성했든 코파일럿이 작성했든 코드를 이해하는 것은 모두에게 도움이 됩니다. 이렇게 하면 버그를 더 쉽게 찾고, 새로운 기능을 추가할 때 어떤 코드를 수정할지 결정하고, 전체 프로그램 설계에서 달성하기 쉬운 것과 어려운 것을 조망할 수 있게 됩니다. 함수로 작업 단위를 세분화하면 코드의 각 부분이 어떤 동작을 담당하는지 이해할 수 있게 되므로 전체 동작에 관한 통찰력이 생깁니다. 또한 코드가 올바른지 확인하는 작업 및 업무 분담도 수월해집니다.

위와 같은 함수의 이점은 개발자에게 큰 도움이 됩니다. 프로그래밍 언어에 항상 함수가 있었던 것은 아닙니다. 하지만 함수가 등장하기 전에도 개발자들은 다른 기능을 사용해 함수와 비슷한 기능을 사용해왔습니다. 개발자들은 이런 꼼수들(자세한 내용이 궁금하다면 '구글의 GOTO 문'을 검색해 보세요)을 거쳐 함수를 사용할 수 있게 된 현재 상황에 대해 만족하고 있습니다.

"개발자에게 함수가 어떤 의미인지는 알겠는데, 코파일럿에게는 어떤 영향을 미치는 건가요?"라는 궁금 증이 들 수 있습니다. 일반적으로 인간에게 적용되는 모든 원칙은 대부분 코파일럿에게도 적용됩니다. 코파일럿은 인지 부하가 없을 수도 있지만, 이전에 인간이 수행했던 것과 유사한 문제를 해결하도록 요 청하면 더 잘 수행합니다. 코파일럿이 학습한 데이터가 사람이 함수로 작성한 코드이기 때문에 코파일럿 도 이를 모방해 문제를 해결하기 위한 함수를 생성할 것이기 때문입니다. 또한 사람이 작성했든 코파일 럿이 작성했든 함수를 작성하고 테스트하는 것은 프로그래밍에서 필수적인 과정입니다. 코파일럿은 코 드를 생성할 때 실수할 가능성이 높기 때문에 사람이 작성한 코드와 마찬가지로 실수를 빠르게 찾아야 합니다. 혼자 작업하고 다른 사람이 읽지 않더라도, 내 코드를 읽는 사람이 나뿐이더라도 몇 년 만에 코 드를 수정해야 하는 경우도 많기 때문에 언제나 쉬운 코드가 좋은 코드라는 점을 말씀드리고 싶습니다.

3.3   함수의 역할

프로그래밍에서 함수는 다양한 경우에 사용됩니다. 결국 프로그램도 다른 함수들을 호출하는 함수입 니다. 중요한 것은 파이썬으로 작성된 프로그램을 포함한 모든 프로그램은 결국 하나의 함수(자바, C, C++ 같은 언어에서는 메인이라고 함)에서 시작된다는 것입니다. 파이썬의 메인 함수는 함수에 포함되 어 있지 않은 첫 번째 코드 줄입니다. 하지만 모든 프로그램이 하나의 함수로 시작한다면 함수 한 개로 여러 작업을 해결하려고 하는 것은 실수라고 말한 앞 절의 내용과 모순됩니다. 그렇다면 프로그램을 시 작하는 함수는 일반적으로 어떻게 동작할까요? 메인 함수가 다른 함수를 호출하고, 그 함수는 다시 다른 함수를 호출하는 방식으로 동작합니다. 각 함수 내에서 코드는 여전히 (대부분) 순차적으로 실행되므로 시작은 메인 함수에서 했어도 다른 함수로 이동하는 방식으로 실행됩니다.

코드 3.1을 예시로 살펴보겠습니다. 이 코드는 코파일럿이 아니라 저자가 작성했는데, 그 이유는 오로지 설명을 위해서만 작성했기 때문입니다. 코드 3.1은 함수 호출이 어떻게 동작하는지를 보여주는 코드입 니다.

코드 3.1 파이썬이 함수 호출을 처리하는 방법을 보여주는 파이썬 코드

```python
def funct1():
    print("there")
    funct2()
    print("friend")
    funct3()
    print("")
```

```
def funct2():
    print("my")

def funct3():
    print(".")

def funct4():
    print("well")

print("Hi")      ←——— 이곳이 프로그램의 시작 지점. 다른 언어에서는 주요 기능의
funct1()                이름을 따서 '메인'이라고 부른다.
print("I'm")
funct4()
funct3()
print("")
print("Bye.")
```

이 프로그램을 실행한 출력 결과는 다음과 같습니다(이유는 바로 뒤에 설명하겠습니다).

```
Hi
there
my
friend
.

I'm
well
.

Bye.
```

그림 3.2는 코드 3.1의 코드가 컴퓨터에서 어떻게 실행되는지 보여주는 다이어그램입니다. 방금 배운 내용을 설명하기 위해 일부러 많은 함수를 호출하는 예제를 제공했습니다. 다시 말씀드리지만, 이 코드는 실제 코드가 **아니라** 오직 학습을 위한 것입니다. 코드 실행을 함께 추적해 보겠습니다. 코드 3.1을 따라하는 것보다 그림 3.2를 참조하는 것이 이해하기가 더 쉬울 수도 있습니다.

이 프로그램은 함수가 아닌 첫 번째 줄(print("Hi"))부터 실행을 시작합니다. 파이썬에는 메인(main) 함수가 없지만, 설명을 위해 함수 뒤에 오는 코드 블록을 메인이라고 부르겠습니다. 코드는 다른 곳에서 코드를 실행하라는 명령을 만나지 않는 한 순차적으로 실행됩니다. 따라서 print("Hi")를 실행한 후에는 다음 줄인 funct1() 호출로 이동합니다. funct1에 대한 호출은 코드의 실행 위치를 해당 함수의 시작 부분인 print("there") 위치로 변경합니다. funct1의 다음 줄은 funct2를 호출하므로 프로그램은 funct2의 첫 번째 줄인 print("my")를 실행합니다. 흥미로운 지점은 funct2가 완료되면 일어나는 일입니다. 더 이상 실행할 코드가 없으므로 자동으로 funct1에서 funct2를 호출했던 다음 줄로 다시 이동합니다. (호출하는 함수가 다른 행의 내부에서 호출되는 경우에는 해당 행의 호출 시작 부분으로 돌아가서 다음 실행을 이어가지만 이 예제는 각각 다른 행에서 함수들을 호출하고 있습니다.) 왜 원래 함수를 호출한 funct2가 있는 행으로 돌아가지 않고 다음 행로 넘어가는지 궁금할 수 있습니다. 함수를 호출했던 시작점으로 되돌아간다면 funct2를 호출하는 동작에 영원히 갇히게 되기 때문입니다. 따라서 함수 호출이 완료되면 항상 실행할 다음 코드(이 예제에서는 다음 행)로 이동합니다.

이 예제를 계속 진행하면 funct2의 다음 행인 friend를 출력합니다. 그리고 다음 행인 funct3을 호출해 마침표(.)를 출력한 다음 호출자에게 반환됩니다.

이제 다시 funct1의 print("") 행으로 돌아왔습니다. 빈 텍스트를 인쇄하면 새 줄이 생깁니다. 이제 funct1이 완료되었으므로 main의 다음 행으로 돌아갑니다. 다음 실행에 대해서는 조금 더 빠르게 살펴보겠습니다.

- main 다음 행의 I'm을 인쇄한 후 funct4를 호출합니다.

- funct4가 인쇄된 후 main으로 돌아가 다음 행에서 funct3을 호출합니다.

- funct3는 마침표(.)를 출력한 다음 main로 돌아갑니다. funct3은 funct1과 main에서 모두 호출되었지만, 함수는 자신을 호출한 위치로 돌아가는 방법을 기억하기 때문에 괜찮습니다. 같은 함수를 여러 함수가 호출하는 것은 재사용이 가능하기 때문이며 이처럼 여러 번 호출되는 함수는 좋은 함수입니다.

- funct3이 main으로 돌아가면 ""를 인쇄하여 새 줄을 시작한 다음 Bye라는 단어를 인쇄합니다.

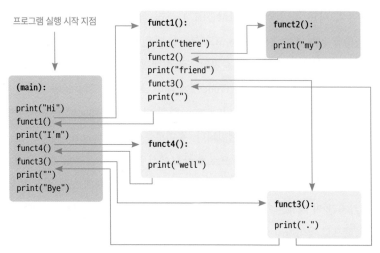

그림 3.2 코드 3.1 예제에서의 함수 실행 흐름

조금 긴 예시를 통해 프로그램에서 함수가 어떻게 실행되는지, 그리고 프로그램이 어떻게 함수를 정의하고 호출하는지 살펴봤습니다. 어떤 소프트웨어를 사용하든 그 소프트웨어가 수행하는 특정 작업을 생각해 보세요. 개발자라면 아마도 각각의 작업을 수행하는 작은 함수를 하나 또는 여러 개 작성했을 것입니다. 텍스트 편집 프로그램에서 텍스트를 굵게 변경하는 버튼을 가정해 봅시다. 그 버튼을 누르면 아마도 텍스트를 굵게 변경하는 함수가 호출될 것입니다. 이 함수는 텍스트에 대한 편집기의 내부 속성을 변경한 다음(편집기는 사용자가 보는 화면과 다른 방법으로 텍스트의 속성을 저장할 수 있습니다), 텍스트에 대한 사용자(여러분)의 화면을 변경하는 다른 함수를 호출할 겁니다.

코드 3.1의 예시를 통해 함수가 수행하는 다양한 역할을 조금 더 살펴보겠습니다. 파이썬에서는 다른 함수의 작업을 더 쉽게 만드는 역할의 함수를 **헬퍼(helper)** 함수라고 부릅니다. main 함수가 아닌 모든 함수는 헬퍼 함수라고 여기면 됩니다.

일부 함수는 자체 작업을 수행하지 않고 단순히 다른 함수 여러 개를 호출하기도 합니다. 코드 3.1의 예시에는 이런 함수가 없습니다. 하지만 funct1에서 세 개의 print 문을 제거하면 이러한 유형의 함수가 됩니다. 어떤 함수는 헬퍼 함수를 호출한 다음 자체적으로 일부 작업을 수행하기도 합니다. funct1은 다른 함수를 호출하기도 하지만, 자체적으로도 작업을 수행하는 함수의 좋은 예입니다.

함수를 실행하면 다른 헬퍼 함수(파이썬을 설치하면 기본으로 제공되는 내장 함수 제외)에 대한 호출 없이 독립적으로 동작하는 함수들도 있습니다. 이러한 함수를 **리프(leaf)** 함수라고 부릅니다. 왜 리프일까요? 함수들의 호출 관계 흐름을 나무 한 그루로 비유해 보면, 이러한 함수는 어떤 함수도 호출하지 않기 때문에 나무의 잎사귀처럼 가장 *끄트머리*에 위치합니다. 앞의 예제에서 `funct2`, `funct3`, `funct4`는 모두 리프 함수입니다. 이 장에서는 주로 리프 함수를 다룹니다. 다른 종류의 함수는 다른 장에서 보게 될 것입니다.

3.4　함수 사용이 적합한 작업은 무엇인가요?

좋은 함수에 대한 명백한 정의는 없지만, 몇 가지 권장 사항은 있습니다. 물론 좋은 함수를 보는 안목은 시간과 경험이 쌓이면서 생기겠지만, 이를 돕기 위해 이번 절에서는 권장 사항을 간략히 설명하고 직관 키우기에 도움이 되는 좋은 예와 나쁜 예를 제공합니다. 이후 3.6절에서 좋은 함수를 작성하는 방법을 본격적으로 다룹니다.

3.4.1 좋은 함수의 속성

다음은 좋은 함수를 작성하기 위한 권장 사항입니다.

- **분명한 하나의 동작 수행** – 리프 함수는 '구의 부피 계산하기', '목록에서 가장 큰 수 찾기', '목록에 특정 값이 포함되어 있는지 확인하기' 같은 명확한 작업을 수행합니다. 리프 함수가 아닌 함수는 '게임 그래픽 업데이트하기', '사용자 입력 수집 및 전처리하기' 같은 조금 더 광범위한 작업을 수행합니다. 리프 함수가 아닌 함수도 여전히 특정한 목표를 가지기는 합니다. 그러나 목표를 수행하기 위해 다른 함수를 호출하는 경우가 많습니다.

- **명확하게 정의된 동작** – '목록에서 가장 큰 수 찾기'라는 작업은 목표하는 바가 구체적입니다. 숫자 목록을 주고 가장 큰 숫자를 찾으라고 하면 어떻게 해야 하는지 바로 알 수 있습니다. 반대로 '목록에서 가장 좋은 단어 찾기'라는 작업은 목표가 제대로 정의되지 않았기에 더 많은 정보가 필요합니다. '가장 좋은' 단어의 기준은 무엇인가요? 가장 긴 단어? 모음을 덜 사용한 단어? 아니면 '레오' 또는 '다니엘'이라는 글자가 하나도 포함되지 않은 단어? 컴퓨터는 주관적인 작업에 적합하지 않습니다. 반면 '목록에서 가장 많은 문자를 가진 단어 찾기'라는 함수는 충분히 좋은 함수라고 볼 수 있습니다. 이는 함수의 실행 결과로 기대되는 내용을 잘 정의했기 때문입니다. 함수에 관한 세부 사항을 함수 이름만으로 표현하기는 어렵습니다. 그래서 개발자들은 종종 독스트링에 사용법 및 세부 사항을 입력합니다. 만약 여러분이 함수를 완성하고, 이 함수의 동작을 설명하기 위해 독스트링을 작성하고 있는데 문장이 길어진다면, 함수 하나에 너무 많은 작업을 담은 것은 아닌지 고려해 봐야 합니다.

- **짧은 코드 길이** – IT 회사의 코딩 스타일 가이드라인마다 적절한 함수 코드 길이에 대한 견해가 다릅니다. 저자들이 여기저기서 들은 파이썬 함수의 최대 길이 역시 12줄에서 20줄 정도로 다양했습니다. 코드의 길이는 코드의 복잡성을 나타내는 척도로 여겨지며, 이는 꽤 합리적인 방법으로 간주됩니다. 저자들도 코드의 복잡성이 지나치지 않도록 비슷한 규칙을 코드에 적용하고 있습니다. 코파일럿을 사용할 때 이 규칙을 지침으로 삼을 수도 있습니다. 코파일럿에게

함수를 요청했는데 50줄짜리 코드를 반환한다면 이는 좋은 함수 이름이나 작업이 아닐 수 있으며, 코드가 길어질수록 실수가 숨어있을 가능성도 커집니다.

- **특정 용도보다는 범용적인 용도** – 여러 개의 숫자값을 입력받고 그중 1보다 큰 값의 수를 반환하는 함수는 특정 상황에만 쓰일 것입니다. 이런 함수는 좀 더 범용적으로 개선하면 좋습니다. 입력받은 숫자 목록에서 특정 매개변수(함수의 두 번째 인자로 1을 사용)보다 큰 값인 숫자들만 반환하도록 작성하면 어떨까요? 개선한 함수를 사용하면 모든 값에 대해 이 함수를 사용할 수 있습니다. 이처럼 함수를 최대한 단순하면서도 강력하게 만들기 위한 노력이 필요합니다.

- **명확한 입출력** – 함수를 실행할 때마다 매개변수를 잔뜩 입력하고 싶은 사람은 없을 겁니다. 입력값이 많으면 안 된다는 뜻이 아니라, 입력받는 값의 개수를 최소화하는 방법을 고민해야 한다는 뜻입니다. 단일 매개변수로 파이썬의 리스트라는 자료형을 이용할 수도 있습니다(리스트에 대해서는 곧 자세히 설명하겠습니다). 다만 입력값의 개수를 최소화할 방법을 찾아야 합니다. 출력의 경우도 명확한 원칙이 있는 것이 좋습니다. 한 함수는 하나의 값만 리턴할 수 있지만, 리스트에 여러 값을 담아 리턴할 수도 있습니다. 그러나 출력 결과가 상황에 따라 리스트, 음수, 어떤 때는 아무것도 반환하지 않는 등 오락가락하는 함수는 좋은 함수라고 보기는 어렵습니다.

3.4.2 좋은 (그리고 나쁜) 리프 함수의 예

다음은 좋은 리프 함수의 예입니다.

- **구의 부피 계산하기** – 구의 반지름이 주어지면 구의 부피를 반환합니다.
- **목록에서 가장 큰 수 찾기** – 주어진 목록에서 가장 큰 값을 반환합니다.
- **목록에 특정 값이 포함되어 있는지 확인하기** – 목록과 값이 입력됐을 때 목록에 값이 포함되어 있으면 True를 반환하고 그렇지 않으면 False를 반환합니다.
- **체스 게임의 상태 출력하기** – 게임 판을 나타내는 2D 목록에 텍스트로 현재 말들의 위치를 출력합니다.
- **목록에 값 넣기** – 목록, 새로운 값, 새로운 값을 넣을 위치를 입력받고 원하는 위치에 새로운 값이 추가된 목록을 반환합니다.

다음은 잘못된 리프 함수의 예와 그 이유입니다.

- **사용자의 세금 정보를 요청하고 올해 납부해야 할 금액을 알려주기** – 대부분 국가는 복잡한 세금 규정을 가지고 있습니다. 이를 고려할 때 이 작업은 하나의 일로 뭉뚱그려 동작시킬 수 없습니다.
- **주어진 목록에서 가장 큰 값을 찾아 해당 값을 제거하기** – 이 내용은 하나의 작업 같아 보이지만, 실제로는 두 가지 작업이 수행됩니다. 첫째, 목록에서 가장 큰 값을 찾습니다. 둘째, 목록에서 값을 제거합니다. 이런 경우 가장 큰 값을

찾는 함수와 목록에서 값을 제거하는 함수, 두 개의 리프 함수를 사용하는 것이 좋습니다. 프로그램이 이 작업을 자주 수행해야 한다면 두 개의 리프 함수를 실행하기 위한 별도의 함수를 사용하는 것을 권장합니다.

- (2장에서 사용한 데이터셋 같은 경우) **데이터셋에서 4,000야드 이상의 패스를 한 쿼터백의 이름 반환하기** – 함수의 작업이 너무 구체적입니다. 사실 4,000이라는 숫자는 매개변수가 돼야 합니다. 어쩌면 포지션(쿼터백, 러닝백 등), 통계(패싱 야드 거리 합계, 경기 수 등), 관심 있는 컷오프(4,000, 8,000)를 매개변수로 사용하는 함수를 만드는 것이 더 나을 수 있습니다. 매개변수를 사용하는 새로운 함수는 기존 함수보다 훨씬 더 많은 기능을 제공하여 사용자가 같은 함수를 호출하여 4,000야드 이상 던진 특정 쿼터백의 이름뿐만 아니라 러싱 터치다운을 12번 이상 기록한 러닝백의 이름도 확인할 수 있게 됩니다.

- **역대 최고의 영화 정하기** – 함수가 수행하는 작업이 너무 모호합니다. 무슨 기준으로 최고의 영화를 평가하나요? 어느 종류의 영화를 평가할까요? 이 함수에 대한 설명을 더 나은 버전으로 만든다면 '특정 인원수 이상의 사용자가 별점을 남긴 영화 중 가장 높은 평점을 받은 영화'를 결정하는 함수일 수 있습니다. 이 함수는 영화 데이터베이스(예: IMDB)의 데이터와 사용자 평점 개수를 입력으로 사용한 더 큰 프로그램의 일부가 될 수 있습니다. 함수의 출력은 일정 수 이상의 평가가 쌓인 영화 중 가장 높은 평점을 받은 영화가 될 것입니다.

- **게임 콜 오브 듀티 실행하기** – 여러 개의 함수를 호출할 것이므로 게임 '콜 오브 듀티'를 구성하는 매우 긴 코드 중 핵심 함수일 수는 있어도 리프 함수는 아닙니다.

3.5   코파일럿을 사용한 함수 설계 주기

코파일럿을 사용해 함수를 설계하려면 다음과 같은 단계가 필요합니다(그림 3.3 참조).

1. 함수가 수행할 동작을 정의합니다.

2. 기능을 최대한 명확하게 설명하는 프롬프트를 작성합니다.

3. 코파일럿으로 코드를 생성합니다.

4. 코드를 읽어보고 합리적인지 확인합니다.

5. 코드를 테스트하여 코드가 올바른지 확인합니다:

  a. 테스트를 여러 번 진행한 후 코드가 올바르면 다음 할 일로 넘어갑니다.

  b. 코드가 올바르지 않으면 2단계로 이동하여 프롬프트를 수정합니다.

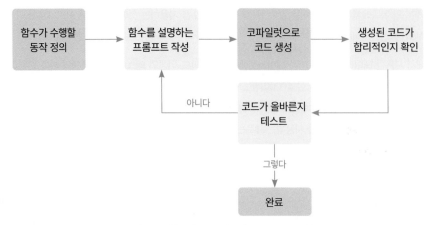

그림 3.3 함수를 생성하기 위해 코파일럿을 사용하는 경우의 함수 설계 주기

4단계 작업을 하는 방법은 다음 장에서 배우겠지만, 코드가 터무니없이 잘못 작성됐다면 그 전에 충분히 알아차릴 수 있을 것입니다. 예를 들어 코파일럿이 주석만 생성하고 함수 본문은 비워 두는 경우가 있습니다. 이 때 생성되는 주석들은 코드가 아니며 함수를 실행할 때 아무 역할도 하지 않으므로 제대로 된 코드라고 할 수 없습니다. return -1이라는 코드 한 줄만 생성될 수도 있습니다. 또는 '# 여기에 코드를 입력하세요' 같은 문구를 생성하기도 합니다. 코파일럿이 그렇게 출력하는 이유는 프로그래밍 수업 등에서 학생들에게 조각 코드를 제공하고 나머지는 '여기에 코드를 입력하세요.'라고 내 준 과제들을 학습했기 때문입니다. 위 사례는 모두 바로 눈에 띄는 오류입니다. 다음 장에서는 코드를 읽는 법을 살펴봄으로써 이런 오류 외에 더 복잡한 코드가 잘못됐을 때 빨리 발견하고, 어디를 어떻게 수정할지 학습합니다. 이번 장에서는 위의 작업 주기를 반복하며 효과적인 디버깅 방법과 프롬프트 개선법을 연습해 보겠습니다.

3.6   코파일럿을 사용해 좋은 함수 만들기

이 절에서는 코파일럿으로 여러 가지 함수를 작성해 보겠습니다. 방금 설명한 함수 설계 주기에 익숙해지도록 코드는 전적으로 코파일럿으로 생성합니다. 아직 코드를 읽을 수 없는 상태라고 해도 생성된 코드에 매우 일반적인 프로그래밍 기능(**구조체**라고도 함)이 포함돼 있으므로(예: 조건문, 반복문) 이 기능을 잘못 생성한 경우를 파악해 보겠습니다. 그다음, 4장에서 코드를 읽는 방법을 더 자세히 살펴보겠습니다.

앞으로 우리가 실습할 함수들은 서로 연관성이 없는 함수입니다. 이번 절에서는 주식 수익을 확인하는 함수와 비밀번호를 강력하게 만드는 함수를 생성합니다. 일반적으로 이렇게 서로 관련 없는 내용을 같은 파일에 저장하지는 않습니다. 그러나 우리는 좋은 함수의 다양한 예를 살펴보는 것이므로 모든 함수를 같은 파이썬 파일(예: function_practice.py 또는 ch3.py)에 저장하겠습니다.

3.6.1 다니엘의 주식 추천

다니엘은 AAAPL이라는 주식의 투자자입니다. 그는 주식 1주당 15달러를 주고 10주를 구입했습니다. 현재 주가는 17달러입니다. 다니엘은 자신이 주식으로 얼마나 많은 수익을 올렸는지 알고 싶습니다.

함수는 가능한 한 범용적으로 만드는 게 좋다는 규칙을 기억하시나요? 앞의 경우에 AAAPL 주식의 수익 계산에만 쓸 수 있는 함수는 별로 쓸 데가 없을 겁니다. 다니엘에겐 현재 상태에는 도움이 되겠지만, AAAPL의 주가가 변하거나 다니엘이 다른 주식을 샀을 때도 이 함수를 쓸 수 있을까요?

이 상황에 유용한 범용적인 함수라면 세 개의 숫자 매개변수를 사용해야 합니다. 첫 번째 매개변수는 구매한 주식의 수, 두 번째 매개변수는 주식을 구매할 당시의 주가, 세 번째 매개변수는 현재 주가입니다. 이 함수는 주식으로 얼마나 많은 돈을 벌었는지 또는 잃었는지를 알려줄 것이므로 이 함수를 money_made 라고 부르겠습니다. 일반적으로 함수의 이름은 함수가 수행하는 작업을 설명하는 단어로 지정하는 것이 좋습니다. 함수 헤더 작성에 필요한 정보는 이 정도로 충분합니다.

```python
def money_made(num_shares, purchase_share_price, current_share_price):
```

이제 독스트링이 필요합니다. 독스트링에는 각 매개변수의 이름을 적고 용도를 설명해야 합니다. 또한 함수의 목적도 함께 적어줍니다.

독스트링을 포함한 전체 프롬프트는 다음과 같습니다. 코파일럿에 프롬프트를 입력합니다.

```python
def money_made(num_shares, purchase_share_price, current_share_price):
    """
    num_shares is the number of shares of a stock that we purchased.
    purchase_share_price is the price of each of those shares.
    current_share_price is the current share price.

    Return the amount of money we have earned on the stock
    """
```

```
# """
# num_shares는 구매한 주식 수입니다.
# purchase_share_price는 각 주식의 가격입니다.
# current_share_price는 현재 주식 가격입니다.

# 주식에서 벌어들인 수익을 반환합니다.
# """
```

해당 프롬프트를 입력하고 다음 줄로 이동해 [Tab] 키를 누릅니다. 코파일럿이 함수 코드를 생성합니다. 함수 코드는 들여쓰기가 필요하며, 들여쓰기가 되어있지 않으면 오류가 납니다!

코파일럿이 생성한 코드는 다음과 같습니다.

```
return num_shares * (current_share_price - purchase_share_price)
```

이 코드는 꽤 그럴듯해 보입니다. 괄호 안에서 현재 주가와 구입 당시 주가의 차이를 계산한 다음(- 부호는 뺄셈에 사용됨), 이 값에 보유한 주식 수를 곱합니다(*는 곱셈에 사용됨). 이와 같은 코드 확인은 유용한 기술이며, 다음 장에서 자세히 살펴보겠습니다. 또 다른 유용한 기술은 함수 테스트입니다.

생성된 함수를 테스트하기 위해 다양한 입력값을 사용해 함수를 호출하고 출력 결과를 확인합니다. larger 함수에서 했던 것처럼 코파일럿에게 함수를 호출하도록 요청한 다음 프로그램을 실행하면 됩니다. 그다음 코파일럿에게 다른 입력값으로 함수를 호출하도록 요청해 함수 호출을 변경하고 프로그램을 재실행하는 과정을 필요한 횟수만큼 반복합니다. 물론 대화형 창을 통해 직접 함수를 호출하는 것이 더 쉽고 편하기는 합니다.

이 방법을 사용하면 코파일럿을 거치지 않고, 어차피 삭제할 코드들을 작성하느라 프로그램을 지저분하게 만들지 않으면서 원하는 만큼 함수를 호출할 수 있습니다. 대화형 창을 열려면 생성된 함수의 모든 코드를 선택한 다음 [Shift]+[Enter]를 누르세요(코드 전부를 선택하고 마우스 오른쪽 버튼을 클릭한 다음 파이썬의 [Run Python]에서 [Run Selection/Line in Python Terminal]을 선택해도 비슷한 대화형 창이 실행됩니다). 그림 3.4는 함수의 텍스트를 선택하고 [Shift]+[Enter]를 누른 경우의 화면입니다.

그림 3.4 VS Code의 터미널에서 대화형 창으로 파이썬 코드 실행(터미널 하단의 〉〉〉 표시를 확인하세요)

결과 창 하단에는 〉〉〉 모양의 기호가 표시됩니다. 이를 **프롬프트**라고 하며, 여기에 파이썬 코드를 입력할 수 있습니다. (이때의 '프롬프트'는 코파일럿과 상호작용할 때 사용하는 프롬프트와는 단어 표현만 같을 뿐 서로 아무 관련이 없습니다.) 프롬프트에 입력한 코드의 결과는 바로 화면에 표시되므로 테스트하기가 편리하고 빠릅니다. money_made 함수를 호출하려면 세 개의 인수를 입력값으로 제공해야 합니다. 인수는 매개변수에 왼쪽부터 시작해서 오른쪽으로 할당됩니다. 첫 번째 인수는 num_shares에 할당되고, 두 번째 인수는 purchase_share_price에, 세 번째 인수는 current_share_price에 할당됩니다.

직접 해 봅시다! 프롬프트에 다음과 같이 입력하고 [Enter](또는 [Shift]+[Enter])를 누릅니다. 이 책에서는 입력 위치를 명확히 하기 위해 〉〉〉 부호를 포함시켰습니다. 이미 터미널에는 〉〉〉가 입력되어 있으므로 〉〉〉 부분은 제외하고 입력하세요. 터미널에 파이썬 프롬프트에서 함수를 실행하는 예는 그림 3.5를 참조하기 바랍니다.

```
>>> money_made(10, 15, 17)
```

출력은 다음과 같이 표시됩니다.

20이라는 결과가 옳은가요? 10주를 샀고, 각 주식은 2달러씩 올랐습니다(15달러에서 17달러로). 그래서 20달러를 벌었습니다. 잘 동작하는군요.

```
PROBLEMS    OUTPUT    DEBUG CONSOLE    TERMINAL

Type "help", "copyright", "credits" or "license" for more information.
>>> def money_made(num_shares, purchase_share_price, current_share_price):
...     """
...     num_shares is the number of shares of a stock that we purchased.
...     purchase_share_price is the price of each of those shares.
...     current_share_price is the current share price.
...     Return the amount of money we have earned on the stock.
...     """
...     return num_shares * (current_share_price - purchase_share_price)
...
>>> money_made(10, 15, 17)
20
>>> []
```

그림 3.5 VS Code 터미널의 파이썬 프롬프트에서 money_made 함수 호출하기

아직 테스트가 끝난 게 아닙니다. 함수를 테스트할 때는 한 번에 그치는 게 아니라 다양한 방법으로 여러 번 테스트해야 합니다. 하나의 테스트 케이스는 사용자가 입력한 특정 값에서 함수가 동작한다는 것만 알려줄 뿐입니다. 각각 다른 방식으로 여러 번 테스트 케이스를 시도해야 그 함수가 잘 동작한다는 확신을 가질 수 있습니다.

이 함수를 다른 방식으로 테스트하려면 어떻게 해야 할까요? 우리는 다른 종류의 입력값이 들어오는 경우를 찾고 있습니다. 이때 좋지 않은 테스트 케이스 중 하나는 "주식이 15달러에서 17달러가 아니라 18달러로 상승하면 어떨까요?" 같은 사례입니다. 이것은 이전과 거의 동일한 입력값이므로 잘 동작할 가능성이 높습니다.

주가가 구매가보다 떨어졌을 때 어떤 결과가 출력되는지 테스트해 보는 것은 어떨까요? 이 경우 수익금은 마이너스가 될 것으로 예상됩니다. 다행히 우리가 작성 중인 함수는 이 상황에 테스트에서 잘 동작하는 것으로 보입니다. 다음은 함수 호출과 반환된 출력입니다.

```
>>> money_made(10, 17, 15)
-20
```

다른 경우도 테스트해 볼까요? 주가가 전혀 변하지 않는 경우도 있을 수 있습니다. 이 경우 출력값은 0이 예상됩니다. 확인해 봅시다.

```
>>> money_made(10, 15, 15)
0
```

잘 동작합니다!

테스트는 과학과 예술의 결합이라고 말할 수 있습니다. 테스트할 대상에는 몇 가지 범주가 있을까요? 우리가 입력하려는 두 개의 입력값은 정말 다른 종류일까요? 간과한 상황은 없을까요? 테스트 능력은 연습으로 향상시킬 수 있으며, 6장에서 자세히 살펴볼 것입니다. 지금까지는 money_made 함수가 제 역할을 하고 있는 것으로 보입니다.

함수는 매개변수 대신 변수를 입력값으로 사용하기도 합니다. 코파일럿에서 활용할 수 있는 예시를 보여 드리겠습니다.

다음 코드는 money_made 함수의 결과와 동일한 결과를 출력하는 방법입니다.

```
price_difference = current_share_price - purchase_share_price
return num_shares * price_difference
```

이 코드는 먼저 주가 차이를 계산한 다음 거기에 주식 수를 곱하기 때문에 더 이해하기 쉬울 수도 있습니다. 이 코드가 제대로 동작하는지는 직접 테스트해 보기 바랍니다.

3.6.2 레오의 비밀번호

레오는 ProgrammerBook이라는 새로운 소셜 네트워크 서비스에 가입하려고 합니다. 그는 자신의 비밀번호가 강력한지 확인하고 싶습니다.

강력한 비밀번호의 의미를 먼저 정의해 보겠습니다. 비밀번호가 단어 그대로 **password**라는 단어가 아니고 **qwerty**라는 단어도 아니면 강력하다고 할 수 있습니다. (물론 둘 다 비밀번호로 쓰기에는 형편없는 단어이며, 현실에서는 이 정의보다 훨씬 더 복잡한 암호를 만들어야만 강력한 암호로 간주됩니다!) 만약 ProgrammerBook 사이트가 회원 가입을 받을 때 입력받은 비밀번호가 강력한지 아닌지를 알려주는 함수가 있다면 유용할 것입니다.

이번 함수는 숫자를 다루지 않습니다. 매개변수가 되는 비밀번호는 텍스트입니다. 그리고 예 또는 아니요를 결과로 반환할 겁니다. 새로운 자료형이 필요합니다!

텍스트를 처리하기 위한 파이썬 자료형을 **문자열(string)**이라고 부릅니다. 문자열 자료형은 어떤 텍스트든 저장할 수 있으며 가능한 문자열은 수십억 가지가 있습니다. 그리고 '예/아니요'의 결괏값을 의미하는 자료형을 **불린(Boolean)** 또는 **부울(bool)**이라고 합니다. 부울 자료형에는 두 가지 값만 있습니다. 바로 True와 False입니다.

자! 이제 코파일럿에 프롬프트를 작성할 준비가 됐습니다. 부울(True/False) 값을 반환하는 함수의 경우, 일반적으로 함수 이름에 has_x나 is_x를 붙이거나 True/False라는 결과를 암시하는 다른 동사를 사용합니다.

```
def is_strong_password(password):
    """
    A strong password is not the word 'password'
    and is not the word 'qwerty'.

    Return True if the password is a strong password, False if not.
    """
    # """
    # 강력한 비밀번호는 'password'라는 단어가 아니며 'qwerty'라는 단어도 아닙니다.

    # 비밀번호가 강력한 비밀번호라면 True를 반환하고, 그렇지 않다면 False를 반환합니다.
    # """
```

코파일럿의 응답은 다음과 같을 겁니다.

```
return password != 'password' and password != 'qwerty'
```

잠시 코드를 살펴볼까요? 이 코드에서 != 연산자는 '같지 않음' 연산자이며, 강력한 비밀번호로 여기지 않는 두 문자열이 작은따옴표에 감싸져 있습니다. 앞으로는 문자열을 값으로 줄 때마다 따옴표를 사용할 것입니다. 다음 장에서 코드를 읽는 법을 자세히 설명하겠지만, 지금은 코드가 강력한 비밀번호에 대한 정의와 일치하는 password나 qwerty가 아닌지 확인하고 있다는 정도로 이해하기 바랍니다.

이제 몇 가지 테스트 호출로 이 함수가 실제로 동작하는지 확인하겠습니다. 먼저 강력하지 않은 비밀번호를 테스트하겠습니다. 함수가 제대로 동작한다면 False를 반환할 겁니다. 네, 잘 동작하는군요!

```
>>> is_strong_password('password')
False
```

```
>>> is_strong_password('qwerty')
False
```

이제 강력한 비밀번호를 사용해 보겠습니다. 이번에는 True가 출력돼야 합니다.

```
>>> is_strong_password('N3w Y0rk J375')
True
```

잘 됩니다! 함수가 어떤 때는 False, 어떤 때는 True를 반환하므로 항상 False를 반환하지는 않는다는 것이 확인됩니다.

한 번 더 시도해 보겠습니다:

```
>>> is_strong_password('Leo')
True
```

엄밀히 따지자면 True가 맞지만, Leo라는 문자열이 너무 단순하지 않나요? 강력한 비밀번호에 대한 정의를 좀 더 명확히 할 필요가 있습니다. 강력한 비밀번호의 의미에 대한 합리적인 정의를 프롬프트에 작성하겠습니다.

변경한 프롬프트와 그에 따른 코파일럿의 답변은 다음과 같습니다.

```python
def is_strong_password(password):
    """
    A strong password has at least one uppercase character,
    at least one number, and at least one special symbol.

    Return True if the password is a strong password, False if not.
    """
    # """
    # 강력한 비밀번호는 하나 이상의 대문자, 하나 이상의 숫자, 하나 이상의 특수 기호를 포함합니다.

    # 비밀번호가 강력한 비밀번호라면 True를 반환하고, 그렇지 않다면 False를 반환합니다.
    # """
    return any(char.isupper() for char in password) and \
        any(char.isdigit() for char in password) and \
        any(not char.isalnum() for char in password)
```

위 코드에서 보이는 `for char in password`라는 구문은 파이썬에서 비밀번호로 입력된 문자열의 문자 하나하나를 훑는 방법입니다. 이는 5장에서 공부할 핵심 주제인 **반복(loop)**을 가능하게 합니다.

물론 코파일럿이 위 예제와 다른 코드를 출력했을 수도 있습니다. 위 예제에서 생성된 코드에 따르면 첫 번째 부분은 대문자, 두 번째 부분은 숫자, 세 번째 부분은 `isalnum`의 결과가 아닌 어떤 것을 찾는 것으로 보입니다.

아마 `isalnum`은 'is alphanumeric'이라는 뜻으로 영문자나 숫자를 의미할 겁니다. `isalnum`에 알파벳이나 숫자에 관한 특수문자도 포함되는지, 포함된다면 어떤 특수문자가 포함되는지도 확인해 봐야겠습니다. 이제 코파일럿이 생성한 함수가 잘 동작하는지 테스트해 봅시다:

```
>>> is_strong_password('Leo')
False


>>> is_strong_password('N3w Y0rk J37$')
True


>>> is_strong_password('N3w Y0rk J375')
True
```

안타깝게도 세 번째 비밀번호를 못 맞췄습니다. 세 번째 비밀번호는 꽤 강력해 보이지만, 특수문자가 없기 때문에 우리가 정의한 강력한 비밀번호에 해당되지 않습니다. 코파일럿이 생성한 함수는 True를 반환했지만, 프롬프트대로라면 False를 반환했어야 합니다.

코파일럿이 잘못된 코드를 제공했습니다. 여러분의 코드는 잘 동작했을 수도 있지만, 운이 나쁘면 방금처럼 잘못된 코드도 생성되므로, 이를 식별하고 수정하는 방법을 알아야 합니다. 프롬프트가 왜 잘못된 코드를 생성했는지 궁금하신가요? 그것은 우리가 특수문자란 무엇인지 의미를 지정하지 않아서 코파일럿이 공백도 특수문자라고 간주했기 때문입니다.

이 시점에서 잘못된 코드를 수정하기 위한 방법은 두 가지가 있습니다. 첫 번째 방법은 [Ctrl]+[Enter]를 눌러 코파일럿이 제공하는 다른 제안을 살펴보는 것입니다. 그중 하나는 특수문자에 대해 다른 접근법을 제안할지도 모릅니다.

실제로 저자의 컴퓨터에는 다음과 같은 제안이 표시됐습니다.

```
num_upper = 0
num_num = 0
num_special = 0
for char in password:
    if char.isupper():
        num_upper += 1
    elif char.isnumeric():
        num_num += 1
    elif char in '!@#$%^&*':    ◀── 특수문자를 구체적으로 지정
        num_special += 1
if num_upper >= 1 and num_num >= 1 and num_special >= 1:
    return True
else:
    return False
```

위 함수에 Leo, N3w Y0rk J375, N3w Y0rk J375$ 같은 문자열을 매개변수로 넣어 테스트하면 함수가 잘 동작하는 것을 확인할 수 있을 겁니다.

두 번째 방법은 프롬프트 엔지니어링입니다. 코파일럿이 제공한 코드에 영향을 미치도록 프롬프트를 수정하는 것을 의미합니다. 기존의 프롬프트에는 특수문자라고만 언급했는데, 지금 생각해 보면 이는 모호한 표현입니다. 문장부호 같은 좀 더 구체적인 표현을 적어주면 좋을 것입니다. 프롬프트에 문장부호라고 구체적으로 작성해 두면 코파일럿이 다른 결과를 생성하게 할 수 있습니다.

```
def is_strong_password(password):
    """
    A strong password has at least one uppercase character,
    at least one number, and at least one punctuation.

    Return True if the password is a strong password, False if not.
    """
    # """
    # 강력한 비밀번호는 하나 이상의 대문자, 하나 이상의 숫자, 하나 이상의 구두점을 포함합니다.

    # 비밀번호가 강력한 비밀번호라면 True를 반환하고, 그렇지 않다면 False를 반환합니다.
    # """
    return any(char.isupper() for char in password) and \
        any(char.isdigit() for char in password) and \
        any(char in string.punctuation for char in password)
```

괜찮아 보입니다! 코드 마지막 줄은 문장부호에 대한 내용 같습니다. 테스트해 봅시다.

```
>>> is_strong_password('Leo')
False

>>> is_strong_password('N3w Y0rk J375')
Traceback (most recent call last):
File "<stdin>", line 1, in <module>
File "ch2.py", line 44, in is_strong_password
    any(char in string.punctuation for char in password)
File "ch2.py", line 44, in <genexpr>
    any(char in string.punctuation for char in password)
              ^^^^^^
NameError: name 'string' is not defined
```

오류 메시지 하단에 "'string' is not defined"라는 메시지가 보이나요? 2장에서 모듈과 관련해 생겼던 오류와 비슷한 문제가 발생했습니다. 코파일럿이 string이라는 모듈을 사용하려고 하는데, 사용하기 전에 불러와야 하는 모듈인 듯합니다. 파이썬에는 많은 모듈이 있고 string 모듈은 매우 자주 사용되는 모듈입니다. 코파일럿을 자주 사용하다 보면 어떤 모듈이 많이 쓰이는지 알 수 있으므로 해당 모듈을 가져오는 방법을 알게 될 것입니다. 인터넷 검색을 통해 "string이 파이썬 모듈인가요?"라고 찾아보면 그렇다고 확인될 겁니다. 이제 모듈을 가져오기만 하면 됩니다.

사실 이 문제는 2장에서 겪었던 문제와 약간 다릅니다. 2장에서 코파일럿이 생성한 코드가 설치되지 않은 모듈을 가져오려고 할 때 어떤 일이 발생하는지 살펴봤고, 문제를 해결하기 위해 해당 모듈이 포함된 패키지를 설치해야 했습니다. 이 경우 코파일럿이 생성한 코드는 파이썬과 함께 이미 설치된 모듈을 사용하기 위해 가져오는 부분이 생략됐을 뿐입니다. 따라서 string 모듈을 설치할 필요 없이 가져오기만 하면 됩니다.

> **모듈 가져오기**
>
> 2장에서 사용한 맷플롯립처럼 파이썬에는 유용한 모듈이 많이 있습니다. 파이썬 코드가 모듈을 활용하려면 해당 모듈을 임포트해야 합니다. 모듈을 임포트 없이 사용하면 안 되냐고요? 그렇게 되면 코드의 복잡성이 크게 증가하고 파이썬이 코드를 실행하기 위해 수행해야 하는 작업도 늘어납니다. 모듈을 사용하려면 모듈을 포함해야 하며, 대부분 모듈은 기본으로 포함되지 않습니다.

코드 상단에 import string이라는 구문을 추가해 보겠습니다:

```python
import string

def is_strong_password(password):
    """
    A strong password has at least one uppercase character,
    at least one number, and at least one punctuation.
    Return True if the password is a strong password, False if not.
    """
    # """
    # 강력한 비밀번호는 하나 이상의 대문자, 하나 이상의 숫자, 하나 이상의 구두점을 포함합니다.
    # 비밀번호가 강력한 비밀번호라면 True를 반환하고, 그렇지 않다면 False를 반환합니다.
    # """
    return any(char.isupper() for char in password) and \
        any(char.isdigit() for char in password) and \
        any(char in string.punctuation for char in password)
```

이제 모든 준비가 끝났습니다.

```python
>>> is_strong_password('Leo')
False

>>> is_strong_password('N3w Y0rk J375')
False

>>> is_strong_password('N3w Y0rk J375$')
True
```

마지막 함수의 결과는 True로, $라는 특수기호가 추가된 강력한 비밀번호라는 것이 확인됩니다!

테스트의 중요성은 아무리 강조해도 지나치지 않습니다! 가끔 학생들이 코드를 테스트하지 않는 경우가 있습니다. 그들은 자신이 작성한 코드가 자신이 넣은 입력값에서는 잘 동작하기 때문에 정확하다고 가정합니다. 초보 개발자와 숙련된 개발자의 차이 중 하나는 초보자는 자신의 코드가 옳다고 생각하는 반면, 숙련된 개발자는 철저하게 테스트하여 그렇지 않다는 것이 증명될 때까지 자신의 코드가 틀렸다고 생각한다는 점입니다. 이 외에도 학생들의 경우 코드가 틀렸다는 사실을 알게 되면 스스로 실망할까 봐 테스트를 제대로 하지 않는 경우도 있습니다. 하지만 실제 애플리케이션에서 코드를 사용하는 사용자가 나중에 알아채는 것보다는 미리 알고 수정하는 편이 더 낫습니다. 테스트를 통해 오류를 발견하는 것은 기뻐해야 할 일입니다.

3.6.3 강력한 비밀번호 설정하기

이제 강력한 비밀번호인지를 알려주는 함수가 생겼으니 사용자에게 강력한 비밀번호를 입력하도록 요청하는 함수를 작성해 보겠습니다. 이 함수는 사용자가 강력한 비밀번호를 입력할 때까지 반복해서 비밀번호를 입력받습니다. 웹사이트를 사용할 때 "죄송합니다, 비밀번호가 너무 쉽습니다. 다시 입력하세요."라는 메시지를 표시하는 종류의 코드입니다.

이러한 함수의 헤더는 어떻게 작성해야 할까요? 사용자에게 비밀번호를 입력하도록 요청하지만 비밀번호에 관한 매개변수는 없습니다. 사실, 함수가 작업을 수행할 때 아무 정보도 필요하지 않고 사용자에게 메시지를 표시하고 사용자에게 키보드로 비밀번호를 입력받기만 하면 되므로 매개변수는 필요 없습니다. 함수가 작업을 완료하면 강력한 비밀번호를 반환하므로 문자열을 출력으로 반환합니다.

다음 프롬프트를 사용해 보겠습니다.

```python
def get_strong_password():
    """
    Keep asking the user for a password until it is a strong
    password, and return that strong password.
    """
    # """
    # 사용자가 강력한 비밀번호를 입력할 때까지 계속 비밀번호를 요청하고
    # 강력한 비밀번호를 반환합니다.
    # """
```

그 결과 코파일럿은 다음 코드를 생성합니다.

```python
password = input("Enter a strong password: ")
while not is_strong_password(password):        ◀── 앞서 설명한 is_strong_password 함수를 호출
    password = input("Enter a strong password: ")
return password
```

사용자가 입력한 비밀번호가 강력하지 않다면 while 명령어로 인해 반복해서 비밀번호를 입력받습니다. 코파일럿은 앞서 작성한 is_strong_password 함수를 호출하여 지금 입력받은 비밀번호가 강력한 비밀

번호인지 결정할 수 있을 만큼 똑똑합니다. 다음 장에서 살펴보겠지만, 이렇게 함수를 블록처럼 쌓아나가는 것이 바로 대규모 프로그램을 구축하는 방법입니다. 우리가 작성할 예제에서도 코파일럿이 먼저 만든 함수를 호출하여 다음 함수의 목표를 해결하는 것을 자주 볼 수 있을 겁니다.

위 코드를 테스트해 봅시다! 비밀번호에 관한 두 함수 코드를 모두 선택하고 [Shift]+[Enter]를 누릅니다. 테스트하려는 함수를 호출합니다. 그런 다음 비밀번호를 입력하고 [Enter] 키를 누릅니다. 강력한 비밀번호를 입력할 때까지 계속 묻는 것을 확인할 수 있을 것입니다.

```
>>> get_strong_password()
Enter a strong password: Leo
Enter a strong password: N3w Y0rk J375
Enter a strong password: N3w Y0rk J375$
'N3w Y0rk J375$'
```

강력한 비밀번호에 걸맞은 문자열을 입력하면 더 이상 비밀번호를 묻지 않는 것이 확인됩니다. 이때 반환되는 따옴표로 감싼 문자열이 바로 우리가 정의한 강력한 비밀번호의 조건에 맞는 문자열입니다.

3.6.4 스크래블 점수판

다니엘이 가장 좋아하는 보드 게임 중 하나는 스크래블입니다. 이 게임을 해본 적이 있나요? 해 보지 않았다면 이 게임이 각 글자가 적힌 패를 손에 들고 패에 적힌 글자들의 조합으로 단어를 만드는 것이 목표라는 점만 알면 됩니다. 손에 쥔 패로만 단어를 만들 필요는 없으며 이미 누군가가 보드에 내려놓은 기존 글자에 내 패를 붙여서 더 긴 단어를 만들 수도 있지만, 그런 세세한 규칙을 설명하지는 않겠습니다. 여기서 중요한 것은 글자마다 다른 점수가 매겨진다는 점입니다. 예를 들어, a는 매우 흔한 글자이기 때문에 1점이 부여됩니다. q나 z는 몇 점일까요? 이 두 글자는 사용하기가 꽤 어렵기 때문에 이 글자들을 사용하면 10점이 부여됩니다.

단어의 점수를 계산할 때는 각 글자에 부여한 점수를 합산합니다. 예를 들어, **zap**이라는 단어를 만들면 14점을 받습니다. **z**는 10점, **a**는 1점, **p**는 3점이기 때문입니다.

다니엘은 특정 단어가 주어졌을 때 그 단어가 몇 점짜리인지 계산하는 함수를 만들고 싶습니다. 우선, 단어(하나의 매개변수)를 받는 함수가 필요합니다. 스크래블 규칙에 따라 각 글자에 매겨지는 점수가 포함된 이 프롬프트를 사용해 보겠습니다.

```
def num_points(word):
    """
    Each letter is worth the following points:
    a, e, i, o, u, l, n, s, t, r: 1 point
    d, g: 2 points
    b, c, m, p: 3 points
    f, h, v, w, y: 4 points
    k: 5 points
    j, x: 8 points
    q, z: 10 points

    word is a word consisting of lowercase characters.
    Return the sum of points for each letter in word.
    """
    # """
    # 각 글자는 다음과 같은 점수를 가집니다:
    # a, e, i, o, u, l, n, s, t, r: 1점
    # d, g: 2점
    # b, c, m, p: 3점
    # f, h, v, w, y: 4점
    # k: 5점
    # j, x: 8점
    # q, z: 10점

    # word는 소문자로 이루어진 단어입니다
    # word의 각 글자에 대한 점수의 합을 반환합니다.
    # """
```

이 함수의 경우 [Tab] 키를 한 번만 누르면 코파일럿이 동작하지 않습니다. [Tab] 키는 코드를 들여쓰기 할 때 사용하는데, 지금 같은 상황에서는 코드를 표시하기 전에 함수 안에 들여쓰기를 해야 합니다. 따라서 들여쓰기를 위한 [Tab] 키를 한 번 누르고(들여쓰기를 위해 한 번 누른 다음 코파일럿을 위해 한 번 더 눌러야 하는 경우도 있음) 코드가 표시될 때까지 기다린 다음 [Enter] 키를 눌러 해당 코드를 수락하고, 다시 [Tab] 키를 눌러 코드를 더 생성하는 과정을 반복해야 합니다.

> **코파일럿이 코드를 제안하게 하기 위해 [Tab]이나 [Enter] 키를 눌러야 할 때도 있다**
>
> 코파일럿이 사용자가 키를 눌러 프롬프트를 줄 때까지 제안을 일시 중지하는 경우가 있습니다. 표 2.1에서 언급한 주석으로 프롬프트를 입력했을 때 응답으로 더 많은 주석을 제공하려는 경우도 종종 발생합니다. 이때 [Enter] 키를 한 번 더 누르면 주석 대신 코드 생성을 시작하도록 트리거할 수 있습니다. 또한 [Tab] 키를 여러 번 눌러야 제안을 출력하는 경우도 있습니다. 이처럼 코파일럿이 코드를 생성하지 않는 다양한 경우에 대해서는 표 2.1을 참조하세요.

이 작업을 몇 번 반복하면 전체 코드가 수락되고 다음과 같은 결과가 나타납니다:

```python
points = 0
for char in word:
    if char in "aeioulnstr":
        points += 1
    elif char in "dg":
        points += 2
    elif char in "bcmp":
        points += 3
    elif char in "fhvwy":
        points += 4
    elif char == "k":
        points += 5
    elif char in "jx":
        points += 8
    elif char in "qz":
        points += 10
return points
```

이 코드에는 알파벳의 모든 글자가 쓰였고, 각 글자마다 부여된 점수가 다음 줄에 적혀있습니다. 전체적인 문법 구조는 다음 장에서 자세히 다루겠지만, 대략 단어를 한 글자씩 살펴보고 각 문자가 무엇인지 파악한 후 해당 문자에 부여된 점수를 더하는 내용입니다.

코드가 프롬프트에 작성한 대로 동작하는지 확인하기 위해 테스트해 보겠습니다. 앞에서 **zap**이라는 단어는 14점이라고 말했습니다. 실행 결과도 제대로 출력됩니다.

```python
>>> num_points('zap')
14
```

몇 가지를 더 시도해 봅시다. 각각의 경우에 예상되는 답을 직접 계산해 보면 코드가 제대로 동작하는지 알 수 있습니다.

```
>>> num_points('pack')
12

>>> num_points('quack')
20
```

코파일럿으로 올바른 함수 코드를 작성하는 방법은 여러 가지가 있습니다. [Ctrl]+[Enter]를 누르고 코파일럿의 제안을 살펴보면 여러 개의 코드가 표시됩니다. 그중 하나가 옳다고 해서 다른 코드들이 틀렸음을 의미하지는 않습니다.

예를 들어, 다음은 코파일럿의 다른 제안에서 얻은 num_points에 대한 또 다른 코드입니다.

```
points = {'a': 1, 'e': 1, 'i': 1, 'o': 1, 'u': 1, 'l': 1,
          'n': 1, 's': 1, 't': 1, 'r': 1,
          'd': 2, 'g': 2,
          'b': 3, 'c': 3, 'm': 3, 'p': 3,
          'f': 4, 'h': 4, 'v': 4, 'w': 4, 'y': 4,
          'k': 5,
          'j': 8, 'x': 8,
          'q': 10, 'z': 10}
    return sum(points[char] for char in word)
```

이 코드에는 각 문자가 점수와 함께 개별적으로 나열되어 있습니다. 문자와 점수로 이루어진 이 구조를 딕셔너리라고 하는데, 다음 장에서 제대로 다루겠습니다. 지금 중요한 것은 코파일럿으로 함수에 대한 코드를 작성하는 방법이 여러 가지가 있다는 것입니다. 다음 절로 넘어가기 전에 몇 가지 테스트 케이스를 더 시험해 보세요!

3.6.5 최고의 단어

스크래블 게임이라는 주제로 실습을 계속 이어가 보겠습니다. 다니엘에게 지금 가진 패로 만들 수 있는 단어들이 많고, 그중 어떤 단어가 가장 높은 점수를 받을 수 있을지 계산하고 싶다고 가정해 봅시다. zap, pack, quack 중 어떤 단어의 점수가 높을까요? 지금 다니엘에게는 여러 개의 단어를 입력하면 그중 어떤 단어가 가장 높은 점수를 얻을 수 있는지 알려주는 함수가 필요합니다.

이 함수에는 몇 개의 매개변수가 필요할까요? 우선 떠오르는 단어가 세 개이니, 세 개면 될까요? 이 방법은 유연한 방법이 아닙니다. 갑자기 다섯 단어가 떠오르고 그중 가장 점수가 높은 단어를 알고 싶어진다면요? 떠오르는 열 개, 쉰 개로 단어 수가 변한다면요? 우리는 이 함수에 얼마나 많은 단어를 입력값으로 넣든 상관없이 제대로 동작하기를 원합니다.

방법은 단어들을 리스트로 만들어서 하나의 매개변수를 사용하는 함수를 만드는 것입니다. 리스트는 숫자, 문자열, 딕셔너리처럼 파이썬이 지원하는 자료형입니다. 개수에 구애받지 않고 많은 값을 한곳에 모을 수 있어 매우 유용합니다.

코파일럿에 다음과 같은 프롬프트를 작성하면 우리가가 원하는 함수를 얻을 수 있습니다.

```python
def best_word(word_list):
    """
    word_list is a list of words.

    Return the word worth the most points.
    """
    # """
    # word_list는 단어로 이루어진 리스트입니다.

    # 가장 큰 점수를 가진 단어를 반환합니다.
    # """
```

코파일럿은 각 단어가 몇 점짜리인지를 어떻게 알 수 있을까요? 이전 절에서 작성한 num_points 함수를 호출하면 됩니다!

코파일럿이 제공하는 코드는 다음과 같습니다.

```python
best_word = ""
best_points = 0
for word in word_list:
    points = num_points(word)
    if points > best_points:
        best_word = word
        best_points = points
return best_word
```

테스트할 때는 이 함수를 올바르게 호출하도록 주의해야 합니다. 다음과 같은 경우는 동작하지 않습니다.

```
>>> best_word('zap', 'pack', 'quack')
```

위 코드는 매개변수로 1개가 아니라 3개를 입력하기 때문입니다. 올바른 호출 방법은 다음과 같이 대괄호 안에 단어들을 넣는 것입니다(리스트에 관해서는 다음 장에서 자세히 살펴보겠습니다).

```
>>> best_word(['zap', 'pack', 'quack'])
'quack'
```

이번에도 테스트는 하나의 케이스로 만족해서는 안 됩니다. 이 함수는 리스트에 단어가 하나만 들어 있는 경우처럼 유효하지만 이상한 다른 케이스들에 대해서도 동작해야 합니다.

```
>>> best_word(['zap'])
'zap'
```

아무 단어도 안 들어 있는 빈 리스트에서 이 기능을 테스트하는 것까지는 생략하겠습니다. 그런 경우에 대해 함수를 테스트하는 것이 무슨 의미가 있을까요? 어떤 함수든, 입력값이 없는 상황에 함수가 제대로 동작하는지를 파악하기는 쉽지 않기 때문입니다!

이 장에서는 파이썬 언어의 함수란 무엇인지와 코파일럿을 사용한 함수 작성법을 배웠습니다. 또한 좋은 함수의 특징과 코파일럿이 작성한 함수가 요청한 작업을 잘 해결하는지 확인하는 것이 얼마나 중요한지 배웠습니다. 이제부터는 코파일럿이 생성한 코드가 올바른지 알아보고, 올바르지 않은 경우 어떻게 수정해야 하는지를 본격적으로 다룹니다. 다음 장에서는 코파일럿이 생성한 코드를 읽기 위한 기본 사항을 배웁니다. 그것이 코파일럿이 우리가 의도한 대로 동작하는지 점검하는 우선적인 방법이기 때문입니다. 그다음 장에서는 코드를 주의 깊게 테스트하는 방법과 잘못된 코드가 있을 때의 대처법을 살펴보겠습니다.

요약

- 문제 분해는 큰 문제를 작게 나누는 작업입니다.

- 개발자들은 프로그래밍할 때 함수를 사용해 문제를 분해합니다.

- 각 함수는 하나의 작은 수준에서 잘 정의된 작업을 해결해야 합니다.

- 함수를 사용하면 중복을 줄이고 더 쉽게 코드를 테스트할 수 있으며 버그 발생 가능성을 줄일 수 있습니다.

- 단위 테스트에는 함수가 다양한 입력에 대해 예상한 대로 동작하는지 확인하는 작업이 포함됩니다.

- 함수의 헤더(시그니처라고도 부릅니다)는 함수의 첫 번째 코드 줄을 의미합니다.

- 매개변수는 함수에 정보를 제공하기 위해 사용됩니다.

- 함수 헤더에는 함수의 이름과 해당 매개변수의 이름을 적습니다.

- 함수에서 값을 출력하려면 return이라는 명령어를 사용합니다.

- 독스트링에는 함수의 매개변수에 대한 설명 및 함수의 목적을 적습니다.

- 코파일럿에게 함수 작성을 요청할 때는 함수 헤더와 독스트링을 제공합니다.

- 매개변수에 대한 값(인수라고도 함)을 사용해 함수를 호출하면 함수가 요청한 값을 사용해 작업을 수행합니다.

- 변수는 값을 나타내는 이름입니다.

- 헬퍼 함수는 더 큰 함수를 쉽게 작성하기 위해 만든 작은 함수를 의미합니다.

- 리프 함수는 작업을 수행하기 위해 다른 함수를 호출하지 않습니다.

- 함수가 올바른지 테스트하기 위해 다양한 입력값으로 함수를 호출해 봐야 합니다.

- 파이썬에는 숫자, 텍스트(문자열), 참/거짓 값(bool), 값들의 모음(리스트 또는 딕셔너리) 등의 자료형이 있습니다.

- 프롬프트 엔지니어링에는 코파일럿에게 이미 제공한 프롬프트를 수정해 기존 코드에 영향을 주는 작업도 포함됩니다.

- 코드를 올바르게 실행하기 위해서는 코드에서 사용 중인 모듈(예: string)을 가져와야 합니다.

04

파이썬 코드 읽기:
1부

이 장에서는 다음 내용을 다룹니다.

- 코드를 읽는 방법을 알아야 하는 이유
- 코파일럿에게 코드 설명을 요청하는 방법
- 주어진 문제를 함수를 이용해 더 작은 하위 문제로 나누기
- 변수를 사용해 값 저장하기
- if 문을 사용해 분기 만들기
- 문자열을 사용해 텍스트 데이터 다루기
- 리스트를 사용해 여러 개의 데이터를 한 번에 다루기

3장에서 코파일럿을 사용해 작성한 함수들은 어떤 용도로 사용할 수 있을까요? money_made 함수는 주식 거래 시스템에서 사용할 수 있습니다. is_strong_password 함수는 웹 서비스에서 사용할 수 있습니다. best_word 함수는 스크래블 게임 AI에서 사용할 수 있습니다. 이처럼 우리는 더 큰 프로그램의 일부로 동작하는 함수를 작성했습니다. 코드를 직접 작성하거나 코드가 어떤 동작을 하는지 이해하는 단계를 건너뛰고 이 작업을 수행했습니다.

하지만 프로그램을 개발하려면 코드를 읽고 이해할 필요가 있습니다. 이를 배우려면 어느 정도 시간이 필요하므로 코드 이해에 관한 내용은 두 장으로 나누어 설명합니다. 4장에서는 코드 읽기가 중요한 이유를 설명하고 코드 이해에 도움이 되는 코파일럿의 기능들을 소개합니다. 그런 다음 코파일럿에서 생성된 대부분의 코드를 읽기 위해 알아야 할 프로그래밍의 기본 기능 10가지를 살펴보겠습니다. 이 장에서 다섯 개, 다음 장에서 다섯 개씩 다룰 예정입니다. 사실 앞에서 이미 이 10가지 기능을 모두 소개했으니 지금까지 잘 따라왔다면 걱정하지 마세요. 이번 두 장은 이미 설명한 기능에 대한 이해를 심화할 뿐입니다.

4.1   코드를 읽을 수 있어야 하는 이유

코드 읽기는 코드를 보고 코드가 수행하는 동작을 이해하는 것을 의미합니다. 일반적으로 프로그래밍 수업 수강생이 코드를 이해하는 수준은 두 가지 정도로 나뉩니다.

첫 번째 수준은 프로그램이 수행하는 작업을 한 줄 한 줄 이해할 수 있는 상태를 의미합니다. 코드가 실행되는 동안 관련된 변수 값을 추적해 각 단계에서 코드가 수행하는 작업을 정확히 파악하는 것을 포함합니다.

두 번째 수준은 프로그램의 전반적인 목적을 결정할 수 있는 상태를 말합니다. 교수자로서 우리는 종종 이 수준의 학생들에게 "말로 설명해 보라"고 요청해 이해 수준을 확인합니다.

4, 5장의 학습이 끝나면 코파일럿에서 생성된 코드를 해석하는 두 가지 수준의 작업을 모두 해 보기 바랍니다. 처음에는 한 줄 한 줄 코드를 이해하는 데 그치겠지만, 5장이 끝날 무렵에는 작은 코드 덩어리를 보고 그 목적을 파악할 수 있게 될 것입니다.

다음에 있는 3장의 best_word 함수를 다시 살펴보며 두 가지 수준의 코드 읽기의 차이점을 설명하겠습니다.

코드 4.1 스크래블 게임용 best_word 함수

```python
def best_word(word_list):
    """
    word_list is a list of words.

    Return the word worth the most points.
    """
    # """
    # word_list는 단어로 이루어진 리스트입니다.

    # 가장 큰 점수를 가진 단어를 반환합니다.
    # """
    best_word = ""
    best_points = 0
    for word in word_list:
        points = num_points(word)
        if points > best_points:
            best_word = word
```

```
        best_points = points
    return best_word
```

위 예시에서 코드 한 줄 한 줄이 수행하는 작업에 대한 설명을 **추적 설명**이라 부릅니다. 예를 들어 best_word라는 함수를 추적 설명한다고 가정해 보겠습니다. 비어있는 문자열로 시작하는 best_word라는 변수가 있습니다. (함수와 변수에 모두 best_word라고 이름 지은 것이 아쉽지만, 이 코드는 코파일럿이 제공한 것이니 그대로 두겠습니다.) 그리고 0부터 시작하는 또 다른 변수 best_points가 있습니다. 다음 줄에는 word_list의 각 단어를 확인하는 for 반복문이 있습니다. for 반복문 내부에서는 num_points라는 헬퍼 함수를 호출합니다. 이와 같은 각 코드 줄의 동작 확인법은 이 장과 다음 장에서 설명하겠습니다!

코드의 전반적인 목적에 대한 설명은 이런 세부적인 설명과 달리 독스트링에 작성한 프롬프트와 비슷한 형식이 됩니다. "단어 목록에서 가장 높은 스크래블 점수 값을 가진 단어를 반환한다."처럼 말입니다. 이 방법은 코드를 한 줄씩 설명하는 대신 코드의 전반적인 목적을 언급해 코드가 무슨 작업을 하는지를 조망합니다.

계속해서 코드 추적과 테스트를 하다 보면 코드의 전반적인 목적을 이해하는 코드 읽기 수준에 도달할 수 있습니다. 전반적인 목적을 파악하는 수준의 코드 이해력은 일반적인 코드 추적 수준의 이해력이 뒷받침돼야 가능한 고차원적 기술이므로[1], 이 장과 다음 장에서는 각 코드 줄의 기능을 이해하는 추적 수준에 집중하겠습니다.

코파일럿으로 코드를 생성하더라도 여전히 코드 읽기가 필요한 이유는 크게 세 가지입니다.

1. **코드의 동작 여부 확인** – 3장에서 코파일럿이 제공하는 코드를 테스트하는 방법을 연습했습니다. 테스트는 코드가 제대로 동작하는지를 판단하는 강력한 기술이며, 이 책 전체에서 계속 다룰 겁니다. 하지만 저자들을 포함한 많은 개발자는 코드를 어느 정도 완성한 다음에 테스트를 시작합니다. 테스트에 들이는 시간 없이 코드 읽기만으로 코드의 잘못된 부분을 확인할 수 있다면 테스트 과정을 생략하고 바로 코드 수정을 시작할 수 있습니다. 코드 추적이나 전반적인 목적 파악이 능숙해져 잘못된 코드를 식별하는 능력이 커질수록 잘못된 코드를 테스트하느라 들이는 시간을 절약할 수 있습니다.

2. **테스트에 대한 정보 제공** – 코드 한 줄 한 줄이 어떤 내용인지를 이해하는 것은 그 자체로도 유용하지만, 효과적인 테스트에도 도움이 됩니다. 예를 들어, 다음 장에서는 특정 코드를 0~2번까지, 또는 필요한 만큼 반복하는 반복문을 배웁니다. 이런 상황에서 코드 읽기로 얻은 지식을 테스팅 지식과 결합하면 테스트할 때 특히 주의해야 할 케이스를 식별하는 데 도움이 될 수 있습니다.

---

1   R. Lister, C. Fidge, and D. Teague. "Further Evidence of a Relationship between Explaining, Tracing and Writing Skills in Introductory Programming." In ACM SIGCSE Bulletin, 41, 3 (Sept. 2009), 161–165.

3. **코드 작성** – 코파일럿이 모든 코드를 작성해 주면 참 좋을 것입니다. 하지만 아무리 프롬프트 엔지니어링을 잘 해도 코파일럿이 잘못 작성한 코드가 있을 수밖에 없습니다. 또는 프롬프트 엔지니어링으로 코파일럿이 올바른 코드를 작성하도록 계속 유도하는 것보다 직접 작성하는 것이 더 간단하고 빠를 때도 있습니다. 이 책을 쓰면서 저자들도 가능한 한 많은 코드를 코파일럿이 작성하게 하려고 노력했습니다. 이때 오류가 발견되면 알고 있는 파이썬 지식을 바탕으로 코파일럿에게 수정을 요청하지 않고 바로 수정하는 편이 빨랐습니다. 독자분들께서도 프로그래밍에 대한 지식을 차차 쌓아나가리라 생각하며, 이 책은 가벼운 내용만 다룰 것입니다. 코드를 추적하고 설명하는 능력은 코드 작성 능력의 전제 조건이라는 연구 결과도 있습니다.[2]

이 책은 모든 코드 줄을 추적하는 법은 다루지 않습니다. 그 방법은 코파일럿 같은 도구가 나오기 전의 전통적인 프로그래밍 교육 방식과 다를 게 없기 때문입니다. 대신 코파일럿과 책의 설명을 바탕으로 각 코드 줄의 요점이나 전체적인 목표를 이해하는 데 도움을 주려고 합니다. 앞으로 많은 양의 프로그램을 작성하다 보면 이보다 더 많은 능력이 필요할 것입니다. 이 책은 '코드의 모든 줄이 어떻게 동작하는지 정확히 알고 있다'보다는 '이쯤에서 이 작업을 하고 있구나'를 파악할 수 있는 것을 목표로 하고 있습니다.

4.2　코파일럿에게 코드 설명 요청하기

2장에서 컴퓨터를 설정할 때 VS Code에 코파일럿과 함께 깃허브 코파일럿 챗 확장 기능을 설치했습니다. 지금부터 이 확장 기능의 최고 기능 중 하나인 파이썬 코드 설명 기능을 보여드리겠습니다!

이 기능은 코파일럿 랩의 일부 기능이었으나, 코파일럿 챗 확장 기능으로 통합됐습니다. 이 책이 출간된 이후로도 여기서 안내하는 구체적인 단계가 다소 달라질 수 있으니 코파일럿 공식 문서를 참조하기 바랍니다.

코파일럿 챗 확장 프로그램을 설치한 상태라면 코파일럿이 설명해 주기를 원하는 코드를 선택한 다음, 코드의 설명을 요청할 수 있습니다. best_word 함수로 이 작업을 해 보겠습니다(그림 4.1).

2　R. Lister, C. Fidge, and D. Teague, "Further Evidence of a Relationship between Explaining, Tracing and Writing Skills in Introductory Programming," In ACM SIGCSE Bulletin, 41, 3 (Sept, 2009), 161–165.

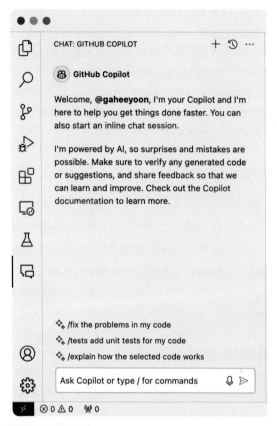

그림 4.1 VS Code의 코파일럿 챗 확장 기능 실행 화면

먼저 활동 표시줄(VS Code 왼쪽)의 코파일럿 챗 탭을 클릭해 그림 4.1과 유사한 창이 뜨게 합니다.

다음으로, 그림 4.1과 같이 best_word 함수의 모든 코드를 드래그하여 선택합니다. (3장에서 코드를 저장하지 않은 경우 코파일럿에게 코드를 다시 생성하도록 요청합니다.)

```
def best_word(word_list):
    """
    word_list is a list of words.

    Return the word worth the most points.
    """
    best_word = ""
    best_points = 0
    for word in word_list:
        points = num_points(word)
        if points > best_points:
            best_word = word
            best_points = points
    return best_word
```

그림 4.2 편집기에서 선택된 best_word 함수의 코드

코드 영역을 선택한 다음 마우스 오른쪽 버튼을 클릭하고 [Copilot] 메뉴에 마우스를 가져갑니다.

그림 4.3 마우스 오른쪽 버튼 클릭 후 Copilot 선택

그림 4.4는 코파일럿에게 요청할 수 있는 다양한 프롬프트 유형을 보여줍니다. 이 기능을 사용하면 코드가 아닌 프롬프트를 요청할 수 있으며, 각 프롬프트는 일반적으로 그 내용이 얼마나 구체적인지, 설명을 어느 정도로 상세하게 요청할지에 따라 서로 다른 내용으로 생성됩니다. 이번 실습에서는 [Explain This]라는 항목을 선택하겠지만 원하는 경우 컨텍스트 메뉴(그림 4.4 참조)에서 다른 프롬프트를 선택할 수 있습니다. 현재 선택 가능한 항목으로는 [Start Inline Chat](인라인 채팅 시작하기), [Explain This](코드 설명), [Fix This](코드 수정), [Generate Docs](문서 생성하기), [Generate Tests](테스트 생성하기) 항목이 있습니다.

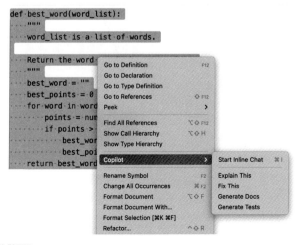

그림 4.4 코파일럿 챗의 선택 항목들

원하는 항목을 선택하면 코드에 대한 설명이 표시됩니다. 코파일럿은 비결정적이기 때문에 결과가 이 책의 내용과 다를 수 있습니다. 설명이 잘 이해되지 않을 때는 다시 설명해 달라고 요청하여 다른 설명을 얻을 수 있습니다. 저자들에게는 프로그래밍 교육자로서 학생들에게 코드의 동작 방식을 완전히 이해하는 데 필요한 만큼의 설명을 알려주고 싶다는 꿈이 있었는데, 이 확장 기능으로 실현할 수 있게 됐습니다.

코파일럿 챗이 잘못된 설명을 할 수도 있다

코파일럿이 생성한 코드와 마찬가지로 코파일럿 챗의 설명도 틀릴 수 있습니다. "틀린 설명이 생성된다면 이 확장 기능을 왜 쓰나요?"라고 실망할 수도 있습니다. 물론 동의합니다. 하지만 저자들의 경험에 비추어 볼 때, 특히 이 두 장에서 다루는 것과 같이 코드의 기초가 부족한 사람들에게는 이 확장 기능이 큰 도움이 됩니다. 대부분의 입문자는 코드를 이해하지 못할 때 친구나 웹사이트에 코드를 물어보곤 하는데, 친구나 웹사이트에서 답변하는 사람도 실수를 합니다. 한편 코파일럿은 여러 번 시도하면 틀린 답을 얻을 가능성이 줄어들기 때문에 여러 번 설명을 요청해 설명의 정확도를 높여서 사용할 수 있습니다.

[Explain This] 메뉴를 처음 눌렀을 때 코파일럿이 생성한 답변은 다음과 같습니다.

```
Here is the explanation for the code above:
1. We define a function called best_word that takes one argument, word_list.
2. We define the variables best_word and best_points and set them equal to the empty string and 0,
respectively.
3. We use a for loop to iterate over the elements in word_list.
4. We define a variable called points that is equal to the result of calling num_points with word
as an argument.
5. We use an if statement to check if points is greater than best_points.
6. If it is, we set best_word equal to word and best_points equal to points.
7. Finally, we return best_word.
# 위 코드에 대한 설명은 다음과 같습니다:
# 1. word_list라는 하나의 인수를 받는 best_word라는 함수를 정의합니다.
# 2. best_word와 best_points라는 변수를 정의하고 각각 빈 문자열과 0으로 설정합니다.
# 3. for 루프를 사용하여 word_list의 요소들을 반복합니다.
# 4. word를 인수로 num_points를 호출한 결과와 같은 points라는 변수를 정의합니다.
# 5. if 문을 사용하여 points가 best_points보다 큰지 확인합니다.
# 6. 만약 그렇다면, best_word를 word와 같게 설정하고 best_points를 points와 같게 설정합니다.
# 7. 마지막으로, best_word를 반환합니다.
```

이 답변은 코드 한 줄 한 줄이 무엇을 하는지를 아주 잘 설명합니다. 하지만 이 설명을 완전히 이해하려면 파이썬의 주요 용어와 기능을 알아야 합니다. 코파일럿의 설명에는 함수, 인수, 변수, 문자열, 반복문, 조건문, 리턴이 포함되어 있습니다. 이 설명은 파이썬의 기본 용어를 알고 있다면 매우 유용하지만 그렇지 않다면 암호나 다를 게 없습니다. 이 장과 다음 장을 읽고 나면 코파일럿의 설명을 해석하는 데 필요한 파이썬의 주요 용어와 기능을 알게 될 것입니다.

4.3 꼭 알아야 할 10가지 프로그래밍 기능: 1부

이제부터 꼭 알아야 할 10가지 파이썬 프로그래밍 기능을 간략하게 살펴보겠습니다. 이 장에서는 그중 다섯 가지 내용을 다룹니다.

파이썬은 대화형 언어이기 때문에 다른 언어보다 동작 내용을 확인하는 방법이 수월한 편입니다. 이 절에서도 직접 프로그래밍 기능을 살펴보겠습니다. 저자들을 비롯한 수천 명의 개발자가 이렇게 파이썬을 배웠습니다. 독자분들도 주저하지 말고 함께 실습해 보세요! 먼저 [Ctrl]+[Shift]+[P]를 누르고 'REPL'을 입력한 다음 [Python: Start REPL] 항목을 선택합니다. 그러면 그림 4.5와 같은 화면이 나타납니다.

그림 4.5 VS Code에서 REPL 시작하기

이렇게 하면 그림 4.6과 같이 3장에서 봤던 파이썬 프롬프트가 표시됩니다. 따로 함수나 패키지는 로드되지 않은 상태입니다.

```
PROBLEMS    OUTPUT    DEBUG CONSOLE    TERMINAL

PS C:\Users\leona\copilot-book> & C:/Users/leona/AppData/Local/Programs/Python/Python3
11/python.exe
Python 3.11.1 (tags/v3.11.1:a7a450f, Dec  6 2022, 19:58:39) [MSC v.1934 64 bit (AMD64)
] on win32
Type "help", "copyright", "credits" or "license" for more information.
>>>
```

그림 4.6 VS Code에서 REPL 실행

이 창에 파이썬 코드를 입력할 수 있습니다. 다음과 같이 입력합니다.

```
>>> 5 * 4
```

그리고 [Enter] 키를 누르면 20이라는 응답을 볼 수 있습니다. 파이썬의 동작 방식을 배우기 위해 파이썬과 상호작용하는 방식은 방금 코드를 입력했을 때 파이썬이 응답한 것과 완전히 동일합니다.

4.3.1 #1. 함수

3장에서 배웠던 함수를 떠올려 봅시다. 함수를 사용하면 큰 문제를 작은 조각으로 나눌 수 있습니다. 돌이켜 생각해 보면 3장에서 작성한 best_word 함수는 단어 목록에서 어떤 단어가 가장 높은 점수를 받을 수 있는지 알아내는 꽤 큰 작업입니다. 그렇다면 특정 단어는 몇 점짜리일까요? 이것이 바로 best_word 함수에서 다시 나눈 하위 작업이었습니다. num_points 함수가 이 작업을 수행하는 역할을 했습니다.

보통 함수를 설계할 때는 특정 작업 수행에 필요한 데이터 하나 또는 데이터 세트를 매개변수로 받도록 만듭니다. 함수는 작업을 수행한 후 return 명령어를 사용해 수행 결과를 원래 함수를 호출했던 줄로 다시 보냅니다. 함수를 호출할 때는 각 매개변수에 대해 인수를 넣어 전달하고, 반환된 값을 변수에 저장하는 경우가 많습니다.

함수에는 개발자가 직접 작성하는 함수도 있고, 파이썬에 이미 내장된 함수도 있습니다. 내장 함수도 직접 작성한 함수와 같은 방법으로 호출합니다. 예를 들어 하나 이상의 인수를 받아 최댓값을 알려주는 내장 함수 max는 다음과 같이 동작합니다.

```
>>> max(5, 2, 8, 1)
8
```

3장의 get_strong_password 함수에서 사용한 입력 함수도 내장 함수입니다. 이 함수는 프롬프트에서 사용자가 키보드로 입력한 인수를 받아서 그대로 리턴합니다.

```
>>> name = input("What is your name? ")
What is your name? Dan
>>> name
'Dan'
```

input 함수가 키보드로 값을 입력받는 함수라면, 화면에 메시지를 출력하는 출력(output) 함수도 있을까요? 네, 하지만 출력(output) 대신 인쇄(print)라는 함수명을 가집니다.

```
>>> print('Hello', name)
Hello Dan
```

4.3.2 #2. 변수

변수는 값을 나타내기 위한 이름입니다. 3장에서는 함수의 반환값을 추적하기 위해 변수를 사용했습니다. 위 예제에서도 사용자 이름을 저장하기 위해 변수를 사용했습니다. 변수는 이처럼 기억해뒀다가 나중에 사용해야 할 값을 기록하기 위해 사용합니다.

변수에 값을 할당하는 데는 =(등호) 기호를 사용하는데, 이를 **할당** 기호라고 합니다. 이 기호는 기호 오른쪽에 있는 값을 알아낸 다음 변수에 할당합니다.

```
>>> age = 20 + 4   ◀
>>> age
24
```
등호 기호는 오른쪽을 연산하여 평가하므로 20 + 4는 24로 평가된다. 그러고 나서 변수 age에 24라는 값을 할당한다.

파이썬에서 =(등호) 기호는 수학과 다른 방식으로 쓰입니다

= 기호는 파이썬 및 기타 프로그래밍 언어에서 **할당**의 의미로 사용됩니다. = 기호의 왼쪽 변수에는 = 기호의 오른쪽 값의 계산 결과가 기록됩니다. 변수의 값은 변경될 수 있으므로 이 관계는 영구적인 관계가 아닙니다. 수학 기호에 익숙한 프로그래밍 입문자는 혼란스럽겠지만, 파이썬에서 = 기호는 등호가 아닌 대입을 의미한다는 점을 기억하세요.

변수는 **표현식(expression)**이라는 더 큰 맥락으로도 이해할 수 있습니다. 변수가 참조하는 값은 그 이름으로 대체됩니다.

```
>>> age + 3   ◀
27
>>> age   ◀
24
```
age라는 변수에는 24라는 값이 저장되고, 프롬프트에서 계속 사용할 수 있다. 등호 왼쪽의 표현식은 24+3로 인식되어 27이라는 결과로 평가된다.

age+3을 등호 기호로 age에 재할당하지 않았기 때문에 age 변수의 값은 변경되지 않는다.

파이썬 프롬프트에서 변수를 계속 사용할 수 있다

위 예제에서 할당한 age 변수는 어떻게 다른 코드 줄에서도 계속 참조될 수 있을까요? 파이썬 프롬프트를 사용하면 변수는 값을 할당하는 즉시 사용할 수 있고, 프로그래밍을 종료할 때까지 계속 유지됩니다. 이것이 바로 프로그램에서 변수가 동작하는 방식입니다.

위 예제에서 age + 3이라는 코드 줄을 실행한 뒤에도 age 변수의 값은 변하지 않았음을 알 수 있습니다! 이를 변경하려면 다른 = 할당문이 필요합니다.

```
>>> age = age + 5        ◀──  age 변수에 결과를 다시 할당해 age 변수의 값을 변경
>>> age                       한다(등호 기호 사용).
29
```

변수가 참조하는 대상을 변경하는 방법을 몇 가지 더 살펴봅시다. 화살표의 설명을 참고해 주세요.

```
>>> age += 5        ◀──  age += 5는 age = age + 5라는 덧셈식을
>>> age                  줄여쓰는 간편한 방법
34
>>> age *= 2        ◀──  age *= 2는 age = age * 2라는 곱셈식을
>>> age                  줄여쓰는 간편한 방법
68
```

4.3.3 #3. 조건문

조건문은 결정 상황에 필요한 프로그래밍 구문입니다. 예를 들어, 2장에서는 어떤 쿼터백 선수를 출력 결과에 포함할지 결정해야 했습니다. 이를 위해 if 문을 사용했습니다.

3장의 larger 함수 기억하시나요? 코드 4.2는 larger 함수의 전체 코드입니다.

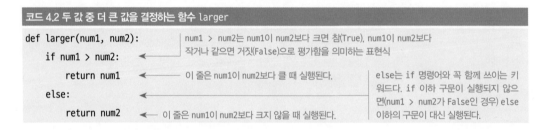

코드 4.2 두 값 중 더 큰 값을 결정하는 함수 larger

```
def larger(num1, num2):        │ num1 > num2는 num1이 num2보다 크면 참(True), num1이 num2보다
    if num1 > num2:      ◀────  └ 작거나 같으면 거짓(False)으로 평가함을 의미하는 표현식
        return num1     ◀──── 이 줄은 num1이 num2보다 클 때 실행된다.         else는 if 명령어와 꼭 함께 쓰이는 키
    else:               ◀────                                              워드다. if 이하 구문이 실행되지 않으
        return num2     ◀──── 이 줄은 num1이 num2보다 크지 않을 때 실행된다.   면(num1 > num2가 False인 경우) else
                                                                           이하의 구문이 대신 실행된다.
```

코드 4.2의 if-else 같은 구조를 **조건문**이라고 부릅니다. 프로그램은 이 구조를 통해 결정을 내립니다. 코드 4.2의 경우 num1이 num2보다 크면 num1이 반환되고, 그렇지 않으면 num2가 반환되는 구조입니다. 이것이 함수 larger가 더 큰 값을 반환하는 방법입니다!

if 명령어 뒤에는 부울 표현식(num1 > num2)을 넣습니다. 부울 표현식은 결과가 참 또는 거짓이 되는 조건을 평가하는 표현식입니다. 결과가 True이면 if 아래의 코드가 실행되고, False이면 else 아래의 코드가 실행됩니다. num1이 num2보다 크거나 같다는 >=, 작다는 <, 같지 않다는 !=라는 비교 기호를 사용해 부울 표현식을 만듭니다. 또한 함수 내부의 코드뿐만 아니라 if-else 문의 if 및 else 부분에도 들여쓰기를 사용합니다. 들여쓰기는 코드가 제대로 동작하게 하기 위해 꼭 필요하므로 주의해서 살펴봐야 합니다. (다음 장에서 들여쓰기에 대해 자세히 설명합니다.) 들여쓰기는 어떤 코드 줄이 함수에 속하고 어떤 코드 줄이 if 또는 else에 속하는지를 구분하는 방법입니다.

코드를 함수 내부에 작성할 필요 없이 파이썬 프롬프트에서 직접 조건문을 작성할 수도 있습니다. 다음 예시를 살펴봅시다.

```
>>> age = 40        ◀────── 변수 age에 40이라는 값을 할당
>>> if age < 40:    ◀──────────       이 코드는 age < 40인지를 묻는다. age 변수에 40이라는 값을
...     print("Binging Friends")      넣었으므로 조건이 거짓이 되고, 코드의 if 부분을 건너뛴다.
... else:           ◀────── if 조건이 False이므로 else 부분이 실행된다.
...     print("What's binging?")
...
What's binging?
```

if 문 안의 코드를 입력할 때는 프롬프트가 >>>에서 ...로 변경되는 것을 알 수 있습니다. 이 기호는 우리가 특정 구문을 입력하는 도중임을 알려줍니다. else 구문까지 모두 작성하고 [Enter] 키를 한 번 더 눌러야 ... 프롬프트를 벗어나 >>> 프롬프트로 돌아갈 수 있습니다.

변수 age의 값이 40이어서 조건문 age < 40은 False가 되므로 else 이하 구문이 실행됩니다. 이번에는 age를 변경해 if 이하의 구문이 실행되게 해 보겠습니다.

```
>>> age = 25        ◀────── 변수 age에 25라는 값을 할당
>>> if age < 40:    ◀──────────      age < 40인지를 묻는다. age 변수에 25라는 값을 넣었으므로
...     print("Binging Friends")     조건이 참이 되고, 코드의 if 부분이 실행된다.
... else:           ◀────── 코드의 else 부분은 실행되지 않는다.
...     print("What's binging?")
```

```
...
Binging Friends
```

앞으로는 else 부분이 없는 if 문도 종종 보게 될 겁니다. else 부분은 선택사항이기 때문입니다. 이 경우 조건이 False인 경우 if 문은 아무 작업도 수행하지 않습니다.

```
>>> age = 25        ◄──── 변수 age에 25라는 값을 할당
>>> if age == 30:    ◄──── == 부호는 등호 앞뒤의 값이 동일한지 비교함
...     print("You are exactly 30!")
...
```

두 값이 같은지를 테스트하기 위해서는 하나의 등호(=)가 아닌 두 개의 등호(==)를 사용한다는 점을 유의하세요. (등호 하나는 변수에 값을 할당하는 기호라고 앞서 설명했습니다.)

상황에 따라 두 가지 이상의 결과를 출력해야 한다면 어떻게 해야 할까요? 예를 들어 표 4.1처럼 연령대에 따라 좋아하는 TV 프로그램 이름을 출력하는 프로그램을 작성한다고 가정해 봅시다.

표 4.1 연령별 인기 TV 프로그램 목록

연령대	TV 프로그램 이름
30–39	Friends
20–29	The Office
10–19	Pretty Little Liars
0–9	Chi's Sweet Home

if-else만으로는 위 표의 모든 결과를 결정할 수 없습니다. 이런 경우 다음 코드와 같이 elif(else-if의 줄임말)를 사용하여 여러 가능한 결과에 대한 분기를 만들 수 있습니다. 이 코드는 입력할 내용이 많으므로 파이썬 프롬프트(>>>)와 ... 기호를 생략하고 보여드리겠습니다.

```
if age >= 30 and age <= 39:      ◄──── 이 코드는 나이가 30살보다 많거나 같으면서(age >= 30) 39살보다 어린(age <= 39)
    print("Binging Friends")          두 조건을 만족하는 경우 참(True)을 반환한다(예: 나이가 35살인 경우).
elif age >= 20 and age <= 29:    ◄──── 이 조건은 if 절이 거짓(False)인 경우 확인
    print("Binging The Office")
elif age >= 10 and age <= 19:
    print("Binging Pretty Little Liars")
```

```
elif age >= 0 and age <= 9:
    print("Binging Chi's Sweet Home")
else:
    print("What's binging?")      ◄──── 이 코드는 위의 모든 조건이 False인 경우 실행
```

위 코드는 다양한 조건에 따라 다른 결과를 출력하기 위한 코드입니다. 첫 번째 코드 줄은 age 변수에 들어 있는 나이라는 값이 30세 이상 39세 이하인 경우를 확인합니다. 파이썬 코드는 위에서부터 한 줄씩 아래로 동작하며, 조건이 참이면 해당 들여쓰기 내부의 코드를 실행합니다. 첫 번째 조건이 참이라면 elif나 else로 쓰여진 다른 조건을 확인하지 않고 동작을 멈추므로 30세 이상, 39세 이하라는 if 절의 두 조건이 모두 참이면 첫 번째 조건에 대한 코드만 실행됩니다.

변수 age에 다양한 값을 넣고 테스트하며 코드가 제대로 동작하는지 확인해 보세요. 사실 이 코드를 테스트해 보면 if 문 구조에서 주의해서 테스트할 부분을 파악할 수 있습니다. 이런 조건문은 값의 경계를 테스트하는 것이 중요합니다. 예를 들어, 30세와 39세를 테스트하여 첫 번째 조건에서 30-39세라는 범위를 잘 구분하는지 확인해야 합니다. 마찬가지로 20, 29, 10, 19, 0, 9를 테스트한 다음 39보다 큰 값이나 음수값 등 조건 경계 바깥의 숫자들도 테스트해야 합니다.

elif가 아니라 여러 개의 if 문을 사용하면 if 문이 한 번 동작하는 게 아니라 여러 개의 if 문이 동작하는 상태가 됩니다. if 문이 여러 개일 때 파이썬은 이전 if 문에서 무슨 동작을 했는지와 관계없이 각각의 if 문 조건을 별개로 평가하기 때문에 생각지 못한 결과가 나올 수 있습니다.

예를 들어, 위 코드의 elif 절을 if 문 여러 개로 변경해 보겠습니다. 그러면 다음과 같은 결과가 나옵니다.

```
if age >= 30 and age <= 39:
    print("Binging Friends")
if age >= 20 and age <= 29:      ◄──── 이 조건을 만족하는지 항상 확인
    print("Binging The Office")
if age >= 10 and age <= 19:      ◄──── (앞의 if 문이 참이든 거짓이든) 이 조건을 만족하는지 항상 확인
    print("Binging Pretty Little Liars")
if age >= 0 and age <= 9:        ◄──── (앞의 if 문이 참이든 거짓이든) 이 조건을 만족하는지 항상 확인
    print("Binging Chi's Sweet Home")
else:      ◄──── 이 else 문은 바로 앞의 if 절에만 해당되는 구문으로 동작
    print("What's binging?")
```

이 코드의 앞부분에 `age = 25`라는 코드를 넣고 실행한다고 가정해 보겠습니다. 어떤 결과가 나올까요?

두 번째 `if` 조건 `age >= 20 and age <= 29`를 만족하므로 `Binging The Office`라는 문구가 출력됩니다. 하지만 이것이 결과의 전부가 아닙니다! 여러 개의 `if` 문을 사용했기 때문에 나머지 조건들을 일일이 확인합니다. (`elif`를 사용했다면 여기서 프로그램 실행이 완료됩니다.) `age >= 10 and age <= 19`라는 조건은 만족하지 않으므로 `Binging Pretty Little Liars`는 출력되지 않습니다.

마지막 `if` 조건인 `age >= 0 and age <= 9`라는 조건도 거짓이 되므로 `Binging Chi's Sweet Home`이라는 문구도 출력되지 않습니다. 하지만 마지막 `if`에는 `else` 조건이 딸려 있습니다! 그래서 `What's binging?`이라는 문구가 출력됩니다. 우리는 40세 이상의 사람들에게 이 질문을 하고 싶었으나 의도치 않은 결과가 나왔습니다! 이처럼 `if~elif`로 다중 조건을 확인하는 조건문과 `if` 문을 여러 번 사용한 조건문은 다른 결과를 내기 때문에 원하는 동작과 일치하는 것을 사용해야 합니다(코드 여러 개를 각 조건에 맞게 실행하려면 `if`를, 여러 경우 중 하나의 경우에만 특정 코드를 실행하려면 `elif`를 사용합니다).

4.3.4 #4. 문자열

문자열은 3장에서 살펴봤듯이 텍스트 데이터를 저장하기 위해 사용하는 자료형입니다. 2장에서 살펴본 통계 수치, 비밀번호, 책 내용 등 텍스트 데이터는 다방면에 쓰이므로 문자열은 거의 모든 파이썬 프로그램에서 사용됩니다.

문자열의 시작과 끝은 따옴표로 감쌉니다. 큰따옴표와 작은따옴표 중 어떤 것을 사용하든 상관없지만, 문자열의 시작과 끝은 같은 따옴표로 시작하고 끝내야 합니다.

파이썬에는 문자열 자료형에만 사용할 수 있는 강력한 메서드들이 있습니다. **메서드**는 특정 자료형(지금은 문자열)에서 사용할 수 있도록 만들어진 내장 함수입니다. 메서드를 호출하는 방법은 함수 호출 방식과 약간 다릅니다. 괄호 바깥에 메서드를 호출해 사용할 값을 먼저 넣고 그 뒤에 점을 찍고 메서드명과 호출연산자(`()`)를 표시합니다.

3장에서 코파일럿이 작성한 `is_strong_password` 함수에서도 몇 가지 문자열 메서드가 사용됐습니다. 이 절에서는 이러한 메서드를 사용하는 방법을 더 자세히 살펴보겠습니다.

```
>>> 'abc'.isupper()
False
>>> 'Abc'.isupper()
False
```

isupper는 모든 문자가 대문자여야 True를 반환한다.

```
>>> 'ABC'.isupper()
True
```
isupper는 모든 문자가 대문자여야
True를 반환한다.

```
>>> 'abc'.isdigit()
False
>>> '345bc'.isdigit()
False
>>> '345'.isdigit()
True
```
isdigit는 모든 문자가 숫자여야
True를 반환한다.

```
>>> 'abc6'.isalnum()
True
>>> 'abc def'.isalnum()
False
>>> 'abcdef#'.isalnum()
False
```
isalnum는 모든 문자가 영문자 또는
숫자여야 True를 반환한다(공백은
영문자 또는 숫자로 간주하지 않음).

다른 문자열 메서드도 있습니다. 전체 문자열을 소문자나 대문자로 일괄적으로 변환하는 메서드, 문자열에서 특정 단어를 검색할 때 쓰이는 메서드, 문자열을 출력할 때 정렬(예: 가운데 정렬 또는 오른쪽 정렬)해 출력하는 메서드 등 다양합니다.

코파일럿 챗의 [Explain This] 기능을 사용하면 문자열 메서드의 기능을 몰라도 잘 활용할 수 있습니다. 다음 함수는 어떤 동작을 하는 함수일까요?

```
def clean_number(phone_number):
    phone_number = phone_number.replace('(', '')     ◄─── 변수 phone_number에 저장된 문자열에서 모든 ( 문자를 제거
    phone_number = phone_number.replace(')', '')     ◄─── 변수 phone_number에 저장된 문자열에서 모든 ) 문자를 제거
    phone_number = phone_number.replace('-', '')     ◄─── 변수 phone_number에 저장된 문자열에서 모든 - 문자를 제거
    return phone_number
```

처음 코파일럿 챗에게 설명을 요청했을 때는 다음과 같은 결과를 얻었습니다.

```
Here is the explanation for the code above:
1. The replace() method returns a copy of the string in which the occurrences of old have been
replaced with new, optionally restricting the number of replacements to max.
2. When we call the replace() method and pass in the value of the first argument, the method will
look for that value in the string and replace it with the value of the second argument. If we call
```

the method again and pass in a different value, the method will look for that value and replace it with the value of the second argument. We can call the method as many times as we want to replace as many values as we want.

3. In the above code, we are calling the replace() method three times to replace the '(', ')' and '-' characters in the phone number with empty strings.

\# 위 코드에 대한 설명은 다음과 같습니다:

\# 1. replace() 메서드는 문자열의 old가 new로 대체된 문자열의 복사본을 반환하며, 선택적으로 대체 횟수를 max로 제한합니다.

\# 2. replace() 메서드를 호출하고 첫 번째 인수의 값을 전달하면, 메서드는 문자열에서 해당 값을 찾아 그것을 두 번째 인수의 값으로 대체합니다. 메서드를 다시 호출하고 다른 값을 전달하면, 메서드는 해당 값을 찾아 그것을 두 번째 인수의 값으로 대체합니다. 우리는 원하는 만큼 값을 대체하기 위해 메서드를 원하는 횟수만큼 호출할 수 있습니다.

\# 3. 위 코드에서는 전화번호에 있는 '(', ')' 그리고 '-' 문자를 빈 문자열로 대체하기 위해 replace() 메서드를 세 번 호출하고 있습니다.

잘 설명하기는 했지만, clean_number 함수가 변수 phone_number에 저장된 문자열에서 (,), -라는 문자를 모두 제거하는지, 아니면 각각 첫 번째로 들어 있는 문자 하나만 제거하는지를 설명하는 부분이 애매합니다. replace라는 메서드는 문자열에 들어 있는 특정 문자를 모두 대체해 주는 메서드입니다. 따라서 phone_number 변수에 여러 개의 괄호((,)) 또는 – 문자가 있을 때는 모두 사라지게 될 겁니다. 이 문자들이 사라지는 이유는 각각을 빈 문자열('')로 대체했기 때문입니다. replace 메서드의 이러한 동작을 확인하려면 파이썬 프롬프트에서 직접 테스트해 보면 됩니다. 이렇게 코파일럿 챗의 설명이 일반론적이라 별로 도움이 되지 않을 때는 코파일럿의 [Explain This] 기능을 다시 실행해 새로운 설명을 요청합니다.

다시 작성된 설명은 다음과 같습니다.

Here is the explanation for the code above:

1. First we convert the phone_number argument into a string

2. Then we replace the parentheses and dashes from the string with nothing. This will remove the parentheses and dashes from the string.

3. Then we return the string with the parentheses and dashes removed.

\# 위 코드에 대한 설명은 다음과 같습니다:

\# 1. 먼저 phone_number 인수를 문자열로 변환합니다

\# 2. 그다음 문자열에서 괄호와 대시를 아무것도 없는 것으로 대체합니다. 이렇게 하면 문자열에서 괄호와 대시가 제거됩니다.

\# 3. 그다음 괄호와 대시가 제거된 문자열을 반환합니다.

2번과 3번은 정확하지만 1번은 틀린 설명입니다. 우리가 작성한 함수는 문자열로 된 phone_number 변수를 인수로 받을 뿐, 이 함수에서 변수를 문자열로 변환하지는 않습니다! 이 설명 예시는 파이썬 기초 지식이 필요한 이유를 잘 보여줍니다. 파이썬에 대한 기초 지식이 있다면 잘못된 정보와 옳은 정보를 구분할 수 있습니다.

파이썬 코드에서는 종종 문자열끼리 수학 연산을 하는 듯한 코드도 자주 볼 수 있습니다. 이 연산자들은 수학의 기호와 동일한 모양이지만, 문자열에서는 다른 작업을 수행합니다. 연산자 +는 두 문자열을 합칠 때 사용되며, 연산자 *는 문자열을 특정 횟수만큼 반복할 때 사용됩니다. 다음 예시를 살펴보겠습니다.

```
>>> first = 'This is a '
>>> second = 'sentence.'
>>> sentence = first + second    ← 첫 번째와 두 번째 문자열을 결합하고 결과를 문장에 할당
>>> print(sentence)
This is a sentence.
>>> print('-=' * 5)    ← '-='라는 문자열을 5회 반복
-=-=-=-=-=
```

4.3.5 #5. 리스트

문자열은 비밀번호나 스크래블 단어 한 개처럼 문자 여러 개를 한 번에 저장할 때 유용합니다. 하지만 때로는 많은 단어나 숫자를 묶어서 저장해야할 때도 있습니다. 리스트는 이런 경우에 사용됩니다.

3장에서 작성한 best_word 함수의 경우 여러 개의 단어를 하나의 목록으로 담아 사용하기 때문에 리스트 자료형을 사용했습니다.

문자열을 시작하고 끝낼 때 따옴표를 사용하듯이, 리스트를 시작하고 끝낼 때는 여는 대괄호([)와 닫는 대괄호(])로 감쌉니다. 문자열과 마찬가지로 리스트에도 리스트 자료형에 쓰이는 다양한 메서드가 있습니다. 리스트 자료형에 쓰이는 메서드의 종류와 기능을 몇 가지 살펴보겠습니다.

```
>>> books = ['The Invasion', 'The Encounter', 'The Message']    ← 3개의 문자열 값이 들어 있는 리스트
>>> books
['The Invasion', 'The Encounter', 'The Message']
>>> books.append('The Predator')    ← 리스트의 마지막 자리에 새 문자열을 추가
>>> books
['The Invasion', 'The Encounter', 'The Message', 'The Predator']
>>> books.reverse()    ← 리스트의 순서를 거꾸로 나열(리스트의 값들이 반대 순서가 된다)
```

```
>>> books
['The Predator', 'The Message', 'The Encounter', 'The Invasion']
```

문자열과 리스트를 비롯한 파이썬 자료형 대부분은 자료의 순서(인덱스 또는 색인이라고 부름)를 사용해 특정 값에 대한 작업을 할 수 있습니다. 인덱스는 0부터 시작해 값의 개수보다 하나 적은 값까지 순서가 부여됩니다. 즉, 첫 번째 값은 0번(1번이 아닙니다!)이고 두 번째 값은 1번 인덱스가 됩니다. 리스트의 마지막 값을 사용하려면 리스트의 길이에서 1을 뺀 값으로 인덱스를 사용합니다. 리스트의 길이는 len 함수를 사용해 확인할 수 있습니다. 예를 들어 len(books)라고 입력하면 4라는 값이 출력됩니다(이때 유효한 인덱스는 0부터 3까지입니다). 또한 음수 인덱스도 사용할 수 있습니다. 이때 가장 오른쪽 값(번호가 큰 값)은 인덱스 −1, 그 왼쪽의 값은 인덱스 −2와 같이 각 값에 인덱스를 다른 방식으로 부여할 수도 있습니다.

그림 4.7은 양수 인덱스와 음수 인덱스로 리스트 books의 특정 값을 사용하는 예시입니다.

양수 인덱스	음수 인덱스	책
0	-4	"The Predator"
1	-3	"The Message"
2	-2	"The Encounter"
3	-1	"The Invasion"

그림 4.7 양수 또는 음수 인덱스를 사용하면 리스트의 각 요소에 접근할 수 있다

리스트 books에서 인덱스 사용 연습을 해 보겠습니다.

```
>>> books
['The Predator', 'The Message', 'The Encounter', 'The Invasion']
>>> books[0]          ◄── books[0]은 첫 번째 요소에 해당한다.
'The Predator'
>>> books[1]
'The Message'
>>> books[2]
'The Encounter'
>>> books[3]
'The Invasion'
>>> books[4]          ◄── 3번 인덱스가 books의 마지막 요소이기 때문에 오류 발생!
Traceback (most recent call last):
  File "<stdin>", line 1, in <module>
```

```
IndexError: list index out of range
>>> books[-1]        ←── books[-1]은 목록의 마지막 요소를 나타낸다.
'The Invasion'
>>> books[-2]
'The Encounter'
```

문자열이나 리스트에서 값 하나가 아닌 여러 개를 가져오는 방법도 있습니다. 이를 슬라이싱이라고 합니다. 다음과 같이 리스트에서 가져오려는 인덱스의 첫 번째 번호, 콜론, 마지막 인덱스 번호를 적어줍니다.

```
>>> books[1:3]        ←── 인덱스 1에서 시작하여 인덱스 2에서 끝난다(3이 아님!)
['The Message', 'The Encounter']
```

1:3을 선택하면 인덱스 3을 포함한 값을 가져올 것으로 생각하기 쉽지만, 콜론 뒤에 있는 인덱스 값은 포함되지 않고 그 전까지의 값만 가져옵니다. 직관적이지 않지만 꼭 기억해두세요!

시작 또는 끝 인덱스를 생략하면 파이썬이 빈 값을 유추합니다.

```
>>> books[:3]        ←── books[0:3]과 같은 결과를 반환
['The Predator', 'The Message', 'The Encounter']
>>> books[1:]        ←── books[1:4]와 같은 결과를 반환
['The Message', 'The Encounter', 'The Invasion']
```

인덱싱을 사용하여 목록의 특정 값을 변경할 수도 있습니다. 예를 들어 다음과 같습니다.

```
>>> books
['The Predator', 'The Message', 'The Encounter', 'The Invasion']
>>> books[0] = 'The Android'        ←── books[0]의 값을 문자열 "The Android"로 변경
>>> books[0]
'The Android'
>>> books[1] = books[1].upper()     ←── book[1]에 들어 있는 문자열을 모두 대문자로 변경
>>> books[1]
'THE MESSAGE'
>>> books
['The Android', 'THE MESSAGE', 'The Encounter', 'The Invasion']
```

그러나 특정 문자열의 인덱스를 가리키며 변경을 시도하면 오류가 발생합니다.

```
>>> title = 'The Invasion'
>>> title[0]          ◄── 특정 문자만 사용 가능
'T'
>>> title[1]
'h'
>>> title[-1]
'n'
>>> title[0] = 't'    ◄── 할당이 불가능!
Traceback (most recent call last):
    File "<stdin>", line 1, in <module>
TypeError: 'str' object does not support item assignment
```

문자열은 **불변** 값으로 간주됩니다. 이는 문자열의 특성을 변경할 수 없음을 의미합니다. 문자열이라는 자료형은 변경이 불가능하고, 새로운 문자열만 만들 수 있습니다. 이와 대조적으로 리스트는 **가변** 값으로 알려져 있습니다. 변경이 가능하다는 의미입니다.

4.3.6 결론

이 장에서는 파이썬에서 가장 자주 사용되는 기능 5가지를 소개했습니다. 다음 장에서 나머지 다섯 가지 기능을 더 소개하겠습니다. 또한 코파일럿 챗의 설명 기능으로 코드의 작업을 이해하는 방법을 살펴보고 이러한 설명의 정확성을 검증하기 위한 지침도 제공했습니다. 이 장에서 다룬 기능을 표 4.2를 확인하며 되새겨 봅시다.

표 4.2 이 장의 파이썬 코드 기능 요약

코드 요소	예시	간단한 설명
함수	`def larger(num1, num2)`	함수를 사용하면 코드의 복잡성을 줄일 수 있습니다. 함수는 입력을 받고, 입력을 처리하고, 출력을 반환합니다.
변수	`age = 25`	저장된 값을 사람이 사용할 수 있도록 부여하는 이름입니다. 할당문(= 기호)을 사용해 변수에 값을 할당할 수 있습니다.

조건	`if age < 18:`
	`    print("투표 불가")`
	`else:`
	`    print("투표 가능")`
		조건문을 사용하면 코드에 분기를 만들 수 있습니다. 파이썬의 조건문과 관련된 세 가지 키워드는 `if`, `elif`, `else`입니다.

코드 요소	예시	간단한 설명
문자열	name = 'Dan'	문자열 자료형은 문자(텍스트) 여러 개를 순서대로 저장합니다. 문자열을 수정할 때 사용하는 별도의 메서드가 있습니다.
리스트	list = ['Leo', 'Dan']	여러 자료형으로 된 값을 순서대로 저장할 수 있는 자료형입니다. 리스트를 수정할 때 사용하는 별도의 메서드가 있습니다.

요약

- 코드를 읽을 수 있으면 코드가 올바른지 판단하고, 효과적으로 테스트하고, 필요할 때 직접 코드를 작성할 수 있습니다.

- 코파일럿 챗이라는 확장 기능을 사용하면 코드가 수행하는 작업에 대해 한 줄 한 줄 설명을 생성할 수 있습니다.

- 파이썬은 max, input, print를 비롯한 여러 내장 함수를 가지고 있으며, 우리가 작성한 함수를 호출할 때와 동일한 방식으로 이 함수들을 사용할 수 있습니다.

- 변수는 값을 저장하기 위해 짓는 이름입니다.

- 할당문을 사용하면 특정 값을 참조하는 변수를 만들 수 있습니다.

- if 문은 프로그램이 여러 갈래 중 하나의 동작을 수행하도록 분기를 만드는 데 사용됩니다.

- 문자열은 텍스트를 저장하고 조작하는 데 사용되는 파이썬의 자료형입니다.

- 메서드는 특정 자료형에서만 쓸 수 있는 함수를 의미합니다.

- 리스트는 여러 개의 값에 순서를 부여해 하나의 값으로 저장(예: 숫자 또는 문자열 여러 개를 한 번에 저장)하고 조작하는 데 사용되는 파이썬의 자료형입니다.

- 문자열 또는 리스트의 각 값에는 인덱스가 부여되며 인덱싱은 1이 아닌 0부터 시작합니다.

- 문자열은 불변 자료형이고 리스트는 가변 자료형입니다.

05

파이썬 코드 읽기:
2부

이 장에서는 다음 내용을 다룹니다.

- 루프(Loops)를 사용해 필요한 횟수만큼 코드 반복하기
- 들여쓰기를 사용해 파이썬에게 어떤 코드들을 함께 동작시킬지 알려주기
- 딕셔너리 자료형으로 연관된 키–값 짝지어 저장하기
- 데이터를 읽고 처리하기 위해 파일 설정하기
- 모듈 추가로 파이썬에 새로운 기능 부여하기
- 코파일럿에게 코드 설명 요청하기

4장에서는 앞으로 프로그래밍을 하며 계속 보게 될 파이썬의 다섯 가지 기능으로, 함수, 변수, 조건문(if 문), 문자열, 리스트를 살펴봤습니다. 코드를 읽으려면 이 기능을 알아야 하며, 코파일럿을 사용하든 사용하지 않든 코드를 읽을 수 있는 능력이 왜 여전히 중요한지 설명했습니다.

이 장에서는 파이썬 주요 기능 다섯 가지를 마저 살펴보겠습니다. 4장과 마찬가지로 저자들의 자체적인 설명, 코파일럿의 설명, 파이썬 프롬프트를 사용해 설명을 생성하는 실습을 함께 진행합니다.

5.1 꼭 알아야 할 10가지 프로그래밍 기능: 2부

지난 장에 이어 여섯 번째 중요 기능을 살펴보겠습니다.

5.1.1 #6. 루프

루프 문을 사용하면 컴퓨터가 동일한 코드 블록을 필요한 만큼 반복할 수 있습니다. 이 책에서 다루는 10가지 프로그래밍 기능 중 가장 도움이 되는 기능을 고르라면 저는 바로 이 기능을 선택할 겁니다. 루프 기능이 없었다면 프로그램은 언제나 한 줄씩 순서대로 실행될 것입니다. 물론 함수를 호출하고 if 문을 사용해 분기를 만들 수는 있겠지만, 프로그램이 수행하는 작업량은 우리가 작성하는 코드양에 비례할 겁니다. 하지만 루프를 사용하면 전혀 다른 세계가 펼쳐집니다! 루프 하나로 수천 또는 수백만 개의 값을 손쉽게 처리할 수 있습니다.

파이썬의 루프에는 for 루프와 while 루프가 있습니다. 일반적으로 반복해야 하는 횟수를 알고 있는 경우에는 for를 사용하고, 그렇지 않은 경우에는 while을 사용합니다. 예를 들어, 3장에서 작성한 best_word 함수(코드 5.1 참조)는 코드를 반복할 횟수를 알고 있기 때문에 for를 사용했습니다. word_list의 각 단어에 대해 한 번씩 작업을 수행해야 했습니다! 하지만 코드 5.4에서 다시 살펴볼 get_strong_password 함수는 사용자가 강력한 비밀번호를 입력하기 전에 잘못된 비밀번호를 몇 번이나 입력할지 알 수 없으므로 while을 사용했습니다. for 루프를 먼저 살펴보고 while 루프의 사용법으로 넘어가겠습니다.

코드 5.1 3장의 best_word 함수

```python
def best_word(word_list):
    """

    word_list is a list of words.

    Return the word worth the most points.
    """
    # """
    # word_list는 단어로 이루어진 리스트입니다.

    # 가장 높은 점수를 가진 단어를 반환합니다.
    # """
    best_word = ""
    best_points = 0
    for word in word_list:          ◀──── for 루프 작성 예시
        points = num_points(word)
        if points > best_points:
            best_word = word
            best_points = points
    return best_word
```

for 반복문을 사용하면 문자열이나 리스트의 각 요소에 접근할 수 있습니다. 먼저 문자열로 확인해 보겠습니다.

```
>>> s = 'vacation'
>>> for char in s:
...     print('Next letter is', char)
...
Next letter is v
Next letter is a
Next letter is c
Next letter is a
Next letter is t
Next letter is i
Next letter is o
Next letter is n
```

이렇게 하면 변수 s의 각 문자에 대해 들여쓰기된 코드가
한 번씩 반복된다.

'vacation'은 8글자이므로 이 코드는
아래처럼 8번 실행된다.

위 코드를 보면 char라는 변수에 어떤 값이 들어갈지에 대한 할당문이 필요하지 않은 것을 알 수 있습니다. char 변수는 for 루프에 의해 자동으로 관리되는 루프 변수라는 특수 변수이기 때문입니다. char는 문자(character)를 의미하며, 사람들이 루프 변수에서 관례처럼 사용하는 명사입니다. char 변수는 문자열의 각 문자에 자동으로 할당됩니다. 루프는 반복적인 작업을 가능하게 합니다. 예를 들어, 첫 번째 반복에서 char는 "v"를, 두 번째 반복에서는 "a", 그다음 반복에서는 그다음 문자를 가리킵니다. 파이썬은 이처럼 루프를 수행하는 동안 char라는 변수를 s의 각 문자열에 매번 자동으로 할당합니다. 또한 함수 및 if 문과 마찬가지로 루프를 구성하는 코드에 들여쓰기가 있다는 점도 기억하세요. 이 루프의 본문에는 코드가 한 줄밖에 없지만, 함수와 if 문에서는 들여쓰기 안에 더 많은 코드가 포함될 수 있습니다.

이번에는 리스트에 대한 for 루프 구문을 살펴보겠습니다. 또한 루프에 두 줄의 코드를 넣으면 어떻게 동작하는지 보여드리겠습니다.

코드 5.2 for 루프를 사용한 루프 예제

```
>>> lst = ['cat', 'dog', 'bird', 'fish']
>>> for animal in lst:
...     print('Got', animal)
...     print('Hello,', animal)
...
Got cat
Hello, cat
```

이 코드는 매번 반복할 때마다 실행됨

변수 lst는 리스트 자료형이므로,
for 루프가 리스트에 대해 실행됨

```
Got dog
Hello, dog
Got bird
Hello, bird
Got fish
Hello, fish
```

코드 5.2는 리스트에서 반복을 수행합니다. for animal in lst라는 명령어는 lst라는 리스트 변수에서 루프 작업을 할 때마다 매번 변수 animal에 lst의 다음 순서 값을 할당합니다. 또는 인덱스를 사용하여 목록의 특정 요소에만 접근할 수도 있습니다. 이를 위해서는 파이썬의 내장 함수인 range를 사용해야 합니다.

range 함수는 숫자로 된 범위를 제공합니다. 시작 번호와 끝 번호를 제공하면 시작 번호에서 끝 번호 전 숫자까지(끝 번호는 포함하지 않음)의 범위를 생성합니다. range 함수가 생성하는 숫자를 보려면 range 함수를 list라는 함수로 감싸야 합니다. 다음은 range 함수의 사용 예시입니다.

```
>>> list(range(3, 9))     ◀──── 3에서 8까지의 수열 생성(3에서 9까지가 아님!).
[3, 4, 5, 6, 7, 8]
```

위 코드로 만들어진 리스트는 3에서 시작하여 3에서 8 사이의 모든 정수를 포함합니다. 시작 값 3은 포함하지만, 끝 값 9보다 하나 작은 숫자까지 포함한다는 점을 기억하세요!

range 함수는 루프를 사용할 때 어떻게 쓰일까요? 3 이상 9 미만 같은 숫자를 일일히 하드코딩하는 대신 다음과 같이 문자열이나 목록의 길이를 작성할 수 있습니다.

```
>>> lst
['cat', 'dog', 'bird', 'fish']
>>> list(range(0, len(lst)))     ◀──── 0부터 lst의 길이보다 하나 작은 정수까지 차례대로 값을 가짐
[0, 1, 2, 3]
```

이 리스트의 범위는 0, 1, 2, 3이며, 이는 리스트 lst에 있는 요소들의 인덱스와 정확히 일치합니다! 이처럼 range 함수를 함께 사용해 for 루프를 제어하면 문자열 또는 리스트의 유효한 인덱스에 접근해 사용할 수 있습니다.

코드 5.2 역시 range 함수를 사용해 같은 작업을 수행할 수 있습니다. 코드 5.3을 살펴보겠습니다.

코드 5.3 for 루프와 range 함수를 사용한 루프 예제

```
>>> for index in range(0, len(lst)):        ← 인덱스 변수를 사용해 리스트의 요소를 가져온다.
...     print('Got', lst[index])
...     print('Hello,', lst[index])         range 함수를 사용한 for 루프
...
Got cat
Hello, cat
Got dog
Hello, dog
Got bird
Hello, bird
Got fish
Hello, fish
```

코드 5.3에서는 변수명을 index라고 지었지만, 간결하게 i를 사용하는 경우도 있습니다. 이 변수에는 루프의 첫 번째 반복 시에는 0, 두 번째 반복 시에는 1, 세 번째 반복 시에는 2, 마지막 반복 시에는 3이라는 값이 할당됩니다. len(lst)로 확인한 리스트의 전체 길이가 4이므로 바로 앞 정수인 3에서 반복을 멈춥니다. 이 코드는 리스트에 증가하는 인덱스를 사용해 첫 번째 요소, 두 번째 요소, 세 번째 요소, 네 번째 요소를 가져옵니다. range 함수에서 0을 생략하고 for 루프를 작성해도 같은 결과가 출력됩니다.

```
for index in range(len(lst)):        ← range 함수는 인수가 하나일 때는 인덱스 0에서
    print('Got', lst[index])           루프를 시작한다고 가정하고 동작한다.
    print('Hello,', lst[index])
```

지금까지 for 루프에 대해 설명했습니다. 하지만 아직 루프에 대한 설명이 끝나지 않았습니다. 또 다른 유형의 루프인 while 루프도 많이 쓰입니다.

while 루프는 주로 몇 번을 반복할지 모르는 작업에 사용합니다. 3장의 get_strong_password 함수가 좋은 사례입니다. 코드 5.4에 있는 get_strong_password를 살펴보겠습니다.

코드 5.4 3장의 get_strong_password 함수

```
def get_strong_password():
    """
    Keep asking the user for a password until it is a strong password,
    and return that strong password.
    """
```

```
# """
# 사용자가 강력한 비밀번호를 입력할 때까지 계속 비밀번호를 요청하고
# 강력한 비밀번호를 반환합니다.
# """
password = input("Enter a strong password: ")
while not is_strong_password(password):          ←        강력한 비밀번호를 입력하기 전까지
    password = input("Enter a strong password: ")        계속 아래의 작업을 반복
return password
```

사용자가 강력한 비밀번호를 만족하는 값을 입력하기 전까지 몇 번이나 비밀번호를 입력할지는 아무도 모릅니다. 첫 번째 시도에서 성공할까요? 두 번째 시도? 쉰 번째 시도? 아무도 모릅니다. 그렇기 때문에 사용자가 강력한 비밀번호를 입력할 때까지 반복해서 새로운 비밀번호를 입력받는 루프가 필요합니다.

while 루프를 작성할 때는 while 뒤에 부울 조건을 붙입니다. 조건이 True이면 파이썬은 루프를 한 번 더 실행합니다. 해당 반복 후에도 부울 조건이 여전히 True이면 다시 같은 코드를 실행합니다. 이 작업은 조건이 False가 될 때까지 계속 반복되며, 조건이 False가 되면 또 다른 반복 없이 루프가 종료됩니다.

이제 get_strong_password 함수의 코드를 이해할 수 있을 것입니다. 코드를 살펴보면 input 함수로 사용자에게 비밀번호를 입력받아 password라는 변수에 저장하면서 시작합니다. 그다음 while 루프가 있습니다. 이 루프는 사용자가 입력한 문자열이 강력한 비밀번호가 아닌 한 계속 반복됩니다. 다음 줄에서는 무한 루프를 피하고 사용자에게 비밀번호를 다시 입력받기 위해 루프 내부에서 input 함수를 한 번 더 실행합니다. 사용자에게 처음으로 password 변수에 넣을 값을 입력받으려면 루프 윗줄에서 input 함수를 호출하는 과정이 필요합니다. 그렇지 않으면 password 변수가 존재하지 않게 되고, while 루프 줄에서 is_strong_password 함수에 전달할 password라는 변수가 없기 때문에 오류가 발생할 것입니다.

코파일럿에게 이 코드에 대한 설명을 요청했을 때 받은 답변은 다음과 같습니다.

```
Here is the explanation for the code above:
1. The function, get_strong_password() is defined.
2. The function returns the password only if it is strong, otherwise it keeps asking for a strong
password.
3. The while loop is used here because we don't know how many times the user will enter a wrong
password.
4. The is_strong_password() function is used to check if the password is strong or not.
# 위 코드에 대한 설명은 다음과 같습니다:
# 1. get_strong_password()라는 함수가 정의되어 있습니다.
```

```
# 2. 이 함수는 비밀번호가 강력할 경우에만 비밀번호를 반환하며, 그렇지 않으면 강력한 비밀번호를 계속
요청합니다.
# 3. 사용자가 잘못된 비밀번호를 몇 번 입력할지 모르기 때문에 여기서 while 루프를 사용합니다.
# 4. is_strong_password() 함수는 비밀번호가 강력한지 아닌지를 확인하는 데 사용됩니다.
```

이번에는 설명을 아주 잘 하고 있습니다! 이 코드 설명에는 파이썬에 대한 유용하고 일반적인 정보도 포함돼 있고, 3단계에서 정확히 왜 while 루프를 사용하는지도 잘 알려주고 있습니다.

코파일럿의 설명이 틀릴 때도 있다

위에서 보여드린 코파일럿의 설명은 코드 5.4를 설명해 달라고 세 번 요청해서 얻은 결과입니다. 코파일럿이 생성한 설명 중 하나는 코드에 없는 함수를 언급하기 전까지는 꽤 그럴듯한 경우도 있었습니다. 이처럼 코파일럿 챗의 Explain 기능을 여러 번 실행하면서 공통으로 언급되는 내용을 찾으면 프로그래밍 공부에도 충분히 도움이 될 수 있지만, 이 장에서 우리가 코파일럿 챗의 Explain 기능을 연습하는 주된 목표는 코파일럿과의 협업 개발 중 코파일럿이 실수할 때 이해하는 방법을 찾는 것입니다.

앞으로는 코파일럿 챗의 Explain 기능을 자주 사용하겠습니다. 여러분도 이전 장의 코드 중 여전히 이해가 안 가는 부분을 코파일럿에게 설명해 달라고 요청해 보기 바랍니다. 단, 설명이 틀릴 수 있으므로 한 가지 잘못된 설명에 의존하지 않도록 코파일럿에게 설명을 여러 번 요청해야 합니다.

코파일럿뿐만 아니라 대부분의 인공지능 코딩 어시스턴트 기능이 아직까지는 완벽하지 않습니다. 그럼에도 불구하고 코파일럿 챗의 Explain 기능을 소개하는 이유는 코파일럿이 점차 강력해질 교육 도구라고 생각하기 때문이며, 코파일럿의 개선에 따라 더욱 완성도 높은 학습 도우미 역할을 하게 될 것이기 때문입니다.

몇 번 반복할지 모르는 이런 상황에서는 while 루프를 사용해야 합니다. 때때로 반복 횟수를 알아도 while 루프를 사용하는 경우가 있습니다. 예를 들어 문자열의 문자나 리스트의 각 요소를 처리할 때도 while 루프를 사용합니다. for 루프가 더 나은 선택이긴 하지만, 코파일럿이 생성한 코드에서 종종 이런 구조를 볼 수 있습니다. 예를 들어, 다음 코드 예시처럼 리스트 lst에 들어 있는 요소에 특정 작업을 반복할 때 while 루프를 사용할 수 있습니다. 다음 경우에는 for 문보다 더 많은 작업이 소요됩니다!

코드 5.5 while 루프를 사용한 반복 작업

```
>>> lst
['cat', 'dog', 'bird', 'fish']
>>> index = 0
>>> while index < len(lst):        ◀── len은 리스트의 길이를 나타내며 이 값이 곧 반복 횟수가 된다.
...     print('Got', lst[index])
...     print('Hello,', lst[index])
...     index += 1        ◀── 초보자들이 코드를 작성할 때는 이 부분을 생략하는 오류를 범하기 쉽다!
```

```
...
Got cat
Hello, cat
Got dog
Hello, dog
Got bird
Hello, bird
Got fish
Hello, fish
```

마지막 줄의 index += 1이라는 코드가 없다면 문자열을 통해 인덱스를 증가시키지 않고 리스트의 첫 번째 값에 대한 정보만 계속 출력할 것입니다. 이를 무한 루프라고 부릅니다. for 루프를 작성할 때는 인덱스 변수를 수동으로 증가시키지 않았습니다. 이러한 이유로 개발자는 가능하면 for 루프를 사용하는 것을 선호합니다. for 루프에서는 인덱스를 수동으로 추적할 필요가 없으므로 인덱싱 관련 오류나 무한 루프를 피할 수 있습니다.

5.1.2 #7. 들여쓰기

들여쓰기는 파이썬 코드에서 매우 중요한 기능입니다. 파이썬은 들여쓰기를 사용하여 어떤 코드를 함께 동작시킬지 결정하기 때문입니다. 함수 안의 모든 코드를 한 칸 들여쓰는 이유가 바로 여기에 있습니다.

if 문의 여러 부분, for 또는 while 루프를 작성할 때도 이 들여쓰기를 고려해야 합니다. 들여쓰기는 사람이 읽기 좋으라고만 쓰는 것이 아닙니다. 들여쓰기가 잘못되면 코드가 실행되지 않거나 잘못된 결과를 출력합니다.

예를 들어 사용자에게 현재 시각을 물어본 다음 오전/오후/저녁 여부에 따라 다른 텍스트를 출력하는 프로그램을 가정해 보겠습니다.

- 아침에는 'Good morning!'과 'Have a nice day.'라는 문장을 출력하려고 합니다.

- 오후가 되면 'Good afternoon!'를 출력하고 싶습니다.

- 저녁에는 'Good evening!'와 'Have a good night.'를 출력하려고 합니다.

다음 코드는 제대로 들여쓰기를 한 코드일까요?

```
hour = int(input('Please enter the current hour from 0 to 23: '))

if hour < 12:
    print('Good morning!')
    print('Have a nice day.')
elif hour < 18:
    print('Good afternoon!')
else:
    print('Good evening!')
print('Have a good night.')        ◀── 들여쓰기가 되지 않음
```

위 코드에서는 들여쓰기가 되어 있지 않은 마지막 줄이 문제가 됩니다. 우리가 생각한 조건대로 동작시키려면 들여쓰기가 필요합니다! 위 코드는 들여쓰기가 되지 않았기 때문에 사용자가 입력한 시간과 상관없이 마지막 줄에는 'Have a good night.'을 출력합니다. 이 코드 줄을 들여쓰기해 else 부분의 일부가 되도록 해야 저녁 시간에만 'Have a good night.'이라는 문장이 출력됩니다.

함수, if 문, 루프에 관련된 코드 조각을 알맞게 작성하려면 여러 차원의 들여쓰기를 사용해야 합니다. 예를 들어 함수 헤더를 작성하고 나면 해당 함수와 관련된 모든 코드는 함수 헤더보다 안쪽으로 들여쓰기해야 합니다. 일부 언어에서는 {}와 같은 괄호를 사용하여 이를 표시하지만 파이썬에서는 그냥 들여쓰기로 내용을 구분합니다. 이미 함수 본문에 들여쓰기(한 번 들여쓰기)를 하고 루프를 작성하는 경우 루프 본문을 작성할 때는 다시 들여쓰기(두 번 들여쓰기)를 해야 하는 등 여러 단계의 들여쓰기가 필요합니다.

3장의 함수를 되짚어보면 우리가 작성한 들여쓰기 단계대로 코드가 실행된 것을 알 수 있습니다. 예를 들어, larger 함수(코드 5.6에서 재인용)에서는 함수 본문 전체에 대해 들여쓰기를 했고, if 문의 if 부분과 else 부분에는 추가로 들여쓰기를 했습니다.

코드 5.6 두 값 중 더 큰 값을 결정하는 larger 함수

```
def larger(num1, num2):
    if num1 > num2:        ◀── 함수 본문임을 구분하기 위해 한 번 들여쓰기
        return num1        ◀── 함수 본문 중에서도 if 문의 본문이라는 의미로 이중 들여쓰기
    else:        ◀── 함수 본문임을 구분하기 위해 한 번 들여쓰기
        return num2        ◀── 함수 본문 중에서도 else 문의 본문이라는 의미로 이중으로 들여쓰기
```

코드 5.4에서 살펴본 get_strong_password 함수도 살펴봅시다. 평소와 마찬가지로 함수 내부의 모든 줄이 들여쓰기돼 있고, while 루프의 본문은 들여쓰기가 한 칸 더 되어 있습니다.

num_points 함수의 첫 번째 버전도 들여쓰기가 여러 단계로 되어 있습니다(여기서는 3장의 코드 5.7을 그대로 가져왔습니다). 단어의 각 글자를 탐색하는 for 루프 내부에 또 if 문이 있기 때문입니다. 앞서 배운 것처럼 if 문의 각 부분은 들여쓰기를 해야 하므로 들여쓰기 단계가 더 깊어집니다.

코드 5.7 num_points 함수

```python
def num_points(word):
    """
    Each letter is worth the following points:
    a, e, i, o, u, l, n, s, t, r: 1 point
    d, g: 2 points
    b, c, m, p: 3 points
    f, h, v, w, y: 4 points
    k: 5 points
    j, x: 8 points
    q, z: 10 points
    word is a word consisting of lowercase characters.
    Return the sum of points for each letter in word.
    """

    # """
    # 각 글자는 다음과 같은 점수를 가집니다:
    # a, e, i, o, u, l, n, s, t, r: 1점
    # d, g: 2점
    # b, c, m, p: 3점
    # f, h, v, w, y: 4점
    # k: 5점
    # j, x: 8점
    # q, z: 10점

    # word는 소문자로 이루어진 단어입니다.
    # word의 각 글자에 대한 점수의 합을 반환합니다.
    # """
    points = 0
    for char in word:            # ← 함수 내부에서 동작하도록 들여쓰기돼 있다.
        if char in "aeioulnstr":     # ← 이 부분은 한 칸 더 들여쓰기돼 for 루프 안에서 동작한다.
            points += 1          # ← 이 부분은 한 칸 더 들여쓰기돼 if 문 안에서 동작한다.
        elif char in "dg":
            points += 2
        elif char in "bcmp":
```

```
        points += 3
    elif char in "fhvwy":
        points += 4
    elif char == "k":
        points += 5
    elif char in "jx":
        points += 8
    elif char in "qz":
        points += 10
return points
```

is_strong_password 함수에도 추가적인 들여쓰기가 있지만(코드 5.8은 3장의 코드를 재참조했습니다), 이 들여쓰기는 아주 긴 코드 한줄을 여러 줄에 표시하기 위한 것입니다. 행의 마지막 부분을 \라는 문자로 끝내면 다음 행에서 코드를 마저 이어쓸 수 있습니다.

코드 5.8 is_strong_password 함수

```
def is_strong_password(password):
    """
    A strong password has at least one uppercase character,
    at least one number, and at least one punctuation.
    Return True if the password is a strong password,
    False if not.
    """
    # """
    # 강력한 비밀번호는 하나 이상의 대문자, 하나 이상의 숫자, 하나 이상의 구두점을 포함합니다.
    # 비밀번호가 강력한 비밀번호라면 True를 반환하고, 그렇지 않다면 False를 반환합니다.
    # """
    return any(char.isupper() for char in password) and \          ← \(백슬래시) 기호를 줄의 마지막에 작성하면
        any(char.isdigit() for char in password) and \                다음 줄에 코드를 이어서 작성 가능
        any(char in string.punctuation for char in password)       ← 들여쓰기는 필수는 아니지만 단일 반환 문을
                                                                       읽기 쉽게 작성하기에 유용함
```

마찬가지로, 두 번째 버전의 num_points(3장의 코드를 코드 5.9에 재현)에는 들여쓰기가 약간 더 되어 있는데, 딕셔너리의 값들을 여러 줄로 분산시켜 가독성을 높이기 위한 것입니다.

코드 5.9 num_points 함수의 다른 작성 방법

```
def num_points(word):
    """
```

```
Each letter is worth the following points:
a, e, i, o, u, l, n, s, t, r: 1 point
d, g: 2 points
b, c, m, p: 3 points
f, h, v, w, y: 4 points
k: 5 points
j, x: 8 points
q, z: 10 points

word is a word consisting of lowercase characters.
Return the sum of points for each letter in word.
"""
# """
# 각 글자는 다음과 같은 점수를 가집니다:
# a, e, i, o, u, l, n, s, t, r: 1점
# d, g: 2점
# b, c, m, p: 3점
# f, h, v, w, y: 4점
# k: 5점
# j, x: 8점
# q, z: 10점

# word는 소문자로 이루어진 단어입니다.
# word의 각 글자에 대한 점수의 합을 반환합니다.
# """
points = {'a': 1, 'e': 1, 'i': 1, 'o': 1, 'u': 1, 'l': 1,
          'n': 1, 's': 1, 't': 1, 'r': 1,
          'd': 2, 'g': 2,
          'b': 3, 'c': 3, 'm': 3, 'p': 3,
          'f': 4, 'h': 4, 'v': 4, 'w': 4, 'y': 4,
          'k': 5,
          'j': 8, 'x': 8,
          'q': 10, 'z': 10}
return sum(points[char] for char in word)
```

◄─ 딕셔너리 자료형에 들어가는 값은
여러 줄로 나눠서 쓸 수 있다.

◄─ 들여쓰기가 필수가 아니지만 딕셔너리를 보기
좋게 표시하기에 유용하다.

들여쓰기는 프로그램이 수행하는 작업에 큰 차이를 만듭니다. 예를 들어, 두 개의 루프를 연속적으로 배치하는 코드와 들여쓰기를 사용해 하나의 루프를 다른 루프에 중첩시키는 코드를 비교해 보겠습니다. 다음은 두 개의 루프를 연속으로 배치한 코드입니다.

```
>>> countries = ['Canada', 'USA', 'Japan']
>>> for country in countries:     ←── 첫 번째 루프
...     print(country)
...
Canada
USA
Japan
>>> for country in countries:     ←── 이 부분은 첫 번째 루프가 끝나고 동작하는 두 번째 루프
...     print(country)
...
Canada
USA
Japan
```

리스트 countries를 두 번 반복했기 때문에 동일한 결과를 두 번 얻게 되었습니다.

반면 루프를 중첩하면 이런 일이 발생합니다.

```
>>> for country1 in countries:          ←── 첫 번째 루프
...     for country2 in countries:      ←── 이것은 첫 번째 루프 내부에 들여쓰기로 중첩된 루프
...         print(country1, country2)   ←── print 함수는 첫 번째 루프에 중첩된 두 번째 루프에서 동작함
...
Canada Canada
Canada USA
Canada Japan
USA Canada
USA USA
USA Japan
Japan Canada
Japan USA
Japan Japan
```

각 for 루프가 참조하는 변수에는 country1과 country2라는 다른 변수 이름을 사용했습니다.

위 코드에서 country1 루프가 처음 반복할 때 변수 country1은 Canada, country2도 Canada를 참조합니다. 이것이 첫 번째 출력 줄에 Canada Canada가 출력된 이유입니다. 그다음 출력 줄은 USA USA일 거라고 예상했나요? 그런 일은 일어나지 않습니다! country2 루프는 두 번째 반복으로 이동하지만, country1

루프는 아직 이동하지 않습니다. country1 루프는 country2 루프가 완료될 때만 앞으로 이동합니다. 그렇기 때문에 country1 루프가 두 번째 반복으로 이동하기 전에 Canada USA와 Canada Japan이 출력되는 과정을 거칩니다. 한 루프가 다른 루프 안에 있는 경우를 우리는 중첩 루프라고 부릅니다. 일반적으로 중첩이 있는 경우, 외부 루프(for country1 in countries)가 다음 단계로 이동하기 전에 내부 루프(for country2 in countries)의 작업을 완료하면 다시 내부 루프(for country2 in countries)가 시작됩니다.

루프가 다른 루프 안에 중첩되어 있는 코드는 대부분 2차원 데이터를 처리하는 코드일 가능성이 높습니다. 2차원 데이터는 표 5.1과 같이 행과 열로 조직화된 표 형태의 데이터입니다. 이런 유형의 데이터는 CSV 파일과 같은 기본 스프레드시트 데이터, 사진이나 동영상의 한 프레임, 컴퓨터 화면과 같은 이미지가 포함되므로 자주 사용되는 형태입니다.

파이썬에서는 리스트의 요소로 다시 리스트를 참조하는 자료 구조를 이용해 2차원 데이터를 저장할 수 있습니다. 외부 리스트의 각 하위 리스트는 하나의 데이터 행이며, 각 행에는 각 열에 대한 값을 담고 있습니다.

예를 들어 표 5.1과 같은 2018 동계 올림픽에서 획득한 국가별 피겨 스케이팅 메달 개수 데이터를 가정해 보겠습니다.

표 5.1 2018 동계올림픽 메달 현황

국가	골드	실버	브론즈
캐나다	2	0	2
OAR	1	2	0
일본	1	1	0
중국	0	1	0
독일	1	0	0

이 표 형태의 데이터는 한 행에 하나의 국가의 정보를 포함한 리스트로 저장할 수 있습니다.

```
>>> medals = [[2, 0, 2],
...           [1, 2, 0],
...           [1, 1, 0],
...           [0, 1, 0],
...           [1, 0, 0]]
```

내부 리스트는 각 요소로 숫자 값을 저장하고 있으며, 리스트에서 행과 열을 참조하면 특정 값을 찾을 수 있습니다(예: 일본의 금메달 개수는 행 인덱스 2번과 열 인덱스 0번을 함께 선택한 위치에 해당합니다). 인덱스를 사용하면 행 전체의 데이터를 얻을 수 있습니다.

```
>>> medals[0]      ◀── 0번 행(첫 번째 행)
[2, 0, 2]
>>> medals[1]      ◀── 1번 행(두 번째 행)
[1, 2, 0]
>>> medals[-1]     ◀── 마지막 행
[1, 0, 0]
```

이 목록에서 for 루프를 수행하면 한 번에 한 행씩 전체 행의 내용을 가져옵니다.

```
>>> for country_medals in medals:     ◀──    for 루프는 한 번 동작할 때마다 하위 리스트
...         print(country_medals)            한 개에 담긴 값을 출력한다.
...
[2, 0, 2]
[1, 2, 0]
[1, 1, 0]
[0, 1, 0]
[1, 0, 0]
```

리스트에서 행 전체가 아니라 특정 값만 필요한 경우 인덱싱을 두 번 수행하면 됩니다.

```
>>> medals[0][0]    ◀── 0행, 0열의 값
2
>>> medals[0][1]    ◀── 0행, 1열의 값
0
>>> medals[1][0]    ◀── 1행, 0열의 값
1
```

각 값을 개별적으로 반복해 출력하고 싶다고 가정해 봅시다. 이 작업은 중첩 루프로 실행할 수 있습니다. 반복을 진행하며 현재 위치를 정확히 추적할 수 있도록 for 루프와 range 함수를 함께 사용해 저장된 값과 함께 현재 행과 열 번호를 출력하겠습니다.

외부 루프는 행을 통과하므로 range(len(medals))를 사용해 제어합니다. 한편 내부 루프는 열을 통과합니다. 그렇다면 열의 개수는 어떻게 제어할까요? 열의 개수는 행 중 하나의 길이와 같으므로 range(len(medals[0]))를 사용하면 내부 루프를 제어할 수 있습니다.

결과를 실행하면 각 줄에는 행 좌표, 열 좌표, 해당 행과 열 위치에 저장된 값 등 세 가지 숫자가 출력됩니다. 다음은 코드와 그 출력 결과입니다.

```
>>> for i in range(len(medals)):        ◀── 행을 반복
...     for j in range(len(medals[i])):   ◀── 현재 행의 열을 반복
...         print(i, j, medals[i][j])
...
0 0 2
0 1 0
0 2 2
1 0 1
1 1 2
1 2 0
2 0 1
2 1 1
2 2 0
3 0 0
3 1 1
3 2 0
4 0 1
4 1 0
4 2 0
```

출력 결과의 첫 세 줄은 같은 행 인덱스가 유지되고 열 인덱스는 0에서 2까지 순차적으로 변한 것을 알 수 있습니다. 이것이 첫 번째 행을 통과하며 중첩 루프가 동작하는 방식입니다. 이 작업을 완료하면 행 인덱스가 1로 증가하며, 다시 새로운 행의 0~2열에 대한 작업을 완료합니다.

중첩 루프는 2차원 리스트에 담긴 각 값을 체계적으로 반복해 사용하는 방법을 제공합니다. 이미지, 보드게임, 스프레드시트 등 일반적인 2차원 데이터를 다룰 때 자주 사용됩니다.

5.1.3 #8. 딕셔너리

파이썬에서 각 값이 저장되거나 사용될 때는 특정 자료형을 가지게 된다는 것을 기억하세요. 파이썬의 자료형은 우리가 사용하는 값의 종류만큼이나 다양합니다! 값이 숫자일 때는 숫자 자료형을, 참/거짓 값일 때는 부울을, 텍스트일 때는 문자열을, 숫자나 문자열 등 다른 자료형으로 된 순차적인 집합일 때는 리스트를 사용한다고 배웠습니다.

이 외에도 자주 사용하는 파이썬 자료형이 하나 더 있습니다. 딕셔너리입니다. 2장에서 파이썬의 딕셔너리를 이야기할 때 언급했듯이, 딕셔너리는 사전이라는 본래 의미와 약간 다르게 파이썬에서는 단어-단어의 뜻을 의미하지 않습니다. 파이썬에서 딕셔너리는 데이터 간의 연관성을 추적할 필요가 있는 데이터를 저장하는 방법입니다. 예를 들어, 좋아하는 책에서 가장 자주 사용되는 단어가 무엇인지 알고 싶다면, 딕셔너리 자료형을 사용해 각 단어를 사용된 횟수에 매핑할 수 있습니다.

그 딕셔너리는 꽤 방대한 값을 가지게 되겠지만, 그러한 딕셔너리의 작은 버전은 다음과 같이 만들어집니다.

```
>>> freq = {'DNA': 11, 'acquire': 11, 'Taxxon': 13, \
...         'Controller': 20, 'morph': 41}
```

딕셔너리의 각 값은 단어를 해당 빈도에 매핑합니다. 여기서 단어(DNA, acquire, Taxxon 등)를 **Key(키)**라고 하고 빈도수(11, 11, 13 등)를 **Value(값)**라고 합니다. 딕셔너리는 각 키를 해당 값에 매핑합니다. 키의 중복은 허용되지 않지만, 위 예시의 11이라는 값이 두 개 있는 것처럼 값이 중복되는 것은 문제가 되지 않습니다.

2장의 예제에서는 각 쿼터백의 이름과 그에 따른 패싱 야드 거리 합계를 저장하는 딕셔너리를 사용했습니다. 3장에서는 num_points에 대한 두 번째 작성 코드(코드 5.9에 재현)에서 딕셔너리를 사용했습니다. 이 예제의 딕셔너리에서는 각 문자를 해당 문자를 사용할 때 얻는 점수에 매핑했습니다.

딕셔너리에서도 문자열이나 리스트처럼 딕셔너리 자료형에 특화해 사용할 수 있는 메서드가 있습니다. 다음은 딕셔너리 freq에서 쓸 수 있는 몇 가지 메서드입니다.

```
>>> freq.keys()        ◀─── 모든 키를 가져온다.
dict_keys(['DNA', 'acquire', 'Taxxon', 'Controller', 'morph'])
>>> freq.values()      ◀─── 모든 값을 가져온다.
dict_values([11, 11, 13, 20, 41])
```

```
>>> freq.pop('Controller')    ◀── 키 'Controller'와 해당 키에 연관된 값을 제거한다.
20
>>> freq
{'DNA': 11, 'acquire': 11, 'Taxxon': 13, 'morph': 41}
```

인덱스 표기법을 사용하여 지정된 키의 값에 액세스할 수도 있습니다.

```
>>> freq['dna'] # 딕셔너리는 대소문자를 구분하기 때문에 이 키는 잘못된 값이 된다
Traceback (most recent call last):
 File "<stdin>", line 1, in <module>
KeyError: 'dna'
>>> freq['DNA']
11
>>> freq['morph']
41
```

딕셔너리는 문자열처럼 불변 자료형일까요, 리스트처럼 가변 자료형일까요? 인덱싱을 사용해 값을 변경하면서 직접 확인해 봅시다! 키 'morph'와 연관된 값 41을 6으로 변경해 보겠습니다

```
>>> freq['morph'] = 6    ◀── 키 'morph'와 연관된 값을 6으로 변경
>>> freq
{'DNA': 11, 'acquire': 11, 'Taxxon': 13, 'morph': 6}
```

성공했습니다! 이렇게 딕셔너리는 가변 자료형이라는 사실을 확인했습니다. 딕셔너리 freq를 통해 원하는 단어의 등장 빈도를 찾을 수 있습니다. 더 일반적으로 말하자면, **딕셔너리 자료형을 사용하면 키를 사용해 값을 꺼내올 수 있습니다.** 하지만 값을 사용해 키를 꺼내오기가 쉽지는 않습니다. 그렇게 하려면 거꾸로 키가 빈도수이고 값은 빈도수를 가진 단어의 목록인 딕셔너리를 만들어야 합니다. 이 경우 freq 딕셔너리와는 다른 방식으로 값을 사용하기 위해 고민해야 합니다. 빈도수가 5인 단어는 무엇일까요? 모든 단어 중 최소 또는 최대 빈도를 가진 단어는 무엇일까요?

이 문제를 해결하기 위해 문자열이나 리스트처럼 루프를 사용할 수도 있습니다. for 루프에 딕셔너리의 키를 제공해 인덱싱으로 각 키에 대한 연관된 값을 얻으면 됩니다.

```
>>> for word in freq:    ◀── freq 딕셔너리의 각 키를 확인하는 과정을 반복
...     print('Word', word, 'has frequency', freq[word])    ◀── 키(word)와 관련 값(freq[word])을 사용
...
```

```
Word DNA has frequency 11
Word acquire has frequency 11
Word Taxxon has frequency 13
Word morph has frequency 6
```

5.1.4 #9. 파일

프로그래밍을 하다 보면 종종 파일로 된 데이터 세트를 사용하는 경우가 있습니다. 예를 들어, 2장에서 는 NFL의 통계 파일을 사용해 가장 효과적인 쿼터백 선수들을 시각화했습니다. 이처럼 파일은 데이터 관련 작업에 많이 사용됩니다. 만약 전 세계의 지진에 대한 정보를 실시간으로 출력하거나 같은 저자의 책을 검색한다면 해당 주제 관련 데이터 세트를 사용할 것이며, 일반적으로 이러한 데이터 세트는 파일 로 저장합니다.

2장에서는 nfl_offensive_stats.csv라는 파일을 사용했습니다. 이제 이 파일을 사용해 2장의 코드를 더 깊게 이해해 보겠습니다. 이 파일이 현재 프로그램 디렉터리에 있는지 확인하세요.

파일에서 데이터 작업을 하려면 우선 파이썬의 open 함수를 사용해 파일을 열어야 합니다.

```
>>> nfl_file = open('nfl_offensive_stats.csv')
```

VS Code의 코드 입력창에 이 코드를 입력하다 보면 코파일럿이 두 번째 인수로 r을 추가하라고 제안하 는 상태를 확인할 수 있습니다.

```
>>> nfl_file = open('nfl_offensive_stats.csv', 'r')
```

r은 파일을 읽기만 하겠다는 의미입니다. open 함수에 아무것도 지정하지 않으면 r이 기본값이 됩니다.

위 코드는 파일을 열고 파일의 내용을 할당문을 사용해 nfl_file이라는 변수에 할당했습니다. 이제 nfl_file 변수를 사용해 파일의 내용에 접근할 수 있습니다. 열린 파일은 숫자, 문자열 등 지금까지 살 펴본 다른 모든 자료형과 마찬가지로 파이썬의 자료형 중 하나입니다. 따라서 파이썬에는 파일이라는 자 료형에 특화된 메서드들이 있습니다. 그중 readline이라는 메서드는 파일을 한 행씩 읽어오는 메서드 로, 실행할 때마다 해당 행이 문자열로 기록됩니다. 이 메서드로 파일의 첫 번째 줄을 가져와 보겠습니 다. 첫 번째 행에는 이 파일에 저장된 열에 대한 정보가 기록되어 있어 매우 길기 때문에 일단 읽어온 내 용에 대해서는 신경 쓰지 마세요!

```
>>> line = nfl_file.readline()      ◀── 파일에서 한 행을 읽어 온다.
>>> line
'game_id,player_id,position,player,team,pass_cmp,pass_att,pass_yds,pass_td,pass_int,pass_sacked,pas
s_sacked_yds,pass_long,pass_rating,rush_att,rush_yds,rush_td,rush_long,targets,rec,rec_yds,rec_td,r
ec_long,fumbles_lost,rush_scrambles,designed_rush_att,comb_pass_rush_play,comb_pass_play,comb_rush_
play,Team_abbrev,Opponent_abbrev,two_point_conv,total_ret_td,offensive_fumble_recovery_td,pass_yds_
bonus,rush_yds_bonus,rec_yds_bonus,Total_DKP,Off_DKP,Total_FDP,Off_FDP,Total_SDP,Off_SDP,pass_targe
t_yds,pass_poor_throws,pass_blitzed,pass_hurried,rush_yds_before_contact,rush_yac,rush_broken_tackl
es,rec_air_yds,rec_yac,rec_drops,offense,off_pct,vis_team,home_team,vis_score,home_score,OT,Roof,Su
rface,Temperature,Humidity,Wind_Speed,Vegas_Line,Vegas_Favorite,Over_Under,game_date\n'
```

이렇게 한 행을 가져오고 나면 가장 먼저 해당 행의 데이터를 개별 열 데이터로 분할해야 합니다. 문자열 분할 메서드를 사용하면 이를 수행할 수 있습니다. 이 메서드는 구분 기호를 인수로 받고 한 줄로 입력받은 문자열을 해당 구분 기호를 사용해 분할합니다.

```
>>> lst = line.split(',')      ◀── 쉼표(,)를 구분 기호로 사용하여 문자열을 분할
>>> len(lst)
69
```

이제 개별 열 이름을 손쉽게 찾아볼 수 있습니다.

```
>>> lst[0]
'game_id'
>>> lst[1]
'player_id'
>>> lst[2]
'position '      ◀── 이 단어 끝의 공백은 원래 데이터 세트에도 존재한다. 다른
>>> lst[3]           열의 데이터에는 공백이 없다.
'player'
>>> lst[7]
'pass_yds'
```

이 파일의 첫 번째 줄은 실제 데이터가 아니라 열의 이름을 알려주는 헤더입니다. 다음 줄을 읽어와야 실제 데이터를 얻을 수 있습니다.

```
>>> line = nfl_file.readline()
>>> lst = line.split(',')
```

```
>>> lst[3]
'Aaron Rodgers'
>>> lst[7]
'203'
```

이렇게 한 번에 한 줄씩 데이터를 가져와 처리하는 방법은 파일에 있는 내용을 탐색하기에는 좋지만 전체 파일을 처리하기에는 적합하지 않습니다. 이런 경우 파일에 for 루프를 사용하면 반복하며 한 줄씩 데이터를 가져오므로 원하는 방식으로 일괄 처리할 수 있습니다.

파일 작업이 끝나면 파일을 닫는 close라는 함수를 호출해야 합니다.

```
>>> nfl_file.close()
```

위 함수를 호출하고 나면 더 이상 파일을 사용할 수 없습니다. 지금까지 파일을 읽고, 처리하고, 닫는 방법을 설명했으니 전체 예제를 살펴보겠습니다. 코드 5.10에서는 2장에서 작성한 프로그램을 응용해 새롭게 작성한 버전으로 애런 로저스의 총 패싱 야드 거리 합계를 구합니다. 이 장의 앞부분에서 배운 파이썬 기능들을 사용해 코드를 일부 변경했습니다.

코드 5.10 csv 모듈을 사용하지 않는 NFL 통계 확인 코드
```
nfl_file = open('nfl_offensive_stats.csv')
total_yards = 0
for line in nfl_file:          ◀── 파일의 각 줄에서 아래 작업을 반복
    lst = line.split(',')
    if lst[3] == 'Aaron Rodgers':     ◀──────  쿼터백 선수들 중 우리가 찾으려는 선수의
        total_yards += int(lst[7])    ◀──            데이터에만 집중
nfl_file.close()                            문자열 자료형인
print(total_yards)                          203을 정수 자료
                                            형 203으로 변환
```

이 프로그램을 실행하면 2장의 코드를 실행할 때와 동일한 결과가 출력됩니다. 모듈을 사용하면 프로그램을 더 편하게 작성할 수도 있습니다(모듈에 대해서는 다음 장에서 더 자세히 다룹니다). CSV 파일은 매우 많이 쓰이기 때문에 파이썬에는 이를 쉽게 처리할 수 있는 모듈이 내장되어 있습니다. 2장에서 코파일럿이 작성한 코드도 이 csv 모듈을 사용했습니다. 이제부터 모듈을 사용하지 않은 코드 5.10과 다음에 다시 가져온 2장의 코드 간의 주요 차이점을 비교해 보겠습니다(우리가 작성했던 프롬프트는 생략했습니다).

코드 5.11 csv 모듈을 사용하는 NFL 통계 관련 코드

```python
import csv
with open('nfl_offensive_stats.csv', 'r') as f:     ◀── 파일을 열기 위한 csv 모듈의 메서드
    reader = csv.reader(f)     ◀── CSV 파일을 처리하는 특수 모듈을 사용
    nfl_data = list(reader)     ◀── 파일에서 모든 데이터를 읽어옴
passing_yards = 0
for row in nfl_data:     ◀── 데이터의 각 줄을 반복
    if row[3] == 'Aaron Rodgers':
        passing_yards += int(row[7])
print(passing_yards)
```

첫째, 코드 5.11은 csv 모듈을 사용해 CSV 파일을 더 쉽게 처리했습니다. csv 모듈은 CSV 파일을 조작하는 메서드들을 포함하므로 줄을 열로 나누는 등의 번거로운 작업이 필요 없습니다. 둘째, 코드 5.11은 with 키워드를 사용하여 프로그램이 완료되면 자동으로 파일을 닫습니다. 셋째, 코드 5.11은 데이터 처리 작업을 하기 전에 파일에 쓰인 전체 데이터 세트를 먼저 읽어 들입니다. 한편 코드 5.10은 한 줄씩 데이터를 읽고 바로바로 처리합니다.

프로그래밍 문제를 해결할 때는 여러 가지 방법이 있다는 것을 기억하자!

프로그래밍에는 같은 작업을 하기 위한 여러 가지 방법이 존재합니다. 어떤 프로그램은 다른 프로그램보다 이해하기 쉬울 수도 있습니다. 좋은 코드의 가장 중요한 기준은 제대로 동작하는지 여부입니다. 그다음으로는 가독성과 효율성이 중시됩니다. 따라서 코드가 어떻게 동작하는지 이해하기 어렵다면 더 간단하거나 이해하기 쉬운 해결책이 있는지 코파일럿의 다른 제안도 살펴볼 것을 권장합니다.

파일은 컴퓨터 작업에서 데이터 처리 작업을 할 때 굉장히 많이 사용됩니다. 파일에는 CSV 파일, 컴퓨터나 웹사이트의 이벤트를 추적하는 로그 파일, 비디오 게임에서 볼 수 있는 그래픽 파일 등 다양한 형식이 있습니다. 다양한 파일 형식만큼이나 해당 파일 형식을 처리하기 위한 모듈의 종류도 다양합니다. 이제 모듈에 대해 알아보겠습니다.

5.1.5 #10. 모듈

사람들은 파이썬으로 게임, 데이터 분석 앱, 웹사이트, 작업 자동화 앱, 로봇 제어 앱 등 많은 작업을 하는 프로그램을 만듭니다. 파이썬은 어떻게 이 모든 작업에 필요한 도구를 가지고 있을까요?

사실 기본 파이썬에는 가장 기본적인 도구만 있습니다. 그럼에도 불구하고 파이썬이 널리 쓰이는 이유는 다양한 작업 수행에 도움이 되는 모듈을 불러와서 사용할 수 있기 때문입니다.

> **파이썬의 모듈**
>
> 모듈은 특정 목적에 필요한 코드의 모음입니다. 함수를 사용하기 위해 함수의 동작 방식을 알 필요는 없었던 것 기억하시나요? 모듈도 마찬가지입니다. 전등 스위치를 사용하기 위해 이 스위치가 내부적으로 어떻게 동작하는지 알 필요까지는 없는 것처럼, 모듈을 사용하기 위해 모듈이 어떻게 동작하는지를 알 필요는 없습니다. 모듈의 사용자는 모듈이 어떤 작업을 수행에 도움이 되는지, 모듈의 기능을 올바르게 호출하기 위한 코드는 어떻게 작성하는지만 알고 있으면 됩니다. 코파일럿은 이러한 코드를 작성하는 데 도움을 줍니다.

모듈 중 일부는 파이썬 설치 시 함께 제공되지만, 사용할 때는 따로 불러와야 합니다. 다른 모듈은 사용하기 전에 다운로드해서 설치부터 해야 합니다. 파이썬으로 하고 싶은 특정 종류의 작업이 있나요? 누군가 이미 여러분을 도와줄 모듈을 작성해 놓았을 것입니다. 표 5.2에는 일반적으로 사용되는 파이썬 모듈의 목록과 해당 모듈이 내장된 것인지, 설치 없이 사용할 수 있는지(내장돼 있지 않은 경우 설치가 필요함)를 기록한 표입니다.

표 5.2 일반적으로 사용되는 파이썬 모듈 요약

모듈	내장	설명
csv	예	CSV 파일의 읽기, 쓰기 및 분석에 쓰입니다.
zipfile	예	ZIP 아카이브 파일로 파일을 압축하거나 압축된 파일을 해제하는 데 쓰입니다.
matplotlib	아니요	시각화를 위한 그래픽 라이브러리이며 다른 그래픽 라이브러리의 기초가 되기도 하고, 그래프에 사용자가 지정한 기능을 제공할 수 있습니다.
plotly	아니요	웹에서 사용할 인터랙티브 그래프를 만드는 데 사용되는 그래픽 라이브러리입니다.
seaborn	아니요	맷플롯립 위에 구축된 그래픽 라이브러리로, 맷플롯립보다 더 쉽게 고품질의 그래프를 만들게 도와줍니다.
pandas	아니요	스프레드시트와 유사한 데이디 프레임이라는 구조로 된 자료형에 특화된 데이터 처리 라이브러리입니다.
scikit-learn	아니요	머신러닝을 위한 기본 도구(데이터 세트의 특징을 학습해 다음 결과를 예측하는 데 도움이 되는 도구)가 포함돼 있습니다.
numpy	아니요	매우 효율적인 데이터 처리 기능을 제공합니다.

모듈	내장	설명
pygame	아니요	파이썬으로 인터랙티브한 그래픽 게임을 만들 때 도움이 되는 게임 프로그래밍 라이브러리입니다.
django	아니요	웹 사이트나 웹 애플리케이션을 지원하는 파이썬의 웹 개발 라이브러리입니다.

2장에서는 파이썬을 설치할 때 함께 제공되는 내장 모듈인 csv 모듈을 사용했습니다. 이 장의 나머지 부분에서도 파이썬과 함께 제공되는 다른 모듈을 이용해 모듈 사용법에 대해 알아보겠습니다.

파일을 정리하거나 백업하거나 업로드하기 전에 먼저 파일을 ZIP 파일로 압축하는 경우가 많습니다. 그러면 수백, 수천 개의 개별 파일 대신 하나의 ZIP 파일로 여러 파일을 전달할 수 있습니다. 파이썬에는 ZIP 파일을 생성하는 데 도움이 되는 zipfile이라는 모듈이 포함돼 있습니다.

이 모듈의 사용법을 알아보기 위해 먼저 프로그래밍 디렉터리에 확장자가 .csv로 끝나는 파일을 여러 개 만들어 주세요. nfl_offensive_stats.csv 파일로 시작한 다음 몇 개의 파일을 더 추가하기 바랍니다. 예를 들어 다음과 같이 배우 몇 명의 이름과 나이가 포함된 actors.csv라는 파일을 추가할 수 있습니다.

```
Actor Name, Age
Anne Hathaway, 40
Daniel Radcliffe, 33
```

이 파일과 해야 할 집안일 목록과 각 집안일을 완료했는지 확인한 내용이 포함된 chores.csv라는 파일을 현재 디렉터리에 추가로 저장하겠습니다. 테스트할 .csv 파일이 필요할 뿐 내용은 중요하지 않습니다.

```
Chore, Finished?
Clean dishes, Yes
Read Chapter 6, No
```

이제 zipfile 모듈을 사용하여 이 파일들을 새 .zip 파일에 추가하겠습니다.

```
>>> import zipfile
>>> zf = zipfile.ZipFile('my_stuff.zip', 'w', zipfile.ZIP_DEFLATED)    ◀── 새 .zip 파일을 만든다
>>> zf.write('nfl_offensive_stats.csv')    ◀── 첫 번째 파일 추가
>>> zf.write('actors.csv')    ◀── 두 번째 파일 추가
>>> zf.write('chores.csv')    ◀── 세 번째 파일 추가
>>> zf.close()
```

해당 코드를 실행하면 세 개의 .csv 파일이 포함된 my_stuff.zip이라는 파일이 생성됩니다. .zip 파일을 모듈 없이 직접 생성하려면 전문적인 코드가 필요하고, 오류가 발생하기도 쉬우나 파이썬 모듈을 사용하면 이처럼 간편해집니다. 파이썬에는 이처럼 데이터 과학, 게임 제작, 다양한 형식의 파일 처리 등에 도움이 되는 모듈이 포함돼 있지만, 모든 모듈이 내장돼 있지는 않습니다. 그래서 더 많은 기능이 필요할 때는 특정 모듈 패키지를 다운로드해 이용합니다.

파이썬과 함께 제공되지 않고 다운로드해야 하는 패키지에 대해 살펴봅시다. 2장에서는 맷플롯립 모듈을 사용해 NFL의 쿼터백 선수 정보를 시각화했습니다. 맷플롯립은 데이터 과학자나 개발자들이 사용하는 데이터 시각화 도구 패키지입니다. 2장에서 했던 것처럼 설치하기만 하면 여러 기능을 사용할 수 있습니다.

데이터 시각화를 위한 맷플롯립, 데이터 과학을 위한 판다스, 수치 분석을 위한 넘파이, 게임 개발을 위한 파이게임, 웹 개발을 위한 장고 등 파이썬에는 손쉽게 다양한 작업을 할 수 있도록 돕는 패키지가 존재합니다. 본격적인 프로그래밍을 시작하기 전에 프로그래밍 주제와 관련있는 패키지들을 파악해 두면 꽤 도움이 됩니다. 필요한 패키지를 설치하고 코파일럿에게 해당 패키지를 사용하도록 지시할 수 있기 때문입니다(또는 코파일럿의 제안이 여러분이 쓰고 싶지 않은 패키지를 사용해 코드를 작성할 때 프롬프트를 통해 코드의 작성 방향을 변경할 수 있습니다).

어떤 파이썬 모듈이나 패키지를 사용할지는 무슨 기준으로 결정할까요? 지금 작성하려는 코드에 필요한 모듈이나 패키지기 무엇인지는 어떻게 알 수 있을까요? 이는 간단한 구글 검색만으로도 많은 도움을 받을 수 있습니다. 예를 들어, 'zip 파일을 생성하는 파이썬 모듈'을 검색하면 해당 모듈이 파이썬 표준 라이브러리의 일부이며, 이는 파이썬과 함께 제공된다는 내용이 결과로 등장합니다. '시각화를 위한 파이썬 패키지'를 검색하면 맷플롯립(matplotlib), 플롯틀리(plotly), 시본(seaborn) 등의 패키지 정보가 등장합니다. 다시 검색창에 이 패키지 이름을 각각 검색해 보면 각 패키지의 기능과 각 패키지의 예시 결과를 보여주는 시각화 사이트로 연결됩니다. 대부분의 모듈은 무료로 다운로드할 수 있고, 간단한 구글 검색을 통해서 사용법과 함께 설치 방법도 찾을 수 있습니다.

이 장에서는 프로그래밍을 할 때 알아야 할 파이썬의 10가지 기능 중 나머지 5개를 다뤘습니다. 이 장에서 배운 내용은 표 5.3에 요약해 두었습니다. 이전 장과 이 장에서는 이러한 기능을 소개하며 코드를 읽는 방법을 다뤘습니다. 코파일럿이 생성하는 모든 코드를 다루지는 않았지만, 이제 코파일럿에게 요청한 웬만한 코드는 제대로 생성됐는지 확인할 수 있을 겁니다. 또한 코파일럿 챗의 Explain 기능으로 새로운 코드를 이해하는 여러 방법을 보여드렸습니다. 다음 장에서는 코파일럿에서 코드를 테스트하여 코드가 올바른지 확인하는 방법과 올바르지 않은 경우 수행할 수 있는 작업을 살펴봅니다.

표 5.3 이 장에서 소개한 파이썬 코드 기능들

코드 요소	예	간단한 설명
루프	```for loop: for country in countries: print(country)``` ```while loop: index = 0 while index < 4: print(index) index = index + 1```	루프를 사용하면 동일한 코드를 필요한 횟수만큼 실행할 수 있습니다. 반복 횟수를 알고 있는 경우(예: 문자열의 문자 수)에는 for 루프를 사용하고, 모르는 경우(예: 사용자에게 강력한 비밀번호를 요청하는 경우)에는 while 루프를 사용합니다.
들여쓰기	```for country in countries: print(country)```	들여쓰기는 파이썬 인터프리터에게 코드가 다른 코드 본문의 일부로 속해 있는 경우(예: print 문이 for 루프 내에 있는 경우)를 알려줍니다.
딕셔너리	```points = {'a': 1, 'b': 3}```	딕셔너리를 사용하면 키를 값과 연결할 수 있습니다. 예를 들어 키 'a'는 값 1과 연결됩니다.
파일	```file = open('chores.csv') first_line = file.readline()```	파일에는 데이터가 포함돼 있습니다. 파이썬에서 이 파일을 열고 데이터를 읽어와서 각 데이터를 처리할 수 있습니다.
모듈	```import matplotlib```	모듈은 추가 기능을 제공하는 기존 라이브러리입니다. 일반적으로 사용되는 모듈로는 csv, numpy, matplotlib, pandas, scikit-learn 등이 있습니다.

요약

- 필요한 횟수만큼 코드를 반복할 때는 루프가 사용됩니다.

- 몇 번의 반복을 수행해야 할지 알고 있는 경우에는 for 루프, 얼마나 여러 번 반복을 수행할지 모를 경우에는 while 루프를 주로 사용합니다.

- 파이썬은 들여쓰기를 사용해 어떤 코드 줄이 함께 사용될지를 결정합니다.

- 딕셔너리는 키(예: 단어)를 값(예: 빈도)으로 매핑하는 자료형입니다.

- 파일을 읽으려면 먼저 파일을 열어야 합니다.

- 파일이 열리면 메서드나 루프를 사용해 행별로 데이터를 읽어올 수 있습니다.

- 일부 모듈(예: csv 및 zip 파일)은 파이썬과 함께 제공되며, 이를 불러와서 사용할 수 있습니다.

- 맷플롯립 같은 어떤 모듈들은 먼저 설치해야 불러와서 사용할 수 있습니다.

테스트 및
프롬프트 엔지니어링

이 장에서는 다음 내용을 다룹니다.

- 코파일럿 사용 시 코드 테스트의 중요성 이해하기
- 폐쇄형 테스트와 개방형 테스트의 차이점
- 코파일럿으로 오류 해결하기
- 코파일럿으로 생성한 테스트 코드 예시

3장에서는 코파일럿이 생성한 코드에 대해 테스트를 꼭 해 봐야 한다는 점을 살펴봤습니다. 테스트를 거쳐야 코드가 제대로 동작하고 있다는 확신을 가질 수 있으므로 테스트는 소프트웨어를 작성하는 모든 사람에게 필수적인 기술입니다. 이 장에서는 코드를 철저하게 테스트하는 방법과 테스트 결과 코드가 동작하지 않을 때 프롬프트를 수정해 코파일럿이 코드를 수정하도록 만드는 방법을 알아봅니다.

6.1   코드 테스트가 중요한 이유

코드가 올바른지 확인하기 위해 코드를 꼭 테스트해야 한다고 3장에서 언급했습니다. 안타깝게도 많은 입문자가 테스트 과정을 생략합니다. 이 행동 패턴에는 몇 가지 이유가 있습니다. 첫 번째는 슈퍼 버그라고 부르는 인간의 사고방식과 관련된 문제입니다. 주로 처음 코딩을 배울 때 겪는 인지 오류이며, 컴퓨터가 인간이 작성한 코드의 의도를 파악할 수 있다고 간주하는 사고방식입니다.[1] 코드를 작성한 사람이 코드의 흐름을 이해할 수 있으니 당연히 코드가 잘 동작하리라고 여깁니다. 여기에 두 번째 인지 오류가 더해집니다. 자신이 작성한 코드가 잘 동작한다고 믿고 싶은데 테스트를 해서 버그가 발견되면 괜히 테스트를 해서 나쁜 결과를 초래한 것처럼 느껴집니다. 이렇게 입문자들은 차라리 테스트를 생략해 코드가 잘못됐는지를 확인하지 않기를 택합니다. '눈 가리고 아웅'이라는 옛 속담과 같은 선택입니다.

전문 개발자는 입문자와 다른 방법을 선택합니다. 코드의 실수로 회사에 중대한 손실을 초래할 수 있기 때문에 테스트를 매우 중요하게 생각합니다. 자신의 코드로 인해 회사에 막대한 매출 손실을 입히거나 해커가 기밀 사용자 데이터에 접근하거나 자율주행차가 사고를 일으키게 만드는 주범이 되고 싶은 사람은 아무도 없습니다. 실수가 초래할 비용을 고려하면, 코드에 문제가 없다고 입증될 때까지는 코드가 잘못됐다고 가정해야만 합니다. 전문 개발자는 자신이 작성한 코드에 대해 여러 방법으로 테스트하고 나서야 제대로 동작한다고 코드를 신뢰합니다. 기업에서는 코드를 한 번만 테스트하는 것이 아니라 시스템에 저장해 두고 누군가 코드를 변경할 때마다 변경된 코드뿐만 아니라 변경된 코드가 영향을 미칠 수 있는 모든 코드에 대해 테스트를 실행합니다(이를 회귀 테스트라고 부릅니다).

기업들은 이를 매우 중요하게 생각하여 테스트 중심 개발(Test-driven Development, TDD)이라는 프로세스 방법론을 사용해 실제 코드 작성 **전에** 테스트부터 작성하는 경우가 많습니다. 이렇게 하면 개발 팀원 모두가 동의할 수 있는, 코드가 해야 할 일과 하지 말아야 할 일을 미리 정해놓고 작업할 수 있습니다. 아직 이 정도의 개발 방식까지 알 필요는 없지만, 테스트가 얼마나 중요한지를 알려주기 위해 설명했습니다. 코파일럿을 사용해 프로그래밍을 할 때도 코드 작성 전에 코드를 어떻게 테스트할지를 먼저 생각해 두면 코드가 수행할 작업을 이해하는 데 도움이 되며, 이를 통해 더 나은 프롬프트를 작성할 수 있습니다. 프롬프트에 테스트 케이스를 직접 포함해 요청할 수도 있습니다!

테스트에 대해 본격적으로 알아보기 전에 코파일럿에 대해 우리가 알고 있는 사실을 다시금 떠올려 주세요! 코파일럿은 실수를 합니다. 코파일럿이 제공한 코드의 정확성에 대해 어떤 것도 가정해서는 안 됩니다. 즉, 코파일럿이 제공하는 모든 코드는 테스트를 거치고 나서야 신뢰할 수 있습니다.

---

1   R. D. Pea, "Language-Independent Conceptual 'bugs' in Novice Programming." Journal of Educational Computing Research, 2, no. 1, pp. 25-36. 1986.

6.2 폐쇄형 및 개방형 테스트

개발자가 코드를 테스트하는 방법에는 크게 두 가지가 있습니다. 첫 번째는 폐쇄형 테스트(블랙 박스 테스트라고도 함)로, 코드의 동작 방식에 대해 아무것도 모른다고 가정한 상태로 입력을 변경할 때의 출력을 관찰해 테스트하는 방식입니다. 폐쇄형 테스트는 입력을 변경하는 방식이기 때문에 함수 또는 전체 프로그램에 적용하는 경우가 많습니다. 폐쇄형 테스트의 장점은 테스트를 수행하기 위해 작성된 코드를 볼 필요가 없으므로 원하는 동작에 대한 테스트에만 집중할 수 있다는 것입니다. 두 번째 테스트 방식은 개방형 테스트(화이트 박스 테스트라고도 함)입니다. 이 방식은 코드를 살펴보고 오류가 발생할 법한 위치를 확인합니다. 개방형 테스트의 장점은 코드의 구조를 살펴봄으로써 코드가 문제를 일으킬 가능성이 있는 위치를 파악하고 해당 코드에 특화된 추가 테스트를 설계할 수 있다는 점입니다. 이 장에서는 폐쇄형 테스트와 개방형 테스트를 모두 사용해 더 강화된 테스트 케이스를 살펴보겠습니다. 폐쇄형 테스트와 개방형 테스트에 대해서는 표 6.1에 요약해 두었습니다. 두 테스트 방식을 사용해 몇 가지 함수를 테스트해 보겠습니다.

표 6.1 폐쇄형 및 개방형 테스트에 대한 간략한 개요

폐쇄형(클로즈드 박스, 비공개) 테스트	개방형(오픈 박스, 공개) 테스트
테스트하려면 함수의 기본 사양을 이해해야 합니다.	테스트할 함수의 사양과 함수를 구현한 코드가 모두 필요합니다.
코드의 구체적 동작에 대한 이해가 필요하지 않습니다.	작성된 코드에 따르는 맞춤형 테스트 과정이 필요합니다.
테스터는 테스트하는 코드에 대한 기술적 전문 지식이 없어도 됩니다.	테스터는 코드를 충분히 이해하여 해당 코드에서 어떤 테스트가 더 중요한지를 판단할 수 있어야 합니다.
입력을 변경하고 예상 결과와 비교하는 방식으로 주로 함수의 테스트에 사용합니다	폐쇄형 테스트처럼 함수를 테스트할 수 있지만 함수 내 특정 구문에 대해서 테스트할 수도 있습니다.

6.2.1 폐쇄형 테스트

단어(문자열) 목록을 리스트 자료형으로 받아 가장 긴 단어를 반환하는 함수를 테스트하려고 한다고 가정해 봅시다. 이 함수의 헤더는 다음과 같습니다.

```
def longest_word(words):
```

예상 입력은 단어 목록입니다. 예상 출력은 해당 목록에서 가장 긴 단어입니다. 글자수가 같아 출력할 단어가 여러 개인 경우 해당 단어 중 더 빠른 인덱스 번호에 담긴 단어를 반환해야 합니다.

테스트 케이스에 대한 표준 작성 형식

함수에 대한 테스트를 작성하는 표준 형식은 함수 이름과 입력값, 원하는 결과를 함께 적는 것입니다. 예를 들어, 아래 함수는 리스트 ['a', 'bb', 'ccc']를 입력값으로 longest_word 함수를 호출하면 'ccc'를 반환해야 한다는 뜻입니다.

```
>>> longest_word(['a', 'bb', 'ccc'])
'ccc'
```

테스트 케이스를 작성할 때는 주의할 두 가지 사항이 있습니다.

1. **일반적인 케이스** – 여기에는 함수가 받는 표준 입력과 해당 입력의 결과로 출력될 수 있는 몇 개의 결과 예시가 포함됩니다.

2. **엣지 케이스** – 엣지 케이스는 흔하지는 않으나 코드가 문제를 일으킬 수 있는 경우를 의미합니다. 함수의 실행 규칙을 더 세부적으로 테스트하거나 예기치 않은 입력(예: 빈 문자열만 담겨있는 리스트) 등의 특이 케이스를 의미합니다.

이전 장에서 작성한 longest_word 함수의 헤더를 바탕으로 이 함수에 적용해야 하는 몇 가지 테스트 케이스를 생각해 봅시다. 지금부터 여러 테스트 케이스를 실행하여 코드가 올바르게 동작하는지 확인하는 방법을 살펴봅니다. 일반적인 케이스부터 시작하겠습니다. 먼저 다른 단어들은 길이가 같고, 한 단어만 길이가 긴 케이스에 대한 테스트를 포함할 수 있습니다.

```
>>> longest_word(['cat', 'dog', 'bird'])
'bird'
```

다음으로 리스트에 포함된 단어의 길이가 제각각인 경우에 대한 테스트입니다.

```
>>> longest_word(['happy', 'birthday', 'my', 'cat'])
'birthday'
```

마지막으로 리스트에 단어가 하나뿐인 경우를 테스트해 보겠습니다:

```
>>> longest_word(['happy'])
'happy'
```

프로그램이 이러한 일반적인 상황에 대해 잘 동작한다면 다음 단계는 몇 가지 **엣지 케이스**를 확인해 볼 차례입니다. 몇 가지 엣지 케이스를 생각해 봅시다.

longest_word 함수가 길이가 같은 단어가 여러 개가 있는 경우 첫 번째 단어를 반환한다는 조건에 부합하는지를 테스트해 보겠습니다. 이 테스트는 작성자에 따라 일반 케이스인지 엣지 케이스인지 의견이 갈립니다.

```
>>> longest_word(['cat', 'dog', 'me'])
'cat'
```

리스트에 빈 문자열만 여러 개 들어 있는 경우는 어떤 결과가 나올까요? 빈 문자열은 빈 따옴표 쌍으로만 작성됩니다. 이 경우 가장 긴 단어는 빈 문자열이 들어 있는 요소가 됩니다! 따라서 빈 문자열만 들어 있는 리스트 입력값에 대한 테스트 결과는 빈 문자열을 반환해야 합니다.

```
>>> longest_word(['', ''])
''
```

엣지 케이스라는 용어는 '엣지', 즉 첫 번째 또는 마지막 요소 같은 끄트머리 부분에서 오류가 자주 발생한다는 사실에서 유래했습니다. 루프와 관련된 코드의 경우 주로 루프가 시작될 때(예: 목록의 첫 번째 요소를 무시하거나 잘못 처리하는 경우)나 끝날 때(예: 마지막 요소를 무시하거나 목록의 끝을 지나서 존재하지 않는 요소에 접근하려고 시도하는 경우)에 오류가 발생하는 경우가 많습니다. 특히 코드에 여러 개의 루프가 있다면 루프의 시작과 끝 지점에서 코드의 동작을 확인할 필요가 있습니다.

잘못된 입력값에 대한 테스트

위의 경우 외에도 잘못된 입력값이 주어졌을 때 함수가 어떻게 동작하는지에 대해서 꼭 테스트해 봐야 합니다. 이 책에서는 사용자가 직접 함수를 호출하기 때문에 잘못된 입력값에 대한 경우는 많이 다루지 않겠지만, 실무에서는 입력값이 잘못 주어지는 경우가 흔히 발생합니다. longest_word 함수를 예로 들어 잘못된 입력값으로 함수를 호출하는 경우 몇 가지를 적어두겠습니다. 리스트 자료형 대신 None 값을 사용하여 존재하지 않는 목록을 함수에 인수로 입력하거나(예: longest_word(None)), 빈 리스트가 함수에 입력되거나(예: longest_word([])), 문자열이 아니라 숫자 자료형이 입력으로 포함된 리스트가 함수에 입력되는 경우(예: longest_word([1,2])), 문자열에 공백이 있거나 단어 여러 개가 하나의 요소에 들어 있는 경우(예: longest_word(['hi there', ' my ', 'friend']))가 대표적입니다. 실무에서는 수천, 수만 줄의 코드가 함께 실행돼야 하므로 앞뒤에 동작하는 코드를 바탕으로 이런 잘못된 입력값이 주어졌을 때 함수가 어떻게 동작해야 할지를 결정하지만, 이 책에서는 몇 줄 안 되는 코드를 바탕으로 사용자가 직접 함수를 호출한다고 가정하기 때문에 잘못된 입력값에 대한 테스트는 많이 다루지 않습니다.

6.2.2 테스트 케이스를 어떻게 작성할지는 어떤 기준으로 정하나요?

3장에서 좋은 테스트는 함수를 호출하는 여러 가지 입력값 범주를 확인한다고 설명했습니다. 테스트시 매개변수의 자료형을 다양하게 넣어 동작시켜 보면 자료형에 관한 오류를 쉽게 찾을 수 있습니다.

예를 들어 함수가 하나의 리스트로 된 여러 개의 문자열을 매개변수로 받는 함수라면 해당 문자열이나 리스트가 비어 있는 경우, 요소가 하나인 경우, 여러 요소가 있는 경우 등을 나누어 테스트하는 것이 합리적입니다. 요소가 여러 개 들어 있는 리스트를 테스트하기 위해 네 개의 요소를 사용했는데 제대로 동작한다면 리스트의 요소 개수를 다섯 개로 늘린다고 해서 갑자기 문제가 발생할 가능성은 낮기 때문에 다섯 개 또는 여섯 개 이상의 요소가 들어 있는 리스트로 다시 테스트하는 것은 무의미합니다. 때로는 테스터가 작성한 테스트 케이스 자체가 주어진 함수에 적합하지 않은 경우도 있습니다. 예를 들어, 빈 리스트를 입력값으로 사용해 목록에서 가장 긴 단어를 구하는 것은 해보나 마나 한 결과입니다. 저라면 longest_word 함수를 테스트하며 빈 목록을 입력값으로 주는 작업은 하지 않을 겁니다.

다른 예로, 함수가 두 개의 숫자를 매개변수로 받는 경우라면 다음과 같은 테스트 케이스를 작성할 수 있습니다. 두 입력값 중 하나의 숫자가 0일 때, 두 숫자가 모두 0일 때, 한 숫자가 음수일 때, 두 숫자가 모두 음수일 때, 두 숫자가 모두 양수일 때를 테스트하는 등 정수의 범위를 바꿔가며 테스트하는 것은 매우 좋은 습관입니다.

적합한 테스트 케이스를 찾는 또 다른 방법은 함수의 구체적인 목적을 생각하는 것입니다. 예를 들어, longest_word 함수의 경우 가장 긴 단어를 찾아야 하므로 일반적인 경우에 실제로 그렇게 하는지 테스트해야 합니다. 그리고 가장 긴 단어가 여러 개인 경우 그중 첫 번째 단어를 반환해야 하므로 목록에 가장 긴 단어가 여러 개 있는 테스트 케이스를 고려해야 합니다.

테스트할 케이스들을 찾는 것은 과학과 예술의 결합입니다. 여기서는 저자들의 경험을 바탕으로 몇 가지 원칙을 제시했지만, 유용한 테스트 케이스는 테스트하는 함수에 따라 조금씩 달라집니다. 항상 그렇듯이 테스트 역시 많이 연습하다 보면 유용한 테스트를 작성하는 능력도 저절로 쌓이게 됩니다.

6.2.3 개방형 테스트

개방형 테스트와 폐쇄형 테스트의 가장 큰 차이점은 개방형 테스트는 테스터가 코드를 직접 확인하며 추가적으로 해볼 테스트 케이스를 확인한다는 점입니다. 이론적으로는 폐쇄형 테스트만으로도 기능을 테스트할 수 있지만, 개방형 테스트는 코드가 잘못 동작할 만한 지점을 직접 훑어보기 때문에 더 꼼꼼하게 테스트하는 경향이 있습니다. 코파일럿에게 longest_word 함수를 작성해 달라고 요청했을 때 다음과 같은 코드를 생성했다고 가정해 봅시다.

코드 6.1 목록에서 가장 긴 단어를 찾는 함수(오류 포함)

```
def longest_word(words):
    """

    words is a list of words
    return the word from the list with the most characters
    if multiple words are the longest, return the first
    such word
    """
    # """
    # words는 단어로 이루어진 리스트입니다
    # 리스트에서 가장 글자 수가 많은 단어를 반환합니다
    # 만약 가장 긴 단어가 여러 개라면 그중 첫 번째 단어를 반환합니다
    # """
    longest = ""
    for i in range(0,len(words)):
        if len(words[i]) >= len(longest):    ←── >=가 아니라 >로 작성해야 함
            longest = words[i]
    return longest
```

코드 6.1에는 개방형 테스트를 설명하기 위해 의도적으로 오류를 넣었습니다. 테스트 케이스를 검토할 때 단어 리스트에서 글자수가 가장 긴 단어가 여러 개일 때는 어떤 일이 발생하는지 테스트한다고 가정해 보겠습니다. 코드 6.1에 다음과 같은 if 문이 있습니다.

```
if len(words[i]) >= len(longest):
    longest = words[i]
```

if 문 부분을 읽어보면 가장 먼저 확인된 요소에 들어 있는 단어가 지금까지 본 가장 긴 단어보다 크거나 같으면 최종 출력값인 longest 변수에 저장되는 단어가 업데이트됩니다. 이것은 오류입니다. 코드를 읽어본 테스터는 이 부분의 기호를 >=가 아니라 >라는 부등호로 변경해야 한다는 생각을 합니다. 하지만 실행 결과에 대한 확신이 없습니다. 이 경우 오류를 확인하기 위해 앞서 설명한 것과 같이 가장 긴 단어가 여러 개 존재하도록 테스트 케이스를 작성해 봅니다.

```
>>> longest_word(['cat', 'dog', 'me'])
'dog'
```

이 테스트는 코드 6.1의 프롬프트대로 동작했을 때의 정답인 'cat'이 아닌 'dog'를 반환하므로 실패합니다. 테스트 실패는 코드 6.1의 코드가 올바르지 않은 코드라는 중요한 정보를 제공합니다.

개방형 테스트는 앞서 설명했듯이 코드 자체의 구조를 따르는 맞춤형 테스트 케이스로 이어지기 때문에 오류를 찾아내기에 유용합니다. 예를 들어 코드에서 루프를 사용하는 경우 개방형 테스트를 수행한다면 특히 루프에서 자주 일으키는 실수를 중점적으로 테스트할 수 있습니다. 테스터가 코드 6.1 같은 코드를 보게 된다면 이런 루프를 확인하기 위해 첫 번째 요소, 마지막 요소, 빈 리스트 등을 입력값으로 집어넣고 함수가 올바르게 동작하는지를 보는 엣지 케이스 테스트를 떠올릴 겁니다. 요약하자면, 코드가 입력값을 처리하는 방식을 이해하면 프로그램이 언제 오동작할지에 대한 인사이트를 얻을 수 있습니다.

6.3 코드를 테스트하는 방법

코드가 제대로 동작하는지 확인하는 간단한 테스트부터 회사 컴퓨터에 저장된 여러 개의 회귀 테스트까지, 코드를 테스트하는 좋은 방법은 다양합니다. 현업 코드의 경우 일반적으로 pytest와 같은 도구를 사용하기도 하지만, 그 내용은 이 책의 범위를 벗어나기에 생략합니다. 대신 코파일럿의 코드가 제대로 동작한다는 확신을 가지는 데 도움이 되는 가벼운 테스트를 집중적으로 다루겠습니다. 가벼운 테스트는 주로 파이썬 프롬프트나 doctest라는 도구를 사용해 이루어집니다.

6.3.1 파이썬 프롬프트를 사용한 테스트

첫 번째 방법은 이전 장에서 사용했던 대화형 창을 통해 파이썬 프롬프트에서 테스트하는 방법입니다. 이 테스트의 장점은 빠르게 실행할 수 있고 이전 테스트의 출력 결과에 따라 테스트를 쉽게 추가할 수 있다는 점입니다. 지금까지 실행한 테스트는 모두 파이썬 프롬프트를 사용한 테스트였습니다. 다음은 그 예입니다.

```
>>> longest_word(['cat', 'dog', 'me'])
'cat'
```

위 테스트를 실행할 때 결과로 예상했던 'cat'이 제대로 반환됐다면 코드에 대한 확신이 생길 겁니다. 그러나 테스트 결과가 잘못됐다면 코드를 수정해야 합니다.

코드를 수정한 후에는(수정 방법은 뒤에서 자세히 설명하겠습니다) 새 코드를 테스트해야 합니다. 이때 파이썬 프롬프트만 사용해 테스트하면 놓치기 쉬운 부분이 있습니다. 방금 변경한 코드를 테스트하기 위해 다시 프롬프트로 돌아왔을 때 전에 실패했던 테스트 케이스만 실행하는 경우가 있습니다. 그러나 코드 수정 과정에서 전에는 통과했던 테스트 케이스에 대해 실패하는 경우가 발생할 수 있습니다. 따라서 현재 수정사항에 대한 테스트뿐만 아니라 이전에 정상 동작했던 테스트도 모두 실행해 봐야 합니다.

6.3.2 파이썬 파일에 테스트 코드를 작성(이 책에서는 이 방식은 사용하지 않음)

모든 테스트 케이스를 파이썬 프로그램(함수의 바깥, 즉 메인 함수에 해당하는 곳에)에 작성해 놓고 한 꺼번에 실행할 수도 있습니다. 이 방법은 방금 설명했던 파이썬 프롬프트에서 기존 케이스를 간과할 수 있다는 문제를 해결하지만, 새로운 문제가 발생합니다. 파이썬 프로그램은 테스트가 아니라 작성한 주요 작업을 수행하도록 해야 하는데, 테스트 코드를 프로그램에 작성해두면 코드가 지저분해집니다. 테스트 결과를 확인하고 나서 테스트에 쓰인 코드만 삭제할 수도 있지만, 이 경우 테스트를 다시 실행하려면 다 시 프로그램에 코드를 작성해야 합니다. 필요할 때만 실행하기 위해 주석으로 처리해 둘 수도 있지만, 이 역시 깔끔한 해결책은 아닙니다. 우리는 필요할 때 언제든 함수에 대한 모든 테스트를 실행할 수 있게 하 면서도 프로그램 코드는 깔끔하게 남겨두고 싶습니다. 이에 대한 해결 방법은 독테스트라는 모듈을 사용 하는 것입니다.

6.3.3 독테스트

독테스트는 파이썬에 내장된 모듈입니다. 독테스트를 사용하면 함수를 설명하는 독스트링에 테스트 케 이스를 추가하기만 해서 테스트를 실행할 수 있습니다. 독테스트에서 독스트링은 두 가지 용도로 사용됩 니다. 첫 번째, 독테스트를 사용하면 코드를 더럽히지 않고도 필요할 때마다 모든 테스트 케이스를 실행 할 수 있습니다. 둘째, 코파일럿이 최초로 생성한 코드를 기록해 두거나 코파일럿을 이용해 이미 작성해 둔 함수의 코드를 수정할 때 도움이 됩니다. 이 모듈의 사용법을 모든 테스트 케이스가 포함되어 있고 독 테스트 작성도 완료한 `longest_word` 함수로 확인해 봅시다. 코드 6.2를 참조하세요.

코드 6.2 독테스트를 사용하여 longest_word 함수 테스트하기

```python
def longest_word(words):
    """
    words is a list of words

    return the word from the list with the most characters
    if multiple words are the longest, return the first
    such word
```

```
>>> longest_word(['cat', 'dog', 'bird'])
'bird'

>>> longest_word(['happy', 'birthday', 'my', 'cat'])
'birthday'

>>> longest_word(['happy'])
'happy'

>>> longest_word(['cat', 'dog', 'me'])
'cat'

>>> longest_word(['', ''])
''
"""
# """
# words는 단어로 이루어진 리스트입니다
# 리스트에서 가장 글자 수가 많은 단어를 반환합니다
# 만약 가장 긴 단어가 여러 개라면 그중 첫 번째 단어를 반환합니다
# """
longest = ''
for i in range(0,len(words)):
    if len(words[i]) > len(longest):
        longest = words[i]
return longest

import doctest
doctest.testmod(verbose=True)
```

독테스트에서 실행할 테스트 케이스를 기록

코파일럿이 생성한 함수 코드

메인 부분(함수 바깥)에서 독테스트를 호출해 테스트를 수행하는 메서드

코드 6.2의 프롬프트에는 작성하려는 코드에 대한 설명 밑에 확인하려는 테스트 케이스를 함께 작성했습니다. [Enter] 키를 누르면 우리의 프롬프트에 따라 코파일럿이 생성한 코드가 출력됩니다. 그 밑에 손수 작성한 마지막 두 줄은 실제 테스트를 수행하는 코드입니다. 이 코드를 실행하면 코드 6.3과 같은 보고서가 출력됩니다.

코드 6.3 코드 6.2의 프로그램을 실행하여 얻은 독테스트 출력문

```
Trying:
    longest_word(['cat', 'dog', 'bird'])
```

```
Expecting:
    'bird'
ok        ◄──── 함수 longest_word가 첫 번째 테스트를 통과
Trying:
    longest_word(['happy', 'birthday', 'my', 'cat'])
Expecting:
    'birthday'
ok        ◄──── 함수 longest_word가 두 번째 테스트를 통과
Trying:
    longest_word(['happy'])
Expecting:
    'happy'
ok        ◄──── 함수 longest_word가 세 번째 테스트를 통과
Trying:
    longest_word(['cat', 'dog', 'me'])
Expecting:
    'cat'
ok        ◄──── 함수 longest_word가 네 번째 테스트를 통과
Trying:
    longest_word(['', ''])
Expecting:
    ''
ok        ◄──── 함수 longest_word가 다섯 번째 테스트를 통과
1 items had no tests:      메인(함수 외부)에는 테스트
    __main__               관련 코드가 없음
1 items passed all tests:   ◄──── 함수 longest_word가 모든 테스트 통과
    5 tests in __main__.longest_word
5 tests in 2 items.
5 passed and 0 failed.   ◄──── failed 항목에 0이 출력됐다면 테스트가 성공적이라는 뜻
Test passed.
```

이 보고서를 보면 코파일럿이 생성한 코드에 대해 각 테스트가 실행되고 모두 통과했음을 알 수 있습니다. 이 테스트가 실행된 이유는 코드 6.2에서 추가한 마지막 두 줄 때문입니다.

```
import doctest
doctest.testmod(verbose=True)
```

이 코드의 첫 번째 줄은 독테스트 모듈을 가져옵니다. 이 모듈은 프로그램을 실행할 때 테스트 케이스를 자동으로 실행해 코드를 테스트하는 모듈입니다. 두 번째 줄에서는 독테스트 모듈의 testmod 함수를 호출합니다. 이 함수는 독테스트에게 모든 테스트를 수행하도록 지시하며, 인자인 verbose=True는 통과 여부에 관계없이 모든 테스트에 대한 결과를 출력하는 옵션입니다. verbose=False일 때는 실패한 테스트 케이스에 대해서만 결과를 출력합니다(verbose=False가 기본값이므로 인수를 생략하고 함수를 호출하면 테스트 케이스를 모두 통과할 경우 코드 6.3의 내용은 출력되지 않습니다). 이 코드에서 독테스트를 계속 사용한다면 테스트가 실패했을 때만 출력을 볼 수 있으므로 기억해 두면 좋은 기능입니다.

우리가 작성한 longest_word 함수의 코드는 테스트 케이스를 통과했습니다. 만약 코드가 테스트를 통과하지 못한다면 어떻게 되는지 살펴봅시다.

현재 프롬프트의 조건대로라면 가장 긴 단어가 여러 개인 경우, 항상 먼저 찾은 가장 긴 단어를 반환해야 하기 때문에 두 번째 이후 찾은 단어들을 무시해야 합니다. 따라서 if 문의 부등호로는 >=가 아닌 >를 사용하는 것이 올바른 코드입니다(현재 longest라는 변수에 저장된 가장 긴 단어보다 글자수가 많은 경우에만 새로운 가장 긴 단어라고 인식합니다).

코드 6.2의 부등호 >를 >=로 변경하면 함수의 실행 조건을 변경할 수 있습니다. 다음과 같이 코드를,

```
if len(words[i]) > len(longest):
```

에서

```
if len(words[i]) >= len(longest):
```

로 변경합니다.

이제 우리가 작성한 테스트 중에서 실패하는 케이스가 발생할 것입니다. 또한 코드의 마지막 줄도 다음과 같이 변경해 보겠습니다.

```
doctest.testmod()
```

testmod 메서드에 인수를 생략하면 verbose가 기본값인 False로 설정됩니다. 수정한 코드를 실행하면 다음과 같은 결과가 출력됩니다.

```
*********************************************************
File "c:\Users\leo\Copilot_book\ch6\test_longest_word.py", line 12, in
__main__.longest_word
Failed example:
    longest_word(['cat', 'dog', 'me'])
Expected:
    'cat'
Got:
    'dog'
*********************************************************
1 items had failures:
    1 of 5 in __main__.longest_word
***Test Failed*** 1 failures.
```

독테스트는 어떤 테스트를 실행했는지, 예상 출력은 무엇이었으며, 결과로 무엇을 받았는지 편리하게 알려줍니다. 이를 통해 버그를 발견하고 다시 돌아가 오류를 수정할 수 있습니다.

> **코파일럿이 코드를 생성할 때 자동으로 테스트를 거치게 할 수는 없나?**
>
> 코파일럿이 코드를 생성할 때 테스트 케이스를 직접 통합하는 방법은 아직 존재하지 않습니다. 프롬프트에 테스트 케이스를 추가하고 코파일럿이 함수를 생성할 때 해당 테스트 케이스를 통과하는지 알아서 실행해 보고 코드를 생성하면 얼마나 좋을까요? 그러나 이 작업을 수행하는 데는 아직 기술적 어려움이 있으므로, 이 책을 쓰는 시점에는 불가능한 기능입니다. 따라서 테스트 케이스를 프롬프트에 추가하는 것은 더 나은 프롬프트를 제공하는 것일 뿐 코파일럿이 해당 테스트를 통과할 수 있는 코드를 다시 생성하리라는 보장은 할 수 없습니다.

지금까지 파이썬 프롬프트와 독테스트로 테스트를 실행하는 방법을 살펴봤습니다. 이제 코드를 테스트하는 방법을 알았으니 함수 설계 주기를 어떻게 변경할지 생각해 봅시다.

6.4   코파일럿을 이용한 함수 설계 주기 다시 살펴보기

3장의 그림 3.3에서 함수를 설계하는 간략한 방법을 소개했습니다. 당시에는 코드를 검사하는 방법(4장과 5장에서 살펴봤습니다)이나 코드를 테스트하는 방법에 대해서는 알지 못했습니다. 이제 앞에서 학습한 내용을 반영하여 함수 설계 주기의 새로운 버전(그림 6.1)을 만들어 봅시다.

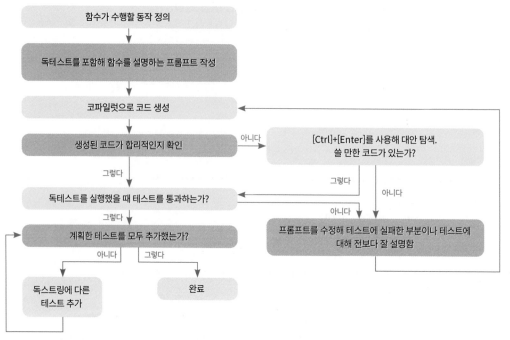

그림 6.1 테스트에 대한 자세한 내용을 포함하도록 보강된 코파일럿을 사용한 함수 설계 주기

전보다 순서도가 복잡해졌지만, 자세히 보면 기존 프로세스의 많은 부분이 그대로입니다. 추가되거나 변경된 사항은 다음과 같습니다.

- 프롬프트를 작성할 때 코파일럿이 코드를 생성하는 데 도움이 되도록 초기 프롬프트의 일부로 doctest를 포함합니다.

- 4장과 5장을 통해 코드를 읽고 제대로 동작하는지 확인할 수 있게 됐으므로 이제 코파일럿의 코드가 잘못됐을 때 이를 해결하는 단계를 추가했습니다. 이 단계에서는 [Ctrl]+[Enter]를 사용해 코파일럿 제안을 탐색하여 해결책을 찾습니다. 해결책이 발견되면 해당 해결책을 선택해 계속 진행합니다. 해결책을 찾을 수 없으면 코파일럿이 더 나은 제안을 생성할 수 있도록 프롬프트를 수정합니다.

- 쓸 만한 코드를 찾으면 독테스트를 실행해 코드가 프롬프트에 포함된 독테스트를 통과하는지 확인합니다(독테스트를 작성하지 않았다면 이 과정은 생략합니다). 코드가 제대로 동작한다는 확신이 생길 때까지 계속 테스트를 추가하고 확인합니다. 독테스트가 실패하면 실패한 테스트를 해결하기 위해 프롬프트를 수정합니다. 프롬프트가 수정되면 코파일럿은 우리가 제공한 테스트를 통과할 수 있는 새로운 코드를 생성합니다.

새로운 설계 주기를 도입하면 코드가 제대로 동작하는지 확인할 수 있을 뿐만 아니라 코드가 제대로 동작하지 않을 때 코드를 수정할 수도 있습니다. 다음 장에서 코드가 제대로 동작하지 않을 때 도움이 되는 더 많은 도구를 다룰 예정이지만, 지금은 여기서 설명한 설계 주기를 사용하여 새로운 문제를 해결하고 코파일럿이 생성한 코드를 테스트하며 이번 장을 마무리하겠습니다.

6.5 전체 테스트 예제

이번에는 대면 수업을 하고 있는 학교 교실의 좌석 배치를 프로그래밍으로 해결하는 상황을 가정해 봅시다. 교실의 좌석 배치를 2차원 행렬이라고 가정합니다. 각 좌석에는 공백(' ') 또는 학생(Student)의 앞 글자('S')를 표기해 빈 좌석 또는 누가 이미 앉아있는 좌석을 나타냅니다. 이 교실에서 가장 많은 신입생을 앉힐 수 있는 줄(빈 좌석이 연달아 있는 경우가 가장 많은 줄)을 찾아내는 함수를 코파일럿에게 요청하면서 코드 동작 여부를 확인하는 데 필요한 테스트도 함께 설계하겠습니다.

6.5.1 빈자리가 가장 많이 남아있는 줄에는 현재 몇 개의 빈자리가 남아 있을까?

교실에 한 줄로 나란히 앉힐 수 있는 최대 신입생 수를 알아내고 싶습니다. (같은 의미로, 각 분단에 남아 있는 빈 좌석 수를 세어 빈자리가 가장 많이 남아있는 줄에는 현재 몇 개의 빈자리가 남아있는지를 알고 싶습니다.) 이를 위해 다소 모호한 프롬프트를 작성해 보고 코파일럿이 얼마나 요청을 잘 수행하는지 살펴봅시다.

코드 6.4 행에 추가할 수 있는 최대 신입생 수 결정하기

```python
def most_students(classroom):
    """
    classroom is a list of lists
    Each ' ' is an empty seat
    Each 'S' is a student
    How many new students can sit in a row?    ◀── 프롬프트의 이 부분이 다소 모호하게 작성된 상태
    """
    # """
    # classroom은 리스트로 이루어진 리스트입니다
    # 각 ' '는 빈 좌석입니다
    # 각 'S'는 학생입니다
    # 한 줄에 몇 명의 새로운 학생이 앉을 수 있을까요?
    # """
```

```
    max_students = 0
    for row in classroom:
        students = 0
        for seat in row:
            if seat == 'S':
                students += 1
            else:
                students = 0
            if students > max_students:
                max_students = students
    return max_students
```

이 예시의 프롬프트는 좋은 프롬프트가 아닙니다. 'How many new students can sit in a row? (신입생이 한 줄에 몇 명이나 앉을 수 있나요?)'라는 질문은 사람에게는 직관적으로 이해되지만, 구체적이지 못하므로 코파일럿에게 우리가 의미하는 바를 전달하기 어렵습니다. 코파일럿은 결과로 한 줄 한 줄에 대해 비어있는 좌석 수를 각각 반환해야 하는지, 교실에 비어있는 총 좌석 수를 반환해야 하는지 파악하지 못합니다. 우리는 이미 애매한 프롬프트 때문에 코파일럿이 애매한 결과를 생성한 것을 알고 있지만, 현재 생성된 코드를 살펴보기 전에 어떤 테스트를 실행해야 결과를 확인할 수 있을지 고민해 봅시다. 다음과 같은 테스트 케이스 세트로 응답 결과를 확인할 수 있습니다.

- 어떤 교실에 빈자리가 연달아 있을 때와 드문드문 있을 때, 연달아 있는 경우에 대해서만 계산하지 말아야 합니다.

- 빈자리가 없는 교실이라면 0을 반환합니다.

- 빈자리가 많은 교실은 첫 번째 빈자리와 가장 마지막 빈자리(엣지 케이스)를 포함한 모든 좌석을 계산합니다.

- 여러 줄에 동일한 개수의 빈자리가 있는 교실에서는 해당 값 중 하나만 반환합니다(모든 줄의 빈자리 수의 총합을 계산하지 않습니다).

코드 6.5처럼 첫 번째 테스트 케이스를 추가하고 독테스트 메서드를 추가하여 테스트를 실행하는 것으로 시작해 보겠습니다.

코드 6.5 행에 추가할 수 있는 최대 신입생 수 결정하기

```
def most_students(classroom):
    """
    classroom is a list of lists
    Each ' ' is an empty seat
```

```
Each 'S' is a student

How many new students can sit in a row?

>>> most_students([['S', ' ', 'S', 'S', 'S', 'S'], \
              ['S', 'S', 'S', 'S', 'S', 'S'], \
              [' ', 'S', ' ', 'S', ' ', ' ']])
4
"""
# """
# classroom은 리스트로 이루어진 리스트입니다
# 각 ' '는 빈 좌석입니다
# 각 'S'는 학생입니다

# 한 줄에 몇 명의 새로운 학생이 앉을 수 있을까요?
# """
max_students = 0
for row in classroom:
    students = 0
    for seat in row:
        if seat == 'S':
            students += 1
        else:
            students = 0
        if students > max_students:
            max_students = students
return max_students
```

독스트링에 독테스트를 위한 테스트 코드를 작성할 때 코드가 길어지면 줄바꿈을 위해 \ 기호를 사용

```
import doctest
doctest.testmod(verbose=False)
```

위 코드를 실행하면 다음과 같은 결과가 출력됩니다(답변의 가독성을 높이기 위해 출력 결과에 대해 저자가 임의로 들여쓰기를 넣어 정리했습니다).

```
**********************************************************************
Failed example:
    most_students([['S', ' ', 'S', 'S', 'S', 'S'],
              ['S', 'S', 'S', 'S', 'S', 'S'],
```

```
                    [' ', 'S', ' ', 'S', ' ', ' ']])
Expected:
    4
Got:
    6
**********************************************************************
1 items had failures:
    1 of 1 in __main__.most_students
***Test Failed*** 1 failures.
```

생성된 코드가 처음부터 완벽하다면 가장 좋겠지만, 첫 번째 테스트 케이스에서 오류가 발견됐다는 것도 충분히 기뻐할 만한 일입니다. 독스트링에 작성한 테스트 케이스에서 빈자리가 가장 많은 줄은 4자리가 있는 3행입니다. 하지만 코파일럿의 코드는 6이라는 값을 반환합니다. 꽤 이상하네요. 코드를 읽지 않더라도 한 줄당 좌석 수 또는 한 줄당 이미 좌석을 차지하고 있는 학생 수를 계산하고 있다는 가설을 세울 수 있습니다. 테스트 케이스의 경우 2열에는 학생이 가득 차 있었기 때문에 이 가설을 확인하기가 어렵습니다. 이때 해볼 만한 시도는 테스트 케이스에 사용되는 강의실 리스트를 다음과 같이 변경해 보는 것입니다.

```
>>> most_students([['S', ' ', 'S', 'S', 'S', 'S'], \
                    [' ', 'S', 'S', 'S', 'S', 'S'], \      ◀─── 두 번째 줄의 첫 번째 학생을 제거
                    [' ', 'S', ' ', 'S', ' ', ' ']])
4
```

이제 두 번째 행에는 5명의 학생이 있습니다. 코드를 다시 실행하면 5라는 결과가 출력되면서 테스트가 또 실패합니다. 코파일럿의 코드는 행당 자리 수를 알려주는 게 아니라 학생들이 앉아 있는 위치와 관련된 무언가를 계산하는 것이 틀림없습니다. 다음 단계로 프롬프트를 개선하고 코파일럿에서 더 나은 코드를 얻을 수 있는지 확인하기 전에 먼저 다음 목록에서 코드가 실제로 무엇을 하고 있었는지 설명하겠습니다.

코드 6.6 코파일럿이 생성한 잘못된 코드의 동작 흐름

```
max_students = 0   ◀─── max_students를 0으로 초기화하여 시작
    for row in classroom:   ◀─── 강의실의 각 행에 대해...
        students = 0   ◀─── 행에 앉은 학생 수를 세기 위한 카운터를 0으로 초기화
        for seat in row:   ◀─── 행의 각 좌석에 대해...
            if seat == 'S':
                students += 1   │ 좌석에 학생이 있으면 카운터의 수를 늘린다.
```

```
        else:                              자리가 비어있으면 카운터를 재설정
            students = 0
        if students > max_students:        student 카운터가 이전에 본 것보다 큰지 확인하고, 이번의 student
            max_students = students        값이 더 크다면 새로운 값으로 max_students 변수의 값을 변경
    return max_students
```

코드 설명을 참조하여 줄마다 일어나고 있는 동작을 확인해 봅시다. 이 코드는 각 행별로 연달아 앉아있는 학생 수를 계산합니다. 이 코드는 각 줄에 대해 students라는 변수를 0으로 초기화해 카운터[2]로 설정합니다. 각 줄에서 각 좌석의 값을 확인하며 다음 자리에 학생이 있다면 students 변수의 값을 1씩 증가시키는 방식으로 계산을 수행합니다. 그리고 빈 좌석이 발견되면 카운터를 재설정합니다. 내부 루프 마지막 부분의 if 문은 루프가 동작하면서 저장되는 students 변수값들 중 가장 큰 값을 추적하는 일반적인 방법이며, 위 코드에서는 나란히 앉은 학생의 수가 가장 많은 경우를 추적하고 있습니다. 이는 우리가 원했던 것과는 전혀 다른 결과이며, 우리가 잘못 작성한 프롬프트 때문이기도 합니다. 하지만 중요한 점은 테스트를 통해 코드가 잘못됐다는 것을 알아냈다는 사실입니다! (코드를 읽다가 바로 오류를 발견했다면 그것도 대단한 일입니다!)

6.5.2 더 나은 솔루션을 찾기 위한 프롬프트 개선

다음으로 프롬프트를 다시 작성하고 테스트 케이스는 그대로 둔 상태로 더 나은 결과를 얻을 수 있는지 확인해 보겠습니다.

코드 6.7 행에 추가할 수 있는 최대 신입생 수 결정하기: 두 번째 시도

```python
def most_students(classroom):
    """
    classroom is a list of lists
    Each ' ' is an empty seat
    Each 'S' is a student

    Return the maximum total number of ' ' characters in a     프롬프트에 우리가 세려고 하는 값이 한 행에 ' '(빈 문
    given row.                                                 자열)이 나란히 있는 최댓값이라고 구체적으로 작성

    >>> most_students([['S', ' ', 'S', 'S', 'S', 'S'], \
                       [' ', 'S', 'S', 'S', 'S', 'S'], \
```

---

2 (옮긴이) 루프 등을 사용한 코드에서 반복의 횟수나 반복하며 확인한 조건을 만족하는 횟수를 세기 위해 사용하는 변수를 counter(카운터, 카운터 변수) 등으로 부릅니다.

```
                    [' ', 'S', ' ', 'S', ' ', ' ']])
    4
    """
    # """
    # classroom은 리스트로 이루어진 리스트입니다
    # 각 ' '는 빈 좌석입니다
    # 각 'S'는 학생입니다

    # 주어진 행에서 ' ' 문자의 최대 총 수를 반환합니다.
    # """
    max_seats = 0
    for row in classroom:
        seats = row.count(' ')          count는 리스트에서 조건을 만족하는 요소의 수를 반환하는
                                        리스트 관련 메서드임
        if seats > max_seats:
            max_seats = seats           행별 최대 좌석 수를 추적
    return max_seats

import doctest
doctest.testmod(verbose=False)
```

코드 6.7은 프롬프트를 수정한 후 [Ctrl]+[Enter]를 눌러 확인한 코파일럿의 결과 여러 개 중 하나를 선택한 결과입니다. 어떤 결과는 ' '(빈 문자열)이 나란히 있는 자리 수를 계산했고, 어떤 결과는 앞에서 보여준 코드처럼 독테스트를 통과했습니다. 코파일럿에게 개선한 프롬프트를 바탕으로 생성한 새로운 코드를 요청했을 때 첫 번째 시도가 생성한 결과는 정확했고, 이후 생성된 코드는 일부 틀린 부분이 있었습니다. 이는 코파일럿의 비결정성 때문에 테스트가 매우 중요하다는 사실을 다시 한번 상기시켜 줍니다.

두 번째 프롬프트가 첫 번째 프롬프트보다 나은 점이 무엇인지 살펴보겠습니다. 아래는 두 프롬프트에 모두 작성한 부분입니다.

```
def most_students(classroom):
    """
    classroom is a list of lists
    Each ' ' is an empty seat
    Each 'S' is a student
```

첫 번째 프롬프트에서 오답을 초래한 부분은 다음과 같습니다.

```
How many new students can sit in a row?
```

두 번째 프롬프트에서 정답을 도출한 부분은 다음과 같습니다.

```
Return the maximum total number of ' ' characters in a given row.
```

코파일럿과 같은 LLM이 왜 서로 다른 결과를 내놓는지 정확히는 알 수 없지만, 주어진 단어와 코파일럿이 학습한 데이터(즉, 깃허브의 수많은 코드)에 포함된 단어를 기반으로 다음 단어를 예측하도록 학습됐다는 점을 기억하세요. 첫 번째 프롬프트는 코파일럿에게 추론하도록 요청합니다. 코파일럿은 그중 일부는 잘 수행하지만 일부는 엉망으로 추론합니다. 어떤 의미에서 이 프롬프트는 목록의 각 행이 무엇인지 알려달라고 코파일럿에게 요청하는 문장입니다. 다행히도 이러한 질문은 프로그래밍에서 매우 흔한 질문이므로 아무런 문제가 없었습니다.

그런 다음 프롬프트는 코파일럿에게 빈자리는 신입생이 앉을 수 있는 자리라고 추측하는 논리적 단계를 수행하도록 요청합니다. 문제는 여기서 발생했습니다. 프롬프트는 한 줄로 앉을 수 있는 '학생'의 수를 묻고 있는데 코파일럿은 생략된 논리적 단계, '새로운' 학생을 위해 필요한 자리, 즉 빈 자리 수를 파악해야 한다는 사실을 파악하지 못했을 것으로 예상됩니다. 코파일럿은 대신 프롬프트의 'students … in a row'라는 부분에 집중해 각 행에 이미 앉아 있는 학생 수를 계산했습니다. 어쩌면 우리가 지정한 함수 이름 most_students 때문에 최대 학생 수를 계산해야 한다고 추측했을 수도 있습니다. (max_empty_seats_per_row 같은 함수명이 더 적절했을 겁니다.) 우리가 원한 것은 아니지만, 어떻게 이런 실수가 발생했는지 이해할 수 있습니다.

이제 코파일럿이 주어진 행에서 연속으로 앉아 있는 학생들을 계산하기로 결정한 이유에 대해 이야기해보겠습니다. 아마도 이것은 코파일럿에게 주어진 더 일반적인 문제일 수 있습니다. '일렬로 앉다(sit in a row)'가 '연속적으로 앉다(sit consecutively)'로 해석될 수 있기 때문일 수도 있습니다. 아니면 이 예제와 비슷하게 코파일럿에게 학습된 데이터에서 누군가가 연달아 앉아 있는 자리 개수를 확보하는 코드를 작성했고, 코파일럿이 그 프롬프트를 기억하고 있었기 때문일 수도 있습니다. 코파일럿이 왜 이런 대답을 했는지는 알 수 없지만, 우리의 프롬프트가 모호했다는 것은 분명합니다.

반면 두 번째 프롬프트는 몇 가지 면에서 더 구체적입니다. 첫째, (함수 이름도 최댓값을 묻고 있긴 하지만) 지시문에서도 최댓값을 명확하게 묻습니다. 둘째, 연속된 빈 좌석의 수를 묻습니다. 이렇게 하면 코파일럿은 빈 좌석이 신입생을 위한 자리라고 넘겨짚어 추측할 필요가 없습니다. 또한 '총계'와 '주어진 행'을 사용하여 코파일럿이 연속된 값을 계산하는 현재의 접근 방식을 벗어나게 하려고 시도했지만 효과가 없었습니다. 그 결과, 때로는 연속된 빈자리를 찾고 때로는 빈자리의 개수를 찾는 코파일럿 답변에 대해 ([Ctrl]+[Enter]를 사용해) 직접 여러 개를 확인하고 선별해야 했습니다.

6.5.3 새로운 코드 테스트하기

예제로 돌아가서, 테스트 케이스를 통과한 새로운 코드가 올바르게 동작하는지 확인하기 위한 테스트를 몇 개 더 해보겠습니다. 우선 어떤 행에도 빈 좌석이 없을 때 코드가 올바르게 0을 반환하는지를 테스트해 보겠습니다.

```
>>> most_students([['S', 'S', 'S'], \
        ['S', 'S', 'S'], \
        ['S', 'S', 'S']])
0
```

다음 테스트에서는 코드가 한 행(테스트 케이스의 경우 2행)에 있는 세 개의 빈 좌석을 모두 올바르게 계산하여 엣지 케이스 문제(첫 번째 또는 마지막 요소를 계산하지 못하는 경우)가 없는지 확인합니다. 물론 코드를 보면 count라는 함수를 사용했고, 이 함수는 파이썬에 내장되어 있으므로 두 번째 테스트는 통과할 것입니다. 하지만 직접 테스트하는 편이 더 확실하고 안전합니다.

```
>>> most_students([['S', 'S', 'S'], \
        [' ', ' ', ' '], \
        ['S', 'S', 'S']])
3
```

마지막 테스트에서는 두 행의 빈자리 수가 동일한 경우에 대해 코파일럿이 올바르게 처리하는지 확인합니다.

```
>>> most_students([[' ', ' ', 'S'], \
        ['S', ' ', ' '], \
        ['S', 'S', 'S']])
2
```

이러한 테스트 케이스를 추가한 코드 6.8을 다시 실행한 결과 모든 테스트 케이스를 통과했습니다.

코드 6.8 행에 추가할 수 있는 최대 신입생 수 결정하기: 독테스트를 포함한 전체 코드

```python
def most_students(classroom):
    """

    classroom is a list of lists
    Each ' ' is an empty seat
    Each 'S' is a student


    Return the maximum total number of ' ' characters in a
    given row.

    >>> most_students([['S', ' ', 'S', 'S', 'S', 'S'], \
                [' ', 'S', 'S', 'S', 'S', 'S'], \
                [' ', 'S', ' ', 'S', ' ', ' ']])
    4
    >>> most_students([['S', 'S', 'S'], \
                ['S', 'S', 'S'], \
                ['S', 'S', 'S']])
    0
    >>> most_students([['S', 'S', 'S'], \
                [' ', ' ', ' '], \
                ['S', 'S', 'S']])
    3
    >>> most_students([[' ', ' ', 'S'], \
                ['S', ' ', ' '], \
                ['S', 'S', 'S']])
    2
    """
    # """
    # classroom은 리스트로 이루어진 리스트입니다
    # 각 ' '는 빈 좌석입니다
    # 각 'S'는 학생입니다

    # 주어진 행에서 ' ' 문자의 최대 총 수를 반환합니다
    # """
    max_seats = 0
    for row in classroom:
        seats = row.count(' ')
        if seats > max_seats:
```

```
            max_seats = seats
    return max_seats


import doctest
doctest.testmod(verbose=False)
```

이번 절에서는 중간에 생긴 문제들을 해결하면서 코파일럿을 활용해 함수를 작성하는 방법을 살펴봤습니다. 코파일럿은 프롬프트에 부분적으로 해석하기 어려운 내용이 있으면 잘못된 결과를 제공합니다. 코드가 첫 번째 테스트에서 실패했기 때문에 잘못된 결과라는 것을 파악하고, 프롬프트를 개선하고 다시 생성한 여러 개의 코드 중 앞의 두 장에서 배운 코드 읽기 기술을 활용해 올바른 결과를 선택했습니다. 새 코드가 첫 번째 테스트를 통과하고서는 더 많은 상황에서 코드가 동작하는지 확인하기 위해 테스트 케이스를 추가했습니다. 추가 테스트를 통해 코드가 정확하다는 증거를 더 많이 확보했습니다. 이 정도 과정을 거치고 나면 일반적인 케이스와 엣지 케이스를 모두 테스트했기 때문에 코드가 정확하다고 확신할 수 있습니다. 이 과정에서 테스트를 통해 실수를 발견하거나 코드가 제대로 동작할 것이라는 확신을 가지기 위한 방법도 살펴봤습니다.

6.6   또 다른 전체 테스트 예시 – 파일을 이용한 테스트

대부분의 경우, 6.5절처럼 독스트링에 예제를 추가해 코드를 테스트하면 됩니다. 하지만 가끔 더 까다로운 경우가 있습니다. 외부 입력에 대한 코드를 테스트하는 경우입니다. 외부 웹사이트와 상호작용하는 코드를 테스트하는 경우가 대표적입니다. 그러나 이는 이 책에서 다루는 입문 범위보다 고급 과정에서 필요한 코드입니다. 이 책의 범위 내에서는 파일 작업을 예로 들 수 있습니다. 파일에 작성된 데이터를 사용해야 할 때는 어떻게 테스트 케이스를 작성해야 할까요? 독스트링으로 이 과정을 테스트할 수도 있지만, 앞 절에서 이미 독스트링을 이용한 테스트는 해 봤으니 생략합니다. 이 절에서는 외부 파일을 사용해 코드를 테스트하겠습니다. 2장의 NFL 쿼터백(QB) 예제를 수정해 파일을 사용한 테스트 방법을 살펴보겠습니다.

우선 결과를 알아보기 편하게 쿼터백 파일에서 처음 9개 열의 정보만 남겨두고 파일의 나머지 열은 제거합니다. 표 6.2는 나머지 열을 제거한 파일의 처음 세 행을 보여줍니다.

표 6.2 NFL 데이터 세트 요약 버전의 처음 세 줄

game_id	player_id	position	player	team	pass_cmp	pass_att	pass_yds	pass_td
201909050chi	RodgAa00	QB	Aaron Rodgers	GNB	18	30	203	1
201909050chi	JoneAa00	RB	Aaron Jones	GNB	0	0	0	0
201909050chi	ValdMa00	WR	Marquez Valdes-Scantling	GNB	0	0	0	0

예제에서는 데이터 세트의 각 행에 이 9개의 열만 있다고 가정하지만, 전체 데이터 세트에 대해 이 작업을 수행하는 방법도 크게 다르지 않습니다(각 경우에 나머지 열을 추가만 하면 됩니다).

파일 이름과 선수 이름을 입력받고, 파일에서 가져온 데이터 세트를 사용해 해당 선수가 달성한 총 패싱 야드 거리 합계를 출력하는 함수를 만들고 싶다고 가정하겠습니다. 사용자는 2장과 표 6.2의 NFL 공격 통계 파일 형식으로 데이터를 입력합니다. 프롬프트나 함수를 작성하기 전에, 완성된 함수를 어떻게 테스트할 수 있을지 생각해 봅시다. 몇 가지 선택지가 있습니다.

1. **실제 데이터 세트를 활용한 테스트** – 함수에 전체 데이터 세트와 여러 선수 이름을 입력으로 제공해 테스트하는 방법이 있습니다. 문제는 이 방법으로 나온 결과가 맞는지 아닌지를 파악하기가 어렵다는 것입니다. 구글 시트나 마이크로소프트 엑셀과 같은 스프레드시트 소프트웨어에서 파일을 열고 직접 각 선수에 대한 결과를 찾아봅니다. 예를 들어 엑셀에서 시트를 열고 선수 이름별로 정렬하여 특정 선수를 찾은 다음 엑셀의 집계 함수를 사용해 해당 선수의 모든 패싱 야드 거리를 합산할 수 있습니다. 이 방법은 나쁜 해결책은 아니지만, 상당한 작업이 필요하며, 테스트에 필요한 답을 찾기 위해 이미 결괏값을 알아냈으므로 더 이상 파이썬 코드가 필요하지 않을 수도 있습니다! 다시 말해, 테스트 케이스에 대한 답을 찾는 데 시간이 걸릴 뿐 아니라, 애초에 원했던 답을 구하고 나면 코드를 작성할 필요가 없어집니다. 또 다른 문제는 테스트할 엣지 케이스를 찾기가 어렵다는 점입니다. 다른 파일을 입력값으로 넣었을 때도 동작하는 프로그램을 작성하기 위해 테스트해야 할 모든 엣지 케이스가 실제 데이터 세트에 포함되어 있을까요? 이 접근 방식의 마지막 단점은 함수가 여러 행의 값을 합산하는 것보다 훨씬 더 복잡한 작업을 수행할 때는 테스트 케이스에 사용할 답을 찾는 과정도 더 복잡해진다는 것입니다. 이 경우 테스트 값으로 쓸 결과를 만드는 데 많은 작업이 필요할 수 있습니다.

2. **테스트용 인공 데이터 세트 생성** – 또 다른 해결책은 여러 가지 가능한 케이스에 대한 테스트값을 포함하는 인공 데이터 세트를 생성하는 것입니다. 이 경우 데이터 세트를 임의로 만들어 사용하므로 실제 데이터 세트에서 이러한 엣지 케이스를 테스트하기 위한 예제를 찾을 필요없이 직접 엣지 케이스를 추가해 해당 엣지 케이스에서 코드가 어떻게 동작하는지 확인할 수 있습니다. (실제 데이터 세트에는 이러한 엣지 케이스가 포함되지 않는 경우에도 실제 데이터를 일부 수정하거나 새로 만든 인공 데이터 세트가 있으면 코드가 올바르게 동작하는지 테스트할 수 있습니다.)

인공 데이터 세트를 사용해 테스트 케이스를 생성하면 장점이 많으므로, 두 번째 방식을 권장합니다.

6.6.1 어떤 테스트를 해야 할까?

파일명과 선수 이름을 입력받아 해당 선수의 패싱 야드 거리의 합계를 구하는 함수에서 테스트하고 싶은 일반적인 케이스와 엣지 케이스를 생각해 봅시다. 우선 일반적인 경우의 정상 동작을 확인하기 위한 몇 가지 테스트가 필요합니다.

1. 선수 이름이 데이터 세트의 마지막 행을 포함한 여러 행에 비연속적으로 기록된 경우가 있습니다. 첫 번째 테스트는 코드가 모든 행에 대해 선수 이름을 확인하고 필요한 동작을 수행하는지 확인합니다(즉, 생성된 코드가 선수 이름별로 데이터가 순서대로 정렬돼 있다는 잘못된 가정을 하지 않습니다).

2. 선수 이름이 데이터 세트의 연속된 행에 기록된 경우도 있습니다. 연속된 값을 건너뛰는 오류가 없는지 테스트합니다.

3. 선수 이름이 데이터 세트에 한 번만 기록된 경우도 있습니다. 하나의 값만 있을 때도 합계 코드가 제대로 동작하는지 테스트합니다.

4. 쿼터백이 아닌 선수도 데이터 세트에 표시돼야 하므로 모든 포지션의 선수 이름이 포함되도록 테스트합니다.

5. 단일 게임에 0이라는 패싱 야드가 기록된 선수 이름에 대해서도 코드가 제대로 동작하는지 확인합니다. 선수가 부상을 입어 경기에 결장할 때는 0을 기록하는데, 이 상황을 테스트하기 위해서입니다.

엣지 케이스의 경우 몇 가지를 더 테스트하고 싶습니다.

1. **데이터 세트에 (입력된) 선수 이름이 없습니다.** 이것은 사실 꽤 있을 법한 상황입니다. 이 경우 코드는 무엇을 반환해야 할까요? 합리적인 결과라면 0야드를 패스했다고 반환해야 합니다. 데이터 세트에 기록된 2019년부터 2022년까지의 기간에 르브론 제임스(미식축구 선수가 아닌 농구 선수)가 NFL에서 몇 야드를 패스했는지 물어본다면 정답은 0입니다. 그러나 이것은 적합한 해결책은 아닐 수 있습니다. 예를 들어, Aron Rodgers(Aaron의 철자가 틀림)의 패싱 야드 합계를 요청하는 경우, 이 기간 동안 리그 MVP를 두 번이나 수상한 그가 0야드를 패스했다고 알려주는 것보다는 데이터 세트에 그의 이름이 없다는 것을 알려주는 편이 더 낫습니다. 데이터 세트에 입력한 선수 이름이 없다고 알리기 위해 큰 음수 값(예: −9999)을 반환하거나 예외라는 방법을 사용할 수도 있지만, 이 책에서는 다루지 않습니다.

2. **선수의 총 패싱 야드 거리 합계가 모든 게임에서 음수로 기록되어 있거나 음수 야드를 기록한 단일 게임이 있을 때 코드가 음수 값을 올바르게 처리하는지 확인합니다.** 미식 축구에서 선수가 공을 잡은 후 시작 지점(scrimmage(스크리미지) 선이라고 부릅니다) 뒤에서 태클을 당하면 마이너스 패싱 야드로 간주하기도 합니다. 쿼터백이 경기 내내 마이너스 패싱 야드를 기록할 가능성은 낮지만, 패스를 한 번 던져 실점(마이너스 야드)하고 동시에 부상을 당해 남은 경기에 출전할 수 없는 경우에 발생할 수 있습니다.

이제 무엇을 테스트할지에 대한 아이디어를 얻었으므로 이러한 테스트 케이스를 담고 있는 인공 데이터 세트 파일을 만들어 보겠습니다. 이러한 테스트를 여러 파일로 분할할 수도 있고, 그렇게 하는 것도 좋은 선택이지만, 하나의 파일에 모두 넣으면 모든 테스트 케이스를 함께 유지할 수 있다는 장점이 있습니다. 표 6.3의 test_file.csv는 저자들이 위 테스트 케이스를 고려해 작성한 인공 데이터 세트 파일입니다.

표 6.3 NFL 패싱 야드 기능을 테스트하기 위한 파일

game_id	player_id	position	player	team	pass_cmp	pass_att	pass_yds	pass_td
201909050chi	RodgAa00	QB	Aaron Rodgers	GNB	20	30	200	1
201909080crd	JohnKe06	RB	Kerryon Johnson	DET	1	1	5	0
201909080crd	PortLe00	QB	Leo Porter	UCSD	0	1	0	0
201909080car	GoffJa00	QB	Jared Goff	LAR	20	25	200	1
201909050chi	RodgAa00	QB	Aaron Rodgers	GNB	10	15	150	1
201909050chi	RodgAa00	QB	Aaron Rodgers	GNB	25	35	300	1
201909080car	GoffJa00	QB	Jared Goff	LAR	1	1	−10	0
201909080crd	ZingDa00	QB	Dan Zingaro	UT	1	1	−10	0
201909050chi	RodgAa00	QB	Aaron Rodgers	GNB	15	25	150	0

이 데이터는 임의로 생성한 데이터라는 점에 유의하세요. (책의 저자인 다니엘과 레오의 이름을 NFL 선수 이름으로 적어넣은 것이 보이시죠? 실제 선수에 대한 통계가 아니라 임의로 생성한 데이터입니다.) 일부 실제 선수의 이름(player)과 실제 게임 아이디(game_id), 선수 아이디(player_id)는 원본 데이터 세트에서 그대로 가져왔습니다. 일반적으로 인공 데이터는 최대한 실제 데이터에 가깝게 만드는 것이 좋습니다. 그래야 테스트가 실제 데이터를 처리하는 과정에서 일어날 경우의 수를 더 잘 대표할 수 있기 때문입니다.

이 테스트 파일에 모든 테스트 케이스를 어떻게 통합했는지 살펴보겠습니다. 애론 로저스(Aaron Rodgers)라는 선수의 정보는 파일에 연속 및 비연속적으로 여러 번 등장하며 마지막 행도 애론 로저스의 정보입니다. 자레드 고프(Jared Goff) 선수의 정보 역시 여러 번 등장하며, 어느 게임에는 인위적으로 −10야드를 작성했습니다. 생성된 코드가 쿼터백(QB) 포지션에 대한 정보만 탐색하지는 않는지 확인하기 위해 실제 데이터 세트에서 러닝백(RB) 포지션인 케리언 존슨(Kerryon Johnson) 선수의 정보를 가져와 그의 데이터에 5 패싱 야드를 부여했습니다. 또한 케리언 존슨 선수의 정보는 데이터에 한 번만 작성했습니다. 레오 포터(Leo Porter)라는 이름의 선수를 데이터 세트에 추가하고 패싱 야드를 0으로 부여했습니다. 또한 한 선수의 패싱 야드 합계가 음수인 경우를 테스트하기 위해 다니엘 진가로(Dan Zingaro) 선수를 추가하고 그에게 완성한 패스 하나와 −10야드라는 패싱 야드를 부여했습니다. 표 6.4는 각 선수에 대해 코드를 실행할 때 선수별로 반환해야 하는 결괏값을 보여줍니다.

표 6.4 코드가 정상인 경우 테스트 케이스 결과로 출력돼야 하는 선수당 패싱 야드

선수 이름	테스트 케이스의 결과로 기대되는 패싱 야드 값
Aaron Rodgers	800
Kerryon Johnson	5
Leo Porter	0
Jared Goff	190
Dan Zingaro	−10

6.6.2 함수 만들기

함수를 만들기 위한 첫 번째 과정으로 VS Code에 함수 이름과 독스트링 내부에 작성할 코드의 동작을 설명하는 프롬프트를 작성해 봅시다. 이 함수는 함수 내에서 파일을 열고, 데이터를 처리하고, 파일을 닫는 등 여러 동작을 실행하기 때문에 복잡한 프롬프트를 작성해야 하겠지만, 먼저 간략하게 함수만 설명하고 코파일럿의 동작을 살펴봅시다.

코드 6.9 선수별 총 패싱 야드를 구하는 함수

```
def tot_pass_yds_player(input_file, player):    ◀── 함수 이름은 축약해서 지음
    """
    input_file is a string that is the name of a file
    player is the name of a player
```

```
The file is a csv file with a header row
Column 4 is the player's name and column
8 is the number of passing yards for that player

return the total number of passing yards for the player
"""
# """
# input_file은 파일의 이름인 문자열입니다
# player는 선수의 이름입니다

# 해당 파일은 헤더 행이 있는 csv 파일입니다
# 4번째 열은 선수의 이름이고
# 8번째 열은 해당 선수의 패싱 야드 수입니다

# 선수의 총 패싱 야드 합계를 반환합니다
# """
import csv
with open(input_file, 'r') as csvfile:
    reader = csv.reader(csvfile)
    next(reader)
    total = 0
    for row in reader:
        if row[3] == player:
            total += int(row[7])
return total
```

생성된 코드를 살펴보기 전에 이 예제는 테스트 케이스가 코파일럿에게 별로 도움이 되지 않을 것 같아서 따로 작성하지 않았다는 점을 미리 말씀드립니다. 테스트 케이스에서 임의로 만든 데이터 파일을 열고 사용할 경우에는 테스트 케이스를 추가하기 전에 코파일럿이 먼저 코드를 생성하게 하는 편이 좋습니다. 각 테스트 케이스는 파일 이름, 선수 이름, 예상 출력만 있으면 됩니다. 코파일럿은 파일 이름에 해당하는 파일을 읽지 못할 수 있으며, 원하는 결과를 얻기 위해 여덟 번째 열을 합산해야 한다는 사실을 파악하지 못할 수도 있습니다. 그러므로 코파일럿에 테스트 케이스를 제공한다고 프롬프트의 품질이 향상되지는 않습니다. 오히려 데이터의 인위적인 특성으로 인해 코드 생성에 혼란을 초래할 수도 있습니다 (예: 실제 NFL 선수의 데이터 세트에서 패싱 야드 합계가 음수인 경우는 어떤 경우일까요?).

코파일럿이 제공한 코드를 살펴보면 2장에서 살펴본 코드와 거의 유사하며 상당히 합리적이라는 것을 알 수 있습니다. 우선 코드를 읽어봤을 때 합리적으로 보이기 때문에 테스트하는 과정으로 넘어가 봅시다.

6.6.3 함수 테스트

함수를 테스트하기 위해 코드 6.10과 같이 전체 코드에 대한 테스트 케이스를 포함하도록 독스트링을 보강합니다.

코드 6.10 선수별 총 패싱 야드를 구하는 기능 테스트하기

```python
def tot_pass_yds_player(input_file, player):
    """
    input_file is a string that is the name of a file
    player is the name of a player

    The file is a csv file with a header row
    Column 4 is the player's name and column
    8 is the number of passing yards for that player

    return the total number of passing yards for the player

    >>> tot_pass_yds_player('test_file.csv', 'Aaron Rodgers')
    800
    >>> tot_pass_yds_player('test_file.csv', 'Kerryon Johnson')
    5
    >>> tot_pass_yds_player('test_file.csv', 'Leo Porter')
    0
    >>> tot_pass_yds_player('test_file.csv', 'Dan Zingaro')
    -10
    >>> tot_pass_yds_player('test_file.csv', 'Jared Goff')
    190
    >>> tot_pass_yds_player('test_file.csv', 'Tom Brady')
    0                           ◀────────────── 데이터 세트에 없는 선수를 입력하는 경우에
    """                                          대한 테스트 케이스를 추가
    # """
    # input_file은 파일의 이름인 문자열입니다
    # player는 선수의 이름입니다
```

```
# 해당 파일은 헤더 행이 있는 csv 파일입니다
# 4번째 열은 선수의 이름이고
# 8번째 열은 해당 선수의 패싱 야드 수입니다

# 선수의 총 패싱 야드 합계를 반환합니다
# """
import csv
with open(input_file, 'r') as csvfile:
    reader = csv.reader(csvfile)
    next(reader)
    total = 0
    for row in reader:
        if row[3] == player:
            total += int(row[7])
    return total

import doctest
doctest.testmod(verbose=False)
```

코드 6.10을 실행한 결과 모든 테스트 케이스를 통과했습니다. 코드가 제대로 동작하고 있다고 조금 더 확신할 수 있게 됐습니다!

6.6.4 doctest를 사용할 때 주의할 점

이전 프롬프트를 다시 작성하고 코드 6.11과 같이 첫 번째 테스트에 아주 사소한 오류를 추가해 보겠습니다.

코드 6.11 독테스트 작성 시 실수하는 사례

```
def tot_pass_yds_player(input_file, player):
    """
    input_file is a string that is the name of a file
    player is the name of a player

    The file is a csv file with a header row
    The 4th Column is the player's name and the 8th column
    is the number of passing yards for that player
```

```
    return the total number of passing yards for the player

    >>> tot_pass_yds_player('test_file.csv', 'Aaron Rodgers')
    800
    >>> tot_pass_yds_player('test_file.csv', 'Kerryon Johnson')
    5
    >>> tot_pass_yds_player('test_file.csv', 'Leo Porter')
    0
    >>> tot_pass_yds_player('test_file.csv', 'Dan Zingaro')
    -10
    >>> tot_pass_yds_player('test_file.csv', 'Jared Goff')
    190
    >>> tot_pass_yds_player('test_file.csv', 'Tom Brady')
    0
    """
    # """
    # input_file은 파일의 이름인 문자열입니다
    # player는 선수의 이름입니다

    # 해당 파일은 헤더 행이 있는 csv 파일입니다
    # 4번째 열은 선수의 이름이고
    # 8번째 열은 해당 선수의 패싱 야드 수입니다

    # 선수의 총 패싱 야드 합계를 반환합니다
    # """
    import csv
    with open(input_file, 'r') as csvfile:
        reader = csv.reader(csvfile)
        next(reader)
        total = 0
        for row in reader:
            if row[3] == player:
                total += int(row[7])
        return total

import doctest
doctest.testmod(verbose=False)
```

800이라는 결괏값 뒤에 보이지 않는 여분의 공백이 있다고 가정이 코드를 실행하면 다음과 같은 오류가 발생합니다.

```
Failed example:
    tot_pass_yds_player('test_file.csv', 'Aaron Rodgers')
Expected:
    800
Got:
    800
```

언뜻 보면 이해할 수 없는 결과입니다. 테스트 케이스에 대해 800이라는 결괏값을 기대했는데 800이라는 결괏값에 대해 실패했다고 출력됩니다. 테스트 케이스를 작성할 때 실수로 '800'이 아닌 '800 '(끝에 공백 포함)을 작성했기 때문입니다. 파이썬은 공백이 중요한 값이라고 생각하기 때문에 테스트에 실패했다고 알려줍니다. 나쁜 소식은 이것이 독테스트를 사용할 때 매우 흔히 겪는 문제라는 겁니다! 인정하고 싶지 않지만 저자들도 이 실수를 굉장히 자주 저지릅니다. 좋은 소식은 이런 공백 부분을 찾아서 삭제하기만 하면 문제를 해결할 수 있다는 것입니다. 테스트는 불합격이지만 독테스트의 출력에는 합격으로 표시되는 경우, 꼭 줄 끝에 공백이 있거나 출력에 공백이 추가됐거나 누락됐는지, 독테스트가 예상한 값과 정확히 비교해 확인하세요.

우리가 만든 함수는 모든 테스트 케이스를 통과했으므로 안심하고 더 많은 데이터를 포함한 원본 파일에도 방금 만든 함수를 사용하면 됩니다. 이번 예제에서 기억할 점은 파일에서 동작하는 함수를 테스트하기 위해 파일을 인위적으로 만들 수 있으며, 이 때 인공 데이터 세트를 만들면서 여러 경우의 수를 고려해 테스트해 볼 수 있다는 것입니다. 다시 한번 강조합니다. 테스트는 코드가 제대로 동작한다는 확신을 얻기 위한 것이므로 자신이 작성하거나 코파일럿으로 생성한 코드를 반드시 테스트하는 습관이 필요합니다.

이 장에서는 전체적으로 코드 테스트의 중요성, 코드 테스트에 대한 방법론, 두 가지 예제를 통한 실제 테스트 방법을 알아봤습니다. 이 장의 예제에서는 함수 한 개를 작성하고 테스트해 봤습니다. 하지만 더 크고 복잡한 문제를 해결하기 위해서는 동작을 나누어 여러 개의 함수를 작성하게 됩니다. 이 함수를 작성하는 순서나 기준은 어떻게 결정할까요? 다음 장에서 다룰 문제 분해라는 프로세스를 통하면 함수를 작성하는 기준을 알 수 있습니다.

요약

- 테스트는 코파일럿을 사용해 소프트웨어를 작성할 때 매우 중요한 기술입니다.

- 폐쇄형 테스트와 개방형 테스트는 코드가 올바른지를 확인하기 위한 서로 다른 접근 방식입니다. 폐쇄형 테스트에서는 문제에 대해 알고 있는 내용을 기반으로 테스트 케이스를 작성하고, 개방형 테스트에서는 추가로 코드 자체를 검사합니다.

- 독테스트는 함수에 대한 문서 설명에 테스트 케이스를 추가하여 코드를 테스트하는 편리한 방법입니다.

- 테스트를 위한 인공 데이터 세트 파일을 만들면 파일을 사용하는 코드를 테스트할 때 효과적입니다.

문제 분해

이 장에서는 다음 내용을 다룹니다.

- 문제 분해 정의와 필요성
- 하향식 설계 방법을 사용한 문제 분해 및 프로그램 작성법
- 하향식 설계 방법을 사용한 저작자 식별 프로그램 작성 예제

앞서 3장에서는 코파일럿에게 큰 문제를 해결해 달라고 요청해서는 안 되는 이유에 대해 다룬 바 있습니다. 코파일럿에게 "책의 저자를 찾아서 출력하는 프로그램을 작성해 주세요."라고 요청하면 어떤 일이 벌어질지 상상해 보세요.

운이 좋으면 모든 상황에 대한 결과가 이미 완성된 프로그램을 받게 됩니다. 하지만 그 프로그램이 우리가 원하는 것과 일치하지 않을 수도 있습니다. 개발자라는 직업의 장점 중 하나는 우리가 원하는 것을 직접 커스터마이징할 수 있다는 것입니다. 이를 위해서는 큰 문제를 세분화한 하위 문제를 프롬프트로 제공하고 생성된 결과들을 통합해 하나의 프로그램으로 만드는 과정이 필요합니다. 이때 코파일럿이 작성한 프로그램에 결함이 있다면 어떻게 해결할 수 있을까요? 우리가 이해하지 못하는 대규모 프로그램을 수정하는 것은 쉽지 않은 일입니다. 최악의 경우 코파일럿이 아무 쓸모가 없을 수도 있습니다. 저자들 역시 때때로는 코파일럿에게 반복해서 프롬프트를 제공하면서도 쓸 만한 코드를 전혀 못 건지기도 합니다.

이 장에서는 큰 문제를 작은 문제로 나누는 방법을 배웁니다. 코파일럿을 사용해 각각의 작은 하위 문제를 해결하는 방법을 사용하면 궁극적으로 해결하고자 하는 큰 문제를 해결할 수 있습니다.

7.1   문제 분해

문제 분해는 추상적인 큰 문제를 해결하기 위해 좀 더 구체적인 여러 개의 작은 하위 문제로 세분화하는 작업을 의미합니다. 이렇게 작업의 단위를 나누고 나면 하위 문제를 해결하는 함수를 작성하는 것이 우리의 목표가 됩니다. 일부 하위 문제는 추가적인 작업이 필요 없습니다. 하지만 일부 하위 문제는 문제를 세분화해도 여전히 너무 큰 작업 단위라서 하나의 함수에 담을 수 없기도 합니다. (3장에서 코파일럿으로부터 좋은 코드를 얻고, 해당 코드를 테스트하고, 버그를 수정하기 쉽게 함수를 12~20줄 정도로 짧게 유지해야 한다고 설명했습니다.) 하위 문제가 여전히 너무 커서 단일 함수로 구현할 수 없는 경우, 해당 하위 문제를 더 작은 하위 문제로 다시 나눕니다. 그래도 여전히 하나의 함수에 담기에 복잡한 작업이라면, 다시 더 작은 하위 문제로 분할합니다. 이렇게 문제를 분해하는 핵심적인 이유는 복잡성을 관리하기 위해서입니다. 각 함수가 그 목적을 이해할 수 있을 정도로 단순해져야 개발자나 코파일럿도 해당 문제를 잘 해결할 수 있습니다. 복잡한 코드를 작성하는 과제가 주어지면, 사람이나 코파일럿이나 실수를 저지릅니다. 소프트웨어 공학에서는 큰 문제에서 시작해 이를 세분화하는 과정을 **하향식 설계**라고 부릅니다. 하향식 설계를 완료하면 그 기능들을 코드로 구현합니다. 해결해야 할 전체 문제에 대한 하나의 함수가 있고, 이 함수를 실행하면 각 하위 문제에 대한 함수를 호출합니다. 각 하위 문제를 해결하는 함수들은 필요에 따라 해당 함수가 실행되면 하위의 하위 문제를 해결하기 위한 자체 함수를 실행하기도 합니다.

우리는 3장에서 작성했던 것처럼 전체 프로그램에 필요한 동작들을 각각의 함수가 명확하게 정의된 작은 역할을 맡아서 실행하도록 개발하려고 합니다. 또한 다른 함수에서 호출되는 작은 함수들을 설계해 큰 함수의 복잡성과 코드의 반복을 줄이고 싶습니다. 마지막으로, 매개변수 수가 적고 쓸 만한 결과를 반환하는 함수를 설계해 보겠습니다.

7.2   하향식 설계 사례

다음 절에서 하향식 설계란 무엇인지에 대해서 예제와 함께 살펴보기 전에, 앞에서 다뤘던 몇 가지 예제를 다시 간략히 살펴봅시다. 3장에서 작성했던 `get_strong_password` 함수의 설계를 떠올려 봅시다. 이 함수는 사용자가 강력한 비밀번호를 입력할 때까지 비밀번호를 입력하라는 메시지를 계속 표시합니다. 앞 장에서 만든 코드는 잠시 잊고 이 동작을 위한 코드를 새롭게 만들어 보겠습니다.

이 함수를 작성하기 위해 하향식 설계 방법을 사용한다고 가정해 봅시다. 작고 잘 정의된 하나의 작업이라면 단일 함수로 직접 구현할 수 있을 것입니다. 하지만 이 함수에서 만들어야 할 하위 작업, 즉 강력한 비밀번호란 무엇일까요? 이에 대한 규칙은 무엇일까요? 이런 질문이 이 함수를 더 단순하게 만들기 위해 분리할 수 있는 (큰 작업에 대한) 하위 작업입니다. 실제로 3장에서 작성한 get_strong_password 함수에서는 비밀번호가 강력하다는 것이 무엇을 의미하는지에 대해 참/거짓으로 판단하는 is_strong_password 함수를 먼저 호출했습니다.

이러한 하향식 설계의 구조는 그림 7.1과 같이 그릴 수 있습니다. 이 장의 뒷부분에서 살펴보겠지만, 궁극적으로 더 큰 동작을 만들기 위해 큰 작업에서 작은 작업으로 함수를 호출하도록 설계하는 방식을 왼쪽에서 오른쪽으로 방향을 표시하는 방식으로 순서도를 그렸습니다.

그림 7.1 get_strong_password 함수의 하위 동작을 수행하기 위해 is_strong_password를 호출했음을 표현하는 순서도(다이어그램)

이 그림은 get_strong_password가 is_strong_password를 호출해 일부 작업을 수행케 하는 것이 목표임을 나타냅니다.

또한 3장에서 단어 목록을 매개변수로 받아 가장 높은 점수를 받을 수 있는 단어를 반환하는 best_word 함수도 작성했습니다. 3장에서 작성한 코드의 동작 구조를 떠올려 봅시다. 루프를 사용해 각 단어를 탐색하면서 그 루프에서 지금까지 본 단어 중 가장 높은 점수를 받을 수 있는 단어를 계속 추적해야 합니다. 이 과정에서 각 단어에 대해 각 글자의 점수를 합산해 몇 점짜리인지를 계산합니다. A는 1점, B는 3점, C는 3점, D는 2점, E는 1점의 가치가 있다는 것을 기억하세요.

이때 "각 글자의 가치는 몇 점인가?"라는 질문은 best_word 함수의 하위 작업이 됩니다. 글자별 점수를 계산하여 단어의 총 점수를 알려주는 함수를 호출할 수 있다면 best_word 함수에서는 글자별 점수 계산에 대해 따로 신경 쓸 필요가 없을 것입니다. 3장에서 단어를 매개변수로 받아 총 점수 값을 반환하는, 정확히 이 작업을 수행하는 num_points라는 함수를 작성했습니다. 그림 7.2에 표시된 것처럼 best_word에서 num_points를 호출합니다. 이렇게 하면 best_word 함수의 작업을 더 쉽게 만들 수 있습니다.

그림 7.2 best_word의 함수 다이어그램

3장에서 하위 작업을 합쳐서 더 큰 동작을 만들고, 리프 함수의 결과를 부모 함수에서 사용하도록 함수들을 작성했습니다. 이 장에서는 계속 더 큰 작업을 위해 어떤 하위 함수가 필요한지를 파악하는 하향식 설계를 할 것입니다.

방금 설명한 두 가지 예제는 규모가 작기 때문에 사실 단일 함수로도 충분히 코드를 작성할 수 있습니다. 하지만 다음에 살펴볼 대규모 예제에서는 하향식 설계를 하지 않으면 복잡성을 제어할 수조차 없습니다.

이러한 대규모 작업을 예시로 선택한 데는 몇 가지 이유가 있습니다. 첫째, 하향식 설계 과정은 꽤 추상적이기 때문에 이 예시를 통해 구체적으로 설명할 수 있으리라 생각했습니다. 둘째, 여러분이 직접 해결하고 싶다는 생각이 들 정도로 실질적인 문제를 해결해 나가는 과정을 제시하여 충분한 학습 동기를 제공하고 싶었습니다.

지금부터 저자 불명의 텍스트에 대해 저자를 알아내는 프로그램을 작성해 보겠습니다. 인공지능(AI)을 사용하여 추론하는 프로그램을 작성할 것입니다. (AI를 이용한 프로그래밍에 관한 책에 AI 관련 예제를 포함할 수 있게 되어 기쁩니다!)

이 장에서 배우고자 하는 핵심 기술은 큰 문제를 더 작은 하위 문제로 분해하는 방법입니다. 전체 코드를 코파일럿으로 코딩하겠지만, 모든 코드가 어떻게 서로 맞물려 동작하는지를 완전히 이해할 필요는 없습니다. 하향식 설계를 통해 각 기능을 자체적으로 구현하면 프로그래밍에 대한 깊은 이해 없이도 완벽하게 동작하는 프로그램을 만들 수 있음을 보여주기 위한 실습이기 때문입니다.

7.3   소설의 저자 식별하기

이 절에서 다룰 문제는 동료인 미셸 크레이그(Michelle Craig)[1]가 만든 과제를 기반으로 합니다. 먼저 두 권의 책에서 발췌한 내용을 살펴보겠습니다.

발췌 1

이제 가장 특이했던 부분을 말해보겠다. 약 6년 전, 정확히 말하면 1882년 5월 4일, 타임 지에는 메리 모스턴의 주소를 묻는 광고가 실렸다. 그 광고는 메리 모스턴의 주소를 찾는다는 내용이었다. 이름이나 주소는 적혀 있지 않았다. 당시 나는 세실 포레스터 부인의 집에서 관리인 일을 시작했다. 나는 그녀의 조언에 따라 광고란에 내 주소를 게재했다. 같은 날, 내게 우편을 통해 주소가 적힌 작은 골판지 상자가 도착했다. 그 상자에는 매우 크고 광택이 나는 진주가 들어 있었다. 아무 설명 없이 진주뿐이었다. 그 이후로 매년 같은 날마다 발신자 없이 진주가 들어 있는 상자가 배송됐다. 나는 이 진주에 대한 감정을 의뢰했으며, 진주들이 매우 희귀한 품종이며 고급품이라는 감정 결과를 받았다.

---

1   M. Craig, "Nifty Assignment: Authorship Detection," http://nifty.stanford.edu/2013/craig-authorship-detection/. Accessed Apr. 9, 2023.

발췌 2

11월의 늦은 금요일 밤, 그들이 처음 마주한 역사적인 장소는 바로 도버 로드였다. 그는 다른 사람들과 함께 슈터 언덕을 향해 뻗어 있는 이 도버 로드의 진흙탕 언덕을 우편 마차 옆에 서서 나란히 걸어 올라가고 있었다. 사람들은 걷는 것을 별로 좋아하지 않았지만, 진흙탕 언덕을 오르기에는 마구, 우편물까지 실은 마차가 너무 무거운 말들이 출발지인 블랙히스로 되돌아가려는 반란 의도로, 마차를 길 건너편으로 끌고 간 것 말고도 이미 세 번이나 멈춰 섰기 때문에 어쩔 수 없이 마차에서 내릴 수밖에 없었다. 이때만큼은 고삐와 채찍을 쥔 마부와 경비병들도 야생 동물에게도 이성이 있다는 주장에 대해 뼈저리게 동의했다. 이들은 말들에게 항복하고 함께 진흙탕을 걸으며 임무를 수행하고 있었다.

위 두 글의 저자가 일치하는지를 확인하는 프로그램을 만든다고 가정해 봅시다. 문학 작품은 저자에 따라 글쓰기 방식이 다르며, 이러한 차이가 계산할 수 있는 지표로 나타난다고 가정하고 판정하는 프로그램을 작성하는 것이 과제입니다.

예를 들어, 첫 번째 발췌문을 작성한 작가는 두 번째 발췌문에 비해 전반적으로 각 문장이 짧습니다. 첫 번째 발췌문에는 '이름이나 주소는 적혀 있지 않았다', '아무 설명 없이 진주뿐이었다' 같은 짧은 문장이 있지만, 두 번째 발췌문에는 짧은 문장이 없습니다. 마찬가지로 첫 번째 발췌문의 문장이 두 번째 발췌문의 문장보다 덜 복잡해 보입니다. 두 번째 발췌문의 경우 쉼표나 수많은 수식어가 사용됐습니다.

이 분석을 보면 이 텍스트들이 서로 다른 저자가 쓴 것이라고 생각할 수 있습니다. 실제로도 그렇습니다. 첫 번째는 아서 코난 도일이 썼고, 두 번째는 찰스 디킨스가 썼습니다.

사실 저희는 이 두 가지 발췌문을 엄선했습니다. 이 책의 다른 부분에서는 도일도 길고 복잡한 문장을 사용합니다. 디킨스 역시 어떤 부분은 짧은 문장으로 쓰기도 했습니다. 하지만 적어도 이 발췌문을 가져온 두 책에서는 도일이 디킨스보다 짧은 문장을 썼습니다. 이처럼 서로 다른 저자가 쓴 두 권의 책을 살펴보면 정량화할 수 있는 평균적 차이를 발견할 수 있습니다.

우리가 아는 저자의 책이 여러 권 있다고 가정해 봅시다. 도일이 쓴 책, 디킨스가 쓴 책, 그리고 저자가 누구인지 알 수 없는 책이 하나 있습니다. 도일의 출간되지 않은 **『셜록 홈즈』** 시리즈일까요? 디킨스의 출간되지 않은 **『올리버 트위스트』** 속편일까요? 미지의 작가가 누구인지 알아내려면 어떤 프로그램을 작성해야 할까요?

우리가 사용할 전략은 저자가 쓴 것으로 알려진 책 중 하나를 사용하여 각 저자의 특징, 즉 **시그니처 (signature)**을 찾아내는 것입니다. 이러한 특징을 **알려진 시그니처(known signature)**라고 부릅니다. 이러한 각 시그니처는 문장당 평균 단어 수와 평균 문장 복잡도와 같은 책 텍스트에 대한 정량적 지표들을 의미합니다. 그런 다음 저자를 모르는 정체불명 도서의 시그니처를 계산합니다. 이를 **미지의 시**

그니처(unknown signature)라고 부릅니다. 알려진 시그니처를 모두 살펴보고 각 시그니처를 미지의 시그니처와 비교합니다. 이렇게 비교한 지표들이 가장 가까운 시그니처를 미지의 작가로 추측합니다.

물론 미지의 작품을 쓴 저자가 실제로 시그니처를 계산한 저자들 중 한 명인지는 알 수 없습니다. 예를 들어 지금껏 알려지지 않았던 새로운 저자일 수도 있습니다. 미지의 저자가 우리가 알고 있는 시그니처를 가진 저자 중 한 명이더라도 우리는 여전히 틀린 추측을 할 수 있습니다. 같은 저자가 다른 스타일로 책을 썼거나(책마다 시그니처가 매우 다를 수 있음), 각 저자의 글쓰기 방식에서 가장 두드러진 특징을 포착하지 못했을 수도 있습니다. 사실, 이 장에서는 업계 최고 수준의 저자 식별 프로그램을 지향하지는 않을 겁니다. 하지만 이 작업의 난이도를 고려해 보면 이 장에서 다루는 하향식 설계 접근 방식이 얼마나 유용한지 살펴보기에 적합한 과제임은 분명합니다.

머신러닝

우리가 이번 장에서 저작자 식별에 사용하는 프로그래밍 방법은 머신러닝(ML)입니다. 머신러닝은 컴퓨터가 데이터를 '학습'하여 예측할 수 있도록 돕기 위해 고안된 인공지능의 한 분야입니다. ML에는 다양한 형태가 있는데, 그중 우리가 하고 있는 것을 지도 학습이라고 합니다. 지도 학습에서는 특정 카테고리로 묶인 객체들과 그 객체의 알려진 범주(또는 레이블)로 구성된 학습 데이터를 사용합니다. 이 경우 객체는 책 텍스트이고, 각 책의 카테고리는 책을 쓴 저자가 됩니다. 각 책에 대해 문장당 평균 단어 수, 평균 문장 복잡도 등의 특징을 계산하여 훈련 집합을 훈련(즉, 학습)시킨 모델을 만듭니다. 이 모델을 사용하면 나중에 저자를 모르는 책이 데이터로 들어왔을 때 훈련에서 학습한 내용을 사용하여 책의 저자를 추측할 수 있습니다.

7.4   하향식 설계 방법을 사용한 저자 식별

'책의 저자를 식별하는 프로그램 작성하기'는 꽤 어려운 작업처럼 보입니다. 단일 함수를 사용하여 한 번에 이 작업을 수행하려고 한다면 힘든 작업일 겁니다. 하지만 우리는 이 문제를 해결할 수 있는 하위 문제로 체계적으로 세분화할 것입니다.

2장에서 대부분의 프로그램은 입력을 읽고, 그 입력을 처리하고, 출력 결과를 생성하는 구조로 동작한다는 것을 배웠습니다. 저자 식별 프로그램도 이 구조를 따르는 방법으로 흐름을 설계해 봅시다.

- 입력 단계에서는 사용자에게 저자를 모르는 텍스트가 담긴 파일명을 물어봅니다.

- 프로세스 단계에서는 저자를 모르는 텍스트의 특징(미지의 시그니처)과 저자를 알고 있는 각 책의 특징(알려진 시그니처)을 알아냅니다. 또한 미지의 시그니처와 각 알려진 시그니처를 비교하여 어떤 시그니처가 가장 가까운지 파악합니다.

- 출력 단계에서는 알려진 시그니처와 가장 가까운 미지의 시그니처를 사용자에게 보고합니다.

즉, 전체적인 저자 식별 문제를 해결하려면 이 세 가지 하위 문제를 해결해야 합니다. 하향식 설계를 시작해 봅시다!

최상위 함수의 이름은 `make_guess`라고 하겠습니다. 이 함수를 실행하면 우리가 나눈 세 가지 하위 문제를 각각 해결하는 함수를 호출합니다.

입력 단계에서는 단순히 사용자에게 파일 이름을 묻습니다. 이 작업은 몇 줄의 코드로 처리할 수 있으므로 별도의 함수가 필요하지 않습니다. 출력 단계도 비슷해 보이는데, 이미 알려진 시그니처 중 가장 가까운 시그니처를 알고 있다면 이를 사용자에게 보고하면 됩니다. 반면에 프로세스 단계는 많은 작업이 필요해 보이므로 하위 문제를 더 세분화할 필요가 있습니다. 이것이 바로 우리가 다음으로 할 일입니다!

7.5   프로세스 단계의 하위 문제 분석

전체 프로세스 함수의 이름을 `process_data`로 지정하겠습니다. 이 함수는 저자 불명의 파일 이름과 알려진 저자들의 텍스트 파일이 담긴 도서 디렉터리 이름을 매개변수로 받아 가장 가까운 알려진 시그니처의 이름을 반환합니다.

이 프로세스를 소프트웨어로 개발하기 위해 하위 문제로 나눈다면 크게 세 개 정도의 동작이 필요합니다.

- 저자 불명의 파일에 대한 특징을 파악하세요. 이것이 미지의 시그니처입니다. 이 함수의 이름을 `make_signature`라고 정하겠습니다.

- 우리가 아는 저자가 쓴 각 책의 특징을 파악하세요. 이것이 우리가 알고 있는 시그니처입니다. 이 함수의 이름을 `get_all_signatures`라고 부르겠습니다.

- 알 수 없는 시그니처와 각 책의 저자에 대한 알려진 시그니처를 비교하여 어떤 시그니처가 가장 가까운지 알아냅니다. 두 시그니처를 비교했을 때 특징들이 비슷하다면 차이가 적을 것이므로 이 함수의 이름은 `lowest_score`로 지정합니다.

각 하위 문제에 대한 하향식 설계를 차례로 진행하겠습니다. 그림 7.3은 지금까지 우리가 설계한 흐름을 다이어그램으로 보여줍니다.

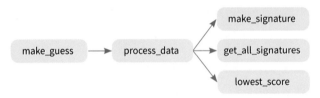

그림 7.3 process_data 함수의 세 가지 하위 작업이 포함된 함수 다이어그램

7.5.1 저자 불명의 책에 대한 시그니처 알아내기

이 작업을 위한 함수인 make_signature는 책의 텍스트를 매개변수로 받아 책의 시그니처를 반환합니다. 이 시점에서 각 책의 시그니처를 결정하는 데 사용할 특징을 결정해야 합니다. 발췌문들을 비교했던 상황을 떠올리면서 이를 세분화해 보겠습니다. 저자에 따라 문장의 복잡도와 길이에 차이가 있다는 것을 알 수 있었습니다. 또한 저자에 따라 수식어의 사용 빈도나 단어 사용 방식(예: 일부 저자는 다른 저자보다 더 반복적으로 같은 단어를 사용함)이 다를 수도 있습니다. 따라서 어떤 특징은 작성자의 문장 구조를 기반으로 점수화하기 좋고, 어떤 특징은 작성자가 사용하는 단어를 기반으로 점수화하기 좋을 것입니다. 각각에 대해 자세히 살펴보겠습니다.

작성자의 문장 구조와 관련된 특징

도일과 디킨스의 예에서 문장당 평균 단어 수를 하나의 특징으로 사용했던 것을 기억할 겁니다. 총 단어 수를 총 문장 수로 나누면 이 값을 계산할 수 있습니다. 예시 발췌문을 다시 살펴보겠습니다.

> *같은 날, 내게 우편을 통해 주소가 적힌 작은 골판지 상자가 도착했다. 그 상자에는 매우 크고 광택이 나는 진주가 들어 있었다. 아무 설명 없이 진주뿐이었다.*

단어와 문장을 세어보면 단어는 24개, 문장은 2개이므로 문장당 평균 단어 수는 23/2 = 12로 계산됩니다. 이것이 **문장당 평균 단어 수**라는 특징입니다.

또한 문장의 복잡도는 작성자마다 다를 수 있으므로(예: 어떤 작성자는 다른 작성자에 비해 쉼표, 영어의 경우 세미콜론이나 콜론이 더 많은 문체를 사용함) 이를 또 다른 특징 지표로 사용하는 것이 합리적이라는 사실도 살펴봤습니다. 복잡한 문장일수록 일관성 있는 문장 조각인 구로 더 많이 나눕니다. 문장을 구로 나누는 것은 그 자체로 어려운 작업이며, 더 정확하게 할 수도 있겠지만 여기서는 간단한 경험 법칙을 적용하겠습니다. 즉, 구 한 개는 쉼표, 세미콜론 또는 콜론으로 문장의 다른 구와 구분된다고 가정하겠습니다. 이전 텍스트를 다시 살펴보면 세 개의 구가 있음을 알 수 있습니다. 첫 번째 문장에는 두 개의 구가 있습니다. '같은 날, 내게 우편을 통해 주소가 적힌 작은 골판지 상자가 도착했다.'와 '그 상자에는 매우 크고 광택이 나는 진주가 들어 있었다.'입니다. 두 번째 문장에는 쉼표나 세미콜론, 콜론이 없으므로 구가 하나만 있습니다. 구가 3개, 문장이 2개이므로 이 텍스트의 문장 복잡도는 3/2 = 1.5라고 할 수 있습니다. 이것이 **평균 문장 복잡도**라는 특징이 됩니다.

이러한 문장 수준의 특징은 작성자의 글쓰기 방식을 구분하는 데 사용할 수 있는 특징으로 쓰일 수 있습니다. 다음으로 작성자의 단어 사용 방식은 어떻게 다른지 살펴보겠습니다.

작성자의 단어 선택과 관련된 특징

단어 수준의 특징에 대한 지표들을 자체적으로 만들어볼 수도 있지만, 여기서는 경험상 잘 동작하는 세 가지 지표를 사용하겠습니다.

첫째, 어떤 저자는 다른 저자보다 평균적으로 짧은 단어를 사용하는 문체를 가질 가능성이 높습니다. 이를 위해 단어당 평균 글자 수인 평균 단어 길이를 살펴봅시다. 우리가 만든 이 샘플 텍스트를 살펴보겠습니다.

> *진주! 진주! 빛나는 진주! 희귀하군. 멋진 걸 찾았네.*

글자와 단어를 세어보면 19개의 글자와 8개의 단어가 있습니다. (문장부호는 문자로 계산하지 않습니다.) 따라서 평균 단어 길이는 19/8 = 2.4로 계산합니다. 이것이 **평균 단어 길이** 특징이 될 것입니다.

둘째, 일부 작성자는 다른 작성자보다 단어를 더 반복적으로 사용할 수 있습니다. 이를 파악하기 위해 작성자가 사용하는 다양한 단어의 수를 전체 단어 수로 나눕니다. 위의 샘플 텍스트에는 '진주', '빛나다', '희귀', '멋지다', '것', '찾다' 등 6개의 단어만 사용되었습니다. 총 8개의 단어가 있으므로 이 지표에 대한 계산은 6/8 = 0.8이 됩니다. 이 특징은 **서로 다른 단어를 총 단어 수로 나눈 값**입니다.

셋째, 어떤 작성자는 한 번에 많은 단어를 사용하는 경향이 있는 반면, 다른 작성자는 같은 단어를 여러 번 사용하는 경향이 있을 수 있습니다. 이를 계산하기 위해 정확히 한 번만 사용된 단어의 수를 전체 단어 수로 나눕니다. 샘플 텍스트에는 정확히 한 번만 사용된 단어가 네 개 있습니다. '빛나다', '희귀', '멋지다', '찾다'가 그것입니다. 반복을 고려하지 않으면 총 8개의 단어가 있으므로 이 지표를 계산하면 4/8 = 0.5가 됩니다. **정확히 한 번만 사용된 단어 수를 총 단어 개수로 나눈 값**입니다.

각 시그니처를 구성하는 특징은 위에서 살펴본 다섯 개로 정하겠습니다. 이러한 숫자를 단일 값으로 저장해야 하므로 각 시그니처에 대해 5개의 숫자 리스트를 사용합니다.

단어 수준의 특징과 문장 수준의 특징을 총망라한 특징 다섯 개는 다음과 같습니다. 이 순서대로 특징을 파악하는 함수를 만들겠습니다.

- 평균 단어 길이(average_word_length)

- 서로 다른 단어 수를 총 사용된 단어 수로 나눈 값(different_to_total)

- 정확히 한 번씩만 사용된 단어 수를 총 단어 수로 나눈 값(exactly_once_to_total)

- 문장당 평균 단어 수(average_sentence_length)

- 평균 문장 복잡도(average_sentence_complexity)

그림 7.4는 make_signature 함수를 실행하면 호출되는 하위 함수 이름이 포함된 업데이트된 다이어그램입니다. 이 문제들을 더 세분화할 필요가 있을까요, 아니면 이대로 사용해도 괜찮을까요? 확인해 봅시다.

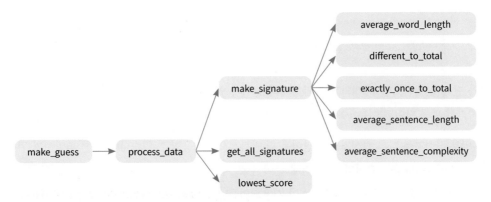

그림 7.4 make_signature 함수의 5가지 하위 함수를 추가한 함수 다이어그램

평균 단어 길이

첫 번째 하위 작업을 위한 함수 average_word_length는 책의 텍스트를 매개변수로 받아 평균 단어 길이를 반환합니다.

텍스트 분할 메서드를 사용하면 이 작업을 해결할 수 있습니다. split 메서드는 한 덩어리로 들어 있는 문자열을 조각내 리스트로 분할하는 데 사용됩니다. 기본적으로 공백을 중심으로 분할합니다. 책 텍스트도 문자열로 입력되므로 공백을 중심으로 분할하면 해당 단어를 얻을 수 있습니다! 바로 우리에게 필요한 작업입니다. 이 작업을 마치면 해당 단어 목록에서 루프를 사용해 글자 수와 단어 수를 셀 수 있습니다.

시작이 꽤 좋은 편이지만 텍스트 형식의 데이터를 처리할 때 문자가 아닌 것을 문자로 계산하지 않으려면 주의할 사항이 있습니다. 예를 들어 '진주'는 두글자로 이루어져 있습니다. 하지만 split 메서드는 공백 단위로 리스트를 반환하므로 '진주.' 또는 '진주!!' 또는 '(진주)' 같은 요소가 생겨납니다. 이들을 같은 문자열로 취급하게 하려면 어떻게 해야 할까요? 그렇습니다. 하위 작업이 필요합니다! 즉, 단어를 정리하는 하위 작업을 average_word_length 함수가 사용하게 될 하위 함수로 나눌 수 있습니다. 이 단어 정리 함수를 clean_word라고 부르겠습니다.

clean_word 함수가 유용한 또 다른 이유는 실제로는 단어가 아닌 텍스트들을 식별하는 데도 도움이 되기 때문입니다. 예를 들어 split 메서드로 만든 요소 중 하나가 '...'이라는 생략 문장부호였다고 가정해 봅시다. 이것을 clean_word에 전달하면 빈 문자열이 반환됩니다. clean_word 함수를 거치면 실제로는 단어가 아닌 텍스트들을 가려낼 수 있습니다.

서로 다른 단어 수를 총 사용된 단어 수로 나누기

이 작업을 위한 함수인 different_to_total은 책의 텍스트를 매개변수로 사용하여 사용된 서로 다른 단어의 수를 총 단어 수로 나눈 값을 반환합니다.

이 함수에서도 average_word_length와 마찬가지로 문장부호가 아닌 실제 단어들만 계산하도록 주의해야 합니다. 이 작업에서도 average_word_length 함수에서 사용하기 위해 작성한 clean_word 함수를 사용할 수 있습니다! 실제로 다섯 가지 함수 대부분에서 clean_word를 사용할 것입니다. 유용한 범용 함수가 되겠군요! 하향식 설계 방식을 잘 하고 있다는 청신호입니다. 그림 7.5의 업데이트된 함수 다이어그램은 두 함수에서 clean_word 함수가 어떻게 호출되는지를 추가한 그림입니다.

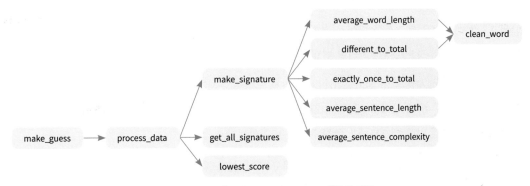

그림 7.5 두 함수의 작업 흐름을 포함한 함수 다이어그램(두 함수 모두 clean_word 함수를 사용)

하지만 여기에는 한 가지 복잡한 문제가 더 있습니다. 진주가 영어로 쓰여있다면 어떨까요? 어떤 단어는 **pearl**, 어떤 단어는 **Pearl**, 어떤 단어는 **PEARL**이라고 쓰여 있다면요? 이 단어들을 같은 단어라고 여기고 싶어도 단순한 문자열 비교를 사용하면 다른 단어로 취급될 겁니다. 이런 문제에 대한 해결책 중 하나는 문자열을 모두 소문자로 변환하는 또 하나의 함수로 분리하는 것입니다. 다른 방법으로는 이 기능을 clean_word 함수가 문장부호 제거와 함께 수행할 또 다른 작업으로 추가하는 것입니다. 이 장에서는 두 번째 방법을 사용하겠습니다.

소문자 변환 작업을 다른 함수로 작성하는 것도 충분히 좋은 방법입니다. 하지만 계속 하위 작업을 함수화하지 않고도 함수의 기능을 관리할 수 있다면 한 함수에 여러 기능을 부여하는 것도 괜찮습니다. 계속 하향식 설계를 해나가다 보면 작업을 더 세분화해야 할 때를 예측하는 실력도 쌓이게 됩니다.

정확히 한 번씩만 사용된 단어 수를 총 단어 수로 나눈 값

이 작업을 위한 함수 exactly_once_to_total은 책의 텍스트를 매개변수로 사용해 정확히 한 번씩만 사용된 단어 수를 총 단어 수로 나눈 값을 반환합니다. 이 함수도 앞의 두 가지 작업과 비슷한 이유, 문장부호가 아닌 문자로만 작업하고 있는지를 확인하기 위해 clean_word 함수가 필요합니다.

정확히 한 번씩만 사용된 단어의 수를 결정하기 위해 하위 작업으로 분할할 수도 있지만, 이 작업을 수행하는 데는 많은 파이썬 코드가 필요하지 않으므로 더 이상 분할하지 않고 그대로 두겠습니다.

문장당 평균 단어 수

이 작업을 위한 average_sentence_length는 책의 텍스트를 매개변수로 사용하여 한 문장당 평균 단어 수를 반환합니다.

앞의 세 가지 작업은 텍스트를 단어로 분할하기 위해 문자열 분할 메서드인 split을 사용하면 됩니다. 그러나 텍스트를 문장으로 분할하려면 어떻게 해야 할까요? 이를 위한 문자열 메서드가 있나요?

안타깝게도 그런 메서드는 없습니다. 따라서 텍스트 문자열을 문장으로 나누는 하위 작업이 먼저 이루어져야 할 것입니다. 하위 작업을 get_sentences라는 함수로 작성하겠습니다. get_sentences는 책의 텍스트를 매개변수로 받고 텍스트에서 문장 목록을 반환합니다.

문장이란 무엇인가요? 문장이란 마침표(.), 물음표(?) 또는 느낌표(!)로 구분된 텍스트로 정의합니다. 이 규칙은 편리하고 간단하지만 실수가 발생할 수 있습니다. 예를 들어, 이 텍스트에는 몇 개의 문장이 있나요?

1. 문장당 평균 단어 수를 세는 하위 함수를 만듭니다.

답은 하나입니다. 하지만 우리 프로그램은 하나가 아닌 두 개의 문장을 뽑아낼 것입니다. 끝에 마침표가 있는 순서에 관한 표기(1.)에 속아 넘어갈 것입니다. 이 장 이후에도 저자 식별 작업을 계속한다면 규칙을 더 강력하게 만들거나 실제로 정교한 자연어 처리(NLP) 소프트웨어를 사용하여 더 나은 작업을 수행해야겠지만, 여기서는 대부분의 경우 문장의 개수를 맞추기 때문에 가끔 문장을 틀릴 수 있는 수준에서 만족하겠습니다. 가끔 한 번만 틀린다면 그 오류는 지표에 큰 영향을 미치지 않을 것이기 때문입니다.

평균 문장 복잡도

이 작업을 위한 함수 이름은 average_sentence_complexity라고 짓겠습니다. 이 함수는 문장의 텍스트를 매개변수로 받아 문장의 복잡도에 대한 측정 지표를 반환합니다.

앞서 설명한 것처럼 문장을 구성하는 구문 수를 통해 문장의 복잡도을 정량화하려 합니다. 문장과 문장을 구분하기 위해 마침표를 사용했던 것처럼, 구문을 구분하기 위해 여러 문화권에서 자주 쓰는 문장부호를 사용하겠습니다. 즉, 쉼표(,), 세미콜론(;) 또는 콜론(:)으로 구를 구분하겠습니다.

텍스트를 문장으로 나누는 하위 작업이 있는 것처럼 문장을 구문으로 나누는 하위 작업도 있으면 좋을 것 같습니다. 이 하위 작업을 수행하는 함수를 get_phrases라고 부르겠습니다. get_phrases는 책의 문장을 매개변수로 받아 문장의 구문을 나눈 리스트로 반환합니다.

여기서 잠깐 get_sentences와 get_phrases 함수의 작업 흐름을 생각해 봅시다. 생각해 보면 둘은 꽤 비슷합니다. 두 함수의 차이는 분할에 사용하는 문장부호뿐입니다.

get_sentences 함수는 한 덩어리의 텍스트를 문자열로 입력받아 마침표, 물음표, 느낌표로 문장 단위를 끊는다면, get_phrases는 한 덩어리의 문장을 문자열로 입력받아 쉼표, 세미콜론, 콜론의 구 단위로 끊은 리스트를 반환합니다. 이 두 작업에 모두 쓸 수 있는 공통 함수를 작성하면 되겠군요!

즉, 텍스트와 구분 문자라는 두 개의 매개변수를 받는 split_string 함수가 있고, 이 함수는 구분 문자로 구분된 텍스트의 목록을 반환한다고 가정해 보겠습니다. 그런 다음 구분 문자로 '.?!'를 사용하면 문장으로 분할하고, ',;:'를 사용하면 구문으로 분할하여 호출할 수 있습니다. 이제 get_sentences와 get_phrases를 더 쉽게 구현하면서 코드 중복도 줄일 수 있습니다. 함수 덕분입니다!

이제 그림 7.6과 같이 상위 함수 make_signature를 해결하는 데 필요한 함수들을 완전히 구체화했습니다. 다음으로 get_all_signature 함수를 살펴보겠습니다.

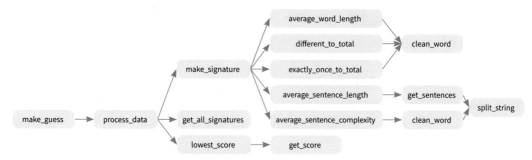

그림 7.6 `make_signature` 함수에서 사용할 모든 함수 설계가 완료된 함수 다이어그램

알려진 시그니처 파악하기

지금까지 `make_signature` 함수를 통해 입력받은 텍스트의 특징을 다섯 가지 주요 작업으로 세분화해 지표화하는 작업을 했습니다. `make_signature` 함수는 미지의 시그니처, 즉 저자를 식별해야 하는 텍스트의 시그니처를 결정하기 위해 설계됐습니다.

다음 과제는 저자가 알려진 각 책의 시그니처를 알아내는 것입니다. 이 책의 실습 파일 중 ch7 디렉터리를 보면 known_authors라는 디렉터리가 있습니다. 그 안에는 각각 저자명으로 이름이 지정된 여러 파일이 있습니다. 각 파일에는 해당 저자가 쓴 책이 포함되어 있습니다. 예를 들어 Arthur_Conan_Doyle.txt에는 아서 코난 도일의 『주홍색 연구』라는 책의 텍스트가 있습니다. 이러한 각 파일에 대한 시그니처를 확인해야 합니다.

놀랍게도 이 문제를 해결하기 위해 할 일은 생각보다 훨씬 적습니다. 저자가 불명인 책의 시그니처를 알아내기 위해 설계한 `make_signature` 함수를 사용하면 저자를 아는 책의 시그니처도 알아낼 수 있기 때문입니다!

이 작업의 함수 이름을 `get_all_signatures`로 정하겠습니다. 이 함수는 저자를 아는 책의 시그니처를 모두 가져와야 하므로 책 한 권의 텍스트를 매개변수로 받는 것은 의미가 없습니다. 대신 저자를 아는 책이 담겨있는 디렉터리를 매개변수로 받습니다. 이 함수의 동작은 해당 디렉터리에 있는 파일을 반복하며 각 파일에 대한 시그니처를 계산하는 것입니다.

위 작업을 마치고 나면 어떤 책이 어떤 시그니처를 가지고 있는지 갈무리하는 기능이 필요합니다. 즉, 각 책과 해당되는 시그니처를 연결해 관리해야 합니다. 이런 종류의 연결을 할 때 파이썬에서는 딕셔너리 자료형을 사용합니다! 따라서 이 함수는 실행 결과로 키에 파일 이름, 값에 해당하는 시그니처를 담아 반환할 것입니다.

`get_all_signiture` 함수를 실행해 수행할 작업을 위해서는 새로운 함수가 필요하지 않으므로 그림 7.7의 수정된 다이어그램에서는 `get_all_signature` 함수가 `make_signature`를 호출한다는 것만 그려줍니다.

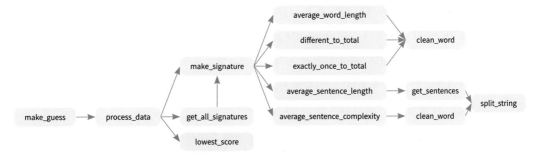

그림 7.7 get_all_signatures 함수가 make_signature를 호출하도록 함수 다이어그램 업데이트

가장 유사한 알려진 시그니처 찾기

지금까지 설계한 내용을 요약해 보겠습니다.

- 저자 불명의 책에 대한 지표(미지의 시그니처)를 얻기 위해 `make_signature` 함수를 설계했습니다.

- 저자가 알려진 책에 대한 모든 시그니처를 가져올 수 있도록 `get_all_signatures` 함수를 설계했습니다.

이제 알려진 시그니처 중 어떤 시그니처가 가장 적합한지, 즉 어떤 알려진 시그니처가 미지의 시그니처와 가장 유사한 지표들을 가지는지 판단하는 함수를 설계할 차례입니다.

각 시그니처는 다섯 가지 특징 각각에 대한 지표를 나타내는 다섯 개의 숫자가 담긴 리스트입니다. 평균 단어 길이, 서로 다른 단어 수를 총 단어 수로 나눈 수, 정확히 한 번씩만 사용된 단어 수를 총 단어로 나눈 수, 문장당 평균 단어 수, 평균 문장 복잡도 순서대로 사용할 것입니다.

두 개의 시그니처가 있다고 가정합니다. 첫 번째 시그니처는 [4.6, 0.1, 0.05, 10, 2]입니다. 즉, 해당 책의 평균 단어 길이는 4.6이고, 서로 다른 단어 수를 전체 단어 수로 나눈 값은 0.1이라는 뜻입니다. 두 번째 시그니처는 [4.3, 0.1, 0.04, 16, 4]입니다.

시그니처 간의 차이를 나타내는 전체 점수를 얻는 방법은 여러 가지가 있습니다. 그중 우리가 사용할 방법은 각 기능에 대한 점수 차이를 부여한 다음 이 점수를 합산하여 전체 점수를 구하는 것입니다.

첫 번째 기능에 대한 각 시그니처의 값은 각각 4.6과 4.3입니다. 둘을 빼면 4.6 − 4.3 = 0.3의 차이를 얻을 수 있습니다. 이 기능에 대한 답으로 0.3을 사용할 수도 있지만, 각 차이에 다른 **가중치**를 사용하면 더 나은 결과를 얻을 수 있습니다. 각 가중치는 해당 기능의 중요도를 나타냅니다. 몇 가지 가중치를 사용해 보겠습니다.

우리는 다섯 개의 지표에 [11, 33, 50, 0.4, 4]라는 가중치를 부여해 사용하겠습니다. 특별한 의미는 없고, 그저 이 가중치가 저자들이 수년 동안 학생들과 작업하면서 효과가 있다는 것을 발견한 경험치에 의거해 선정했을 뿐입니다. 이는 더 강력한 저자 식별 프로그램을 위한 출발점입니다. 이러한 유형의 작업에서 개발자들은 종종 훈련에 필요한 여러 매개변수 값을 조정합니다. 더 강력한 결과를 얻기 위해 가중치를 조정하는 이 작업을 **튜닝(Tuning)**이라고 부릅니다.

[11, 33, 50, 0.4, 4]의 가중치를 사용한다는 말은 첫 번째 특징의 차이에 11을 곱하고 두 번째 특징의 차이에는 33을 곱하는 식으로 각 요소에 순서대로 가중치를 곱한다는 뜻입니다. 따라서 첫 번째 특징에 대한 결과는 0.3이 아닌 0.3 * 11 = 3.3을 얻게 됩니다.

네 번째와 같이 특징의 차이가 음수인 경우에는 튜닝 시 주의해야 합니다. 10 − 16 = −6으로, −6은 음수이므로 다른 요소에서 기껏 구한 차이를 오히려 좁히는 결과가 될 수 있습니다. 그러므로 결과가 음수로 나오면 먼저 이 숫자를 양수로 만든 다음 가중치를 곱해야 합니다. 숫자에서 음의 부호를 제거하는 것을 우리는 절댓값을 취한다고 합니다. 파이썬에서 절댓값은 **abs**로 표시하며, 이 네 번째 특징을 구하는 전체 계산식은 abs(10 − 16) * 0.4로, 결과는 2.4입니다.

표 7.1에는 각 특징 지표에 대한 계산 결과가 나와 있습니다. 다섯 가지 점수를 모두 더한 전체 점수는 14.2점입니다.

표 7.1 두 시그니처의 차이 계산

특징 번호	시그니처 1의 특징값	시그니처 2의 특징값	특징별 가중치	가중치를 계산한 값
1	4.6	4.3	11	abs(4.6 − 4.3) * 11 = 3.3
2	0.1	0.1	33	abs(0.1 − 0.1) * 33 = 0
3	0.05	0.04	50	abs(0.05 − 0.04) * 50 = .5
4	10	16	0.4	abs(10 − 16) * 0.4 = 2.4
5	2	4	4	abs(2 − 4) * 4 = 8
합계				14.2

이 장의 첫 절에서 작성한 하향식 설계 방법을 바탕으로 현재 어느 단계까지 완성했는지 확인해 봅시다. 이제 알려진 시그니처 중 어떤 시그니처가 미지의 시그니처와 가장 가까운지 알려주는 함수가 필요합니다. 이번 절에서는 두 시그니처를 비교하고 그 비교 점수를 구하는 함수를 완성했습니다. 미지의 시그니처와 각 알려진 시그니처를 비교해 보면 그 차이로 반환된 점수가 낮을수록 시그니처 간에 더 유사하고, 점수가 높을수록 시그니처 간 차이가 더 크다는 것을 알 수 있습니다. 따라서 궁극적으로 비교 점수가 가장 낮은 시그니처를 선택하는 것이 좋습니다.

이 작업의 함수 이름을 lowest_score로 정하겠습니다. 이 함수에는 알려진 시그니처에 저자 이름을 매핑하는 딕셔너리, 미지의 시그니처, 가중치 리스트라는 세 가지 매개변수가 필요합니다. 이 함수는 미지의 시그니처와 각 지표를 비교했을 때 점수가 가장 낮은 시그니처를 반환합니다.

이 함수가 수행할 작업을 생각해 보세요. 이 함수는 알려진 시그니처를 반복해서 계산합니다. 그러므로 하위 작업을 함수로 작성할 필요없이 for 루프로 이 작업을 수행할 수 있습니다. 그리고 나서 미지의 시그니처와 현재 계산한 알려진 시그니처를 비교해야 합니다. 바로 여기에 표 7.1의 마지막 열처럼 점수를 매기는 하위 작업이 필요합니다. 이 하위 작업을 수행하는 함수 이름을 get_score라고 하겠습니다.

get_score 함수는 비교할 두 개의 시그니처와 가중치 목록을 받아 두 시그니처 간의 비교 점수를 반환합니다.

7.6 하향식 설계 요약

이렇게 해서 주어진 큰 문제를 함수로 구현할 수 있는 몇 가지 작은 문제로 세분화하는 작업을 완료했습니다.

그림 7.8은 문제를 분해하는 과정에서 우리가 해야 하는 모든 작업을 보여줍니다. 전체 문제를 해결할 make_guess 함수로 시작했다는 점을 기억하세요. make_guess를 위한 헬퍼 함수로 make_guess의 일부 작업을 수행할 process_data 함수를 만들었습니다. process_data를 동작시키기 위해 다시 각각의 헬퍼 함수를 가진 make_signature, get_all_signatures, lowest_score 등 세 가지 함수를 더 만들었습니다. 문제를 해결하는 데 필요한 함수를 구상했다면 다음으로 함수를 구현할 차례입니다.

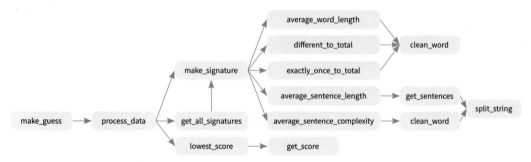

그림 7.8 make_guess의 전체 함수 다이어그램

7.7   기능 구현

이제 코파일럿에게 필요한 각 기능을 구현해 달라고 요청할 준비를 마쳤습니다. 우리는 가장 큰 문제에 서부터 시작하여 하향식으로 작은 문제로 나눠가는 방식으로 함수를 설계했습니다. 이와는 반대로, 함수를 구현할 때는 아래에서 위의(또는 그림 7.8의 오른쪽에서 왼쪽으로) 순서로 함수를 구현할 것입니다. 이렇게 하는 이유는 코파일럿이 하위 작업에 대한 함수가 상위 작업을 수행하는 함수의 작성에 영향을 줄 수 있게 하기 위해서입니다. 모든 하위 함수를 구현할 때까지 더 상위의 함수에 대해서는 코드를 작성하지 않을 예정입니다.

6장에서 테스트에 대해서도 모두 다뤘습니다. 이번 기능을 구현할 때는 독스트링에 몇 가지 테스트를 포함하겠지만, 전체 테스트는 수행하지 않고 원래의 목적인 하향식 설계를 구현하는 데 집중하겠습니다. 생성된 코드에 대해 확신하기 위해서는 스스로 독테스트에 테스트를 추가해 자체적으로 검증해 보기 바랍니다.

또한 프롬프트 엔지니어링에 대해서도 앞 장에서 이미 상세히 다루었기 때문에 이번에는 일부 설명은 생략하고 좋은 결과를 가져온 프롬프트만 예제로 제시하겠습니다. 다음 장에서는 디버깅에 중점을 두고 프롬프트 엔지니어링을 다시 살펴볼 예정입니다.

4장과 5장에서는 이미 파이썬 코드를 읽는 방법도 다루었으므로, 이번 장에서는 코드가 무엇을 하고 어떻게 동작하는지 설명하기 위한 간략한 주석 외에는 코드에 대해 자세히 설명하지 않겠습니다. 다시 말하지만, 이 장의 주요 목표는 대규모 하향식 설계 방법을 이해하는 것이며, 세세한 나무를 보느라 숲을 놓치고 싶지 않습니다.

7.7.1 clean_word

clean_word 함수부터 시작하겠습니다. 이 챕터의 모든 코드는 **def**로 시작하는 함수 헤더와 독스트링만 제공하고 코파일럿이 코드를 생성하게 하겠습니다. 이후 생성된 코드가 어떻게 동작하는지 간략하게 설명하기 위해 몇 가지 주석을 달았습니다.

clean_word 함수는 단어 주위의 문장부호를 제거하고 단어를 소문자로 변환하는 기능입니다. 하지만 'card-board'라는 단어처럼 어떤 단어 중간에 포함된 문장부호는 합성어라는 나름의 의미가 있기에 제거하고 싶지 않습니다. 이렇게 우리가 원하는 조건을 명확히 하기 위한 독스트링을 작성했습니다.

코드 7.1 분석을 위해 단어를 정리하는 함수

```
def clean_word(word):
    """

    word is a string.
    Return a version of word in which all letters have been
    converted to lowercase, and punctuation characters have been
    stripped from both ends. Inner punctuation is left untouched.

    >>> clean_word('Pearl!')
    'pearl'
    >>> clean_word('card-board')
    'card-board'
    """
    # """
    # word는 문자열입니다.
    # 모든 글자가 소문자로 변환되고
    # 양 끝의 구두점이 제거된 word의 버전을 반환합니다.
    # 내부의 구두점은 그대로 둡니다.
    # """
    word = word.lower()        ◀─ 단어를 소문자로 변환
    word = word.strip(string.punctuation)    ◀─ 문자열 모듈 사용
    return word
```

3장에서 password 함수를 작업할 때 코파일럿이 문자열 모듈을 사용했었는데, 여기서도 코파일럿이 같은 작업을 수행하는 것을 볼 수 있습니다. 3장에서 문자열 모듈을 먼저 불러오지 않으면 이 기능이 동작하지 않는다는 것을 이미 확인했습니다.

```
import string
```

위와 같이 모듈을 미리 가져오는 코드를 추가하여 string 모듈을 사용할 수 있게 코드를 수정합니다.

코드 7.2 분석을 위해 단어를 정리하는 완전한 함수

```python
import string
def clean_word(word):
    """
    word is a string.
    Return a version of word in which all letters have been
    converted to lowercase, and punctuation characters have
    been stripped from both ends. Inner punctuation is left
    untouched.

    >>> clean_word('Pearl!')
    'pearl'
    >>> clean_word('card-board')
    'card-board'
    """
    # """
    # word는 문자열입니다.
    # 모든 글자가 소문자로 변환되고
    # 양 끝의 구두점이 제거된 word의 버전을 반환합니다.
    # 내부의 구두점은 그대로 둡니다.
    # """
    word = word.lower()
    word = word.strip(string.punctuation)
    return word
```

clean_word 함수 작성을 마쳤습니다. 그림 7.9의 함수 다이어그램과 같이 구현이 완료된 단계에 대해서는 작성 완료 표시를 해 둡니다.

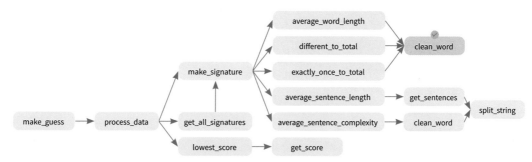

그림 7.9 clean_word 함수의 완성을 표시한 전체 함수 다이어그램

7.7.2 average_word_length

이제 다섯 가지 시그니처 특징 함수 중 첫 번째 함수인 average_word_length를 작성하겠습니다. 이 함수는 단어당 평균 글자 수를 결정합니다. 하지만 주변 문장부호는 문자로 계산하고 싶지 않으며, 문자가 없는 단어(... 같은 문장부호)는 포함하지 않으려고 합니다. 이 작업에 clean_word 함수를 사용하면 좋겠습니다. 항상 그렇듯이, 저희는 코파일럿이 이러한 결정을 내릴 수 있는 방식의 독스트링을 작성했습니다. 다음 코드를 살펴보겠습니다.

코드 7.3 평균 단어 길이를 결정하는 함수

```
def average_word_length(text):
    """

    text is a string of text.

    Return the average word length of the words in text.
    Do not count empty words as words.
    Do not include surrounding punctuation.

    >>> average_word_length('A pearl! Pearl! Lustrous pearl! \
    Rare. What a nice find.')
    4.1
    """
    # """
    # text는 텍스트의 문자열입니다.

    # text 내 단어들의 평균 길이를 반환합니다.
    # 빈 단어는 단어로 세지 않습니다.
```

```
# 주변의 구두점은 포함하지 않습니다.
# """
words = text.split()      ◀── 문자열을 단어로 분할
total = 0      ◀── total 변수에 모든 단어의 총 글자 수를 계산
count = 0      ◀── count 변수에 단어 수를 계산
for word in words:      ◀── 각 단어를 반복
    word = clean_word(word)      ◀── 코파일럿이 clean_word 함수를 호출!
    if word != '':      ◀── 빈 문자열이 아닌 경우만 단어로 간주
        total += len(word)      ◀── 단어의 글자 수를 더함
        count += 1      ◀── 현재 단어를 계산할 때마다 1이라는 숫자를 count 변수에 더함
return total / count      ◀── 글자 수를 단어 수로 나눈 값을 반환
```

위 프롬프트의 독테스트에 넣은 매개변수는 문자열 두 줄을 작성하되, 첫 번째 줄을 \ 문자로 끝낸 것을 볼 수 있습니다. 이렇게 작성한 이유는 책이라는 인쇄 매체에 코드를 표시할 때 긴 문자열을 작성하면 다음 줄로 넘어가 알아보기 불편하기 때문입니다. 슬래시 부호로 한 줄이 넘어가는 긴 문자열을 입력하되 두 번째 줄은 들여쓰기 없이 작성했습니다. 그렇지 않으면 독테스트가 해당 들여쓰기를 문자열의 공백으로 인식할 것이기 때문입니다. 컴퓨터에서는 문자열을 한꺼번에 입력할 때 \로 줄을 구분하거나 들여쓰기를 공백으로 인식하는 것에 대해 걱정하지 않으셔도 됩니다.

이제 그림 7.10처럼 average_word_length 함수도 작성을 완료했다고 표시하겠습니다. 매번 완성된 함수를 표시하면 뿌듯하긴 하지만, 지면 낭비이므로 앞으로는 필요한 경우에만 이 다이어그램을 다시 살펴보겠습니다.

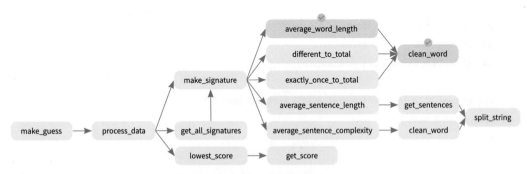

그림 7.10 average_word_length 함수의 완성을 표시한 전체 함수 다이어그램

7.7.3 different_to_total

이 함수는 두 번째 시그니처 함수입니다. 사용된 각 단어의 수를 전체 단어 수로 나눈 값을 계산하려면 이 함수가 필요합니다. 다시 말하지만, 우리는 문장부호는 count 변수에 계산하지 않으며 빈 문자열도 단어로 세지 않습니다.

코드 7.4 사용된 각 단어의 수를 전체 단어 수로 나누는 함수

```python
def different_to_total(text):
    """
    text is a string of text.
    Return the number of unique words in text
    divided by the total number of words in text.
    Do not count empty words as words.
    Do not include surrounding punctuation.

    >>> different_to_total('A pearl! Pearl! Lustrous pearl! \
    Rare. What a nice find.')
    0.7
    """
    # """
    # text는 텍스트의 문자열입니다.
    # text 내 고유한 단어 수를 text 내 총 단어 수로 나눈 값을 반환합니다.
    # 빈 단어는 단어로 세지 않습니다.
    # 주변의 구두점은 포함하지 않습니다.
    # """
    words = text.split()          # ← 문자열을 단어로 분할
    total = 0                     # ← total 변수에는 빈 단어가 아닌 단어의 총 개수를 계산
    unique = set()                # ← 전체 단어 중 고유한 단어들을 unique라는 변수에 저장
    for word in words:
        word = clean_word(word)   # ← 코파일럿이 clean_words 함수를 호출
        if word != '':
            total += 1
            unique.add(word)      # ← set 자료형은 list와 비슷하지만 중복을 허용하지 않는 집합 자료형임
    return len(unique) / total    # ← 고유한 단어의 개수를 전체 단어의 개수로 나눈 값을 반환
```

이 코드는 파이썬의 리스트가 아닌 세트(set)라는 자료형을 사용하여 전체 단어 중 고유한 단어들의 집합을 저장합니다. 세트는 리스트와 유사하나 중복을 허용하지 않는 성질을 가지고 있으므로 같은 단어를 해당 변수에 여러 번 추가해도 해당 단어는 단 하나만 유지됩니다. 그렇기 때문에 return 문에서

len(unique)를 사용해 총 고유 단어의 개수를 구할 수 있습니다. 파이썬의 세트 자료형에 대해 더 자세히 알고 싶으다면 코파일럿에 코드 설명을 요청하거나 구글 검색을 참조하세요.

7.7.4 exactly_once_to_total

세 번째 시그니처 함수를 구현할 준비가 됐습니다. 이 함수는 다음 코드와 같이 정확히 한 번 사용된 단어 수를 총 단어 수로 나눈 값을 계산합니다. 이 함수에 대한 설명을 코파일럿에 제공한 뒤 다음과 같은 응답을 받았습니다.

코드 7.5 한 번만 사용된 단어의 비율을 계산하는 함수: 첫 번째 시도

```python
def exactly_once_to_total(text):
    """

    text is a string of text.

    Return the number of words that show up exactly once in text
    divided by the total number of words in text.
    Do not count empty words as words.
    Do not include surrounding punctuation.

    >>> exactly_once_to_total('A pearl! Pearl! Lustrous pearl! \
Rare. What a nice find.')
    0.5
    """
    # """
    # text는 텍스트의 문자열입니다.

    # text 내에서 정확히 한 번만 나타나는 단어의 수를
    # text 내 총 단어 수로 나눈 값을 반환합니다.
    # 빈 단어는 단어로 세지 않습니다.
    # 주변의 구두점은 포함하지 않습니다.
    # """
    words = text.split()
    unique = set()
    total = 0
    for word in words:
        word = clean_word(word)
        if word != '':
```

```
            if word not in unique:
                unique.add(word)
            else:
                unique.remove(word)    ◄──── 고유 단어 세트에서 단어 하나를 제거??
            total += 1
    return len(unique) / total
```

코드를 훑어보면 unique는 고유 단어를 추적하는 세트처럼 보입니다. 그리고 마지막에는 고유 단어 수를 전체 단어 수로 나눕니다.

그러나 독테스트를 사용해 테스트 케이스를 실행하면 코드가 테스트에 실패합니다. 결과가 0.5가 돼야 하는데, 안타깝게도 코파일럿이 생성한 코드에서는 0.6이 나옵니다. 코드가 잘못됐습니다. 역시 이른 안심은 금물이군요!

코드를 검토해 잘못된 부분을 살펴봅시다. 어떤 단어가 텍스트에서 세 번 사용됐다고 가정해 봅시다. 위 코드는 동작하면서 이 단어를 처음 발견하면 unique 변수에 추가합니다. 두 번째로 발견하면 unique 변수에서 제거합니다. 이 단어는 한 번밖에 사용되지 않았으므로 아직까지는 제대로 동작합니다. 하지만 세 번째로 이 단어를 발견하면 해당 단어를 unique 변수에 다시 추가합니다! 따라서 우리 코드는 실제로는 두 번 이상 사용된 단어도 홀수 번 등장하면 모두 한 번만 사용된 것으로 계산할 것입니다.

문제를 해결하기 위해 [Ctrl]+[Enter]로 코파일럿이 제안한 코드 목록을 살펴본 결과, 다음 코드에 표시된 것과 같은 제대로 동작하는 버전을 발견했습니다.

코드 7.6 한 번만 사용된 단어의 비율을 계산하는 함수: 두 번째 시도

```
def exactly_once_to_total(text):

    """
    text is a string of text.

    Return the number of words that show up exactly once in text
    divided by the total number of words in text.

    Do not count empty words as words.
    Do not include surrounding punctuation.

    >>> exactly_once_to_total('A pearl! Pearl! Lustrous pearl! \
    Rare. What a nice find.')
```

```
    0.5
    """
# """
# text는 텍스트의 문자열입니다.

# text 내에서 정확히 한 번만 나타나는 단어의 수를
# text 내 총 단어 수로 나눈 값을 반환합니다.

# 빈 단어는 단어로 세지 않습니다.
# 주변의 구두점은 포함하지 않습니다.
# """
    words = text.split()
    total = 0
    unique = set()        ◀── 공백으로 구분한 모든 단어를 추적
    once = set()          ◀── 우리가 지표를 만드는 데 필요한 값. 딱 한 번씩만 사용된 단어를 추적
    for word in words:
        word = clean_word(word)
        if word != '':
            total += 1
            if word in unique:      ◀── 단어가 unique 변수에 있는지 다시 확인
                once.discard(word)      ◀── 두 번 이상 등장한 단어는 once 변수에서 삭제
            else:
                unique.add(word)        ◀── 해당하는 단어를 unique 변수에 추가
                once.add(word)          ◀── 지금까지 이 단어는 정확히 한 번만 쓰였다.
    return len(once) / total        ◀── 딱 한번만 사용된 단어 개수를 총 단어의 개수로 나눈 값을 반환
```

이 코드는 꽤 까다롭습니다! 이 코드를 이해하려면 먼저 else 부분에 집중하세요. 이 부분은 처음 등장하는 단어가 있는 경우에 실행되는 코드입니다. 처음 보는 단어는 unique라는 세트와 once라는 세트에 모두 추가됩니다. 그중 정확히 한 번만 사용된 단어를 추적하는 것은 once 세트입니다.

이제 특정 단어가 두 번째 등장한다고 가정해 봅시다. 단어가 이미 unique 변수에 추가된 상태이므로(이 단어를 처음 봤을 때 추가했기 때문에) 이 경우 if 코드가 실행될 것입니다. 이 단어는 두 번 이상 등장했으므로 once 세트에서 삭제돼야 합니다. 이것이 바로 if 코드가 하는 일입니다. once.discard(word)를 사용하여 once에서 해당 단어를 제거합니다.

요약하자면, 어떤 단어가 처음 등장하면 그 단어는 once 세트에 추가됩니다. 그 단어가 다시 나오면 once 세트에서 제거되며, 다시는 그 단어를 once 세트에 추가할 수 없습니다. once 세트는 정확히 한 번만 사용된 단어를 올바르게 추적합니다.

7.7.5 split_string

단어 수준의 특징을 판별하는 세 가지 시그니처 함수를 완성했습니다. 남아있는 두 개의 문장 수준 특징에 대한 시그니처 함수로 넘어가려면 get_sentences 함수를 작성해야 합니다. 하지만 get_sentences를 작성하려면 split_string 함수가 필요하므로 먼저 완성해 보겠습니다.

split_string 함수는 문자열을 입력받은 몇 개의 문장부호로 분할합니다. 이 함수는 본질적으로 문장이나 구문과는 아무 관련이 없습니다. 이 사실을 강조하기 위해 독테스트 하나를 포함시켰습니다. 이 함수는 문장과 구를 분할하는 데 사용되지만, 그보다 더 일반적인 용도로도 사용됩니다. 다음 코드를 보세요.

코드 7.7 특정 문장부호를 중심으로 문자열을 분할하는 함수

```
def split_string(text, separators):
    """
    text is a string of text.
    separators is a string of separator characters.

    Split the text into a list using any of the one-character
    separators and return the result.
    Remove spaces from beginning and end
    of a string before adding it to the list.
    Do not include empty strings in the list.

    >>> split_string('one*two[three', '*[')
    ['one', 'two', 'three']
    >>> split_string('A pearl! Pearl! Lustrous pearl! Rare. \
    What a nice find.', '.?!')
    ['A pearl', 'Pearl', 'Lustrous pearl', 'Rare', \
    'What a nice find']
    """
    # """
    # text는 텍스트의 문자열입니다.
    # separators는 구분자 문자의 문자열입니다.

    # 하나의 문자 구분자를 사용하여 텍스트를 리스트로 분할하고 결과를 반환합니다.
    # 문자열을 리스트에 추가하기 전에 문자열 시작과 끝의 공백을 제거합니다.
    # 리스트에 빈 문자열은 포함하지 않습니다.
    # """
    words = []          ◀── 더 적합한 변수명은 all_strings이다.
```

```
    word = ''            ◀── 더 적합한 변수명은 current_string이다.
    for char in text:
        if char in separators:      ◀── 문자열이 있으면 if 문이 동작한다.
            word = word.strip()      ◀── 현재 문자열의 처음과 끝에 있는 공백을 제거한다.
            if word != '':      ◀── 현재 word 변수가 빈 문자열이 아닌 경우
                words.append(word)   ◀── 이 문자열을 입력받은 문장부호 단위로 분할해 words 리스트에 추가
            word = ''      ◀── word 변수에 현재 남아있는 문자열을 지워 다음 문자열을 입력받을 준비를 한다.
        else:
            word += char      ◀── word 변수에 현재 문자열을 추가(아직 분할하지 않은 상태)
    word = word.strip()
    if word != '':            word 변수가 비어 있지 않은 경우 문자열을
        words.append(word)    분할할 수 있는지 확인하고 처리한다.
    return words
```

for 루프 뒤와 return 문 사이의 코드가 궁금할 수 있습니다. for 루프 내에서는 일부 코드가 중복되는 것 같은데, 무슨 작업을 하고 있는 걸까요? 루프가 매개변수로 입력받은 구분 문자 중 하나를 찾을 때만 words 리스트에 분할된 문자열을 추가합니다. 텍스트가 구분 문자로 끝나지 않으면 루프는 최종 분할된 문자열을 words에 추가하지 않습니다. for 루프 아래의 코드는 이 분할된 문자열을 잃어버리지 않게 하는 역할입니다.

이제 지금껏 완성한 함수를 업데이트할 시간입니다! 완성된 함수에 표시하는 것은 우리가 아래에서 위로 (다이어그램의 오른쪽에서 왼쪽으로) 함수를 완성하고 있다는 것을 상기시켜 주는 역할도 합니다. 그림 7.11에 지금껏 완성한 함수들을 표기했습니다.

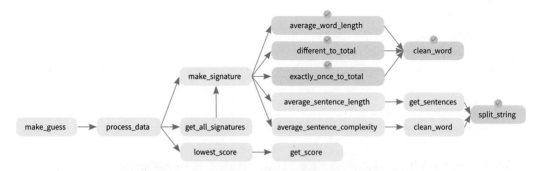

그림 7.11 different_to_total, exactly_once_to_total, split_string 함수의 완성을 표시한 전체 함수 다이어그램

7.7.6 get_sentences

하향식 설계를 할 때 우리는 get_sentences의 대부분 작업을 split_string 함수로 넘겼습니다. 따라서 우리가 할 일은 코파일럿이 split_string을 적절히 호출해 get_sentences를 구현하게 하는 것입니다.

함수가 올바르게 동작한다면 각 문장의 시작과 끝에 공백이 없어야 하고, 빈 문장도 없어야 합니다. 처음에는 이런 요구사항을 독스트링에 적었으나, 이러한 요구사항을 적지 않았을 때도 코파일럿이 split_string을 올바르게 호출하고 해당 함수가 이러한 엣지 케이스를 잘 처리하는 결과를 얻었습니다.

코드 7.8 텍스트의 문장 목록을 반환하는 함수

```python
def get_sentences(text):
    """
    text is a string of text.

    Return a list of the sentences from text.
    Sentences are separated by a '.', '?' or '!'.

    >>> get_sentences('A pearl! Pearl! Lustrous pearl! Rare. \
What a nice find.')
    ['A pearl', 'Pearl', 'Lustrous pearl', 'Rare', \
'What a nice find']
    """
    # """
    # text는 텍스트의 문자열입니다.

    # text에서 문장의 리스트를 반환합니다.
    # 문장은 '.', '?' 또는 '!'로 구분됩니다.
    # """
    return split_string(text, '.?!')   ◀── 문장을 구분하는 문장부호를 사용해 split_string을 호출
```

7.7.7 average_sentence_length

이제 get_sentences 함수를 완료했으므로 네 번째 시그니처 함수인 average_sentence_length를 사용할 수 있습니다. 이 함수는 문장당 평균 단어 수를 계산합니다. 코파일럿에 아래처럼 프롬프트를 제공하고 다음과 같은 함수를 받았습니다.

코드 7.9 문장당 평균 단어 수를 결정하는 함수

```python
def average_sentence_length(text):
    """

    text is a string of text.

    Return the average number of words per sentence in text.
    Do not count empty words as words.

    >>> average_sentence_length('A pearl! Pearl! Lustrous pearl! \
Rare. What a nice find.')
    2.0
    """
    # """
    # text는 텍스트의 문자열입니다.

    # text에서 문장당 평균 단어 수를 반환합니다.
    # 빈 단어는 단어로 세지 않습니다.
    # """
    sentences = get_sentences(text)        ◀── 문장 목록을 가져온다.
    total = 0
    for sentence in sentences:             ◀── 문장에 루프를 적용
        words = sentence.split()           ◀── 현재 문장을 단어로 구분
        for word in words:                 ◀── 문장의 단어에 루프를 적용
            if word != '':
                total += 1
    return total / len(sentences)          ◀── 단어 수를 문장 수로 나눈 값을 반환
```

7.7.8 get_phrases

average_sentence를 구현하기 위해 get_sentences_length 함수가 필요했듯이 average_sentence_complexity 함수를 구현하려면 get_phrases 함수가 필요합니다.

다음 코드는 해당 함수를 요청한 결과입니다. 코파일럿은 get_phrases 함수에서도 split_string 함수를 호출해 문장을 구문으로 구분했습니다.

코드 7.10 문장에서 구문을 반환하는 함수

```
def get_phrases(sentence):
    """
    sentence is a sentence string.

    Return a list of the phrases from sentence.
    Phrases are separated by a ',', ';' or ':'.

    >>> get_phrases('Lustrous pearl, Rare, What a nice find')
    ['Lustrous pearl', 'Rare', 'What a nice find']
    """
    # """
    # sentence는 문장 문자열입니다.

    # sentence에서 구문의 리스트를 반환합니다.
    # 구문은 ',', ';' 또는 ':'로 구분됩니다.
    # """
    return split_string(sentence, ',;:')    ◀── 구문 구분 문자를 매개변수로 사용해 split_string을 호출
```

7.7.9 average_sentence_complexity

get_phrases 함수 작성을 마치면 코파일럿에서 다음과 같이 average_sentence_complexity 함수의 구현을 요청할 수 있습니다.

코드 7.11 문장당 평균 구문 수를 결정하는 함수

```
def average_sentence_complexity(text):
    """
    text is a string of text.

    Return the average number of phrases per sentence in text.

    >>> average_sentence_complexity('A pearl! Pearl! Lustrous \
pearl! Rare. What a nice find.')
    1.0
    >>> average_sentence_complexity('A pearl! Pearl! Lustrous \
pearl! Rare, what a nice find.')
    1.25    ◀── 5/4 = 1.25라는 결괏값을 테스트하기 위해 마지막 쉼표를 마침표로 변경
```

```
"""
# """
# text는 텍스트의 문자열입니다.

# text에서 문장당 평균 구문 수를 반환합니다.
# """
sentences = get_sentences(text)          ← 문장 목록을 가져온다.
total = 0
for sentence in sentences:               ← 문장에 루프를 적용
    phrases = get_phrases(sentence)          ← 현재 문장을 구문으로 나누어 phrases라는 리스트에 담는다.
    total += len(phrases)                ← 현재 문장의 구문 수를 total 변수에 기록
return total / len(sentences)            ← 구문 수를 문장 수로 나눈 값을 반환
```

이제 거의 다 끝나갑니다! 지금까지 그림 7.12와 같이 `make_signature`를 작성하기 위해 필요한 다음의 함수들을 완성했습니다.

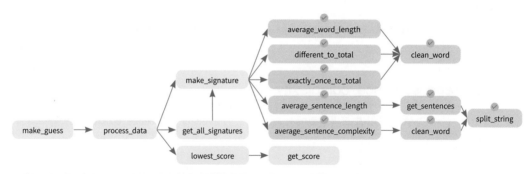

그림 7.12 현재까지 완성된 함수를 표시한 전체 함수 다이어그램. 이제 make_signature를 작성할 차례

7.7.10 make_signature

지금까지 아홉 개의 함수를 작성했습니다. 모두 중요하지만 아직 텍스트 시그니처를 다루지 않았기 때문에 뭔가 부족한 듯 느낄 수 있습니다. 단어를 정리하고, 문자열을 다양한 방식으로 분할하고, 텍스트의 개별 특징을 계산하는 함수는 있지만 전체 차이를 비교한 시그니처를 만드는 함수는 아직 없습니다.

이제 텍스트에 대한 시그니처를 제공하는 `make_signature` 함수를 구현해 봅시다.

이 함수는 책의 텍스트를 받아 5개의 숫자 리스트를 반환하며, 각 숫자는 5개의 특징 지표에 대한 함수 중 하나를 호출한 결과입니다.

코드 7.12 텍스트의 숫자 시그니처를 결정하는 함수

```
def make_signature(text):
    """

    The signature for text is a list of five elements:
    average word length, different words divided by total words, words used exactly once divided by
total words,
    average sentence length, and average sentence complexity.

    Return the signature for text.

    >>> make_signature('A pearl! Pearl! Lustrous pearl! \
Rare, what a nice find.')
    [4.1, 0.7, 0.5, 2.5, 1.25]
    """
    # """
    # text의 시그니처는 다섯 가지 요소로 이루어진 리스트입니다:
    # 평균 단어 길이, 총 단어 수로 나눈 다른 단어들,
    # 총 단어 수로 나눈 정확히 한 번 사용된 단어들, 평균 문장 길이, 그리고 평균 문장 복잡도.

    # text의 시그니처를 반환합니다.
    # """
    return [average_word_length(text), different_to_total(text),
            exactly_once_to_total(text),
            average_sentence_length(text),
            average_sentence_complexity(text)]
```

다섯 가지 특징을 리턴하는
함수가 각각 호출된다.

이 함수는 다섯 개의 함수를 각각 호출하는 코드만으로 구현할 수 있습니다. 만약 이 함수를 하향식으로 설계하지 않았다면 얼마나 지저분하고 긴 코드였을지 상상해 보세요. 여기서 호출한 다섯 가지 함수 안에 있는 코드가 모두 하나의 함수에 작성되고, 각각의 변수와 계산이 뒤섞여 정말 엉망이었을 겁니다. 다행히도 우리는 하향식 설계 방법을 사용하고 있습니다! 따라서 함수가 더 읽기 쉬워지고 함수가 올바르게 동작한다고 확신하기도 더 쉽습니다.

7.7.11 get_all_signatures

process_data 함수에는 구현이 필요한 세 가지 하위 작업이 있었습니다. 그중 첫 번째 작업(make_signature)을 마무리했습니다.

이제 두 번째 하위 작업인 `get_all_signatures` 함수를 만들겠습니다. 이제부터는 작업 디렉터리에 코드를 작성했고 책의 실습 예제로 제공한 하위 디렉터리도 있다고 가정하겠습니다. 이 함수는 알려진 저자 디렉터리의 각 파일에 대한 시그니처를 반환하기 위해 필요합니다. 코파일럿은 `make_signature`를 호출해 이 함수를 간단하게 만들 수 있을까요? 코파일럿에게 프롬프트를 제공해 생성된 코드에는 여전히 두 가지 문제가 있습니다. 초기 코드는 다음과 같았습니다.

코드 7.13 알려진 작성자로부터 모든 시그니처를 받는 함수: 첫 번째 시도

```
def get_all_signatures(known_dir):
    """
    known_dir is the name of a directory of books.
    For each file in directory known_dir, determine its signature.

    Return a dictionary where each key is
    the name of a file, and the value is its signature.
    """
    # """
    # known_dir은 책의 디렉터리 이름입니다.
    # known_dir 디렉터리의 각 파일에 대해 그 시그니처를 결정합니다.

    # 각 키가 파일의 이름이고 값이 그 시그니처인 딕셔너리를 반환합니다.
    # """
    signatures = {}                                  ◀── signature라는 딕셔너리에는 파일 이름을 키, 시그니처를 값으로 매핑한다.
    for filename in os.listdir(known_dir):           ◀── 'known_authors' 디렉터리에 있는 각 파일을 반복해서 살펴본다.
        with open(os.path.join(known_dir, filename)) as f:   ◀── 현재 파일을 연다.
            text = f.read()                          ◀── 파일에서 모든 텍스트를 읽어온다.
            signatures[filename] = make_signature(text)      ◀── 텍스트 시그니처를 만들고 딕셔너리에 저장한다.
    return signatures
```

파이썬 프롬프트에서 다음과 같이 함수를 실행해 보세요.

```
>>> get_all_signatures('known_authors')
```

오류가 발생합니다.

```
Traceback (most recent call last):
  File "<stdin>", line 1, in <module>
```

```
  File "C:\repos\book_code\ch7\authorship.py", line 207, in get_all_
signatures
    for filename in os.listdir(known_dir):
                    ^^
NameError: name 'os' is not defined
```

이 오류는 함수가 os라는 모듈을 사용하려고 하는데 사용할 수 없다고 알려줍니다. 이 모듈은 파이썬에 내장돼 있으며, 우리는 이 경우 어떻게 해야 하는지 이미 알고 있습니다. 바로 모듈을 임포트해야 합니다! 즉, 코드에 다음과 같이 추가합니다.

```
import os
```

코드를 이 함수 위에 추가합니다. 그렇게 해도 여전히 오류가 발생할 것입니다.

```
>>> get_all_signatures('known_authors')
Traceback (most recent call last):
  File "<stdin>", line 1, in <module>
  File "C:\repos\book_code\ch7\authorship.py", line 209, in get_all_
signatures
    text = f.read()
           ^^^^^^^^
  File "C:\Users\danie\AppData\Local\Programs\Python\Python311\Lib\encodings\
cp1252.py", line 23, in decode
    return codecs.charmap_decode(input,self.errors,decoding_table)[0]
           ^^^^^^^^^^^^^^^^^^^^^^^^^^^^^^^^^^^^^^^^^^^^^^^^^^^^^^^^^^^
UnicodeDecodeError: 'charmap' codec can't decode byte 0x9d in position 2913: character maps to
<undefined>
```

유니코드 디코딩 오류(UnicodeDecodeError)란 무엇일까요? 기술에 대한 설명이 궁금하다면 구글이나 ChatGPT를 사용하면 됩니다. 여기서 우리가 여는 각 파일은 특정 방식으로 인코딩돼 있는데, 파이썬이 이 파일을 읽으려고 할 때 잘못된 인코딩을 선택했다는 것을 알아야 합니다.

함수 상단에 코멘트를 추가하면 코파일럿이 문제를 해결하도록 지시할 수 있습니다. (UnicodeDecodeError와 같은 오류가 발생하면 생성된 잘못된 코드 바로 위에 주석을 추가해 보세요. 그러고 나서 잘못된 코드를 삭제하면 코파일럿에서 올바른 새 코드를 생성하는 경우가 많습니다.) 이제 다음 코드와 같이 모든 것이 정상적으로 동작합니다.

코드 7.14 알려진 저자로부터 모든 시그니처를 받는 함수: 두 번째 시도

```python
import os

def get_all_signatures(known_dir):
    """
    known_dir is the name of a directory of books.
    For each file in directory known_dir, determine its signature.

    Return a dictionary where each key is
    the name of a file, and the value is its signature.
    """
    # """
    # known_dir은 책의 디렉터리 이름입니다.
    # known_dir 디렉터리의 각 파일에 대해 그 시그니처를 결정합니다.

    # 각 키가 파일의 이름이고 값이 그 시그니처인 딕셔너리를 반환합니다.
    # """
    signatures = {}
    # Fix UnicodeDecodeError
    for filename in os.listdir(known_dir):
        with open(os.path.join(known_dir, filename),
                    encoding='utf-8') as f:
            text = f.read()
            signatures[filename] = make_signature(text)
    return signatures
```

> 이 프롬프트로 우리가 앞에서 겪은 오류를
> 수정하라고 코파일럿에게 지시

이 함수를 실행하면 다음과 같은 저자 및 시그니처 딕셔너리가 출력됩니다.

```
>>> get_all_signatures('known_authors')
{'Arthur_Conan_Doyle.txt': [4.3745884086670195, 0.1547122890234636,
0.09005503235165442, 15.48943661971831, 2.082394366197183],
 'Charles_Dickens.txt': [4.229579999566339, 0.0796743207788547,
0.041821158307855766, 17.286386709736963, 2.698477157360406],
 'Frances_Hodgson_Burnett.txt': [4.230464334694739, 0.08356818832607418,
0.04201769324672584, 13.881251286272896, 1.9267338958633464],
 'Jane_Austen.txt': [4.492473405509028, 0.06848572461149259,
0.03249477538065084, 17.507478923035084, 2.607560511286375],
 'Mark_Twain.txt': [4.372851190055795, 0.1350377851543188,
0.07780210466840878, 14.395167731629392, 2.16194089456869]}
```

이 프롬프트로 우리가 앞에서 본 오류를 수정하라고 코파일럿에게 지시합니다. 프롬프트를 간결하게 하기 위해 이 함수에 대한 테스트는 따로 독스트링에 추가하지 않았습니다. 하지만 작성할 수 있으며, 그 방법은 6장의 두 번째 예제에서 한 것과 같은 방식으로 가짜 책 데이터를 만드는 것입니다. 하지만 이번 장은 함수 분해를 설명하는 장이므로, 해당 테스트는 여러분이 직접 해보기 바랍니다. 그림 7.13에서 볼 수 있듯이, `process_data` 함수의 두 가지 하위 작업을 완료했습니다. 계속 진행해 봅시다!

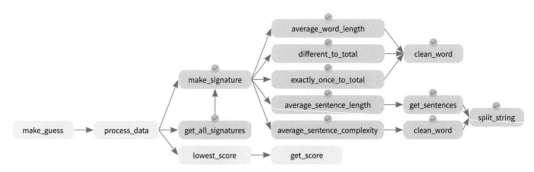

그림 7.13 make_signature 및 get_all_signatures 함수의 완성을 표시한 전체 함수 다이어그램

7.7.12 get_score

이번에는 두 시그니처를 비교해 차이를 점수화하는 `get_score` 함수를 구현할 차례입니다. 다섯 개의 특징 지표에 가중치를 부여해 곱한 다음 모든 값을 합산해 점수화하는 과정을 기억하시나요? 이것이 바로 `get_score` 함수가 해야 할 일입니다.

이 공식을 독스트링에 설명하려면 쉽지 않을 것입니다. 독스트링에 함수가 내부적으로 어떻게 동작할지가 아니라 다른 사람이 함수를 어떻게 사용할 수 있을지를 설명해야 하며, 아마도 우리 함수의 사용자는 이 특정 공식에 대해 신경 쓰지 않을 것입니다.

우리가 할 수 있는 일은 특정 공식을 작성하는 일 없이 일반적인 독스트링을 작성하고 코파일럿이 이 독스트링으로 어떤 코드를 생성할지 확인하는 것입니다. 시작해 보겠습니다.

코드 7.15 두 시그니처를 비교하는 함수

```python
def get_score(signature1, signature2, weights):
    """
    signature1 and signature2 are signatures.
    weights is a list of five weights.
```

```
Return the score for signature1 and signature2.

>>> get_score([4.6, 0.1, 0.05, 10, 2],\
              [4.3, 0.1, 0.04, 16, 4],\
              [11, 33, 50, 0.4, 4])       ◀── [11, 33, 50, 0.4, 4]를 임의의 가중치로 사용
14.2
"""
# """
# signature1과 signature2는 시그니처입니다.
# weights는 다섯 가지 가중치의 리스트입니다.

# signature1과 signature2에 대한 점수를 반환합니다.
# """
score = 0
for i in range(len(signature1)):   ◀── 각 특징 지표가 기록된 인덱스를 반복
    score += abs(signature1[i] - signature2[i]) * weights[i]   ◀── 점수에 가중치 차이를 곱한다.
return score
```

코파일럿이 우리가 원한 공식을 정확히 구현했습니다.

코파일럿이 우리를 모방한 것이 아니라 우리가 사용한 공식이 시그니처를 비교하기 위한 매우 일반적인 공식이라는 점을 기억해 주세요. 수년 동안 많은 학생과 다른 개발자들이 바로 이 공식을 사용해 저자 식별을 구현했습니다. 코파일럿은 훈련 데이터에서 자주 등장했던 코드를 바탕으로 이 공식을 제공한 것입니다.

코파일럿이 다른 공식을 제공했을 때도 주석으로 원하는 내용을 설명하거나, 직접 코드를 일부 변경하여 원하는 결과를 얻을 수 있습니다.

7.7.13 lowest_score

저자 식별에 필요한 작업을 수행하는 함수 process_data의 마지막 하위 함수인 lowest_score를 구현해 봅시다.

방금 구현한 get_score 함수는 두 시그니처 점수의 차이를 제공합니다. lowest_score 함수는 알려진 시그니처들에 대해 get_score를 각각 호출해 미지의 시그니처와 각 알려진 시그니처를 비교합니다. 그러고 나서 다음 코드처럼 저자를 모르는 텍스트에 대한 시그니처와 점수 차가 가장 작은 알려진 시그니처를 반환합니다.

코드 7.16 가장 유사한 알려진 시그니처가 무엇인지 제공하는 함수

```python
def lowest_score(signatures_dict, unknown_signature, weights):
    """

    signatures_dict is a dictionary mapping keys to signatures.
    unknown_signature is a signature.
    weights is a list of five weights.
    Return the key whose signature value has the lowest
    score with unknown_signature.

    >>> d = {'Dan': [1, 1, 1, 1, 1], 'Leo': [3, 3, 3, 3, 3]}      ◄── 독테스트에 변수를 제공하여 테스트
    >>> unknown = [1, 0.8, 0.9, 1.3, 1.4]                            결과를 읽기 편하게 만들었다.
    >>> weights = [11, 33, 50, 0.4, 4]
    >>> lowest_score(d, unknown, weights)       ◄── 변수를 사용하기 때문에 코드 읽기가 더 편하다.
    'Dan'
    """
    # """
    # signatures_dict는 키를 시그니처에 매핑하는 딕셔너리입니다.
    # unknown_signature는 시그니처입니다.
    # weights는 다섯 가지 가중치의 리스트입니다.
    # unknown_signature와 가장 낮은 점수를 가진 시그니처 값과 키를 반환합니다.
    # """
    lowest = None
    for key in signatures_dict:       ◄── 각 저자 이름에 루프를 적용
        score = get_score(signatures_dict[key], unknown_signature,
                weights)                                                  알려진 저자에 대한 시그니처와 저자를 알 수
                                                                          없는 텍스트의 시그니처를 비교해 점수를 매
                                                                          긴다.
        if lowest is None or score < lowest[1]:     ◄────────────────  이것이 시그니처 간의 첫 비교이거나 지
            lowest = (key, score)     ◄── 해당 키와 점수차를 lowest 변수에 저장       금까지 확인한 점수 차 중 가장 작다면
    return lowest[0]     ◄── 가장 유사한 저자(점수 차가 가장 적은 텍스트의 키)인 lowest[0]를 리턴
```

첫 번째 매개변수인 signatures_dict는 저자 이름과 알려진 시그니처를 매핑한 딕셔너리입니다. 이 값은 사실 get_all_signatures 함수의 결과입니다. 두 번째 매개변수인 unknown_signature는 저자를 모르는 텍스트를 입력값으로 해서 make_signature를 호출해 얻은 결과입니다. 세 번째 매개변수인 weights는 이 함수를 호출할 때 우리가 직접 하드코딩한 값입니다.

7.7.14 process_data

이제 두 개의 함수가 남았습니다! 그중 하나가 process_data입니다. 이 함수를 위한 하위 함수 만들기 작업이 끝이 없어 보였는데, 드디어 준비가 됐습니다.

process_data 함수는 다음 코드처럼 두 개의 매개변수, 즉 저자 미상의 텍스트가 담긴 파일명과 저자가 알려진 책의 파일들이 담긴 디렉터리를 받습니다. 그리고 알려진 저자 중 저자 미상의 텍스트를 쓴 것으로 추측되는 저자명을 반환합니다.

코드 7.17 미지의 시그니처와 가장 가까운 시그니처를 가진 저자명을 반환하는 함수

```python
def process_data(mystery_filename, known_dir):
    """
    mystery_filename is the filename of a mystery book whose
    author we want to know.
    known_dir is the name of a directory of books.

    Return the name of the signature closest to
    the signature of the text of mystery_filename.
    """
    # """
    # mystery_filename은 우리가 저자를 알고 싶어하는 미스터리 책의 파일 이름입니다.
    # known_dir은 책의 디렉터리 이름입니다.

    # mystery_filename의 텍스트의 시그니처에 가장 가까운 시그니처의 이름을 반환합니다.
    # """
    signatures = get_all_signatures(known_dir)        ◀── 저자가 알려진 모든 시그니처를 가져온다.
    with open(mystery_filename, encoding='utf-8') as f:  ◀──────  코파일럿이 이전 작업을 반영하여
        text = f.read()          ◀── 저자 미상 파일의 텍스트를 읽어온다.   이번에는 인코딩을 바로잡았다.
        unknown_signature = make_signature(text)     ◀── 미지의 시그니처를 가져온다.
    return lowest_score(signatures, unknown_signature,     비교 결과 점수 차가 가장 적은 시그니처를
                        [11, 33, 50, 0.4, 4])              반환한다.
```

다시 한번, 이 함수가 하위 함수에 얼마나 많이 의존하고 있는지 살펴보세요. process_data 함수는 사실 하위 함수의 호출 순서를 정해놓은 것에 불과합니다.

이 장의 실습 디렉터리에는 작성자를 알 수 없는 파일(예: unknown1.txt 및 unknown2.txt)이 몇 개 포함돼 있습니다. 이 파일들은 코드(및 저자가 알려진 텍스트 파일이 담긴 하위 디렉터리)와 함께 현재 작업 디렉터리에 있어야 합니다.

이제 process_data 함수를 호출해 누가 'unknown1.txt'를 작성했는지 추측해 보겠습니다.

```
>>> process_data('unknown1.txt', 'known_authors')
'Arthur_Conan_Doyle.txt'
```

우리의 프로그램은 아서 코난 도일이 unknown1.txt를 썼다고 추측합니다. 파일을 열어 unknown1. txt의 텍스트를 들여다보면 우리의 추측이 맞다는 것을 알 수 있습니다. 이 책의 제목은 아서 코난 도일의 유명한 책인 『네 사람의 서명』입니다.

7.7.15　make_guess

책의 저자를 추측하려면 process_data 함수를 실행하기 위해 사용자가 직접 파이썬 코드를 입력해야 합니다. 이런 방법은 사용자에게 친절한 방법이 아니기 때문에 프로그램을 실행하면 어떤 파일을 사용할지만 물어보고 함수는 저절로 호출되게 하면 좋을 것 같습니다.

가장 중요한 함수인 make_guess를 구현해 프로그램을 마무리하겠습니다!

이 함수는 사용자에게 저자를 파악하고 싶은 파일명을 묻고, process_data를 사용해 추측한 다음, 추측 결과를 사용자에게 알려줍니다.

코드 7.18 사용자와 상호작용하며 텍스트의 저자를 추측하는 함수

```
def make_guess(known_dir):
    """
    Ask user for a filename.
    Get all known signatures from known_dir,
    and print the name of the one that has the lowest score
    with the user's filename.
    """
    # """
    # 사용자에게 파일 이름을 요청합니다.
    # known_dir에서 모든 알려진 시그니처를 가져와서
    # 사용자의 파일 이름과 가장 낮은 점수를 가진 시그니처의 이름을 출력합니다.
    # """
    filename = input('Enter filename: ')      ◀── 사용자에게 저자를 알고 싶은 파일 이름 묻기
    print(process_data(filename, known_dir))  ◀──
```

process_data 함수를 호출해 모든 작업을 수행하고 추론 결과를 보고

이제 known_authors 디렉터리에서 이 함수를 호출하기만 하면 모든 작업이 완료됩니다.

이것으로 다이어그램의 모든 함수를 완성했습니다! 그림 7.14는 다이어그램의 맨 아래부터 맨 위까지 모든 함수를 완성했음을 보여줍니다.

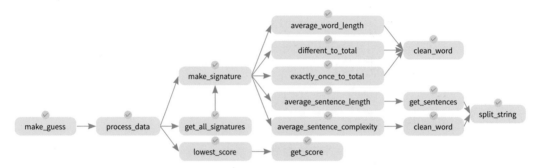

그림 7.14 make_guess까지 모든 함수의 완성을 표시한 전체 함수 다이어그램

지금까지 이 책의 예제를 따라 파이썬 파일에 모든 코드를 작성했다면 해당 파일 마지막 줄에 다음 코드를 추가한 후 실행하여 저자 미상 텍스트의 저자를 추측할 수 있습니다.

```
make_guess('known_authors')
```

make_guess 함수에 실습 파일에 첨부된 저자 미상의 파일을 입력값으로 넣고 실행해 보세요. 얼마나 많은 파일의 저자를 정확하게 추측하나요? 어떤 파일에 대한 추측이 틀렸나요?

축하합니다! 여러분은 첫 번째 하향식 설계 예제를 완성했습니다. 초보 개발자라면 누구나 자랑스러워할 만한 저자 식별 프로그램을 완성한 것입니다. 이 프로그램은 인공지능을 사용해 개별 저자의 글쓰기 방식(평균적으로 글자 수가 짧은 단어를 사용하는지 또는 긴 단어를 사용하는 편인지, 혹은 좀 더 긴 문장을 사용하는지, 짧은 문장을 사용하는지)을 학습 데이터로 사용해 텍스트 데이터를 학습합니다. 그리고 이 학습을 적용해 저자 미상의 소설이 어떤 작가의 작품과 가장 유사한지를 판단해 저자를 예측합니다. 대단하지 않나요?

우리가 해결한 문제는 꽤 어려운 편에 속합니다. 우리는 하나의 큰 문제를 세분화하고 코파일럿이 각 하위 문제에 대한 코드를 작성케해 문제를 해결했습니다.

7.8　더 나아가기

하향식 설계를 완료한 후에는 종종 코드를 리팩터링하는 추가 과정을 거칩니다. 리팩터링은 코드의 동작은 변경하지 않으면서 코드를 더 깔끔하게 정리하거나 더 체계적으로 구성하는 과정을 의미합니다. 실제로 여러 가지 방법으로 프로그램을 리팩터링할 수 있습니다. 예를 들어, 우리가 작성한 여러 시그니처 특징 함수는 문자열을 단어로 분할한 다음 빈 단어를 무시하는 작업을 합니다. 이 작업(문자열에서 비어 있지 않은 단어 리스트를 반환하는 작업)을 하위 함수로 분리하면 이를 호출하는 모든 함수가 더욱 단순해집니다.

또한 process_data 함수에 가중치를 하드코딩하지 않고 상위 함수에서 가중치를 전달하도록 변경할 수도 있습니다. 그러면 가중치가 make_guess에 하드코딩되어 함수 계층 구조에서 더 높은 위치로 이동하므로 필요한 경우 좀 더 쉽게 가중치를 찾아서 변경할 수 있습니다.

프로그램을 기능이나 효율성 측면에서 개선할 수도 있습니다.

기능적인 측면에서 현재 우리가 작성한 프로그램은 단순히 저자에 대한 최선의 추측만을 출력합니다. 하지만 우리는 그 추측이 어떻게 나온 결과인지에 대해서는 아무것도 알 수 없습니다. 추측된 저자와 점수 차가 거의 나지 않는 두 번째 저자도 있었을까요? 그렇다면 해당 사실을 알고 싶을 수도 있습니다. 또는 가장 점수 차가 적은 저자 한 명의 이름보다 점수 차가 적은 순서대로 여러 명의 이름을 알고 싶을 수도 있습니다. 이런 정보는 첫 번째 추측이 틀리더라도 작성자가 누구인지를 유추할 수 있는 유용한 정보가 됩니다. 이런 기능이 프로그램에 추가할 수 있는 기능입니다.

효율성 측면에서 get_all_signatures 함수를 다시 생각해 봅시다. 이 함수는 많은 작업을 수행합니다! 알려진 저자의 책이 담긴 디렉터리에 5개의 책이 있다면, 이 함수는 5개의 파일을 각각 읽고 각 시그니처를 계산합니다. 별 거 아니죠? 그러나 파일이 100개 또는 10,000개라고 상상해 보세요. 이 모든 작업을 한 번만 수행하면 괜찮을지 모르지만 우리 프로그램은 그렇지 않습니다. 실제로 이 프로그램은 입력받은 파일의 저자를 추측할 때마다 get_all_signatures 함수를 실행하는데, 이는 매번 시그니처를 다시 생성해야 함을 의미합니다. 시그니처를 어딘가에 저장해 두면 다시 계산할 필요가 없는데, 엄청난 비용을 낭비하는 셈이죠. 효율성을 위해 코드를 리팩터링한다면, 첫 번째 단계는 저자가 알려진 텍스트의 시그니처를 처음 한 번만 계산하고 그 이후에는 재사용하도록 하는 것입니다.

코파일럿 같은 도구도 이런 원리로 동작합니다. OpenAI는 방대한 코드 덩어리를 한꺼번에 깃허브 코파일럿에 학습시켰습니다. 이 작업에는 수천 또는 수백만 컴퓨터를 이용하는 많은 시간이 걸렸습니다. 하지만 학습을 완료하고 나면 매번 처음부터 코드를 학습할 필요 없이 저장된 학습 결과를 바탕으로 계속 코드를 작성할 수 있습니다. 한 번 학습을 수행한 다음 그 학습 결과를 여러 후속 추론에 사용하는 아이디어는 모든 머신러닝에서 공통으로 사용하는 패러다임입니다.

많은 컴퓨터 과학자는 문제 분해가 좋은 소프트웨어를 작성하기 위해 가장 중요한 기술이라고 생각합니다. 이 장에서는 문제 분해의 가치를 살펴봤습니다. 문제 분해는 큰 문제를 작은 단계로 나누어 각 단계를 쉽게 해결할 수 있게 돕습니다. 코파일럿 및 ChatGPT와 같은 도구는 크고 추상적인 문제보다 잘 정의된 작은 문제를 해결할 때 더 좋은 성능을 발휘하기 때문에 문제 분해 기술은 여전히 중요합니다. 하지만 문제 분해는 과학이라기보다는 예술에 가깝기 때문에 제대로 하려면 연습이 필요합니다. 다음 장에서는 문제를 분해하는 방법을 더 상세히 살펴보고 스스로 문제를 분해하는 직관력을 키워봅시다.

요약

- 큰 프로그래밍 문제를 효과적으로 구현하려면 먼저 작은 하위 문제로 나눠야 합니다.

- 하향식 설계는 문제를 작은 하위 작업 함수들로 세분화하는 체계적인 방법론입니다.

- 하향식 설계 과정에서는 잘 정의된 작업을 해결하고, 하나 이상의 다른 함수에서 사용할 수 있는 작은 함수들을 찾습니다.

- 저자 식별은 저자를 모르는 텍스트의 저자를 추론하는 과정입니다.

- 단어(예: 평균 단어 길이) 및 문장(예: 문장당 평균 단어 수)의 특징을 사용하면 각 저자의 글쓰기 방식을 특성화할 수 있습니다.

- 머신러닝은 컴퓨터 과학의 중요한 분야로, 기계가 데이터를 통해 학습하고 예측하는 방법을 연구합니다.

- 머신러닝의 지도 학습 분야는 객체(예: 책)와 그 범주(각 책을 쓴 사람)의 형태로 된 학습 데이터를 필요로 합니다. 지도 학습은 이 데이터를 통해 학습한 결과를 바탕으로 새로운 객체에 대한 예측을 하는 분야입니다.

- 시그니처는 객체 하나당 하나뿐인, 여러 특징을 담은 리스트를 의미합니다.

- 하향식 설계 과정에서는 생성된 함수를 구현할 준비가 되면 아래에서 위로, 즉 리프 함수를 먼저 구현한 다음 해당 리프 함수에 종속된 함수를 구현하는 식으로 최상위 함수를 구현합니다.

- 코드 리팩터링은 코드 반복을 줄이는 등 코드의 설계를 개선하는 작업을 의미합니다.

디버깅 및
코드 이해도 향상

이 장에서는 다음 내용을 다룹니다.

- 버그 파악하기
- 코파일럿으로 오류 수정하기
- 코파일럿으로 코드 디버깅하기
- VS Code의 디버거 기능으로 코드 동작 확인하기

개발자라면 누구나 코드가 원하는 대로 동작하지 않아 고전한 경험이 있을 것입니다. 이미 경험해 봤을 가능성이 높으며, 매우 정상적인 상황이니 안심하세요. 코드가 원하는 대로 동작하지 않을 때는 어떻게 수정해야 할까요? 때로는 프롬프트를 변경하거나 이전 장에서 본 것처럼 문제를 잘 분해하는 것만으로도 문제를 해결할 수 있습니다. 하지만 코파일럿이 새로 제안하는 코드도 다를 게 없는 상황에서 주어진 코드가 제대로 동작하지 않는 이유마저 찾을 수 없다면 어떻게 해야 할까요?

이 장의 목표는 두 가지입니다. 첫 번째 목표는 코드에서 오류(버그라고 함)를 찾아서 수정하는 방법을 배우는 것입니다. 두 번째 목표는 버그를 찾을 수 있는 수준으로 코드 이해도를 끌어올리는 것입니다. 코드가 실행되는 동안 어떻게 동작하는지 더 깊이 이해할 수 있게 되면 버그 찾기도 더 수월해집니다.

개발자에게 코드 오류는 너무나 빈번한 일이기에 VS Code와 같은 개발 편집기에는 무엇이 잘못되었는지 파악할 때 도움이 되는 도구가 있습니다. 이 장에서는 디버거라는 도구를 사용하는 방법을 살펴보겠습니다.

지난 장들과 마찬가지로 이번 장에서도 몇 가지 작은 예제로 오류를 찾고 수정하는 과정을 배운 다음, 실무에서 작성하게 될 코드와 유사한 더 큰 예제를 통해 프로세스를 보다 확실하게 설명하겠습니다.

8.1 오류(버그)의 원인은 무엇인가요?

먼저, 간단한 용어 설명입니다. 프로그래밍에서는 개발자의 코드 실수를 버그라고 부릅니다. 수십 년 전 컴퓨터가 진공관을 사용하던 시절, 진공관에 들어간 벌레(bug)가 컴퓨터의 동작 오류를 유발했던 데서 유래한 표현입니다. 오늘날, 버그는 주로 개발자의 실수로 발생합니다. (파이썬 인터프리터 자체의 구현이나 컴퓨터 하드웨어 때문에 버그가 생기기도 하지만, 이런 경우는 매우 드물기 때문에 버그는 주로 코드 때문에 발생한다고 여겨집니다.)

일부러 자기 코드에 버그를 심는 개발자는 없습니다. 그렇다면 버그는 왜 발생할까요? 소프트웨어 엔지니어와 코파일럿이 실수를 하기 때문입니다. 어떤 종류의 실수일까요? 버그에는 크게 두 가지 범주가 있습니다:

- **구문 오류(Syntax Error)**: 코드가 파이썬의 문법 요구 사항을 따르지 않을 때 발생합니다. for 루프의 첫 번째 줄 끝에 콜론(:)을 쓰는 것을 잊어버리는 것이 대표적인 구문 오류입니다. 파이썬 파일을 실행하면 프로그램 설명에 기재된 파이썬 명령어를 기반으로 기계어 코드를 생성하기 때문에 명령어 문법을 잘못 작성하면 기계어 코드를 어떻게 생성해야 할지 몰라 오류가 발생합니다. 때때로 이러한 오류 메시지는 다른 오류 메시지보다 더 읽기 쉽습니다. 코파일럿 없는 기존의 방식으로 프로그래밍을 배우면 이러한 오류는 정말 흔하게 발생합니다. 파이썬의 문법 규칙을 배우고 그 규칙을 습관화하는 데는 시간이 걸리기 때문입니다. 저자들은 벌써 수십 년째 코드를 작성해 왔지만, 아직도 구문 오류가 있는 코드를 작성할 때가 있습니다. 한편, 좋은 소식도 있습니다. 코파일럿으로 코드를 작성하면 구문 오류로 생기는 버그는 거의 사라진다는 것입니다! 나쁜 소식은 우리가 다룰 두 가지 유형의 버그 중 구문 오류가 훨씬 더 쉽게 발견하고 수정할 수 있는 오류라는 겁니다.

- **논리적 오류(Logical Errors)**: 논리적 오류는 프로그램에 논리적으로 잘못된 부분이 있을 때 발생합니다. 예를 들어 코드의 의도는 단어 목록에서 정확한 단어 'Dan'이 몇 번이나 나타나는지 세는 것인데, 실제로는 리스트에서 대소문자를 무시하고 'dan'이 포함된 단어가 몇 개나 되는지 세고 있는 상황 같은 경우입니다. 이 코드는 두 가지 측면에서 잘못된 작업을 수행합니다. 대문자와 소문자를 구분하지 않고 계산하고 있으며, 'dan'이라는 문자열이 들어간 모든 단어를 세게 됩니다. Daniel, danger, dan 같은 단어는 계산하고 싶지 않은데도 모두 개수를 세어 버립니다! 이처럼 어딘가에서 코드가 제대로 동작하지 않고 있다면 잘못된 위치와 이유를 파악해야 합니다. 이렇게 논리적 오류를 찾는 과정은 버그 수정에서 가장 어려운 부분입니다. 이 과정을 거쳐 버그가 어디서 발생했는지 파악한 후에는 이 부분을 수정해야 하며, 버그를 수정하는 작업은 문자 하나만 변경하는 수준부터 코드를 완전히 새로 작성하는 수준까지 다양합니다. 논리적 오류는 프롬프트에 작업을 제대로 설명하지 않는 등의 여러 이유로 코파일럿이 잘못된 코드를 생성할 때 발생할 수 있습니다.

8.2　버그를 찾는 방법

버그 찾기는 어려운 작업입니다. 기본적으로 코드를 작성한 개발자나 코파일럿은 코드를 작성할 때 코드가 올바르다고 생각하고 작성하기 마련입니다. 그렇기 때문에 버그는 작성자보다 동료가 더 쉽게 찾는 경우가 많습니다. 중이 제 머리 못 깎는다는 말처럼, 작성자는 자신이 만든 코드 속의 버그를 못 보기 마련입니다.

이 책에서도 이미 여러 차례 코드를 읽거나 테스트하며 버그를 발견했습니다. 이전 장에서는 코드를 읽으면서 버그의 원인을 파악했습니다. 이 장에서는 테스트에서 발견했지만 어디서 잘못됐는지 파악하기 어려운 유형의 버그를 다루겠습니다. 다른 코파일럿 제안을 시도하거나, 새로운 프롬프트를 사용해 오류를 수정하거나, 코파일럿에 버그 수정을 요청해 코드가 잘못된 이유를 파악하는 방법도 사용할 수 있지만, 이러한 기법이 늘 효과가 있는 것은 아닙니다.

그래서 코드의 오류 위치를 파악하는 데 도움이 되는 다른 방법이 필요합니다.

8.2.1 print 문을 사용하여 코드 동작 살펴보기

논리적 오류는 작성자가 코드가 수행할 것이라고 생각한 동작과 코드가 실제로 수행하는 동작 사이에 불일치가 있을 때 발생합니다. 이런 불일치를 식별하는 일반적인 방법은 컴퓨터가 실제로 무엇을 하고 있는지 print 문을 사용해 프로그램의 동작을 확인하는 것입니다. 코드의 여러 부분에서 변수의 값을 출력하면서 전체 동작 중 해당 시점의 변수 값이 무엇인지 확인하는 것은 꽤나 유용한 방법입니다. 위에서 언급한 단어 리스트에서 **Dan**이라는 단어를 찾는 경우를 예시로 들어 보겠습니다. 다음과 같은 잘못된 코드가 있다고 생각해 봅시다.

코드 8.1 리스트에서 Dan이라는 단어의 수를 계산하는 잘못된 함수

```python
def count_words(words):
    count = 0
    for word in words:
        if "dan" in word.lower():    ◀── lower 메서드는 단어의 모든 문자를 소문자로 만든다
            count += 1
    return count
```

코드의 어디가 잘못됐는지 모르는 상태에서 오류 부분을 알아내려 한다고 가정해 보겠습니다. 테스트 케이스를 실행해서 코드가 잘못됐음을 찾아냈다고 생각해 봅시다.

```
>>> words = ["Dan", "danger", "Leo"]
>>> count_words(words)
2
```

우리는 1이라는 답이 나올 것을 예상했지만 실행 결과는 2가 나왔습니다. 테스트 케이스에 **danger**라는 단어를 포함시킨 점이 코드의 오류를 발견하는 데 도움이 됐습니다. 그렇다면 문제는 코드의 어디에서 발생한 걸까요? 이를 파악하기 위해 print 문을 추가할 수 있습니다. 우선 코드를 읽고 어디에 print 문을 넣어야 하는지 파악해야 합니다. 코드 8.1의 경우 함수의 시작 부분에서 단어 목록을 인쇄하는 것도 버그 찾기를 위해 시도해 볼 수 있지만, 출력 결과를 보면 버그는 단어 목록이 아니라 개수와 관련있는 것 같습니다. 이럴 때는 for 루프의 첫 번째 줄에서 리스트의 각 단어를 인쇄하면 코드가 각 단어를 처리하고 있는지 확인할 수 있어 도움이 됩니다. (또는 반환되기 직전에 개수를 인쇄할 수도 있습니다.) 이 모든 아이디어는 버그 찾기에 도움이 되는 현실적인 아이디어들이며, 어디서 시작해도 틀린 것은 아닙니다. 다만 어떤 상황이냐에 따라 버그를 찾기까지 몇 단계 더 걸릴 수는 있습니다.

우리가 겪고 있는 버그는 너무 많은 단어를 **Dan**으로 여겨 계산하고 있기 때문에 코드 8.2와 같이 count 변수의 값이 증가하는 위치의 if 문 안에 print 문을 넣겠습니다.

코드 8.2 코드에서 버그를 찾기 위한 print 문의 예제

```
def count_words(words):
    count = 0
    for word in words:
        if "dan" in word.lower():
            print(word,"is being counted")    ◀─── 어떤 단어를 세고 있는지 화면에 출력하는 print 문
            count += 1
    return count
```

아하! 이 실행 결과는 우리 프로그램이 **danger**라는 단어를 계산하지 말아야 하는데 계산하고 있다고 알려줍니다. 이렇게 문제를 찾으면 코파일럿에 방금 알게 된 내용을 추가한 새 프롬프트를 제공해 문제를 해결할 수 있습니다. 다음은 우리가 추가한 프롬프트이며, 그 결과 코파일럿은 코드를 수정했습니다.

코드 8.3 프롬프트를 사용하여 알려진 버그 수정하기

```
def count_words(words):
    count = 0
    for word in words:
```

```
        # only count words that are exactly "Dan"    ◄─── 코파일럿이 올바른 코드를 생성하도록 돕는 프롬프트
        if word == "Dan":
            count += 1
    return count
```

버그를 파악하면 코파일럿에게 수정 방법을 알려주기도 더 쉬워집니다. 물론 이것은 기본적인 예시지만, 이 아이디어는 훨씬 더 복잡한 코드에도 적용할 수 있습니다. 이 과정은 종종 반복 작업이 되기도 합니다. 코드에 무언가를 인쇄하도록 print 문을 심어둘 때 코드에서 출력되는 내용이 사용자가 생각하는 것과 일치하는 경우도 많습니다. 그러면 코드의 다른 부분에 print 문을 작성하고 또 예상되는 값과 비교하며 확인합니다. 코드가 출력하는 내용이 원하는 것과 일치하지 않는 부분을 발견할 때까지 이 작업을 계속합니다. 이렇게 버그를 발견하고 나서 코파일럿이 해당 부분에 대해 더 나은 코드를 제공할 수 있도록 프롬프트를 작성하거나 직접 코드를 변경해 버그를 해결할 수 있습니다.

위 방법은 디버깅의 첫 단계로 많이 사용하는 방법입니다. 코드의 복잡도에 따라 달라지지만, 보통은 print 문을 사용하는 것이 효과적인 디버깅 방법인 경우가 많습니다.

> **디버깅은 과학을 넘어선 예술이다**
>
> 디버깅을 할 때 반복적인 작업을 하게 되는 이유는 코드가 무엇을 하고 있는지, 왜 기대와 일치하지 않는지를 찾기가 쉽지 않기 때문입니다. print 문을 여러 군데에 심어두면 버그뿐만 아니라 버그가 아닌 위치도 파악할 수 있기 때문에 여러 군데에 print 문을 추가하며 디버깅하는 것도 방법입니다. 버그를 찾을 위치를 파악하는 데는 시간과 연습이 필요하므로 처음이라 너무 오래 걸리더라도 걱정하지 마세요.

8.2.2 VS Code의 디버거 기능으로 코드 동작 파악하기

VS Code는 초보자부터 전문가까지 모두 사용할 수 있는 편집기로 디버깅 과정에 도움이 되는 도구를 포함하고 있습니다. VS Code의 디버깅 도구에는 많은 전문적인 기능이 있습니다. 이 책에서는 가장 많이 사용되는 몇 가지 기능을 다룰 예정이며, 더 궁금한 점이 있다면 VS Code 디버거 사용에 대한 자료를 살펴보기 바랍니다(https://code.visualstudio.com/docs/editor/debugging). 디버거 사용법을 설명하기 위해 코드 8.1의 함수를 몇 가지 방법으로 디버깅해 보겠습니다. 코드 8.4는 이 섹션 전체에서 작업할 코드입니다. count_words 함수에 대한 테스트가 추가됐다는 점을 눈여겨 보세요.

코드 8.4 디버깅 실습을 위한 잘못된 count_words 함수

```python
def count_words(words):
    count = 0
    for word in words:
        if "dan" in word.lower():
            count += 1
    return count


words = ["Dan", "danger", "Leo"]      count_words 함수를 직접
print(count_words(words))             호출하는 코드
```

디버거 시작하기 및 중단점 설정하기

디버거를 사용하려면 **중단점**(breakpoint)을 설정하고 디버거를 시작해야 합니다. 중단점을 설정하면 프로그램이 실행될 때 디버깅 모드로 실행됩니다. 중단점을 설정하면, 변수 값을 검사하고 프로그램을 한 줄씩 단계별로 살펴볼 수 있습니다. 중단점은 매우 유용합니다. 7장의 저자 찾기 프로그램 같은 대규모 프로그램의 경우, 전체 프로그램을 한 줄씩 살펴보며 버그를 찾는 방법은 시간이 많이 걸리므로 권장되지 않는 방법입니다. 대신 중단점을 사용하면 전체 코드 중 버그와 가장 관련성이 높은 코드 줄 위주로 순서대로 동작을 살펴볼 수 있습니다.

중단점을 설정하는 방법은 간단합니다. 마우스 커서를 코드 왼쪽으로 가져가면 붉은 점이 나타납니다. 그림 8.1과 같이 해당 점을 클릭하면 중단점이 설정됩니다.

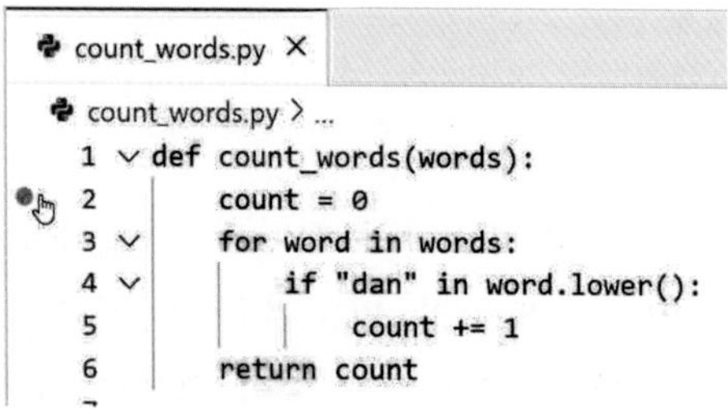

그림 8.1 VS Code에서 코드 줄 왼쪽을 클릭하여 중단점 생성

그림 8.2와 같이 마우스를 떼면 중단점이 왼쪽에 붉은 점으로 표시됩니다. 이 붉은 점으로 중단점이 제대로 설정됐는지 확인할 수 있습니다.

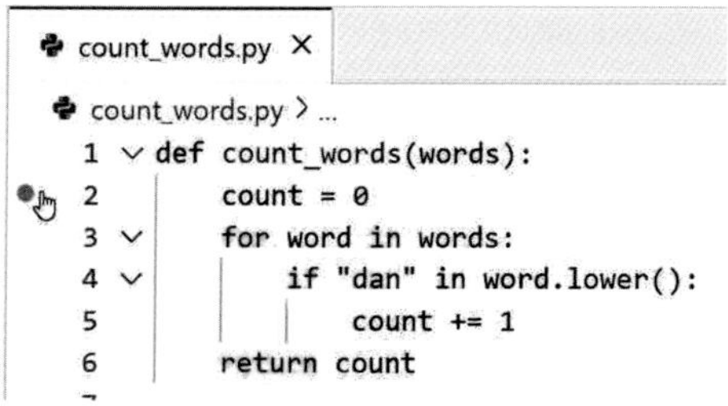

그림 8.2 VS Code에서 count_words.py 파일의 두 번째 줄에 중단점 설정

중단점은 한 파일에 여러 개를 사용할 수 있습니다. 이 예제에서는 두 번째 줄에만 중단점을 사용하겠습니다. (빨간색 점을 다시 클릭하면 중단점이 제거됩니다.) 다음으로 디버거를 시작하고 중단점을 확인하는 방법을 살펴보겠습니다.

코드를 한 줄씩 살펴보는 방법

디버거를 시작하려면 그림 8.3과 같이 [Run]으로 이동한 다음 [Start Debugging]을 클릭합니다.

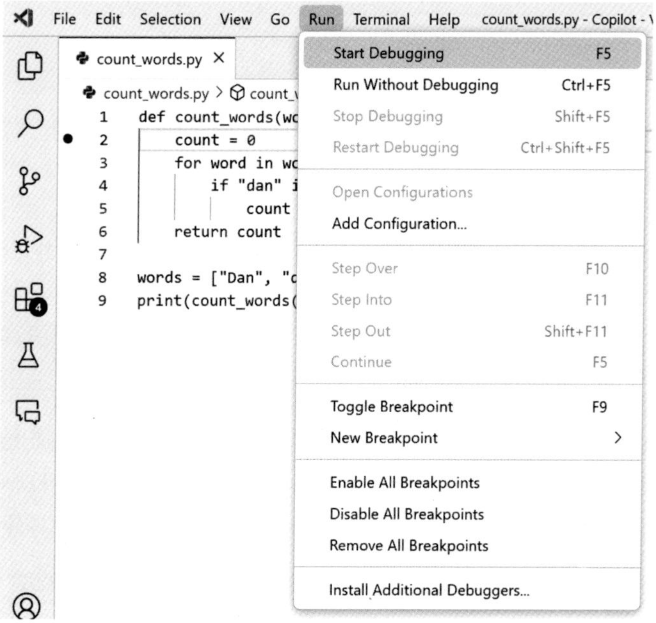

그림 8.3 VS Code에서 디버거 시작하기

디버거가 시작되면 화면이 그림 8.4처럼 바뀝니다. (디버거를 처음 사용하는 경우 디버그 구성을 선택하라는 메시지가 표시될 수 있으며, 이 경우 파이썬을 선택합니다.)

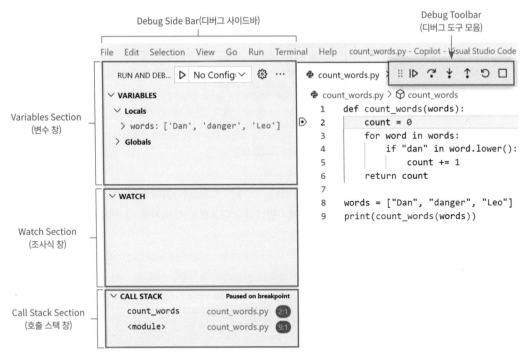

그림 8.4 VS Code의 디버깅 화면

VS Code 디버거에는 여러 구성 요소가 있습니다[1]. 왼쪽에는 변수 창, 조사식 창, 호출 스택 창이 포함된 디버그 사이드 바가 있습니다. 각 창을 간략히 살펴보겠습니다:

- **Variables Section(변수 창)**에서는 현재 범위(예: count_words 내)에 선언된 변수와 해당 변수의 현재 값 등을 확인할 수 있습니다. 예를 들어, words 매개변수는 ['Dan', 'danger', 'Leo']가 포함된 리스트로 정의돼 있습니다. words 왼쪽에 있는 화살표(>)를 클릭하면 해당 변수에 대한 세부 내용이 나옵니다. 이 창은 특정 중단점에서 각 변수의 값을 살펴볼 수 있어 매우 유용합니다!

- **Watch Section(조사식 창)**에서는 특별히 지켜보려는 표현식을 확인할 수 있습니다. 예를 들어, 조사 대상 표현식에 "dan" in word.lower()라는 표현식을 추가하면 각각 다른 단어에 대해 해당 표현식이 True 또는 False인지 확인할 수 있습니다. 표현식을 추가하려면 조사식 창 위로 마우스를 가져가면 생겨나는 [+] 기호를 누릅니다.

- **Call Stack Section(호출 스택 창)**에서는 이 코드 줄이 실행될 때 호출하는 함수를 확인할 수 있습니다. 우리의 예시에서는 메인 함수(VS Code에서는 ⟨module⟩이라고 부름)가 9번째 줄에 있는 함수 count_words를 호출했습니다. 함수 count_words 내에서 우리는 현재 두 번째 줄에 있습니다. 현재 색깔이 칠해진 코드 줄을 보면 이것이 사실인지를 확인할 수 있습니다.

---

1   VS Code. "Debugging" https://code.visualstudio.com/docs/editor/debugging. Accessed June 7, 2023.

코드 편집기가 있는 오른쪽 화면을 보면 count = 0이라는 두 번째 줄에 색깔이 칠해져 있는 것이 확인됩니다. 이것은 아직 실행되지 않은 코드 줄이라는 의미입니다. 이 줄이 아직 실행되지 않은 이유는 우리가 붉은 점을 감싼 노란 화살표로 표시된 중단점을 이 코드 줄에 설정했기 때문입니다. 디버거를 시작하면 중단점인 count = 0을 실행하기 직전까지 코드가 실행됩니다.

화면 위쪽 정중앙에 나타난 디버그 도구 모음은 디버깅을 시작한 후의 프로세스에서 쓰입니다. 이 도구 모음을 사용하여 코드 줄을 실행하거나 디버깅을 재시작하거나 중지할 수 있습니다. 디버그 도구 모음 창의 버튼을 왼쪽에서 오른쪽으로 순서대로 설명하겠습니다.

- Continue (F5) – 이 버튼은 다음 중단점을 만나기 전까지 코드 줄을 계속 실행합니다. 이 예제에서는 count_words에만 중단점이 찍혀 있으므로 [Continue] 버튼을 클릭하면 프로그램 및 디버깅 세션이 끝까지 실행됩니다.

- Step Over (F10) – 이 버튼은 현재 선택된 코드 줄을 실행하고 다음 코드 줄로 이동합니다. [Step Over]는 이 함수의 코드 줄에서 다른 함수를 호출하는 경우(예: 네 번째 줄에서 word.lower()를 호출하는 경우) 디버거의 커서는 count_words 함수에 머무르며 호출된 함수(예: word.lower())를 실행하겠다는 의미입니다.

- Step Into (F11) – 이 버튼은 호출되는 모든 함수로 코드 줄을 이동하는 것을 포함하며, 다음 코드 줄을 실행합니다. [Step Into]를 사용하면 [Step Over]와 달리 디버거의 커서 위치가 현재 함수가 호출하는 다른 함수로도 이동합니다. 예를 들어, 다른 함수를 호출하는 코드 줄에서 [Step Into]를 사용하면 해당 함수로 이동해 그 함수 내부에서도 한 줄씩 디버깅을 진행합니다. 다른 라이브러리에서 불러온 함수를 호출(예: word.lower()는 파이썬 표준 라이브러리의 일부)할 때는 그 함수 안으로 진입하지 않지만, 사용자가 작성한 함수에 대해서는 단계적으로 진입하며 디버깅을 이어갑니다.

- Step Out (Shift + F11) – 이 버튼은 현재 함수가 종료될 때까지 코드를 실행한 다음, 이 함수가 종료된 이후로 커서를 옮겨 디버깅을 계속합니다.

- Restart (Ctrl + Shift + F5) – 이 버튼은 디버깅 프로세스를 재시작합니다. 프로그램을 재 시작하면 프로그램이 첫 번째 중단점까지 실행됩니다.

- Stop (Shift + F5) – 이 버튼은 디버깅 프로세스를 중지합니다.

코드를 한 줄씩 살펴보기

이제 디버거 사용법을 익혔으므로 [Step Over] 버튼을 사용해 예제를 계속 해결해 봅시다. [Step Over]를 한 번 클릭하고 화면이 어떻게 변경되는지 확인해 보겠습니다(그림 8.5).

[Step Over] 중단점인 두 번째 줄 다음 코드 줄인 세 번째 줄로 이동했습니다. 이는 코드 줄을 실행했음을 의미합니다.

```
count = 0
```

이제 다음 줄을 실행할 준비가 됐습니다.

```
for word in words:
```

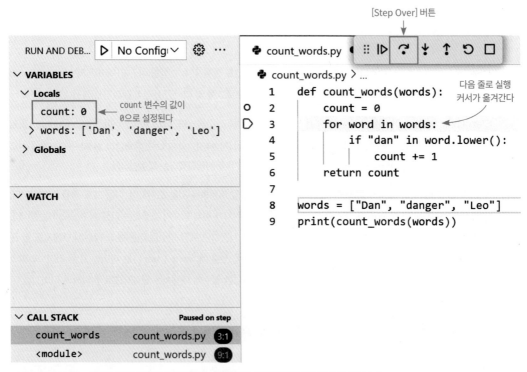

그림 8.5 [Step Over]를 한 번 누른 후의 디버거 화면. 이제 다음 줄(세 번째 줄)이 강조 표시됩니다.

[Step Over]를 실행하면 디버거의 여러 단서를 통해 두 번째 줄의 코드인 count = 0이 실행됐음이 확인됩니다. 먼저 오른쪽의 편집기 화면에서 세 번째 줄인 for 루프가 강조 표시되고 왼쪽의 화살표도 이 코드 줄을 가리키는 것을 볼 수 있습니다. 왼쪽의 호출 스택 창 숫자도 이제 count_words의 세 번째 줄이라는 의미로 3으로 바뀝니다. 가장 중요한 것은 변수 창의 왼쪽에서 이제 count라는 변수가 로컬 변수로 추가됐으며 값이 0이라고 알려줍니다. 이 마지막 변화에 주목하세요! 디버거가 코드를 한 줄씩 읽으면서 무슨 일이 일어나고 있는지를 추적한 결과입니다. 두 번째 줄의 count = 0이라는 코드를 실행했으니 메모리에 변수가 생성되고 값이 0으로 할당됐음을 의미합니다. VS Code 디버거로 이런 변화를 확인할 수 있습니다. 이 도구가 얼마나 강력한지 알아챘기를 바랍니다.

다시 [Step Over]를 클릭해 봅시다. 그리고 if 문이 있는 코드 줄에서 동작을 멈추겠습니다.

```
if "dan" in word.lower():
```

이제 메모리에 'Dan'이라는 값이 할당된 새 변수 word가 있음을 알 수 있으며, 이는 우리가 아는 대로 리스트 words의 첫 번째 요소 값이 word에 할당된 결과입니다. 변수 창을 활용하면 변수 값을 읽을 수 있을 뿐만 아니라 이미 선언된 변수 위에 마우스를 가져다 대면 해당 변수의 값도 확인할 수 있습니다. 꽤 멋지지 않나요?

[Step Over]를 한 번 더 클릭해 if 문의 조건을 만족하는지 확인해 봅시다. "dan" in word.lower()가 True로 평가되고 들여쓰기 내부의 코드 줄을 실행합니다.

```
count += 1
```

이제 요령이 생겼으니 [Step Over]를 몇 번 더 클릭해 봅시다. 처음 클릭하면 for 루프로 돌아가 count 의 값이 1로 증가하는 것이 확인됩니다. 다시 [Step Over]를 클릭하면 if 문에서 멈추고 이제 word 변수의 값이 'danger'로 바뀐 것이 확인됩니다. 여기서 멈추고 조사식을 추가하여 이 if 문이 어떤 동작을 하는지 확인해 봅시다. 조사식을 추가하려면 조사식 창에 마우스를 갖다 대고 WATCH라는 단어 오른쪽에 생기는 [+] 버튼을 클릭합니다. 그러면 원하는 내용을 입력할 수 있습니다. 그림 8.6에 표시된 것처럼 "dan" in word.lower()라고 확인하려는 표현식을 입력하고 [Enter] 키를 눌러 추가해 보겠습니다.

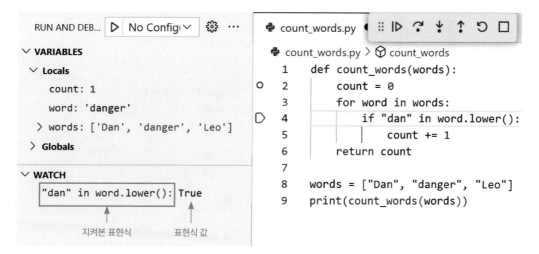

그림 8.6 조사식 창(Watch)에 표현식을 추가한 후 디버거 확인

이 방법을 사용하면 버그가 발견됩니다. `"dan" in word.lower()`라는 표현식은 True로 평가되며, 이는 count 변수의 값이 증가된다는 것을 의미합니다. 하지만 우리는 "Dan"이라는 단어와 정확히 일치하는 값만 세기를 원했고 "danger" 같은 단어는 세지 않기를 원했습니다!

지금까지 함수를 디버깅하는 방법을 차근차근 살펴봤습니다. 중단점을 만든 다음 디버거로 함수를 실행하면 한 번에 한 단계씩 코드 줄을 실행할 수 있습니다. 이 접근법을 사용하기 어려운 단 하나의 경우가 있습니다. 오류 코드 줄 전에 for 루프가 수많은 값을 실행하는 경우입니다. 이런 경우 디버깅에 많은 시간을 소모하지 않도록 특정 지점에 중단점을 설정합니다. 디버거를 중지하고(디버그 도구 모음에서 [Stop] 클릭), 두 번째 줄의 중단점을 제거한 다음(코드 줄 왼쪽의 빨간색 점 클릭), 다른 중단점을 시도해 봅시다.

중단점을 사용해 선택적으로 디버그하기

이번에는 좀 더 자세히 모니터링하고 싶은 코드 지점에 중단점을 설정해 보겠습니다. 한 단어만 포함될 것으로 예상했는데, count 변수의 결과가 2로 출력된 테스트 케이스를 바탕으로, 그림 8.7과 같이 count 변수의 값을 증가시키는 줄에 중단점을 추가해 보겠습니다.

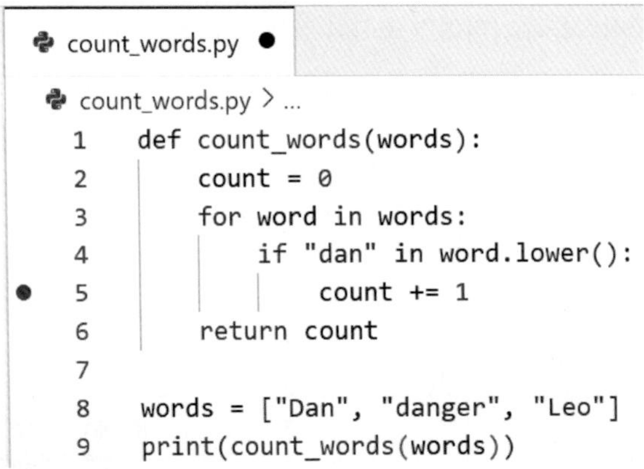

```python
count_words.py ●
count_words.py > ...
1    def count_words(words):
2        count = 0
3        for word in words:
4            if "dan" in word.lower():
5                count += 1
6        return count
7
8    words = ["Dan", "danger", "Leo"]
9    print(count_words(words))
```

그림 8.7 다섯 번째 줄에 새 중단점을 추가한 VS Code 화면

디버거를 시작하고 처음 실행되는 if 문은 True로 평가되고 count += 1이라는 다섯 번째 줄의 코드를 실행 전까지 코드가 동작합니다. 디버거를 시작하면 그림 8.8처럼 화면이 변할 것입니다.

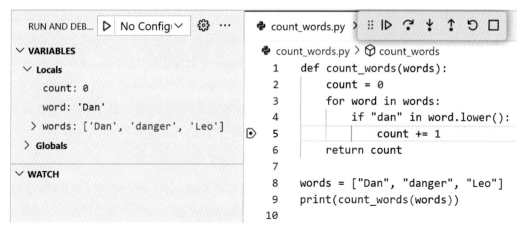

그림 8.8 디버거가 중단점(다섯 번째 줄)을 처음 만났을 때의 VS Code 화면

리스트의 어떤 항목이 count 변수의 값을 증가시키는지 확인하고 싶기 때문에 count 변수의 증가 시점에 중단점을 설정했습니다. 로컬 변수를 살펴보면 word의 값이 'Dan'이라는 것을 알 수 있으며, 바로 이때 count 변수가 증가하기를 원합니다. 이 동작은 우리가 원했던 것이므로 버그가 아닙니다.

이제 중단점을 제대로 활용할 차례입니다. 코드가 중단점에 다시 도달할 때까지 실행되게 하려면 디버그 도구 모음의 맨 앞에 있는 [Continue] 버튼을 클릭하면 됩니다. [Continue]를 클릭하면 그림 8.9와 같이 디버거 화면이 변경됩니다.

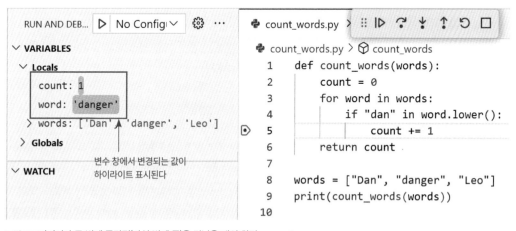

그림 8.9 디버거가 두 번째 중단점(다섯 번째 줄)을 만났을 때의 화면

변수 창에서 값이 바뀐 count와 word 변수에 대해 강조 표시가 생겨납니다. 이는 [Continue] 버튼을 클릭해 이 두 값이 변경됐음을 알려주기 위한 것입니다. 'Dan'이라는 단어를 찾은 후 count 변수 값은 예상대로 1로 증가했습니다. 그리고 변수 word의 값이 'danger'로 업데이트되었습니다. words 리스트에 'danger'라는 값이 있다고 count의 변수 값이 증가돼서는 안 됩니다. 이 시점에서 우리는 버그를 발견하게 됩니다. 이처럼 중단점을 어디에 추가하느냐는 버그를 찾는 속도에 영향을 미칩니다. 중단점을 배치하기에 가장 좋은 위치를 찾는 과정은 결국 앞 절에서 디버깅할 때 print 문을 삽입하기 좋은 위치와 매우 유사하다는 점이 보이나요? 결국 디버깅을 잘 하려면 시간과 연습이 필요합니다.

이 절에서는 VS Code의 디버거 기능이 얼마나 강력한지를 살펴봤습니다. 중단점을 설정하고 디버깅 세션을 시작하는 것은 매우 쉽습니다. 디버거가 함수의 변수를 모니터링하므로 코드가 실행되는 동안 디버그 사이드바를 통해 해당 변수를 조사할 수 있습니다.

8.3 찾아낸 버그를 수정하는 방법

기존 프로그래밍 학습에서 버그 수정은 입문자에게 설명하기 어려운 기술이었습니다. 그러나 코파일럿을 활용하면 다양한 방식으로 버그를 수정할 수 있습니다. 코파일럿에게 작성된 코드의 특정 버그를 수정하도록 요청하거나, 버그를 낸 부분을 더 구체적으로 설명하는 새로운 프롬프트를 제공하거나, 코드에서 잘못된 부분을 수정하도록 직접 버그가 생긴 코드 줄 위에 코파일럿에게 타기팅된 프롬프트를 제공하거나, 코파일럿으로 만든 코드를 뼈대로 하되 사소한 코드 오류는 개발자가 직접 수정하는 방법 등 다양합니다. 이번 절에서는 찾아낸 버그를 수정하는 구체적인 방법을 살펴보겠습니다.

8.3.1 채팅을 통해 코파일럿에게 버그 수정 요청하기

깃허브 코파일럿 챗

다음 예제에서는 코파일럿의 채팅 기능인 깃허브 코파일럿 챗을 사용해 코파일럿과 상호작용해 보겠습니다. 코파일럿 챗 기능은 ChatGPT처럼 질문으로 코파일럿과 상호작용할 수 있지만, 프로그래밍과 관련된 질문만 할 수 있게 제한되어 있습니다.

작성 당시에는 대기자 명단을 통해서만 이 기능을 이용할 수 있었지만, 현재는 코파일럿 가입자라면 누구나 사용할 수 있습니다.[2] 코파일럿을 가입하지 않았어도 이 절에서 사용한 방법과 같은 방식으로 ChatGPT(https://openai.com에서 무료 제공)와 상호작용할 수 있습니다. 우리는 최신 버전의 VS Code와 코파일럿 확장 기능에 채팅 인터페이스도 내장돼 있기 때문에 코파일럿 챗을 우선적으로 사용하겠습니다.

깃허브 코파일럿 챗 기능을 사용해 어떻게 디버깅을 할 수 있는지 알아봅시다. 이해를 돕기 위해 우리가 입력하는 프롬프트에는 '사람'을, 코파일럿의 응답에는 '코파일럿'이라는 표시를 사용하겠습니다.

사람　아래와 같이 매개변수로 사용하는 리스트 "words"에 "Dan"이라는 단어가 등장하는 횟수를 세는 함수를 작성하려 합니다. 그런데 "dan"이라는 문자열이 있기만 하면 무조건 횟수를 세는 오류가 발생했습니다. 아래 코드를 어떻게 수정해야 이 오류를 해결할 수 있을까요?

```python
def count_words(words):
    count = 0
        for word in words:
            if "dan" in word.lower():
                count += 1
    return count
```

코파일럿　물론이죠! 목록에서 "Dan"이라는 단어가 나타나는 횟수를 세려면 if 문을 수정하여 단어 자체가 "Dan"과 동일한지 확인할 수 있습니다(대소문자를 구분하지 않음). 여기 수정된 코드가 있습니다:

```python
def count_words(words):
    count = 0
    for word in words:
        if word.lower() == "dan":
            count += 1
    return count
```

이 코드는 목록에서 "Dan"(대소문자를 구분하지 않음) 단어가 나타나는 횟수를 카운트합니다

코파일럿 챗의 답변이 코드를 바꿨습니다.

```python
if "dan" in word.lower():
```

위 코드를 아래와 같이 변경했습니다.

```python
if word.lower() == "dan":
```

2　(옮긴이) VS Code의 왼쪽 [Extension] 탭을 클릭하고 'Github Copilot Chat'을 검색해 설치하면 VS Code의 화면 왼쪽에 채팅 메시지 같은 말풍선 모양의 탭이 생깁니다. 이 탭을 클릭하면 깃허브 코파일럿 챗을 사용할 수 있습니다.

변경된 코드는 사소해 보이지만 큰 차이가 있습니다. 기존 코드 줄은 단어를 .lower() 메서드로 모두 소문자로 바꾼 후 어느 부분에 "dan"이라는 단어가 있든지 count 변수의 값을 증가시켰습니다. 수정된 코드 줄은 word.lower() 메서드를 사용해 단어를 모두 소문자로 만든 후 해당 단어가 문자열 "dan"과 정확히 일치하는지 확인합니다.

코파일럿의 이 답변은 단어에 dan이 포함되는지가 아니라 전체 단어와 일치하는지를 찾게 되므로 정답에 한 걸음 더 가까워졌습니다.

그러나 .lower()를 호출하면 대소문자를 구분하지 않으므로 기존 코드(코드 8.3)에서 대소문자를 구분하던 방식(정확히 Dan이어야 함)과 달리 소문자로 시작하는 단어 dan과도 일치하게 됩니다. 우리는 대소문자를 구분하게 만들고 싶기 때문에 코파일럿 챗에 다음 질문을 이어나가면서 코파일럿이 이 문제를 해결하게 했습니다.

사람   같은 코드인데 "Dan"(대소문자 구분)이라는 단어만 셀 수 있게 변경이 가능할까요?

코파일럿 물론이죠! 다음은 "Dan"(대소문자 구분) 단어만 계산하는 수정된 코드입니다:

```python
def count_words(words):
    count = 0
    for word in words:
        if word == "Dan":
            count += 1
    return count
```

이 코드는 목록에서 "Dan"(대소문자 구분) 단어가 나타나는 횟수를 카운트합니다.

우리는 코드가 어떻게 오동작하는지를 이미 알기 때문에 코파일럿 챗으로 문제를 해결했습니다. 우리는 어떤 코드 줄이 문제인지를 명시적으로 알려주지 않았지만, 문제가 되는 코드나 코드 줄의 번호를 알고 있다면 채팅으로 함께 알려주면 됩니다. 이렇게 오류가 있는 코드 줄을 알려주면 코파일럿의 수정 사항이 해당 코드 줄을 변경하는지도 확인할 수 있다는 장점이 있습니다. 계속해서 버그를 수정하기 위한 다른 옵션을 살펴봅시다.

8.3.2 코파일럿에게 전체 함수를 새로 작성하도록 새 프롬프트 제공

앞 장에서 여러 번 함수 설계를 위한 프롬프트를 다시 작성했던 것을 기억할 겁니다. 프롬프트를 다시 작성하고 코파일럿이 더 나은 작업을 수행할 수 있는지 확인하고, 때로는 [Ctrl] + [Enter]를 사용해 코파일럿의 제안을 탐색하는 방법은 이미 여러 번 해봤으므로 여기서 반복하지 않겠습니다(예: 6.5.2절).

8.3.3 코파일럿에게 함수 일부에 대해 타기팅된 프롬프트 제공

이 장의 앞부분인 코드 8.3에서 이 기법을 사용했습니다. 이 내용을 코드 8.5에 재현해 보겠습니다.

코드 8.5 프롬프트를 사용해 알려진 버그 수정하기(코드 8.3과 같음)

```python
def count_words(words):
    count = 0
    for word in words:
        # only count words that are exactly "Dan"    ← 코파일럿이 올바른 코드를 생성하게
        if word == "Dan":                                하는 프롬프트
            count += 1
    return count
```

위 코드에서는 if "dan" in word.lower():라는 코드 줄이 우리가 원하는 대로 동작하지 않았습니다. 그래서 잘못된 코드를 제거하고, 코파일럿에게 원하는 작업을 정확히 설명한 프롬프트를 추가한 결과 올바른 코드를 얻었습니다.

8.3.4 직접 코드의 버그 부분 수정하기

지금부터는 잘못된 코드를 수정하는 새로운 방법을 설명하겠습니다. 이 책을 읽으면서 코드 읽는 법을 충분히 훈련했기 때문에 이제는 일부 코드를 직접 수정해 버그를 고칠 수 있을 겁니다. 예를 들어 코드 8.6과 같은 코드를 작성 중이라고 가정해 보겠습니다.

코드 8.6 특정 리스트에서 두 값 사이 범위에 해당하는 숫자의 개수를 세는 함수

```python
def count_between(numbers, x, y):
    count = 0
    for number in numbers:
        if number >= x and number <= y:
            count += 1
    return count
```

코드 8.6은 이 책의 앞부분에서 살펴본 함수입니다. 이 함수는 리스트에 있는 모든 숫자를 반복하며 각 숫자가 x 이상 y 이하의 값인지를 확인합니다. 만약 리스트의 요소가 x와 y 사이의 값이라면 count 변수의 값을 하나 증가시킵니다. 함수가 끝나면 변수 count의 값을 반환합니다. 리스트에서 x와 y 사이에 있는 숫자를 세는 것이 목표라면 이 코드는 올바른 코드입니다.

그러나 **사이**라는 용어가 모호할 수 있습니다. x와 y 자체는 해당 범위에 포함되는 걸까요, 아니면 x 초과, y 미만을 의미하는 걸까요? 이 함수가 x와 y라는 값은 포함하지 않는다고 가정해 보겠습니다. 이 경우, 예를 들어 목록이 2, 4, 8이고 x와 y 값을 각각 3과 8로 제공하면 count 변수의 값은 1(4는 포함하되 8은 포함하지 않음)이어야 합니다. 이런 경우를 가정하고 위의 코드 중 어느 부분을 수정해야 할지 아직 모른다고 가정해 봅시다.

코파일럿이나 우리가 만든 모든 함수와 마찬가지로 함수를 테스트해야 합니다. 첫 번째 테스트 케이스를 작성할 때 테스트 케이스에 다음과 같은 값을 포함해 보겠습니다. numbers 리스트에서 확인하려는 x(하한값)와 y(상한값)를 다음과 같이 설정합니다.

```
>>> numbers = [1, 2, 3, 4, 5, 6, 7, 8, 9]
>>> print(count_between(numbers, 3, 7))
5
```

프롬프트에서 코드를 테스트한 결과, 함수는 5를 반환합니다. 하지만 우리의 가정대로라면 답은 3이어야 합니다. **사이**에 대한 정의에 따르면 숫자 4, 5, 6만 3과 7 사이에 있으므로 답은 3이어야 하기 때문입니다. 이처럼 테스트 케이스를 확인해 함수가 현재 제대로 동작하지 않는다는 것을 파악했습니다.

코드를 살펴봐서 버그를 찾든, 이 장에서 다룬 디버깅 기법을 사용하여 버그를 찾든, 우리는 다음 코드 줄이 버그라는 점을 찾게 됩니다.

```
if number >= x and number <= y:
```

이 문제를 완전히 해결하려면 if 문을 다음과 같이 변경해야 합니다.

```
if number > x and number < y:
```

이 정도의 수정은 코파일럿의 도움을 받지 않고도 직접 할 수 있습니다. 코드 8.7은 수정을 완료한 코드입니다.

코드 8.7 리스트에서 두 값 사이의 숫자를 계산하는 기능 (직접 수정)

```
def count_between(numbers, x, y):
    count = 0
    for number in numbers:
        if number > x and number < y:        ◀──  >=를 > 부등호로, <=는 < 부등호로 직접 변경
            count += 1
    return count
```

8.4   새로운 기술을 사용해 함수 설계 주기 수정하기

좀 더 전문적인 방식으로 버그를 찾고 수정하는 방법을 배웠으니 6장에서 마지막으로 살펴본 설계 주기를 다시 살펴봅시다. 이 설계 주기는 단일 함수를 설계하는 방법에 관한 것이므로 7장에서 설명한 함수 분해 작업을 이미 완료해 적절한 함수를 결정했다고 가정합니다. 새 함수 설계 주기는 그림 8.10과 같습니다.

그림이 약간 복잡하지만, 대부분의 내용은 6장과 같습니다. 유일한 변경 사항은 디버깅을 작업 과정에 포함한다는 겁니다. 특히 프롬프트를 수정하려고 시도했지만 여전히 동작하는 코드를 얻을 수 없는 상황에는 디버깅이 필수적입니다. 이 장에서 배운 도구들을 사용하면 버그를 찾을 확률이 높아집니다. 버그를 발견하고 수정까지 잘 완료했다는 생각이 들면 그림 8.10에 나와 있는 것처럼 다시 코드를 테스트하여 수정 사항이 제대로 동작하는지(그리고 다른 테스트 케이스의 결과에 영향을 미치지는 않았는지) 확인합니다. 새로운 프롬프트를 통해 코드를 동작시킬 수도 없고 디버깅할 수도 없는 경우, 문제 분해로 버그를 찾는 경우가 많습니다. 즉, 아무리 노력해도 함수가 동작하지 않는다면 해당 함수를 여러 개의 함수로 나누어 작은 함수들을 작성해 나간다면 작업을 성공적으로 마칠 수 있습니다.

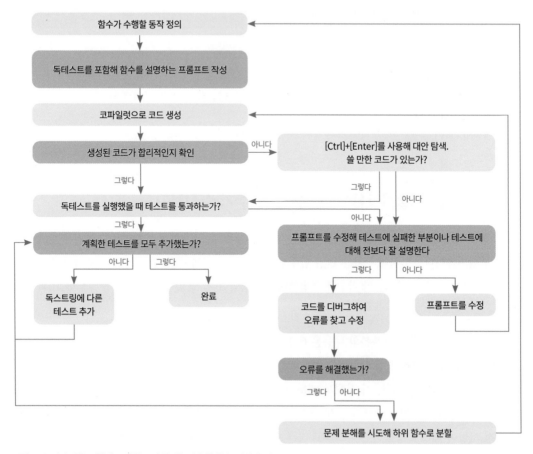

그림 8.10 디버깅을 포함해 보강한 코파일럿을 사용한 함수 설계 주기

8.5   새로운 문제에 디버깅 기술 적용하기

새로운 기술과 새로운 설계 주기를 통해 좀 더 까다로운 디버깅 문제를 해결해 보겠습니다. 6장에서 다룬 교실의 한 줄에 있는 빈 좌석의 최대 개수를 알아내는 문제를 기억하시나요? 이번 절에서도 비슷한 문제를 해결해 보겠습니다. 6장과 달리 빈 좌석을 찾는 대신 시험 전에 학생 간격을 더 넓게 배치하기 위해 연속으로 가장 많이 앉아 있는 학생 열을 계산한다고 가정해 보겠습니다. 프롬프트와 기본 독테스트를 작성해 코파일럿에게 코드를 생성하게 했습니다. 코드는 코드 8.8과 같습니다.

코드 8.8 연속으로 앉아있는 학생 수를 계산하기: 첫 번째 시도

```
def most_students(classroom):
    """
    classroom is a list of lists
    Each ' ' is an empty seat
    Each 'S' is a student
    Find the most students seated consecutively in a row
    >>> most_students([['S', ' ', 'S', ' ', 'S', 'S'],\
                       ['S', ' ', 'S', 'S', 'S', ' '],\
                       [' ', 'S', ' ', 'S', ' ', ' ']])
    3
    """
    # """
    # classroom은 리스트로 이루어진 리스트입니다
    # 각 ' '는 빈 좌석입니다
    # 각 'S'는 학생입니다
    # 한 줄에 연속으로 가장 많이 앉아 있는 학생 수를 찾습니다
    # """
    max_count = 0
    for row in classroom:
        count = 0
        for seat in row:
            if seat == 'S':
                count += 1
            else:
                if count > max_count:
                    max_count = count
                count = 0
    return max_count

import doctest
doctest.testmod(verbose=True)
```

코파일럿에 작성한
프롬프트

첫 번째 테스트 케이스

코파일럿이 생성한 코드

프롬프트에 작성한
독테스트를 실행하는 코드

이 장에서 다루는 주제가 디버깅이라는 점을 감안하면, 코드가 제대로 동작하지 않을 거라고 짐작할 수 있습니다. 코파일럿이 생성한 코드는 놓치기 쉬운 미묘한 버그를 포함하고 있습니다. 이미 발견했다고 하더라도, 발견하지 못했다고 가정하고 디버깅을 진행해 봅시다.

코파일럿이 생성한 코드를 읽어보면 연속해서 앉아있는 학생의 인원 수를 추적하는 듯합니다. 좌석에 학생이 앉아있는 것이 확인되면(리스트의 요소로 'S'가 들어 있으면) count 변수의 값이 증가합니다. 학생이 없으면 count 변수의 값이 max_count 변수의 값보다 큰지 확인하고 count 변수의 값을 초기화합니다. 방향성은 틀리지 않은 것 같습니다. 포함된 테스트 케이스 코드를 실행해 보니 테스트 케이스도 통과했습니다. 하지만 이 정도에서 만족하고 작업을 멈춰서는 안 됩니다! 엣지 케이스를 찾기 위한 테스트 케이스가 더 필요합니다(엣지 케이스는 코드 동작 시 잘못 동작할 수 있는 흔하지 않은 경우라는 점을 기억하세요).

리스트 자료형의 데이터로 작업할 때는 코드가 리스트의 시작과 끝 인덱스에서 올바른 작업을 수행하는지 확인해야 합니다. 리스트의 끝 인덱스에서 코드가 어떻게 동작하는지 확인하기 위해 연속해서 앉아있는 학생이 가장 많은 행에 마지막 좌석을 포함하는 테스트 케이스를 추가하고 코드를 다시 실행하겠습니다. 다음은 독스트링에 추가할 새 테스트 케이스입니다.

```
>>> most_students([['S', ' ', 'S', 'S', 'S', 'S'],\
                    ['S', ' ', 'S', 'S', 'S', ' '],\
                    [' ', 'S', ' ', 'S', ' ', ' ']])
4
```
← 연속적으로 앉아있는 학생이 가장 많은 행의 학생 수는 4명

코드를 다시 실행하면 테스트에 실패합니다. 결과는 다음과 같습니다(가독성을 위해 출력 형식을 다시 지정했습니다).

```
Trying:
    most_students([['S', ' ', 'S', 'S', 'S', 'S'],
                   ['S', ' ', 'S', 'S', 'S', ' '],
                   [' ', 'S', ' ', 'S', ' ', ' ']])
Expecting:
    4
**********************************************************************
File "c:\Copilot\max_consecutive.py",
line 12, in __main__.most_students

Failed example:
    most_students([['S', ' ', 'S', 'S', 'S', 'S'],
                   ['S', ' ', 'S', 'S', 'S', ' '],
                   [' ', 'S', ' ', 'S', ' ', ' ']])
```

```
Expected:
    4
Got:
    3
```

코드가 제대로 동작할 것 같았는데 이상합니다. 이 엣지 케이스에서 오류를 발견했습니다. 이 시점에서 코드가 제대로 동작하지 않는 이유에 대한 몇 가지 가설을 세워보면 디버깅 작업에 도움이 됩니다. (가설을 생각해 볼 여유가 없다면 우선 함수의 첫 번째 코드 줄에 중단점을 설정하고 한 줄씩 단계별로 살펴보는 접근 방식을 취할 수도 있습니다.) 다음은 오류에 대해 세워본 두 가지 가설입니다.

1. count 변수를 업데이트할 때 리스트의 마지막 요소를 건너뛰며 동작합니다.

2. max_count 변수를 업데이트할 때 리스트의 마지막 요소가 누락되며 동작합니다.

디버깅 프로세스를 단순화하기 위해 통과한 테스트와 관련된 코드는 제거하고(나중에 복원하기 위해 따로 보관해 두겠습니다) 실패하는 테스트 코드만 남겨두겠습니다. 다음 코드는 디버깅 프로세스를 시작하기 전의 전체 코드입니다.

코드 8.9 연속으로 앉아있는 학생 수를 계산하는 함수를 디버깅하기

```python
def most_students(classroom):    ◀── 실패한 테스트 케이스 표시
    """

    classroom is a list of lists
    Each ' ' is an empty seat
    Each 'S' is a student

    Find the most students seated consecutively in a row
    >>> most_students([['S', ' ', 'S', 'S', 'S', 'S'],\
                       ['S', ' ', 'S', 'S', 'S', ' '],\      첫 번째 테스트 케이스
                       [' ', 'S', ' ', 'S', ' ', ' ']])      실행하기
    4
    """
    # """
    # classroom은 리스트로 이루어진 리스트입니다
    # 각 ' '는 빈 좌석입니다
    # 각 'S'는 학생입니다

    # 한 줄에 연속으로 앉아 있는 가장 많은 학생 수를 찾습니다
```

```
    # """
    max_count = 0
    for row in classroom:
        count = 0
        for seat in row:
            if seat == 'S':
                count += 1
            else:
                if count > max_count:
                    max_count = count
                count = 0
    return max_count


import doctest
doctest.testmod(verbose=True)
```

첫 번째 가설인 리스트 끝에서 count 변수가 제대로 업데이트되고 있지 않는다는 가설부터 확인해 봅시다. 확인을 위해 count 변수의 값이 업데이트되는 시점에 중단점을 설정하겠습니다. 그림 8.11은 디버거가 실행되고 처음으로 일시 중지된 상태의 화면입니다.

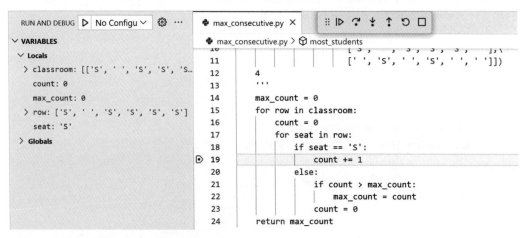

그림 8.11 count 변수의 첫 업데이트 전에 디버거 일시 중지

디버거의 변수 창을 확인해 보면 count 변수의 값은 여전히 0으로 아직 업데이트되지 않았습니다. 행이 ['S', ' ', 'S', 'S', 'S', 'S', 'S']이므로 첫 번째 테스트 케이스의 첫 번째 행에 있습니다. 우리가 보고 있는 자리는 'S'이며, 이것이 count 변수가 증가하는 이유입니다. 디버그 도구 모음에서 [Continue] 버튼을 클릭해 다음 count 변수의 업데이트를 확인해 보겠습니다. [Continue] 버튼을 클릭하면 디버거의 상태는 그림 8.12처럼 나타납니다.

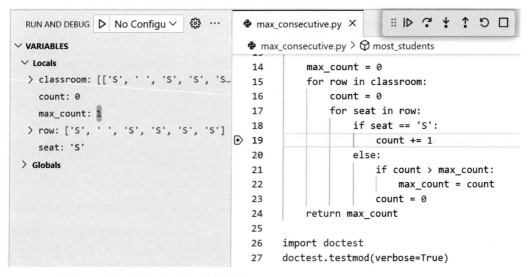

그림 8.12 두 번째 count 변수 업데이트 전 일시 중지된 디버거

max_count 변수가 1로 변경됐습니다. count 변수가 마지막으로 업데이트된 이후 꽤 많은 일이 발생한 것 같습니다. 이 동작은 max_count가 1로 설정되고 count가 다시 0으로 재설정될 때 발생한 것으로 확인됩니다. 이 시점에 우리는 학생이 있는 줄의 세 번째 좌석에 있고 count 변수를 업데이트할 준비가 됐습니다. 새 학생이 들어올 때마다 count 변수가 계속 증가하는지 확인해 봅시다. [Continue]를 클릭했더니 count 값이 1로 증가했습니다. [Continue]를 다시 클릭하면 count 값이 2로 증가합니다. [Continue]를 또 다시 클릭하면 count 값이 3으로 증가합니다. 이제 행의 마지막 학생을 확인할 차례입니다. [Continue] 버튼을 누르면 4로 증가하는지 확인해야 합니다. 이를 확인하기 위해 [Step Over] 버튼을 클릭하면 실제로 count 변수의 값이 4로 업데이트됩니다. 이 시점의 디버거 화면은 그림 8.13과 같습니다.

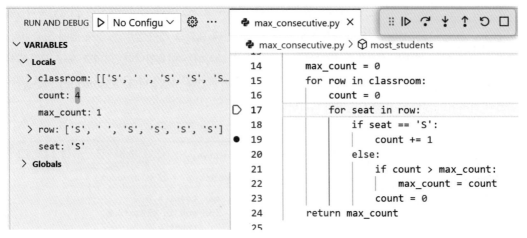

그림 8.13 count 변수를 네 번 연속 업데이트한 직후의 디버거 화면

지금까지 확인한 결과, 좋은 소식과 나쁜 소식이 있습니다. 좋은 소식은 count 변수가 제대로 업데이트되고 있다는 점입니다. 나쁜 소식은 첫 번째 가설이 틀렸고 아직 버그는 찾지 못했다는 점입니다. 이제 중단점을 max_count가 있는 줄로 옮겨 봅시다.

[Restart] 버튼을 클릭하고 두 번째 가설에 대한 디버깅 프로세스를 다시 시작할 차례입니다. 그 전에 현재 디버거의 count 변수 값이 4이므로 코드를 계속 추적해 max_count가 업데이트되는지 확인해 보겠습니다. 업데이트되지 않는다면 그 이유를 찾아봅시다.

[Step Over]를 클릭하기 전에 디버거에 이미 단서가 있습니다. 다음에 실행할 코드 줄이 좌석에 대한 코드라는 점입니다. 그러나 방금 확인한 값은 마지막 줄에 있는 학생에 대한 값입니다. 이는 곧 for 루프가 종료된다는 것을 의미합니다(루프의 본문을 다시 실행하지 않으므로 max_count는 업데이트될 수 없습니다). 이제 [Step Over]를 클릭해 어떤 일이 발생하는지 확인해 봅시다. 디버거의 상태는 그림 8.14와 같습니다.

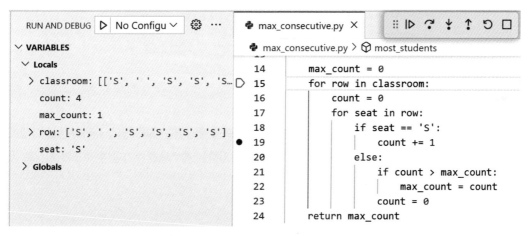

그림 8.14 첫 번째 행에 대한 for 루프를 완료한 후 디버거 상태

첫 번째 행의 요소들에 대한 처리가 완료됐으나 max_count가 업데이트되지 않았습니다. 다음 코드 줄은 두 번째 행을 선택하고, 그다음 코드 줄은 count 변수 값을 다시 0으로 설정합니다. 현재 최대 개수보다 큰 개수를 찾았음에도 불구하고 최대 개수를 업데이트하지 않고 행에 대한 루프를 완료했습니다. 아직 이 버그를 발견하지 못했다면 다음 번 max_count가 업데이트되어야 할 코드 줄에 도달할 때까지 [Continue] 버튼을 누르며 확인해보기 바랍니다. 그러면 버그가 더 명확해집니다.

현재 코드의 오류는 빈 좌석을 발견할 때만 max_count를 업데이트한다는 점입니다. 즉, 행의 마지막 요소가 학생('S')으로 끝나면 max_count 변수를 업데이트할지 확인하는 코드 줄이 실행되지 않습니다. 코드를 자세히 살펴보면 max_count를 업데이트할지 확인하는 조건문과 max_count 변수의 업데이트는 모두 if-else 문 외부나 count 변수가 업데이트된 직후에 이루어져야 합니다.

이 코드의 버그는 코드 두 줄의 위치만 이동하면 되므로 직접 수정하겠습니다. 코드 8.10은 수정한 코드입니다(테스트나 프롬프트 부분은 생략했습니다).

코드 8.10 연달아 앉은 최대 학생 수를 찾는 함수 수정

```python
def most_students(classroom):
    max_count = 0
    for row in classroom:
        count = 0
        for seat in row:
            if seat == 'S':
                count += 1
```

```
            if count > max_count:          max_count 변수에 대한 조건문을 count 변수의
                max_count = count          업데이트 직후 위치로 옮김

        else:
            count = 0
    return max_count
```

수정된 코드는 이전 코드와 기존 테스트가 실패했던 테스트를 통과했습니다. 행의 시작 부분에 학생이 연속해서 앉아있는 그룹이 나타날 때 코드가 동작하는지 확인하는 테스트를 추가한 후 코드가 제대로 동작한다는 확신이 생겼습니다.

8.6 디버거를 사용한 코드 이해

앞 절에서 이미 디버거의 유용성에 대해 깊은 인상을 받았으리라 생각합니다. 프로그래밍 입문자들이 가장 좌절하는 부분이 바로 코드를 추적하면서 변수의 동작을 파악하고 새로운 코드를 추가할 때마다 버그를 찾고 수정하는 과정입니다. 이전에는 이 과정에 많은 시간을 할애해야 했습니다. 실제로 프로그래밍 입문자에게 코드가 어떻게 실행되는지를 설명하기 위해 디버거보다 읽기 쉬운 메모리 상태 다이어그램을 생성하는 파이썬 튜터(Python Tutor)[3]라는 무료 웹사이트도 있습니다.

디버거를 사용하든 파이썬 튜터 같은 도구를 사용하든 이 책의 앞부분에서 작성한 코드 중 일부를 사용해 보기 바랍니다. 개인적으로 프로그래밍을 가르치면서 경험한 바에 따르면, 프로그램을 한 줄 한 줄 따라가며 변수의 상태가 어떻게 변하는지를 관찰하는 것은 프로그래밍에 익숙해지는 매우 좋은 방법입니다.

8.7 디버깅 시 주의할 점

때때로 프로그래밍 입문자 수준에서 해결하기 힘든 버그를 만날 때도 있습니다.[4] 누구나 자신이 작성한 코드가 동작하지 않을 때 버그를 찾아 수정하는 데 많은 시간을 소비합니다. 이때 느껴지는 좌절감을 극복하는 데 도움이 되는 몇 가지 방법을 소개하겠습니다. 첫째, 문제 분해를 사용하면 디버깅 없이 코파일럿에서 바로 새로운 코드를 얻을 수 있습니다. 둘째, 숙련자인 저자들조차도 가끔 잘못된 코드를 작성한

---

3 "파이썬 튜터" https://pythontutor.com/. Accessed June 7, 2023.
4 J. Gorson, K. Cunningham, M. Worsley, and E. O'Rourke. "Using Electrodermal Activity Measurements to Understand Student Emotions While Programming." In Proceedings of the 2022 ACM Conf. on Intl. Comp. Education Research, 1 (Aug. 2022), 105–119

다는 점을 기억하세요. 이는 프로그래밍 과정의 자연스러운 부분이며 약간의 연습이 필요한 부분입니다. 마지막으로, 항상, 꼭, 작성한 모든 함수를 테스트하는 습관을 기르세요. 프로그래밍 입문자들이 디버깅에 어려움을 겪는 경우 대부분은 각 함수를 충분히 테스트하지 않아서 여러 함수가 상호작용하며 만들어내는 버그가 남아 있기 때문입니다. 이렇게 여러 함수의 동작이 겹치며 생긴 오류들은 버그를 찾고 해결하기가 어렵습니다.

상호작용하는 버그를 디버깅하는 것은 매우 괴로운 일이기 때문에 우리가 작성하는 모든 함수를 일일이 테스트하는 것은 매우 중요합니다.

작성하는 모든 함수를 테스트하고 문제를 관리하기 쉬운 작은 단계로 부지런히 나누면 디버깅을 자주 할 필요가 없어집니다. 디버깅을 하더라도 하나의 함수 단위에서 발생하는 오류를 디버깅하게 되는데, 이는 지구상의 모든 개발자가 기본적으로 하는 일입니다. 조금만 연습하면 익숙해질 것입니다.

요약

- 디버깅은 코드에서 오류를 찾아서 수정하는 중요한 기술입니다.

- print 문은 코드에서 어떤 일이 일어나고 있는지 파악하는 효과적인 방법입니다.

- VS Code 디버거는 코드에서 어떤 일이 일어나고 있는지 파악하는 또 다른 방법으로, 코드 실행 시 변수의 변화를 모니터링하는 강력한 기능을 제공합니다.

- 오류가 발견될 때 코파일럿을 사용해 오류를 수정하는 방법도 있지만, 이 방법이 실패하면 코드를 직접 수정해야 합니다.

- 함수 설계 주기에는 디버깅 과정이 포함되며, 디버깅 기술을 익히면 원하는 소프트웨어를 더 쉽게 작성할 수 있습니다.

- VS Code 디버거는 코드 동작 방식을 자세히 살펴볼 수 있는 강력한 도구입니다.

09

반복적인 작업의
자동화

이 장에서는 다음 내용을 다룹니다.

- 도구(Tool)를 프로그래밍하는 이유
- 프로그램 작성에 필요한 모듈 결정하기
- 이메일 정리 자동화
- PDF 파일 조작 자동화
- 연인과 찍은 휴대폰 사진을 한곳에 정리하기

여러분이 교사로서 100명의 학생을 담당하고 있고, 각 학생에 대한 보고서를 작성하고 완성한 보고서를 각 학생에게 보내야 한다고 가정해 봅시다. 또는 인사팀에 근무하고 있어서, 연말을 맞아 각 직원에게 연례 평가 보고서를 보내야 할 수도 있습니다. 이처럼 비슷한 형식의 보고서를 여러 개 작성해야 하는 경우를 가정해 봅시다. 보고서는 pdf 파일로 작성할 예정이며, 각 보고서의 앞 장에는 받을 사람 이름이 적힌 표지가 필요한데, 이 표지는 동료(그래픽 디자이너)가 디자인하고 있습니다.

마감까지 시간이 촉박하기 때문에 여러분은 내용을, 디자이너는 표지 디자인을 각각 작업한 뒤 한번에 합치기로 했습니다. 드디어 각자 분담한 역할을 마쳤고 이제 독립적으로 한 작업을 합치면 작업이 완료됩니다. 아이고, 끝인 줄 알았더니 새로운 시작이군요. 각 보고서 파일의 첫 페이지에 표지를 넣어야 하기 때문입니다.

이때 개발자가 아닌 사람이라면 이미 완성한 보고서 파일을 매번 다시 열어 표지를 보고서와 수동으로 병합하는 지루하고 반복적인 작업을 일일이 할 겁니다.

이 반복 작업에만 몇 시간이 걸릴 수도 있습니다. 개발자가 아닌 사람은 다른 방법이 있다는 사실을 모르기 때문에 작업이 완료될 때까지 그냥 밀어붙이는 수밖에 없습니다.

하지만 우리는 개발자입니다. 대부분 개발자는 절대로 이런 수작업을 하지 않습니다.

이 장에서는 지루한 작업을 자동화하는 프로그램을 작성하는 방법을 보여드리겠습니다. 이 장의 두 번째 예제에서는 '보고서와 표지 병합' 상황을 자동화합니다. 이번 장의 예제를 익히면 다른 작업도 자동화할 수 있습니다. 예를 들어 답장이나 회신을 여러 번 주고받으면서 ㅣ 같은 기호나 들여쓰기가 섞인 이메일을 정리해서 별도의 파일로 저장하는 작업도 자동화해 볼 예정입니다.

> 2023년 3월 2일
> 안녕하세요. 전화통화로 문의 주신 프로젝트 개발 2차 회의 관련 내용을 안내드립니다.
>
> - 다음 회의 일정: 2023년 3월 16일 오후 3시
> - 장소: 본사 14F 회의실B
> - 회의 주제: 서버 구축 관련 아키텍처 및 예상 비용 논의
>
> 더 자세한 내용이나 궁금한 사항이 있으시면 언제든지 연락 주시기 바랍니다.

이런 규칙적인 기호 말입니다.

혹은 가족들에게 각각 수백 장의 함께 찍은 사진이 담긴 여러 대의 휴대폰이 있는데, 이를 모두 한곳에 모아 잃어버리지 않고 보관하고 싶었던 경험은 없으신가요? 이 장에서는 이러한 작업을 자동화하는 방법을 보여드리겠습니다.

9.1   도구를 프로그래밍하는 이유

개발자들이 입을 모아 하는 말이 있습니다. '개발자는 게으르다'는 말입니다. 이 말은 일하고 싶지 않다는 뜻이 아닙니다. **반복적이어서 지루하거나 따분한 작업**은 컴퓨터가 잘하는데 굳이 사람이 하고 싶지 않다는 뜻입니다. 개발자는 이런 종류의 지루한 작업에 대해 유독 예민하게 반응합니다. 이 책의 저자 중 한 명인 레오가 수백 장의 사진을 가지고 있는데, 그중 중복된 사진을 삭제하고 싶다고 가정해 봅시다. 이 작업을 직접 하려면 쉽지 않을 겁니다. 또 다른 저자 다니엘은 학생 개개인에게 맞춤형 이메일을 보내야 한다고 가정해 보겠습니다. 학생 수가 많아지면 수작업으로 이 작업을 수행할 수 없습니다. 개발자는 키보드에서 같은 키를 몇 번 반복하거나 같은 단계를 반복해서 작업한다는 사실을 알아차리는 즉시 작업을 중단하고 이를 자동화하는 도구를 만들 것입니다.

개발자가 말하는 도구란 그들을 대신해서 반복 작업을 수행해줌으로써 시간을 절약하게 해주는 프로그램을 의미합니다. 도구는 최종 목표가 아니며, 도구를 작성하는 작업은 지루하고 매력적이지 않게 느껴질 때도 많습니다. 하지만 일단 도구가 있으면 반복적인 작업을 하느라 버리는 시간을 아낄 수 있습니다. 어떤 도구는 특정 작업에 한 번만 사용하고 다시는 사용할 일이 없기도 합니다. 하지만 대개는 도구의 목적에 맞춰 꾸준히 사용하거나 약간의 수정으로 유사한 작업에 유용하게 재사용하는 경우가 많습니다. 예를 들어, 다니엘은 각 과목의 강의를 마친 후 자신이 만든 프로그램을 사용해 모든 학생의 성적을 취합하여 학교 당국에 제출합니다. 그는 매번 도구를 약간씩 수정하지만(예를 들어 각 과제의 가중치를 변경하는 등), 미리 만들어 놓은 도구를 조금 수정할 뿐입니다.

코파일럿 사용의 가장 큰 장점은 이러한 도구를 더 쉽게 작성할 수 있다는 것입니다. 한 개발자는 다음과 같이 말합니다. "개발자들은 도구가 중요하고 효과적인 도구를 만드는 것이 어렵다는 것을 알고 있지만, 경영진은 도구의 필요성에 대해 관심이 없거나 이해하지 못합니다. 이것이 전문가와 비전문가의 차이점입니다. 코파일럿 덕분에 프로그래밍을 통해 가려운 곳을 긁어줄 수 있는 양질의 도구를 하루에 두세 개씩도 너끈히 만들 수 있게 되었습니다."[1]

9.2   코파일럿을 사용해 도구 작성하기

5장에서 살펴본 것처럼 원하는 프로그램을 작성하기 위해 모듈을 사용할 때가 있습니다. 일부 모듈은 파이썬에 내장돼 있습니다. 예를 들어, 5장에서는 .zip 파일을 만들기 위해 내장된 zipfile 모듈을 사용했습니다. 어떤 모듈은 내장돼 있지 않으므로 먼저 설치를 해야 사용할 수 있습니다. 2장에서 쿼터백 선수들의 데이터를 시각화할 때 사용한 맷플롯립 모듈이 바로 그런 경우입니다.

도구를 만들어 사용할 정도의 반복 작업은 특수한 데이터 형식(ZIP 파일, PDF 파일, 엑셀 스프레드시트, 이미지)이거나 특수한 작업(이메일 보내기, 웹사이트와의 상호작용, 파일 이동 등)을 수행하는 경우가 많습니다. 그래서 대부분의 경우 모듈을 사용합니다. 그렇다면 어떤 모듈을 사용해야 할까요? 내장 모듈인가요, 아니면 설치가 필요한가요? 이 질문은 도구를 개발할 때 가장 먼저 해야 할 질문입니다.

다행히도 코파일럿의 채팅 기능(또는 ChatGPT)은 이런 질문에도 답변해 줍니다. 이미 8장에서 코파일럿 챗 기능을 살펴봤습니다. 다시 한번 말씀드리자면, 코파일럿 챗 기능은 VS Code IDE(통합 개발 환경)에 내장돼 있고 코파일럿 챗에 현재 작성 중인 코드를 첨부하는 방식을 사용하면 우리가 작업하고 있는 파일 등을 바로 반영해 코드 요청에 사용할 수 있기 때문에 편리합니다.

---

1   M. Odendahl, "LLMs Will Fundamentally Change Software Engineering," https://dev.to/wesen/llms-will-fundamentally-change-software-engineering-3oj8, Accessed June 2, 2023.

먼저 코파일럿과 대화를 통해 어떤 모듈을 사용할지 결정합니다. 필요한 모듈을 파악하고 설치하고 나면 도구의 코드를 작성할 차례입니다. 해왔던 방식대로 함수 헤더와 독스트링을 작성하고 코파일럿이 코드를 채우도록 합니다. 코파일럿이 코드 작성을 시작하면 코드의 정확성을 확인하고, 버그를 수정하고, 문제를 분해하는 등 이전 챕터에서와 동일한 단계를 거칩니다. (이 장에서는 작업 자동화 도구 작성에 집중하기 위해 이 과정에 소요되는 시간을 최소화하겠습니다.)

함수나 독스트링을 우리가 작성하는 과정은 생략하고 코파일럿이나 ChatGPT에 전체 도구를 작성해 달라고 요청할 수도 있습니다. 하지만 이 책에서는 코드를 함수화하는 것이 가치 있는 일이라고 생각하기 때문에 그렇게 하지는 않겠습니다. 코드를 함수화하면 코드를 문서화하여 개발자가 코드가 무엇을 하는지 알 수 있게 해주며, 향후 도구의 동작을 변경할 일이 생겼을 때 함수에 매개변수를 추가하거나 하는 작은 수정만 하면 되는 유연성을 확보할 수 있습니다.

9.3 예시 1: 이메일 텍스트 정리

때때로 답장과 전달을 너무 많이 받아서 메일 스레드에 | 같은 기호나 공백이 많아 이메일이 지저분해지는 경우가 있습니다. 다음은 이러한 이메일의 예시입니다.

```
||| Hi Leo,
|| Dan -- any luck with your natural language research?
||| Yes! That website you showed me
https://www.kaggle.com/
||| is very useful. I found a dataset on there that collects
a lot
||| of questions and answers that might be useful to my research.
||| Thank you,
||| Dan
```

이런 이메일을 나중을 위해 저장한다고 가정해 봅시다. 줄의 시작 부분에 있는 | 기호와 공백은 삭제하면 좋을 것입니다. 위의 이메일은 길지 않으므로 수동으로 삭제해도 되겠지만, 아주 긴 메일은 어떻게 해야 할까요? 이번 절에서는 위와 같은 작업을 할 때 사용할 수 있는 범용 도구를 설계해 보겠습니다. 한번 만들어 놓으면 이메일의 길이가 다섯 줄이든, 백 줄이든, 백만 줄이든 상관없이 도구를 재사용할 수 있습니다.

9.3.1 코파일럿과 대화하기

지저분한 이메일을 깨끗하게 정리하는 도구에 집어넣으려면 어떤 방법이 좋을까요? 한 가지 방법은 먼저 이메일의 텍스트를 클립보드에 복사합니다(운영체제에서 [Ctrl]+[C] 같은 클립보드 복사 명령 사용). 그다음에 도구를 실행하면 도구가 이메일을 정리하고 클립보드의 내용을 정리된 버전으로 바꾸도록 만들겠습니다. 이 도구가 합리적인 작업을 수행하게 하기 위해 클립보드에 이메일 텍스트가 있다고 가정합니다. 이 도구는 각 줄 시작 부분의 | 기호와 공백 문자를 제거하여 새로 정리된 이메일을 원하는 곳에 붙여넣을 수 있게 해줍니다(운영체제에서 [Ctrl]+[V]와 같은 붙여넣기 명령 사용). 파이썬의 경우 클립보드 내용을 문자열로 가져와(즉, 클립보드의 내용을 복사) 정리한 다음 정리된 새 텍스트를 클립보드에 다시 붙여넣어 이전에 클립보드에 남아있던 지저분한 이메일을 대체합니다.

파이썬으로 만든 프로그램에서 클립보드에 접근하게 하려면 어떻게 해야 할까요? 이것이 우리가 알아내야 할 사항이며, 코파일럿에게 물어볼 질문입니다. 8장과 마찬가지로, 우리가 입력할 프롬프트에는 '사람', 코파일럿의 응답에는 '코파일럿'이라고 표시하겠습니다. 이 글을 읽는 시점에 코파일럿 챗 기능을 사용할 수 없다면 ChatGPT를 사용해 비슷한 대화를 할 수 있습니다.

예제에서는 코파일럿과의 채팅으로 되도록 여러 방법을 탐색하고 최종 해결책을 정할 것입니다. 예제를 이용해 접근법을 익히면서 왜 이렇게 하는지 설명하겠습니다. 간접적인 접근법으로 프로그래밍할 때는 이 방법을 참조하기 바랍니다. 코파일럿은 응답에 상당한 양의 샘플 코드를 제공합니다. 이때 생성된 코드를 가볍게 훑어보되 너무 깊이 파고들지는 마세요. 탐색을 마치고 계획을 세울 때 코드의 세부 사항을 더 자세히 살펴볼 예정입니다. 이제 학습을 시작하겠습니다!

사람   클립보드를 이용해서 복사 및 붙여넣기를 할 수 있는 파이썬 프로그램을 작성하고 싶습니다. 어떤 방법을 사용할 수 있을까요?

코파일럿 파이썬의 pyperclip 모듈을 사용하면 클립보드에 액세스할 수 있습니다. 클립보드를 사용하여 복사 및 붙여넣기를 할 수 있는 예제 프로그램은 다음과 같습니다:

```python
import pyperclip

# Copy to clipboard
pyperclip.copy('Hello, world!')

# Paste from clipboard
text = pyperclip.paste()
```

```
print(text)
```
```

이 프로그램은 우선 파이퍼클립 모듈을 가져옵니다. 그런 다음 copy() 함수로 클립보드에 Hello, world!라는 문자열을 복사합니다. 마지막으로 paste() 함수를 이용해 클립보드의 내용을 텍스트 변수에 붙여넣고 결과를 출력합니다. 터미널에서 pip install pyperclip을 실행하면 pip를 이용해 파이퍼클립 모듈을 설치할 수 있습니다

우리는 코파일럿의 답변 덕분에 파이퍼클립 모듈을 사용하면 파이썬 프로그램에서 클립보드와 상호작용할 수 있다는 것을 알아냈습니다. 제공된 샘플 코드는 프로그램에서 클립보드로 내용을 복사하고 클립보드의 내용을 변수에 붙여넣는 방법까지 보여줍니다. 프로그램을 완성하기 위한 첫 발을 크게 내딛었습니다!

응답의 마지막 문단에서는 파이퍼클립 모듈의 설치 방법을 알려줍니다. 아하! 파이퍼클립은 파이썬과 함께 기본으로 제공되지 않나 봅니다. 모듈을 설치하는 방법을 이미 알고 있긴 하지만(2장부터 맷플롯립을 사용하여 설치했습니다), 설명대로만 따라해도 되니 몰라도 걱정할 필요가 없습니다. 이제 더 나은 방법이 있는지 코파일럿에게 물어보겠습니다.

**사람** **따로 모듈을 설치하지 않는 방법은 없을까요?**

**코파일럿** 파이썬과 함께 제공되는 tkinter 모듈을 사용하여 클립보드에 액세스할 수 있습니다. 다음은 추가 모듈을 설치하지 않고 클립보드를 사용하여 복사 및 붙여넣기를 할 수 있는 예제 코드입니다:

```python
import tkinter as tk

# Create a Tkinter window
root = tk.Tk()

# Hide the window
root.withdraw()

# Copy to clipboard
root.clipboard_clear()
root.clipboard_append('Hello, world!')

# Paste from clipboard
text = root.clipboard_get()
```
```

```
print(text)
```

이 프로그램은 먼저 Tk() 함수를 사용하여 숨겨진 tkinter 창을 생성하고 withdraw() 메서드로 가립니다. 그런 다음 clipboard_clear() 메서드를 사용해 클립보드를 지우고 clipboard_append() 메서드로 클립보드에 문자열 'Hello, world!'를 추가합니다. 마지막으로, 클립보드의 내용을 검색하기 위해 clipboard_get() 메서드를 호출해 결과를 인쇄합니다.

이 방법은 리눅스 또는 맥OS의 데스크톱 환경이나 윈도우의 윈도우 데스크톱과 같은 그래픽 환경에서만 작동합니다. 터미널 전용 환경에서 파이썬을 실행하는 경우 클립보드에 액세스하려면 다른 방법을 사용해야 합니다.

이번 응답은 첫 번째 응답보다 나은 대안 같기도 하고 아닌 것 같기도 합니다. 나은 대안책으로 여겨지는 이유는 코파일럿이 알려준 tkinter 모듈이 파이썬에 내장되어 있다는 사실 때문입니다. 그렇지 않다고 생각되는 이유는 '이 메서드는 그래픽 환경을 사용할 수 있는 경우에만 동작한다'는 사실 때문입니다. 파이썬 설정에서 그래픽 환경을 사용할 수 있을까요? 코드를 사용해 확인해 볼 수는 있지만, 해본 적 없는 내용이기 때문에 잠시 주춤하게 됩니다. 잘 모르겠지만, 첫 번째 응답에 있던 파이퍼클립 모듈을 활용한 방법에는 이런 요구 사항이 없었기 때문에 첫 번째 응답이 더 간편한 방법일 수도 있습니다. 코파일럿에게 다시 질문해 봅시다.

사람   모듈을 설치하지 않고 이 작업을 수행하는 또 다른 방법은 없을까요?

코파일럿 예, 윈도우의 표준 라이브러리에 포함된 win32clipboard 모듈로 클립보드에 액세스할 수 있습니다. 다음은 추가 모듈을 설치하지 않고 클립보드를 사용하여 복사 및 붙여넣기를 할 수 있는 예제 코드입니다:

```python
import win32clipboard

# Copy to clipboard
text = "Hello, world!"
win32clipboard.OpenClipboard()
win32clipboard.EmptyClipboard()
win32clipboard.SetClipboardText(text)
win32clipboard.CloseClipboard()

# Paste from clipboard
win32clipboard.OpenClipboard()
pasted_text = win32clipboard.GetClipboardData()
win32clipboard.CloseClipboard()
```

```
print(pasted_text)
`````
```

이 프로그램은 먼저 `win32clipboard` 모듈을 가져옵니다. 클립보드에 텍스트를 복사하려면 `OpenClipboard()` 함수를 호출하여 클립보드를 열고 `EmptyClipboard()` 함수를 호출해 기존 데이터를 지웁니다. 마지막으로 `SetClipboardText()`를 호출해 클립보드의 텍스트를 설정합니다. 텍스트를 설정한 후에는 `CloseClipboard()` 함수로 클립보드를 닫습니다.

클립보드의 내용을 붙여넣으려면 `OpenClipboard()`를 호출해 클립보드를 연 다음 `GetClipboardData()` 함수로 텍스트를 가져옵니다. 텍스트를 가져온 후에는 `CloseClipboard()`로 클립보드를 닫습니다. 이 예제에서는 "Hello, world!"라는 텍스트를 클립보드에 복사한 다음 붙여넣고 콘솔에 인쇄합니다.

'윈도우의 표준 라이브러리'라고요? 이 경우 다른 운영체제에서는 우리가 만든 도구가 동작하지 않을 수 있다는 뜻이므로 우려가 됩니다. 어디 한번 확인해 봅시다.

**사람**   **이 코드가 맥에서도 동작할까요?**

**코파일럿**   아니요. `win32clipboard` 모듈은 윈도우 전용이므로 리눅스나 맥 OS에서는 작동하지 않습니다. 리눅스에서는 `xclip` 명령줄 유틸리티를 사용하여 클립보드에 액세스하면 됩니다. 리눅스에서 클립보드를 사용하여 복사 및 붙여넣기를 할 수 있는 예제 프로그램은 아래와 같습니다:

```python
import subprocess

# Copy to clipboard
text = "Hello, world!"
subprocess.run(['xclip', '-selection', 'clipboard'], input=text.
encode('utf-8'))

# Paste from clipboard
p = subprocess.Popen(['xclip', '-selection', 'clipboard', '-o'],
stdout=subprocess.PIPE)
pasted_text = p.stdout.read().decode('utf-8')
print(pasted_text)
```

이 프로그램은 `subprocess` 모듈을 사용해 `xclip` 명령줄 유틸리티를 실행합니다. 클립보드에 텍스트를 복사하려면 `subprocess.run()`을 호출하고 `xclip` 명령에 복사할 클립보드를 선택하는 옵션과 복사할 텍스트에 입력할 입력 매개변수를 지정합니다. 클립보드에서 붙여넣기를 하려면 `subprocess.Popen()` 함수를 호출하면서 `xclip` 명령에 복사할 텍스트를 선택해
```

클립보드 -o 옵션과 함께 전달한 다음 Popen 개체의 `stdout` 속성을 사용하여 명령의 출력을 읽습니다. 이 예에서 프로그램은 Hello, world!라는 텍스트를 클립보드에 복사한 다음 붙여넣기하여 콘솔에 인쇄합니다.

맥 OS에서는 `pbcopy`와 `pbpaste`라는 명령줄 유틸리티를 사용해 클립보드에 액세스할 수 있습니다. 사용법은 `xclip`과 비슷합니다.

코파일럿은 운영체제에 특화된 서로 다른 코드를 생성했습니다. 그러나 우리는 운영체제에 구애받지 않고 동작하는 도구를 원합니다. (지금은 윈도우에서만 사용하더라도 언젠가 다른 운영체제를 사용하는 다른 사람이 이 도구를 사용할 수도 있으니까요.)

계속 대화를 이어가며 다른 방법을 찾아볼 수도 있겠지만, 지금 생각해 보면 파이퍼클립 모듈 하나만 설치하는 것도 괜찮은 방법 같습니다. 모듈 탐색은 완료하고 다음 단계로 넘어가 보겠습니다. 도구 작성 방법을 결정할 때 여러 선택지를 탐색하는 것은 꽤 유용한 작업이며, 코파일럿과의 대화는 이러한 탐색을 수행하는 데 도움이 됩니다.

왜 여러 선택지를 탐색해야 할까?

코파일럿 챗으로 모듈을 탐색할 때 첫 번째 응답 결과에만 의존하면 안 되는 몇 가지 이유를 살펴봅시다.

1. 모듈이 모든 운영체제에서 동작하지 않을 수 있습니다. 일반적으로 도구를 만들 때는 여러 운영체제에서 동작하는 모듈을 찾아서 사용자(나중에 운영체제를 전환하는 경우) 또는 도구를 공유받은 다른 사람들도 도구를 사용할 수 있도록 작성해야 합니다.

2. 코파일럿이 추천한 모듈이 현재 작성하려는 도구에 맞지 않거나 코드가 동작하게 하기에 어려움을 겪을 수도 있습니다. 이때 다른 선택지들도 염두에 두고 있다면 막힌 부분에 너무 많은 시간을 투자하기 전에 다른 선택지를 먼저 시도해 보는 게 좋습니다.

3. 모듈은 자주 업데이트됩니다. 보통은 새로운 기능을 추가하고 버그를 수정하기 위한 것이지만, 이 과정에서 함수가 제거되거나 변경되기도 합니다. 모듈 작성자가 함수를 제거하는 것을 사용 중단(deprecated)이라고 부릅니다. 사용 중단된 함수는 동작하지 않을 수 있으므로 대체 기능을 찾아야 합니다. 코파일럿은 매일 코드를 학습하는 것이 아니라 주기적으로 학습하므로 코파일럿이 학습했던 모듈의 새 버전이 나오면 업데이트 내용을 반영하지 못합니다. 이로 인해 이전 버전에서만 동작하는 코드를 제안할 수 있습니다. 이 장의 뒷부분에서 살펴볼 것처럼 이런 부분을 특정해 지시하는 방법도 있긴 하지만, 문제가 발생했을 때 다른 선택지를 고려하는 것도 필요합니다.

9.3.2 이메일 정리를 위한 도구 작성하기

가장 먼저 해야 할 일은 파이퍼클립 모듈을 설치하는 것입니다. 이를 위해서는 VS Code의 오른쪽 하단에 있는 터미널에 `pip install pyperclip`을 입력해야 합니다. (시간이 좀 지났지만, 2장에서 같은 방법으로 맷플롯립 모듈을 설치한 적이 있습니다.)

모듈 설치를 완료하고 나면 모듈을 임포트한 다음 행의 시작 부분에서 |와 공백 문자를 제거하는 함수의 헤더와 독스트링을 작성할 수 있습니다. 모듈을 먼저 임포트하는 이유는 코파일럿이 함수 코드를 작성할 때 해당 모듈을 사용하도록 하기 위해서입니다. 우리가 사용한 프롬프트와 코파일럿이 제공한 코드를 살펴보겠습니다.

코드 9.1 클립보드에서 이메일 텍스트를 정리하는 코드: 첫 번째 시도

```python
import pyperclip


def clean_email():
    """
    The clipboard contains lines of text.
    Clean up the text by removing any | or space
    characters from the beginning of each line.
    Replace the clipboard with the cleaned text.
    """
    # """
    # 클립보드에는 텍스트의 줄들이 포함되어 있습니다.
    # 각 줄의 시작 부분에서 | 또는 공백 문자를 제거하여 텍스트를 정리합니다.
    # 클립보드를 정리된 텍스트로 대체합니다.
    # """
    text = pyperclip.paste()          # ◀── 현재 클립보드에 저장된 내용을 text 변수에 문자열로 저장
    lines = text.splitlines()         # ◀── 저장된 문자열을 줄 단위로 리스트로 분할
    for i in range(len(lines)):       # ◀── 루프로 각 줄을 반복
        lines[i] = lines[i].lstrip(' |')   # ◀── 줄의 시작 부분에 있는 공백 및 | 기호를 제거
    text = '
                    │ 뭔가 이상해 보임…
'.join(lines)

    pyperclip.copy(text)              # ◀── 정리된 문자열을 클립보드에 복사


if __name__ == '__main__':            # ◀── 파이썬 프로그램의 공통 규칙(설명 참조)
    clean_email()                     # ◀── 클립보드에 담긴 내용을 자동으로 정리하는 함수를 호출
```

위 코드를 살펴보면 클립보드의 내용을 가져오고, 해당 텍스트를 정리한 다음, 정리된 텍스트를 다시 클립보드에 복사하는 올바른 순서를 단계적으로 수행하고 있습니다. 앞서 코파일럿과의 채팅에서 알게된 사실을 바탕으로, 우리는 코파일럿이 파이퍼클립의 붙여넣기와 복사 기능을 사용하는 코드를 작성하기를 원했고, 실제로 그렇게 했습니다. 프로그램의 두 번째 줄부터 마지막 줄까지는 이 책에 처음 등장한 코드입니다.

```
if __name__ == '__main__':
```

이 코드 줄을 제거해도 코드는 동작합니다(제거할 경우 그 아래 줄의 들여쓰기는 해제해 주세요). 그러나 이 코드 줄을 작성해 두면 프로그램을 모듈로 가져올 때가 아니라 프로그램을 실행할 때만 clean_email 함수가 호출되게 할 수 있습니다. 그리고 모듈로 가져와서 더 큰 프로그램의 일부로 사용하려는 경우에는 모듈을 가져오는 즉시가 아니라 해당 기능이 필요할 때 clean_email을 호출할 수 있습니다. (코드를 더 완벽하게 이해하고 싶다면 코파일럿에 물어보세요.) 안타깝게도 이 코드는 다음과 같은 오류를 출력할 뿐 동작하지 않습니다.

```
File "C:\repos\book_code\ch9\email_cleanup.py", line 14
    text = '
           ^
SyntaxError: unterminated string literal (detected at line 14)
```

구문 오류는 파이썬 코드 문법과 일치하지 않는 프로그램이라는 뜻입니다. 이 코드를 수정하기 위한 방법을 살펴봅시다. 하나는 오류가 난 코드를 드래그 앤드 드롭으로 선택하고 마우스 오른쪽 버튼을 클릭한 다음 [Copilot]의 [Fix This]를 클릭하는 방법입니다. 저자들은 이 방법으로 문제를 해결했습니다. 이 옵션을 사용할 수 없다면 코파일럿 챗 또는 ChatGPT에 "내 코드의 버그에 대한 수정을 제안해주세요(Propose a fix for the bugs in my code)"라고 작성한 뒤 코드를 입력해 보세요. 이는 코파일럿에서 받은 코드가 예상대로 동작하지 않을 때 시도하면 유용한 방법입니다.

이 방법으로 코파일럿에게 받은 수정된 코드를 살펴보겠습니다.

코드 9.2 클립보드에서 이메일 텍스트를 정리하는 코드: 두 번째 시도

```
import pyperclip


def clean_email():
    """
```

```
    The clipboard contains lines of text.
    Clean up the text by removing any ¦ or space
    characters from the beginning of each line.
    Replace the clipboard with the cleaned text.
    """
    # """
    # 클립보드에는 텍스트의 줄들이 포함되어 있습니다.
    # 각 줄의 시작 부분에서 ¦ 또는 공백 문자를 제거하여 텍스트를 정리합니다.
    # 클립보드를 정리된 텍스트로 대체합니다.
    # """
    text = pyperclip.paste()
    lines = text.splitlines()
    for i in range(len(lines)):
        lines[i] = lines[i].lstrip(' |')
    text = '\n'.join(lines)        ←── 리스트로 나눴던 각 줄을 다시 하나의 문자열로 합치기


    pyperclip.copy(text)

if __name__ == '__main__':
    clean_email()
```

이전의 이상했던 코드 줄을 변경한 새로운 코드 줄은 다음과 같습니다.

```
text = '\n'.join(lines)
```

이 줄은 모든 텍스트 줄을 나중에 프로그램이 클립보드에 복사할 단일 문자열로 결합합니다. \n은 무엇을 의미할까요? join 메서드를 테스트해 보면 이해할 수 있습니다. 다음은 '\n' 문자열이 아닌 빈 문자열로 join을 사용한 예입니다:

```
>>> lines = ['first line', 'second', 'the last line']    ←── 리스트의 맨 앞 세 줄을 입력한다
>>> print(''.join(lines))        ←── 빈 문자열을 구분자로 join 함수를 호출해 문자열을 합친다
first linesecondthe last line
```

일부 단어가 서로 합쳐진 것을 볼 수 있습니다. 우리가 원하는 것은 이런 결과가 아닙니다. 단어 사이에 무언가가 필요합니다. 공백을 채워넣으면 어떨까요? 이번에는 빈 문자열이 아닌 공백을 사용해 join을 다시 호출하겠습니다.

```
>>> print(' '.join(lines))
first line second the last line
```

또는 '*'를 사용할 수도 있습니다.

```
>>> print('*'.join(lines))
first line*second*the last line
```

이렇게 하면 합쳐졌던 단어가 수정됩니다. *가 각 줄이 끝나는 위치를 알려주지만, 실제로는 이메일이 세 줄이라는 사실을 유지하는 것이 더 좋을 것입니다.

파이썬에서 공백이나 *가 아닌 줄바꿈이나 개행 문자를 사용할 방법이 필요합니다. 코드 줄에서 엔터키를 누른다고 프로그램 실행 결과에서 줄바꿈이 되는 것은 아니므로 첫 번째 시도에서는 구문 오류가 났던 겁니다. 파이썬 실행 결과에서 줄바꿈을 하는 방법은 다음과 같이 '\n'을 사용하는 것입니다.

```
>>> print('\n'.join(lines))
first line
second
the last line
```

이제 도구가 준비됐습니다. 지저분한 이메일 텍스트를 클립보드에 복사한 후 프로그램을 실행하고 클립보드에 붙여넣으면 정리된 내용이 확인됩니다. 예를 들어, 이 장의 앞에서 사용한 샘플 이메일을 클립보드에 복사하고 도구 파일을 실행하면 다음과 같이 깔끔하게 정리된 버전이 표시됩니다.

```
Hi Leo,
Dan -- any luck with your natural language research?
Yes! That website you showed me
https://www.kaggle.com/
is very useful. I found a dataset on there that collects
a lot
of questions and answers that might be useful to my research.
Thank you,
Dan
```

물론 다른 작업도 코드에 추가할 수 있습니다. 이메일의 줄바꿈이 적절하지 않으므로(a lot이라는 줄은 불필요하게 짧습니다) 이 부분도 정리하는 것이 좋습니다. 코파일럿에 새로운 요구 사항을 추가하면 이러한 종류의 프로그램 개선도 가능합니다. 이메일 정리라는 목표를 달성했으므로 이번 예제는 여기서 멈추겠지만, 스스로 더 강력한 방법을 계속 탐색해 보기 바랍니다.

9.4   예시 2: PDF 파일에 표지 추가하기

이 장의 앞에서 언급한 상황으로 돌아가 보겠습니다. 우리는 PDF 형식의 보고서 100개를 작성했습니다. 같은 시각, 동료는 이 보고서의 표지 100개를 PDF 형식으로 디자인했습니다. 그리고 표지와 보고서를 병합해 완성된 각 PDF 파일에 표지를 삽입해야 합니다. 그림 9.1은 이 작업의 프로세스를 보여주는 그림입니다.

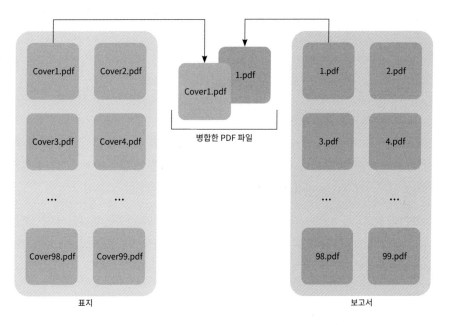

그림 9.1 표지 디렉터리의 보고서 표지들과 보고서 디렉터리의 보고서들을 병합해 완성본을 생성하는 프로세스. (표지 파일은 한 장, 보고서 파일은 여러 장으로 구성된다고 가정합니다.)

PDF 파일(및 워드나 엑셀 파일)은 텍스트 파일이 아니다

2장에서 CSV 파일을 작업할 때를 떠올리며 파이썬의 read나 write 메서드로 PDF 파일을 조작하면 되는 거 아닌가 생각하는 분도 있을 겁니다.

CSV 파일은 텍스트 파일 형식으로, 서식이나 특수한 명령 없이도 사람이 읽을 수 있는 파일로 저장돼 있습니다. 하지만 대부분 파일 형식은 텍스트 파일이 아닙니다. 예를 들어 우리가 지금 다루는 PDF 파일은 기본적으로는 사람이 읽을 수 없는 파일로 저장되어 있어 PDF 형식을 인식하는 코드로 처리해야 합니다. 마이크로소프트의 워드 파일과 엑셀 파일도 마찬가지입니다. 이런 파일은 텍스트 파일이 아니기 때문에 이 파일로 작업하려면 특수 도구가 필요합니다.

이 책의 예제 소스 중 ch9 디렉터리에는 두 개의 하위 디렉터리가 있습니다. 하나는 reports 디렉터리로 PDF로 된 100개의 보고서 파일이 들어 있습니다. 다른 하나는 covers 디렉터리로 각 보고서에 병합할 100개의 표지가 PDF 파일로 들어 있습니다. 보고서의 이름은 1.pdf, 2.pdf, 3.pdf 등이며 표지의 이름은 cover1.pdf, cover2.pdf, cover3.pdf 등입니다. 1.pdf 보고서의 표지는 cover1.pdf, 2.pdf의 표지는 cover2.pdf로 파일명에는 규칙성이 있습니다. 이번 절에서는 이 보고서와 표지를 병합해 보겠습니다.

우선 합쳐야 할 표지 파일과 보고서 파일을 몇 개 열어 봅시다. 어도비 애크러뱃(Adobe Acrobat)과 같은 프로그램을 사용하면 됩니다.

파일을 열어보면 표지는 어느 파일이나 한 장짜리지만, 보고서는 한 장 이상 여러 장으로 된 것을 알 수 있습니다. 이 경우 코파일럿에게 보고서가 한 장 이상일 수도 있음을 알려야 합니다. 그렇지 않으면 코파일럿이 보고서도 표지처럼 한 장짜리라고 가정하고 코드를 생성할 수 있기 때문입니다.

이 100개의 표지와 보고서를 어떻게 만들었는지 궁금하실 겁니다. 각 파일을 하나씩 수작업으로 만든다면 개발자가 아니겠죠? 지금 하고 있는 병합 프로세스 자동화와 거의 동일한 방식으로 생성 프로세스도 자동화해서 만든 파일입니다.

9.4.1 코파일럿과 대화하기

병합해야 할 보고서와 표지 파일을 열고, 각 보고서의 앞면에 표지를 추가하고, 표지와 보고서 페이지가 모두 포함된 각 보고서의 PDF 파일을 생성하려면 도구가 필요합니다.

파이썬을 사용하여 PDF 파일을 병합하려면 어떻게 해야 할까요? 코파일럿을 사용해 알아봅시다.

사람   파이썬으로 PDF 파일을 합치는 프로그램을 작성하려면 어떻게 하면 될까요?

코파일럿 PyPDF2 라이브러리를 사용하면 파이썬으로 PDF 파일을 병합할 수 있습니다. 다음은 두 개의 PDF 파일을 병합하는
방법을 보여주는 코드 예시입니다:

```python
import PyPDF2

# Open the PDF files to be merged
pdf1 = open('file1.pdf', 'rb')
pdf2 = open('file2.pdf', 'rb')

# Create a PDF reader object for each file
reader1 = PyPDF2.PdfFileReader(pdf1)
reader2 = PyPDF2.PdfFileReader(pdf2)

# Create a PDF writer object
writer = PyPDF2.PdfFileWriter()

# Loop through the pages of each PDF and add them to the writer object
for i in range(reader1.getNumPages()):
    page = reader1.getPage(i)
    writer.addPage(page)

for i in range(reader2.getNumPages()):
    page = reader2.getPage(i)
    writer.addPage(page)

# Write the merged PDF to a file
output = open('merged.pdf', 'wb')
writer.write(output)

# Close the input and output files
pdf1.close()
pdf2.close()
output.close()
```

이 예제에서는 먼저 open() 함수를 사용해 병합할 두 개의 PDF 파일을 엽니다. 그런 다음 PyPDF2의 PdfFileReader() 함수를 사용하여 각 파일에 대한 PDF 리더 객체를 생성합니다.

다음으로 PdfFileWriter() 함수를 사용하여 PDF 작성자 객체를 만듭니다. 그런 다음 리더 객체의 getNumPages() 및 getPage() 메서드를 사용해 각 PDF 파일의 페이지를 반복하고 addPage() 메서드를 사용하여 각 페이지를 작성자 객체에 추가합니다.

마지막으로, writer 객체의 write() 메서드를 사용하여 병합된 PDF를 파일에 쓰고 close() 메서드를 사용하여 모든 입력 및 출력 파일을 닫습니다.

단서를 찾았습니다! PyPDF2라는 모듈이 바로 우리가 원하는 작업을 하는 모듈 같습니다. 이 모듈은 PDF 파일을 읽는 **PdfFileReader**와 새 PDF 파일을 생성하는 **PdfFileWriter**도 제공하는 것 같습니다. 코드를 보면 기존 PDF 파일을 열고 페이지를 가져오는 **getPage** 함수를 사용해 파일을 열고, **addPage** 함수를 호출해 새 PDF 파일을 만듭니다. 꽤 쓸만해 보입니다.

잠깐, 혹시 PyPDF2처럼 설치가 필요한 모듈 말고 파이썬 내장 모듈 중 비슷한 기능을 가진 모듈은 없을까요?

사람　**파이썬 모듈을 설치하지 않고 이 작업을 수행할 수 있는 또다른 방법이 있나요?**

코파일럿　예, subprocess 모듈을 사용하여 pdftk와 같은 명령줄 도구를 호출하여 PDF 파일을 병합할 수 있습니다. 다음은 pdftk를 사용하여 두 개의 PDF 파일을 병합하는 방법을 보여주는 코드 예시입니다:

```python
import subprocess

# Call pdftk to merge the PDF files
subprocess.call(['pdftk', 'file1.pdf', 'file2.pdf', 'cat', 'output',
'merged.pdf'])
```

이 예제는 subprocess.call() 함수를 사용해 적절한 인수와 함께 pdftk를 호출하여 두 PDF 파일 file1.pdf와 file2.pdf를 병합합니다. 이 함수의 cat 인수는 pdftk에게 입력 파일을 연결하도록 지시하고, output 인수는 출력 파일 이름을 merged.pdf로 지정합니다.

이 코드가 작동하려면 시스템에 pdftk가 설치되어 있어야 합니다. 설치되어 있지 않은 경우 공식 웹사이트(https://www.pdflabs.com/tools/pdftk-the-pdf-toolkit/)에서 다운로드할 수 있습니다.

두 번째 질문으로 얻은 접근 방식은 괜찮은 방법 같지만, 우리가 찾는 방법은 아닙니다. 마지막 문단을 보면 결국 pdftk라는 새로운 소프트웨어를 설치해야 한다고 합니다.

이 시점에서 우리는 첫 번째 질문으로 알게 된 PyPDF2를 사용하는 쪽으로 마음을 굳혔습니다. 하지만 더 좋은 방법이 있는지 코파일럿을 통해 마지막으로 살펴봅시다.

사람   고려할 만한 다른 파이썬의 PDF 라이브러리가 있나요?

코파일럿   예, PDF 파일 작업에 사용할 수 있는 다른 파이썬 라이브러리가 몇 가지 있습니다. 다음은 몇 가지 인기 있는 라이브러리입니다:

1. ReportLab – 텍스트, 그래픽, 이미지를 지원하는 PDF 문서를 처음부터 새로 작성할 수 있는 라이브러리입니다.

2. FPDF – 텍스트, 그래픽, 이미지를 지원하는 PDF 문서를 처음부터 새로 만들 수 있는 라이브러리입니다.

3. PDFMiner – PDF 파일에서 텍스트와 메타데이터를 추출하는 라이브러리입니다.

4. PyMuPDF – 텍스트, 그래픽, 이미지를 지원하는 PDF 파일 작업용 라이브러리입니다.

5. pdfrw – 텍스트, 그래픽, 이미지를 지원하는 PDF 파일 읽기 및 쓰기용 라이브러리입니다.

각 라이브러리에는 고유한 장단점이 있으므로 필요에 가장 적합한 라이브러리를 선택해야 합니다. PDF 파일만 병합해야 하는 경우 PyPDF2 또는 pdftk로 충분할 수 있습니다. 하지만 좀 더 복잡한 방식으로 PDF 파일을 만들거나 조작해야 한다면 다른 라이브러리 중 하나가 더 나은 선택일 수 있습니다.

마지막 문단을 보면 PDF 파일 병합을 위해서는 PyPDF2를 사용하는 게 좋다고 추천합니다. 이번 탐색을 마지막으로 여러 PDF 도구의 장단점을 파악하는 과정을 마치고 실제 개발에 들어가겠습니다. 여기까지 확인하고 나면 PyPDF2에 문제가 생길 때는 어떤 모듈을 선택해야 할지까지 파악할 수 있습니다.

사람   이 라이브러리의 장단점을 요약해 주시겠어요?

코파일럿   물론입니다! 다음은 제가 언급한 라이브러리의 장단점을 요약한 것입니다:

1. PyPDF2 – 텍스트, 그래픽, 이미지를 지원하는 PDF 파일 작업용 라이브러리입니다.

   강점:

   • PDF 파일 병합과 같은 간단한 작업에 간편하게 사용할 수 있습니다.

   • 좋은 문서와 예제가 준비되어 있습니다.

   • 다양한 PDF 기능을 지원합니다.

   약점:

   • 양식 및 주석과 같은 고급 PDF 기능에 대한 지원이 제한적입니다.

   • 대용량 PDF 파일의 경우 속도가 느려질 수 있습니다.

2.ReportLab – 텍스트, 그래픽, 이미지를 지원하는 PDF 문서를 처음부터 새로 작성할 수 있는 라이브러리입니다.

강점:

- 복잡한 PDF 문서 작성에 매우 강력하고 유연합니다.
- 다양한 PDF 기능을 지원합니다.
- 좋은 문서와 예제가 준비되어 있습니다.

약점:

- 초보자를 위한 가파른 학습 곡선.
- 대용량 PDF 파일의 경우 속도가 느려질 수 있습니다.

3.FPDF – 텍스트, 그래픽, 이미지를 지원하는 PDF 문서를 처음부터 새로 만들 수 있는 라이브러리입니다.

강점:

- 가볍고 사용하기 쉽습니다.
- 좋은 문서와 예제가 준비되어 있습니다.
- 다양한 PDF 기능을 지원합니다.

약점:

- 양식 및 주석과 같은 고급 PDF 기능에 대한 지원이 제한적입니다.
- 대용량 PDF 파일의 경우 속도가 느려질 수 있습니다.

4.PDFMiner – PDF 파일에서 텍스트와 메타데이터를 추출하는 라이브러리입니다.

강점:

- PDF 파일에서 텍스트와 메타데이터를 추출하는 데 매우 강력하고 유연합니다.
- 다양한 PDF 기능을 지원합니다.
- 좋은 문서와 예제가 준비되어 있습니다.

약점:

- 초보자를 위한 가파른 학습 곡선.
- PDF 파일 생성 또는 조작에 대한 지원이 제한적입니다.

5.PyMuPDF – 텍스트, 그래픽, 이미지를 지원하는 PDF 파일 작업용 라이브러리입니다.

강점:

- PDF 파일 작업에 매우 빠르고 효율적입니다.
- 다양한 PDF 기능을 지원합니다.
- 좋은 문서와 예제가 준비되어 있습니다.

약점:

- 초보자를 위한 가파른 학습 곡선.
- PDF 파일 생성 또는 조작에 대한 지원이 제한적입니다.

6. pdfrw – 텍스트, 그래픽, 이미지를 지원하는 PDF 파일 읽기 및 쓰기용 라이브러리입니다.

강점:

- PDF 파일 읽기 및 쓰기에 매우 강력하고 유연합니다.
- 다양한 PDF 기능을 지원합니다.
- 좋은 문서와 예제가 준비되어 있습니다.

약점:

- 초보자를 위한 가파른 학습 곡선.
- 대용량 PDF 파일의 경우 속도가 느려질 수 있습니다.

'초보자에게는 가파른 학습 곡선'이라는 주의사항에 너무 겁먹지 마세요. 코드를 작성해 주는 것은 코파일럿의 몫이기에 코파일럿이 이 라이브러리를 학습한 상태라면 문제가 되지 않습니다.

'PDF 파일 생성 또는 조작에 대한 지원이 제한적(limited support for creating or manipulating PDF files)'이라는 코파일럿의 장단점 비교 내용에 따라 우리의 목적에 맞지 않는 듯한 PDFMiner 같은 모듈은 제외할 수 있겠지만, 다른 모듈들은 필요할 경우를 대비해 계속 차선책으로 염두에 두겠습니다. 일단은 PyPDF2를 계속 사용하면서 도구 코드 작성이라는 다음 단계로 진입해 봅시다.

9.4.2 도구 작성하기

먼저 PyPDF2 라이브러리를 설치합니다. 대소문자 표기에 주의하세요. pypdf2나 pyPDF2가 아니라 대소문자가 정확히 일치하는 PyPDF2라고 입력해야 설치됩니다.

이전 절에서는 클립보드에 있는 이메일 텍스트를 정리하는 함수를 작성했습니다. 이 함수에는 어떤 정보도 전달할 필요가 없었기 때문에 매개변수가 없었습니다. 그러나 이번 절에서 작성하는 함수에는 보고서 파일이 저장된 디렉터리 이름, 표지 파일이 저장된 디렉터리 이름, 최종 병합한 PDF 파일을 저장할 디렉터리 이름 등 함수에 세 개의 매개변수를 넣으면 좋을 것 같습니다.

이를 위해 독스트링에 각 디렉터리의 용도와 디렉터리에 저장되거나 저장할 파일 이름의 패턴을 설명해야 합니다. 이는 코파일럿에게 보고서 파일과 표지 파일을 어떻게 일치시켜야 할지 알려주는 작업입니다.

PyPDF2 사용하기

PyPDF2라는 파이썬 라이브러리를 사용해 작업을 수행하겠습니다. 이전에 코파일럿 챗이 출력했던 PyPDF2 라이브러리에 대한 설명을 보세요. 제공된 샘플 코드는 PdfFileReader를 사용하여 기존 PDF

파일을 읽고 **PdfFileWriter**를 사용해 새 PDF 파일을 생성했습니다. 또한 **getPage**와 **addPage** 함수를 사용해 페이지를 조작한다고 설명했습니다. 코파일럿이 생성한 코드에서 이러한 부분을 확인해 보세요. 이 코드가 보인다면 코파일럿이 올바른 방향으로 코드를 생성하고 있다는 확실한 신호입니다. 다음은 우리가 사용한 프롬프트와 이에 대한 응답으로 코파일럿이 제공한 코드입니다.

코드 9.3 PDF 문서에 표지를 추가하는 함수

```
import PyPDF2


def add_covers(report_dir, cover_dir, final_dir):
    """
    report_dir is a directory of reports named 1.pdf, 2.pdf, and so on.
    These files may be one page or more than one page.

    cover_dir is a directory of covers, with one cover per report.
    The filenames in this directory are cover1.pdf, cover2.pdf, and so on.
    Each of these files is one page.

    Add the cover to the beginning of each report,
    and store all resulting pdfs in final_dir.
    """
    # """
    # report_dir은 1.pdf, 2.pdf 등으로 명명된 보고서의 디렉터리입니다.
    # 이 파일들은 한 페이지 또는 그 이상의 페이지일 수 있습니다.

    # cover_dir은 보고서당 하나의 표지가 있는 표지 디렉터리입니다.
    # 이 디렉터리의 파일 이름은 cover1.pdf, cover2.pdf 등입니다.
    # 이 파일 각각은 한 페이지입니다.

    # 각 보고서의 시작 부분에 표지를 추가하고
    # 모든 결과 pdf를 final_dir에 저장합니다.
    # """
    report_files = os.listdir(report_dir)      ← PDF로 된 보고서 파일 목록을 가져온다.
    for report_file in report_files:           ← 보고서 PDF 파일에서 루프 구문을 반복
        report = open(os.path.join(report_dir, report_file), 'rb')    report_reader 변수를 사용하여 보고서의
        report_reader = PyPDF2.PdfFileReader(report)      ←          각 페이지를 파일로 읽어 온다.
        report_writer = PyPDF2.PdfFileWriter()    ← report_writer 변수를 사용하여 페이지를 새 PDF 파일로 작성
        for page_num in range(report_reader.numPages):    ← 보고서의 각 페이지를 반복
```

```
            report_writer.addPage(report_reader.getPage(page_num))    ◀── 새 PDF 파일에 페이지를 추가
        cover = open(os.path.join(cover_dir,                              이 보고서 파일과 관련 있는
                            'cover' + report_file), 'rb')    ◀──         표지 파일을 연다.
        cover_reader = PyPDF2.PdfFileReader(cover)    ◀── 표지 내용을 읽기 위해 cover_reader 변수를 사용
        report_writer.insertPage(cover_reader.getPage(0), 0)    ◀── 새 PDF 파일의 시작 부분에 표지를 추가
        result = open(os.path.join(final_dir, report_file), 'wb')    ◀── 새 PDF 파일을 저장
        report_writer.write(result)
        report.close()
        cover.close()
        result.close()

if __name__ == '__main__':
    add_covers('reports', 'covers', 'final')    ◀── 함수를 호출하여 모든 병합을 수행!
```

자동화 프로그램을 사용할 때 주의할 점

우리가 PDF 파일 병합을 위해 만든 것 같은 자동화 프로그램은 잘못 만들면 수백, 수천 개의 파일을 훼손할 수도 있습니다. 제대로 동작하지 않으면 파일이 손상되거나 사라질 수 있습니다. open 함수에 두 번째 매개변수로 'w' 또는 'wb'를 사용하면 파일을 덮어쓴다는 의미입니다.

코드 9.3에서 작성한 프로그램에서 이 부분을 집중적으로 살펴봅시다.

```
result = open(os.path.join(final_dir, report_file), 'wb')
```

위 코드는 open 함수를 사용해 파일을 엽니다. 구체적으로는 final_dir 디렉터리에 있는 report_file이라는 파일을 엽니다. 두 번째 인수 'wb'는 쓰기 모드 파일을 열 것이며('w'), 쓰고자 하는 파일이 텍스트 파일이 아닌 바이너리 파일('b')임을 의미합니다. 해당 경로에 파일이 없다면 우리가 사용한 'w' 인수로 인해 파일이 생성됩니다. 이 경우는 위험하지 않습니다. 그러나 해당 경로에 파일이 이미 존재한다면 꽤 위험한 상황이 발생합니다. 'w' 인수로 인해 이미 있는 파일의 내용을 지우고 쓰기가 가능한 빈 파일이 생겨나기 때문입니다. 물론 이 프로그램이 올바르게 동작하며, final_dir에서만 이 작업을 수행한다면 문제가 되지 않습니다. 이 부분은 프로그램을 출시하기 전에 꼭 확인해야 할 사항입니다.

그렇기 때문에 프로그램을 실제로 도입하기 전에 삭제돼도 문제가 되지 않을 디렉터리에서 테스트해 보기를 권장합니다. 또한 어떤 파일을 덮어쓰거나 생성할지 정확히 확인할 수 있도록 'w' 또는 'wb'를 사용한 코드 줄을 print 문으로 변경해 출력 메시지를 확인해 보는 것이 좋습니다. 예를 들어, 우리가 작성 중인 프로그램에서는 이 두 줄을 확인해 봐야 합니다.

```
result = open(os.path.join(final_dir, report_file), 'wb')
report_writer.write(result)
```

이 부분에 print 문을 사용해 생성하거나 덮어쓴 파일을 확인합니다.

```
print('Will write', os.path.join(final_dir, report_file))
```

그러고 나서 프로그램을 실행하면 프로그램이 생성하게 될 파일명을 확인할 수 있습니다. 프로그램이 원하는 파일에서 잘 동작한다면 실제로 작업을 수행할 코드의 주석 처리를 해제하고 실제 작업에 사용하면 됩니다.

코드가 초래할 결과를 미리 확인해 보고 중요한 파일은 항상 백업해 두세요!

코드 9.3의 마지막 코드 줄을 확인해 보겠습니다. 보고서 파일이 저장된 디렉터리명은 reports, 표지가 저장된 디렉터리명은 covers, 작업이 완료된 최종 파일이 저장되는 디렉터리명은 final이라고 작성되어 있습니다.

final 디렉터리를 새로 만들어 봅시다. 이 디렉터리는 reports와 covers 디렉터리와 같은 위치에 있어야 합니다.

이 코드의 전체 흐름은 보고서 파일의 파일명 목록을 가져온 다음, 각 보고서의 페이지를 표지와 병합하는 것으로 보입니다. 보고서의 페이지를 반복하기 위해 for 루프를 사용하는데, 이 루프 덕분에 모든 페이지를 가져올 수 있습니다. 반면 표지 PDF 파일에는 for 루프를 사용하지 않습니다. 표지에는 어차피 페이지가 하나뿐이라는 것을 알고 있기 때문입니다.

한편 이 코드의 첫 줄은 os라는 모듈의 listdir이라는 함수를 사용합니다. 이 모듈을 사용하는 다른 줄도 있습니다. 그렇다면 이 os 모듈을 임포트해야 할까요? 물론 필요합니다! 코드를 실행해보면 이를 증명할 수 있습니다. 코드를 실행하면 오류가 발생합니다.

```
Traceback (most recent call last):
    File "merge_pdfs.py", …
        add_covers('reports', 'covers', 'final')
    File " merge_pdfs.py", …
        report_files = os.listdir(report_dir)
                       ^^
NameError: name 'os' is not defined
```

이 문제를 해결하려면 프로그램 시작 부분에 import os라는 코드를 추가해야 합니다. 업데이트 된 코드는 다음과 같습니다.

코드 9.4 PDF 문서에 표지를 추가하는 함수 개선

```python
import os      ◄──── 코드 9.3은 이 부분이 누락됨
import PyPDF2


def add_covers(report_dir, cover_dir, final_dir):
    """
    report_dir is a directory of reports named 1.pdf, 2.pdf, and so on.
    These files may be one page or more than one page.

    cover_dir is a directory of covers, with one cover per report.
    The filenames in this directory are cover1.pdf, cover2.pdf, and so on.
    Each of these files is one page.

    Add the cover to the beginning of each report,
    and store all resulting pdfs in final_dir.
    """
    # """
    # report_dir은 1.pdf, 2.pdf 등으로 명명된 보고서의 디렉터리입니다.
    # 이 파일들은 한 페이지 또는 그 이상의 페이지일 수 있습니다.

    # cover_dir은 보고서당 하나의 표지가 있는 표지 디렉터리입니다.
    # 이 디렉터리의 파일 이름은 cover1.pdf, cover2.pdf 등입니다.
    # 이 파일 각각은 한 페이지입니다.

    # 각 보고서의 시작 부분에 표지를 추가하고,
    # 모든 결과 pdf를 final_dir에 저장합니다.
    # """
    report_files = os.listdir(report_dir)
    for report_file in report_files:
        report = open(os.path.join(report_dir, report_file), 'rb')
        report_reader = PyPDF2.PdfFileReader(report)
        report_writer = PyPDF2.PdfFileWriter()
        for page_num in range(report_reader.numPages):
            report_writer.addPage(report_reader.getPage(page_num))
        cover = open(os.path.join(cover_dir, 'cover' + report_file), 'rb')
        cover_reader = PyPDF2.PdfFileReader(cover)
        report_writer.insertPage(cover_reader.getPage(0), 0)
        result = open(os.path.join(final_dir, report_file), 'wb')
```

```
        report_writer.write(result)
        report.close()
        cover.close()
        result.close()

if __name__ == '__main__':
    add_covers('reports', 'covers', 'final')
```

아직 끝이 아닙니다. 수정한 프로그램도 여전히 동작하지 않습니다. 이번에 프로그램을 실행했을 때 발생한 오류는 다음과 같습니다.

```
Traceback (most recent call last):
  File "merge_pdfs.py", line 34, in <module>
    add_covers('reports', 'covers', 'final')
  File "merge_pdfs.py", line 20, in add_covers
    report_reader = PyPDF2.PdfFileReader(report)      ◀── 오류를 일으키는 코드 줄이 출력된다
                    ^^^^^^^^^^^^^^^^^^^^^^^^^^^^
  File "...\PyPDF2\_reader.py", line 1974, in __init__
    deprecation_with_replacement("PdfFileReader", "PdfReader", "3.0.0")
  File "...\PyPDF2\_utils.py", line 369, in deprecation_with_replacement
    deprecation(DEPR_MSG_HAPPENED.format(old_name, removed_in, new_name))
  File "...\PyPDF2\_utils.py", line 351, in deprecation
    raise DeprecationError(msg)
PyPDF2.errors.DeprecationError: PdfFileReader is deprecated and was removed in PyPDF2 3.0.0. Use
PdfReader instead.      ◀── PdfFileReader를 더 이상 사용할 수 없다
```

코파일럿은 "이 함수가 PyPDF2의 일부라고 학습했으니 PdfFileReader를 사용하자"고 제안하지만, 코파일럿이 학습된 시점과 이 책을 쓰는 시점 사이에 PyPDF2 패키지의 관리자가 PdfFileReader를 제거하고 다른 함수(오류 메시지 마지막 줄에 따르면 PdfReader)로 해당 기능을 대체해 버렸기 때문에 문제가 발생했습니다. 독자들이 이 책을 읽을 때쯤이면 불일치가 해결됐을 수도 있지만, 나중에 비슷한 일이 발생할 경우 어떻게 해야 하는지 알려주기 위해 해결되지 않은 상황을 가정하고 설명하겠습니다. 이런 문제를 해결하기 위해서는 크게 세 가지 방법이 있습니다.

1. 이전 버전의 PyPDF2를 설치합니다. 오류 메시지의 마지막 두 줄은 PyPDF2에서 필요한 함수인 PdfFileReader가 PyPDF2 3.0.0 버전에서 제거됐음을 알려줍니다. 따라서 3.0.0보다 이전 버전의 PyPDF2를 설치하면 이 함수를 다시 사용할 수 있습니다. 일반적으로 이전 버전의 라이브러리는 최신 버전에서 수정된 보안 문제가 있을 수 있으므로

이전 버전을 설치하는 것은 바람직하지 않습니다. 또한 이전 버전에는 다음 버전에서는 수정된 버그가 있을 수 있습니다. 이전 버전을 사용하는 것이 안전한지 확인하려면 최근 라이브러리에서 변경된 내용을 구글에서 검색해 확인해 보는 것이 좋습니다. 예제의 경우, 저자가 이전 버전을 사용해도 괜찮을지 검색 등을 통해 확인했으며 이전 버전의 PyPDF2를 사용하는 데 명백한 위험이 없다고 판단했습니다.

2. 오류 메시지의 제안을 사용해 코드를 수정합니다. 즉, 코드의 PdfFileReader를 PdfReader로 변경하고 프로그램을 다시 실행합니다. 이 경우 다른 사용 중단에 대한 메시지가 표시되며 동일한 프로세스를 통해 해당 사항을 수정해야 합니다. PyPDF2 작성자가 오류 메시지 안에 해결방안을 알려준 것은 매우 반가운 일입니다. 이런 경우 오류 메시지가 제안하는 각 업데이트를 수행하면서 결과를 살펴보는 것도 좋은 방법입니다. 모든 오류 메시지가 매우 유용하면 좋겠지만, 때로로 어떤 함수는 아무런 안내 없이 제거될 수도 있습니다. 이 경우 다른 선택지를 고려하는 것이 더 쉬운 방법일 수 있습니다.

3. 다른 라이브러리를 사용하세요. 앞서 코파일럿에 사용할 수 있는 다른 PDF 관련 파이썬 라이브러리를 물어봤을 때, 많은 라이브러리를 소개받았습니다. 앞의 두 가지 방법이 만족스럽지 않다면 다른 라이브러리로 도구를 작성하는 방안을 시도해 볼 수 있습니다.

이 책에서는 방법 1(이전 버전의 PyPDF2 사용)과 방법 3(완전히 다른 라이브러리 사용)을 사용하여 문제를 해결하고 코드를 실행하는 방법을 설명하겠습니다.

이전 버전의 PyPDF2 사용

파이썬 라이브러리를 설치하기 위해 `pip install`을 사용하면 기본적으로 가장 최신 버전의 라이브러리가 설치됩니다. 일반적으로 최신 버전이 가장 좋지만, 버전을 명시해 이전 버전의 라이브러리를 설치할 수도 있습니다.

이번 예제에서는 버전 3.0.0 이전의 PyPDF2 패키지가 필요합니다. 설치에는 `pip` 명령어를 사용합니다.

```
pip install PyPDF2
```

`pip` 명령어에 버전을 명기해 사용할 수도 있습니다.

```
pip install "PyPDF2 < 3.0.0"
```

`< 3.0.0`은 버전 3.0.0보다 낮은 버전들 중 가장 최신 버전의 라이브러리를 요청할 때 사용합니다. 이 명령은 다음과 같은 출력을 생성합니다.

```
Collecting PyPDF2<3.0.0
  Installing collected packages: PyPDF2
  Attempting uninstall: PyPDF2
    Found existing installation: PyPDF2 3.0.1   ◀── 컴퓨터에 3.0.0 이상 버전의 패키지가 이미 깔려 있었다
    Uninstalling PyPDF2-3.0.1:   ◀── 해당 버전을 제거
      Successfully uninstalled PyPDF2-3.0.1
Successfully installed PyPDF2-2.12.1   ◀── 버전 2.12.1을 설치
```

이제 이전 버전의 PyPDF2가 설치됐습니다. 프로그램을 다시 실행하면 몇 초 정도 시간이 지나고 작업이 완료됩니다. final_dir이라는 이름을 가진 디렉터리에서 새로 생성된 PDF 파일을 확인할 수 있습니다. 각 PDF 파일은 표지 페이지로 시작하고 보고서 파일에 들어 있는 모든 페이지를 포함해야 합니다.

수작업으로 했다면 지루했을 작업을 컴퓨터가 대신 해줬습니다! 게다가 다음에 비슷한 일을 해야 할 때 (더 많은 사람을 위해 더 많은 보고서를 작성해야 할 때도) 신속하게 처리할 수 있는 도구가 생겼습니다.

다른 PDF 라이브러리 사용

이번에는 코파일럿이 PDF 작업에 사용한다고 알려줬던 다른 라이브러리를 사용해 문제를 해결해 보겠습니다.

코파일럿과의 채팅을 통해 어떤 라이브러리를 사용할지 결정하는 과정은 지면 관계상 생략하고 큰 흐름만 살펴보겠습니다. 먼저 코파일럿 챗으로 ReportLab 파이썬 모듈을 사용해 PDF 파일을 병합하는 방법을 문의했지만, PyPDF2를 사용하도록 다시 안내받았습니다. FPDF에 대해서도 동일한 답변을 받았습니다. FPDF는 PDF 파일을 병합할 수 없지만, PyPDF2는 병합할 수 있다는 답변을 들었습니다. 그런 다음 PyMuPDF에 대한 질문으로 넘어갔고, 이 부분에서 생산적인 대화가 이루어졌습니다.

사람　PyMuPDF 라이브러리를 사용하여 PDF 파일을 병합하려면 어떻게 해야 하나요?

코파일럿　fitz라는 라이브러리를 사용하면 PDF 파일을 병합할 수 있습니다. 다음은 두 개의 PDF 파일을 병합하는 방법을 보여주는 코드 스니펫 예시입니다.

```python
import fitz

# Merge the two PDF files
pdf_files = ['file1.pdf', 'file2.pdf']
```

```
pdf_writer = fitz.Document()
for pdf_file in pdf_files:
    pdf_reader = fitz.open(pdf_file)
    for page in pdf_reader:
        pdf_writer.insert_pdf(page)
pdf_writer.save('merged.pdf')
pdf_writer.close()
```

이 코드는 먼저 병합할 PDF 파일 목록(file1.pdf 및 file2.pdf)을 생성합니다. 그런 다음 병합된 PDF를 나타내는 fitz를 사용하여 새 Document 객체를 생성합니다. 목록에 있는 각 PDF 파일을 반복하여 fitz를 사용하여 열고 insert_pdf() 메서드를 사용하여 PDF 파일의 각 페이지를 pdf_writer 객체에 삽입합니다. 마지막으로 save() 메서드를 사용하여 병합된 PDF를 merged. pdf라는 새 파일에 저장합니다.

이 코드를 수정하여 PyMuPDF를 사용해 병합된 PDF에 추가 콘텐츠를 추가할 수 있습니다. 새 Page 객체를 생성하고 페이지에 콘텐츠를 추가한 다음 insert_page() 메서드를 사용하여 pdf_writer 객체에 페이지를 삽입하기만 하면 됩니다.

코파일럿이 새로 제공한 샘플 코드는 insert_pdf 메서드를 사용해 각 PDF 파일을 병합합니다. insert_pdf 함수를 사용하는 코드를 주의 깊게 살펴봤더니 PyMuPDF라는 라이브러리를 설치해서 사용합니다.

```
pip install PyMuPDF
```

그런데 코드에서는 왜 import fitz라고 썼을까요? 왜 PyMuPDF를 가져오지 않고 fitz를 가져오는 걸까요? 그것은 이 라이브러리의 개발자가 PyMuPDF라는 단어보다 fitz라는 단어를 라이브러리명으로 더 적합하다고 여겼기 때문입니다. 드문 경우이긴 하지만, 가끔 라이브러리를 설치할 때 사용하는 이름과 해당 라이브러리를 가져올 때 사용하는 이름이 다른 경우도 있습니다! 파이썬에서 가져오려는 라이브러리에 대해 NameError가 발생하면 해당 라이브러리를 성공적으로 가져오지 못했을 가능성이 높습니다. 주로 현재 개발 환경에 라이브러리가 설치되어 있지 않거나 다른 이름을 사용해 가져와야 할 때 이 에러가 발생합니다. 라이브러리를 설치는 했지만 가져올 수 없는 것 같다면 코파일럿 챗을 사용해 해결 방안을 찾아보세요.

이제 코드를 생성할 준비를 마쳤습니다. 다음 코드는 우리가 사용한 프롬프트와 그 결과로 코파일럿이 제공한 코드입니다.

코드 9.5 PDF 문서에 표지를 추가하는 함수 개선

```python
import os
import fitz
def add_covers(report_dir, cover_dir, final_dir):
    """
    report_dir is a directory of reports named 1.pdf, 2.pdf, and so on.
    These files may be one page or more than one page.

    cover_dir is a directory of covers, with one cover per report.
    The filenames in this directory are cover1.pdf, cover2.pdf, and so on.
    Each of these files is one page.

    Add the cover to the beginning of each report,
    and store all resulting pdfs in final_dir.
    """
    # """
    # report_dir은 1.pdf, 2.pdf 등으로 명명된 보고서의 디렉터리입니다.
    # 이 파일들은 한 페이지 또는 그 이상의 페이지일 수 있습니다.

    # cover_dir은 보고서당 하나의 표지가 있는 표지 디렉터리입니다.
    # 이 디렉터리의 파일 이름은 cover1.pdf, cover2.pdf 등입니다.
    # 이 파일 각각은 한 페이지입니다.

    # 각 보고서의 시작 부분에 표지를 추가하고,
    # 모든 결과 pdf를 final_dir에 저장합니다.
    # """
    if not os.path.exists(final_dir):       # ◀── final_dir라는 디렉터리가 존재하지 않는 경우
        os.mkdir(final_dir)       # ◀── final_dir라는 디렉터리를 만든다.
    for report in os.listdir(report_dir):       # ◀── report 폴더 안의 파일들을 반복
        report_path = os.path.join(report_dir, report)
        cover_path = os.path.join(cover_dir, f'cover{report}')
        final_path = os.path.join(final_dir, report)
        cover_doc = fitz.open(cover_path)       # ◀── 표지 파일을 읽어 온다.
        report_doc = fitz.open(report_path)        # ◀── 보고서 파일을 읽어 온다.
        final_doc = fitz.open()       # ◀── 병합할 새 파일을 만든다.
        final_doc.insert_pdf(cover_doc)       # ◀── 표지 파일의 내용을 새 파일에 추가
        final_doc.insert_pdf(report_doc)       # ◀── 보고서 파일의 내용을 새 파일에 추가
        final_doc.save(final_path)       # ◀── 새로 병합한 파일을 저장
```

```
if __name__ == '__main__':
    add_covers('reports', 'covers', 'final')
```

이 프로그램은 편리한 실행을 위한 몇 줄의 코드로 시작합니다. 출력 파일 디렉터리가 존재하지 않으면 코드가 대신 생성합니다. 그후 과정은 호출하는 함수는 다르지만 PyPDF2를 사용한 이전 프로그램의 단계와 비슷합니다. (PyPDF2와 PyMuPDF는 서로 다른 특징과 기능을 가진 서로 다른 라이브러리이기 때문에 당연한 결과입니다.) 두 프로그램은 모두 `listdir`을 사용하여 보고서 PDF 파일명을 리스트로 가져옵니다. `for` 루프에서는 각 보고서를 살펴보고, 루프 안의 코드는 보고서의 표지가 포함된 새 PDF 파일을 생성합니다. PyPDF2 코드에는 보고서의 모든 페이지를 반복하는 데 필요한 내부 `for` 루프가 있었습니다. 현재 프로그램에서는 PDF 파일을 다른 파일에 삽입하는 `insert_pdf` 함수를 사용했기 때문에 이 루프가 필요하지 않습니다. PDF 파일을 페이지별로 가져오는 게 아니라 한 번에 가져오기 때문입니다.

어떤 라이브러리를 선택했든, 우리가 지루하고 번거로웠던 작업을 자동화했다는 사실은 변하지 않습니다!

이전 장에서 설명했던 설계 주기에 작업에 필요한 다양한 파이썬 모듈을 사용하는 과정을 추가했습니다. 수정된 설계 주기는 그림 9.2와 같습니다.

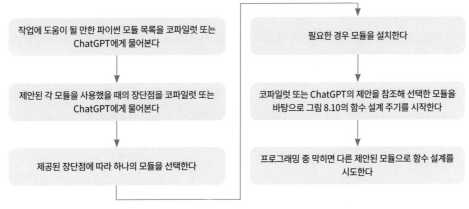

그림 9.2 다양한 파이썬 모듈 작업을 고려해 추가한 설계 주기

9.5   예시 3: 휴대폰에 들어 있는 사진 합치기

여러분의 휴대폰에는 추억이 담긴 사진이 많이 들어 있을 겁니다. 배우자(연인 또는 형제자매, 부모님, 자녀 등)의 휴대폰에도 추억이 담긴 사진이 많이 들어 있습니다. 가족 모임이 끝나면 서로 사진을 주거니 받거니 하기 때문에 각 사람이 가진 수백 또는 수천 장의 사진 중에는 겹치는 사진도 있고, 다른 사진도 있습니다.

저도 한동안 이렇게 살아왔기 때문에 솔직히 사진첩이 엉망진창입니다. 어떤 모임에서 찍은 사진의 원본을 찾고 싶어도 누가 찍었는지 몰라서 못 찾는 경우도 허다합니다. 그리고 여기저기서 중복된 사진도 많이 발견됩니다.

그래서 아이디어가 떠올랐습니다. 내 휴대폰에 있는 모든 사진과 아내 휴대폰에 있는 모든 사진을 가져와서 중복되지 않게 합치면 되지 않을까? 그러면 모든 사진을 한곳에서 볼 수 있을 겁니다.

두 휴대폰에 수백 장의 사진이 있으므로 이 작업을 수동으로 하면 너무 많은 시간을 낭비하게 됩니다. 지금부터 이 작업을 자동화해 보겠습니다!

작업을 더 구체적으로 나누어 봅시다. 현재 두 개의 사진 디렉터리(각 디렉터리에는 서로 다른 휴대폰에서 가져온 사진들이 담겨 있습니다)가 있고, 중복된 사진을 걸러내고 두 디렉터리를 통합하기 위한 빈 디렉터리가 하나 더 있다고 가정해 보겠습니다. 휴대폰 사진은 보통 PNG 형식으로 저장되므로 이번 실습에서는 이 파일로 작업하겠습니다. 어떤 휴대폰은 PNG가 아니라 JPG로 파일을 저장하기도 하지만 걱정하지 마세요. 일단 도구를 만들고 나면 약간의 수정을 거쳐 다른 사진 파일 형식에도 사용할 수 있게 될 테니까요.

이 책의 실습 코드 파일 중 ch9 디렉터리에는 두 개의 하위 디렉터리가 있습니다. 하위 디렉터리의 이름은 pictures1과 pictures2입니다. pictures1은 내 휴대폰에서 가져온 사진(98개), pictures2에는 배우자의 휴대폰에서 가져온 사진(112장) 파일이 있다고 가정합니다. 이 두 개의 디렉터리를 새 디렉터리에 합칠 것입니다.

각 디렉터리에 들어 있는 PNG 파일을 몇 개 열어 봅시다. 샘플 이미지는 임의로 생성했지만, 지금 작성하는 프로그램은 어떤 이미지에 대해서든 상관없이 동작할 겁니다.

이 절의 처음에 동일한 사진이 두 휴대폰에 모두 있을 수 있다고 가정했듯이 두 디렉터리에는 일부러 중복된 파일을 담았습니다. (총 210개의 사진 파일이 있지만, 그중 10개는 중복 파일이므로 고유한 사진은 200개뿐입니다.) 예를 들어 pictures1 디렉터리에는 1566.png라는 파일이 있고 pictures2 디렉터리에는 2471.png라는 파일이 있습니다. 이 두 파일의 내용은 동일하므로 두 휴대폰의 파일을 합쳐 파일 디렉터리를 생성한다면 이 중 하나만 보관하고 싶을 것입니다. 까다로운 점은 파일 이름은 다른데 사진은 동일하다는 점입니다.

반대로 두 파일 이름이 같다고 해서 같은 사진이 담겨 있을까요? 예를 들어, pictures1과 pictures2 디렉터리에는 각각 9595.png라는 파일이 있습니다. 하지만 이 사진들을 열어보면 서로 다르다는 것을 알 수 있습니다! 실생활에서도 충분히 겪는 일입니다. 여러분과 가족들이 서로 다른 사진을 찍었지만, 휴대폰은 해당 기기에서 사진을 찍은 순서대로 이름을 매기기 때문에 파일 이름이 동일할 수 있습니다.

이런 경우를 신경 쓰지 않는다면 pictures1의 9595.png를 새 디렉터리에 복사한 다음, pictures2의 9595.png 파일도 새 디렉터리에 복사하면 파일을 덮어쓰게 될 것입니다. 파일을 복사할 때는 같은 파일명으로 이미 있는 다른 사진을 덮어쓰지 않도록 주의해야 합니다. 그림 9.3은 이런 과정을 해결하는 방법입니다.

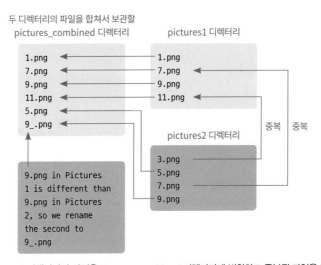

그림 9.3 pictures1과 pictures2 디렉터리의 사진을 pictures_combined 디렉터리에 병합하고 중복된 파일을 관리하는 방법

실제 휴대폰이 아니라 디렉터리를 대상으로 작업하는 이유는 무엇일까?

이 책의 실습은 휴대폰에서 가져온 파일들을 컴퓨터에 이미 복사해둔 디렉터리가 있다고 가정하고 있습니다. 그러므로 작업 자체는 휴대폰과 관련이 없습니다.

휴대폰에 있는 사진으로 이 작업을 실제로 수행하려면 먼저 사진을 컴퓨터로 가져와야 합니다. 이 방법은 ChatGPT에게 물어보세요. 휴대폰에서 이미지를 복사하는 과정은 휴대폰 기종마다 다르며, 코파일럿을 사용한 자동화라는 주제를 넘어서기 때문에 이 책에서는 다루지 않았습니다.

9.5.1 코파일럿과 대화하기

우리가 작성할 도구는 pictures1 디렉터리와 pictrues2 디렉터리에서 중복된 사진을 걸러내고 합친 새로운 디렉터리에 저장하는 도구입니다. 두 디렉터리에 동일한 내용의 파일이 있다면 합친 파일을 저장하는 디렉터리에는 하나만 남기려고 합니다.

이 시점에서 확인해 두고 싶은 것이 있습니다. 일단 두 개는 확실히 알아둬야 할 것 같습니다. 파이썬을 사용해 파일을 복사하는 방법과 두 파일이 같은 그림인지 아는 방법은 무엇일까요? 먼저 코파일럿 챗에 파일을 복사하는 방법을 물어보겠습니다.

사람 파일을 복사하는 파이썬 프로그램을 작성하려면 어떻게 해야 하나요?

코파일럿 파이썬에서는 파일을 복사하기 위해 shutil 모듈을 사용할 수 있습니다. 예는 다음과 같습니다:

```python
import shutil

# Replace the source and destination paths with your own
source = '/path/to/source/file'
destination = '/path/to/destination/file'

# Copy the file
shutil.copy(source, destination)
```

이렇게 하면 원본 경로에서 대상 경로로 파일이 복사됩니다. 대상 파일이 이미 있는 경우 덮어쓰게 됩니다.

훌륭합니다. shutil 모듈을 사용하면 파일을 복사할 수 있다고 하니 해당 모듈을 가져오면 되겠군요. 코파일럿이 마지막으로 출력한 문장은 중요한 경고입니다. 파일을 복사할 때 이미 존재하는 다른 파일을 덮어쓰지 않는지도 꼭 확인해야겠습니다.

다음으로 shutil 모듈이 파이썬에 내장돼 있는지 확인해 봅시다.

사람　shutil 모듈은 파이썬에 내장돼 있나요?

코파일럿　네, shutil 모듈은 파이썬에 내장된 모듈이라 따로 설치할 필요가 없습니다.

이전 대화에서 생성한 코드 예제에서 왜 파일을 원본 디렉터리에서 새 디렉터리로 옮기는 대신 파일 사본을 만들어서 새 디렉터리로 복사하는지도 궁금할 겁니다. 그것은 프로그램에 버그가 발생해 모든 파일을 새 디렉터리로 옮기지 못하고 종료될 경우 원본 디렉터리를 보존하기 위한 것입니다. 이런 경우 새 디렉터리에는 문제가 발생하더라도 원본 디렉터리는 그대로 유지되므로 큰 문제가 되지 않습니다.

지금까지 파이썬으로 파일을 복사할 때 알아야 할 내용을 알아보았습니다. 이제 두 파일이 동일한 사진인지 확인하는 방법을 알아보겠습니다.

앞서 말했듯이 현재 우리가 가진 파일들은 이름만으로 사진의 동일성 여부를 판단할 수 없습니다. 그렇다면 어떻게 두 사진이 일치하는지를 확인할까요?

사람　파이썬을 사용해 확장자가 .png인 파일이 동일한지 여부를 확인하려면 어떻게 해야 합니까?

코파일럿　파이썬의 filecmp 모듈을 사용하면 두 파일을 비교하고 파일이 동일한지 확인할 수 있습니다. 다음은 두 PNG 파일을 비교하는 예제 코드입니다:

```python
import filecmp

# Replace these file paths with the actual file paths of the .png files
# you want to compare
file1 = '/path/to/file1.png'
file2 = '/path/to/file2.png'

if filecmp.cmp(file1, file2):
    print('The files are the same.')
else:
```

```
    print('The files are different.')
```

이 코드는 두 파일의 내용을 비교하여 동일한 파일이면 True, 다른 파일이면 False를 반환합니다.

참고로 코파일럿의 마지막 문장은 틀린 문장입니다. 위의 예시 코드 어느 부분도 True나 False를 반환하지 않습니다. 코파일럿이 파이썬 파일 작성 시 잘못된 코드를 생성하는 것처럼, 코파일럿 챗도 종종 잘못된 설명을 생성합니다.

우리가 작성한 프롬프트에도 문제가 있습니다. 비교해야 할 파일이 몇 개인지를 구체적으로 제시하지 않았기 때문에, 수백 개의 파일을 비교해 중복을 걸러낸다는 우리의 목표와 달리 코파일럿은 두 개의 파일을 비교하려는 경우 어떻게 해야 할지를 알려주었습니다. 이 코드는 우리에게 필요한 것이 아닙니다. 우리는 수백 개의 파일 중 어떤 파일이 다른 파일과 중복되는지를 확인해야 합니다. 코파일럿이 현재 생성한 코드를 사용하면 중복 파일을 감지해 새 디렉터리에 복사하려는 목표를 이룰 수 없습니다. 새 프롬프트로 다시 응답을 요청해 봅시다.

사람　수백 개의 PNG 파일이 있고, 그중 중복 파일을 찾고 싶다면 어떻게 하죠? 그래도 좋은 방법인가요?

코파일럿　확장자가 '.png'인 수백 개의 파일을 가지고 있고 중복 파일을 찾으려면 os 모듈을 사용하여 디렉터리의 모든 파일을 반복하고 각 파일을 디렉터리의 다른 모든 파일과 비교할 수 있습니다. 다음은 이를 수행하는 코드의 예시입니다:

```python
import os
import filecmp

# Replace this with the actual directory path where your .png
# files are located
directory = '/path/to/directory'

# Iterate over all the files in the directory
for filename1 in os.listdir(directory):
    if filename1.endswith('.png'):
        for filename2 in os.listdir(directory):
            if filename2.endswith('.png') and filename1 != filename2:
                file1 = os.path.join(directory, filename1)
                file2 = os.path.join(directory, filename2)
```

```
        if filecmp.cmp(file1, file2):
            print(f'{filename1} and {filename2} are duplicates.')
```

이 코드는 디렉터리에 있는 모든 파일을 반복하고 각 .png 파일을 디렉터리에 있는 다른 모든 .png 파일과 비교합니다. 두 파일이 같으면 중복됨을 나타내는 메시지를 인쇄합니다. 파일이 많은 대용량 디렉터리의 경우 이 접근 방식이 느릴 수 있습니다.

위 응답의 외부 for 루프는 디렉터리의 각 파일을 살펴봅니다. 그런데 현재 파일과 중복되는 파일이 있는지는 어떻게 알 수 있을까요? 디렉터리에 있는 각 파일을 살펴보면서 현재 파일과 비교하면 됩니다. 이것이 바로 내부 for 루프의 역할입니다. 내부 for 루프에서는 filecmp.cmp 메서드를 사용해 현재 파일(file1)을 다른 파일(file2)과 비교합니다.

우리가 프롬프트에서 여러 디렉터리에서 중복 파일을 찾겠다고 언급하지 않았기 때문에 코파일럿은 단일 디렉터리에서 중복 파일을 찾는 코드를 생성했습니다. 이 차이가 문제를 일으키는 것으로 판명된다면 프롬프트를 더 정확하게 제공해 문제를 해결할 수 있습니다.

코파일럿은 여기서 os와 filecmp라는 두 가지 모듈을 사용합니다. 이 모듈이 기본 제공되는 파이썬 모듈인지 아닌지 코파일럿에 문의하는 과정도 있으면 좋겠지만, 시간을 절약하기 위해 제가 코파일럿 대신 기본 제공 모듈이라고 알려드리겠습니다.

이제 코파일럿의 마지막 문장, '이 방법은 파일이 많은 대용량 디렉터리의 경우 속도가 느려질 수 있습니다.'라는 문구에 주목하기 바랍니다. '느리다'는 것이 얼마나 느린 것을 의미할까요? '많은'은 몇 개 이상을 의미하는 걸까요? 저자들도 모릅니다.

"파일이 많아지면 속도가 느려질 겁니다." 보통 개발자들은 이런 문구를 보고 겁먹지 않습니다. 두 가지 이유 때문에(최적화되지 않아 느려 보이는) 이 접근 방식을 시도해 보기도 전에 포기하는 것은 큰 실수입니다. 첫째, 우리의 '느린' 프로그램이 충분히 빠른 속도를 낼 수도 있습니다! 그러므로 일단 시도해 보는 것이 좋습니다. 둘째, 더 최적화된 프로그램은 더 정교한 프로그램인 경우가 많기 때문에 우리 수준에서 구현하기가 어려운 경우가 많습니다. 항상 그런 것은 아니지만 그럴 수도 있습니다. 그리고 다시 말하지만, 최적화되지 않은 프로그램이라도 작업 수행에 문제가 없다면 더 최적화된 버전에 대해 걱정하지 않아도 됩니다.

만약 최종 완성된 프로그램이 너무 느리거나 생략 가능한 작업을 반복한다면, 더 빠른 방법을 위해 코파일럿과 계속 협력해 프로그램을 개선하는 것도 좋은 선택입니다. 하지만 이번 실습의 경우는 이 정도로도 괜찮습니다.

9.5.2 하향식 설계

이번 실습에서는 이전 두 작업보다 설계 단계에서 조금 더 많은 작업이 필요합니다. 우선, 새 디렉터리에 이미 존재하는 파일이 있는 경우 파일을 덮어쓰지 않도록 주의해야 합니다. 또, 각 디렉터리에 있는 파일 중 어떤 파일을 먼저 복사할지 결정해야 합니다(새 디렉터리에 이미 있는 파일과 일치하지 않는 파일만 복사하고 싶다는 목표를 기억하세요). 앞 절에서 완성한 PDF 병합 도구는 이러한 추가 고려사항이 필요하지 않았습니다.

이를 위해 이번에는 하향식 설계 방식을 사용해 보겠습니다. 7장에서처럼 전면적인 하향식 설계 마라톤은 아니니 걱정하지 마세요. 이번 절에서 우리가 완성할 프로그램이 할 일은 7장에서 했던 저자 식별 작업보다 훨씬 더 단순합니다. 약간의 하향식 설계만 수행하면 코파일럿을 통해 원하는 것을 얻을 수 있습니다.

우리가 작성할 프로그램의 최상위 함수는 pictures1과 pictures2 디렉터리의 파일을 가져와서 사진들을 중복 없이 병합한 결과를 새 디렉터리에 넣는 전반적인 작업을 담당합니다.

3장에서 함수를 만들 때는 최대한 일반화해서 다른 작업에 더 유용하거나 일반화할 수 있도록 만들어야 한다는 것을 배웠습니다. 여기서는 두 개의 사진 디렉터리를 결합하는 작업에 대해 일반화하면 어떨지 생각해 봤습니다. 만약 디렉터리가 세 개라면 어떨까요? 다섯 개? 쉰 개? 디렉터리가 몇 개든 상관이 해당 디렉터리에 포함된 파일들을 결합할 수 있는 함수를 만드는 게 이 함수를 일반화하는 방법입니다.

그런 다음 두 개의 문자열(디렉터리 이름)이 아닌 문자열 리스트를 매개변수로 받도록 최상위 함수를 설계하겠습니다. 이렇게 하면 사진 디렉터리가 몇 개든 상관없이 한 번에 함수에 전달해 사용할 수 있습니다. 함수를 이렇게 만들어 놓으면 두 디렉터리의 파일을 비교할 때는 두 개의 디렉터리명이 포함된 리스트만 전달하면 됩니다.

최상위 함수의 이름은 `make_copies`로 정하겠습니다. 이 함수에는 두 개의 매개변수가 필요합니다. 방금 설명한 디렉터리 이름 리스트와 겹치지 않은 모든 파일을 저장할 대상 디렉터리의 이름입니다.

이 함수가 호출되면 어떤 작업을 해야 할까요? 이 함수는 디렉터리 목록에 있는 각 디렉터리를 반복해서 조회하며 해당 디렉터리 내부의 각 파일에 대해 조건을 만족하는지 확인합니다. 각 파일에 대해 복사할지 여부를 결정하고, 복사가 필요한 경우 실제 복사를 수행해야 합니다.

파일을 복사할지 여부를 결정한 후 복사하는 것은 `make_copies`에서 분할할 수 있는 하위 작업입니다. 이 하위 작업을 위한 함수 이름을 `make_copy`라고 하겠습니다.

make_copy 함수는 파일 이름과 대상 디렉터리라는 두 개의 매개변수를 받습니다. 파일이 대상 디렉터리에 있는 파일과 동일하지 않으면 파일을 대상 디렉터리에 복사합니다.

사진이 담긴 디렉터리 중 하나에서 대상 디렉터리로 9595.png라는 파일을 복사하려고 하는데, 해당 파일이 대상 디렉터리에 이미 존재한다고 가정해 보겠습니다. 이미 있는 파일을 덮어쓰고 싶지 않으므로 새 파일 이름을 만들어야 합니다. 이 경우 파일 이름의 .png 부분 앞에 _(밑줄) 문자를 추가해 볼 수 있습니다. 그러면 9595_.png가 됩니다. 이 파일은 대상 디렉터리에 존재하지 않을 수도 있지만, 존재한다면 9595__.png, 9595___.png 등 아직 존재하지 않는 파일명을 만들 때까지 이름 변경을 시도해야 합니다.

고유한 파일명을 생성하는 작업은 make_copy 함수에서 분리할 수 있습니다. 이 함수를 get_good_filename이라고 부르겠습니다. 이 함수는 파일명을 매개변수로 받아 해당 파일명이 존재하는 경우 아직 존재하지 않는 파일명으로 변경합니다.

이것으로 하향식 설계가 완료되었습니다. 그림 9.4는 우리의 작업을 수형도(나무가 가지를 뻗듯이 함수가 함수를 부르는 흐름을 가지가 뻗는 것으로 나타낸 그림)로 묘사해 어떤 함수가 어떤 다른 함수에 의해 호출되는지 보여줍니다.

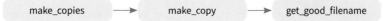

그림 9.4 하향식 설계 그림. 맨 위(왼쪽)의 함수는 make_copies이고, 그 하위 함수는 make_copy이며, 이 함수의 하위 함수는 get_good_filename입니다.

9.5.3 도구 작성하기

이번에는 설치할 모듈이 없습니다. 코파일럿 대화를 통해 기본 제공되는 shutil 모듈로 파일을 복사할 수 있음을 파악했습니다. 또한 파일 비교에도 파이썬에 내장된 filecmp 모듈을 사용하고 디렉터리에 있는 파일 목록을 가져올 때도 os라는 내장 모듈을 사용할 것입니다. 따라서 우리가 작성할 파이썬 프로그램의 맨 윗줄에는 이 세 가지 모듈을 불러오는 코드를 작성하겠습니다.

7장에서와 마찬가지로 함수 트리의 맨 아래(왼쪽)에서 시작해서 위쪽(오른쪽)으로 작업을 수행하고 결과를 전달하는 방식으로 문제를 해결해 보겠습니다. 이렇게 하면 코파일럿이 부모 함수에 대한 코드를 작성할 때 이미 작성된 함수를 호출할 수 있게 됩니다. 각 함수에 대해 헤더와 독스트링을 제공하면 코파일럿이 코드를 작성합니다. 코드를 어떻게 동작시킬지에 관한 설명도 함께 제공했습니다.

그림 9.1을 다시 살펴보면, 구현해야 하는 첫 번째 함수는 get_good_filename입니다. 다음 코드를 살펴봅시다.

코드 9.6 사진 병합 작업을 위한 get_good_filename 함수

```python
import shutil
import filecmp
import os


def get_good_filename(fname):
    """
    fname is the name of a png file.

    While the file fname exists, add an _ character
    right before the .png part of the filename;
    e.g. 9595.png becomes 9595_.png.

    Return the resulting filename.
    """
    # """
    # fname은 png 파일의 이름입니다.

    # 파일 fname이 존재하는 동안 파일명의 .png 부분 바로 앞에 _ 문자를 추가합니다;
    # 예를 들어, 9595.png는 9595_.png가 됩니다.

    # 결과로 생성된 파일명을 반환합니다.
    # """
    while os.path.exists(fname):        # ← 만약 동일한 파일명이 존재한다면
        fname = fname.replace('.png', '_.png')        # ← _ 기호를 파일명의 맨 마지막에 추가
    return fname        # ← 현재 디렉터리에 없는 것으로 확인된 파일명을 반환
```

다음으로 작성할 함수는 make_copy입니다. 이 함수는 파일을 대상 디렉터리에 복사하는 함수지만, 파일이 이미 복사한 파일과 동일하지 않은 내용일 때만 복사합니다. 이 함수는 다음과 같은 작업을 하게 해 달라고 코파일럿에게 요청합니다.

- 대상 디렉터리에 있는 파일 목록을 가져오기 위해 os.listdir을 사용합니다.

- filecmp.cmp를 사용하여 두 파일이 동일한지 판단합니다.

- 동일한 파일이 없는 경우 shutil.copy를 사용하여 파일을 복사합니다.

- 방금 작성한 get_good_filename 함수를 호출합니다.

코드 9.7은 우리가 작성한 프롬프트와 그 결과로 코파일럿이 제공한 코드입니다. 다행히도 우리가 원하는 모든 작업을 수행하고 있습니다.

코드 9.7 사진 파일 병합 작업을 위한 make_copy 함수

```
def make_copy(fname, target_dir):
    """
    fname is a filename like pictures1/1262.png.
    target_dir is the name of a directory.

    Compare the file fname to all files in target_dir.
    If fname is not identical to any file in target_dir, copy it to target_dir
    """
    # """
    # fname은 pictures1/1262.png와 같은 파일 이름입니다.
    # target_dir은 디렉터리의 이름입니다.

    # 파일 fname을 target_dir 내의 모든 파일과 비교합니다.
    # 만약 fname이 target_dir 내의 어떤 파일과도 동일하지 않다면 그것을 target_dir로 복사합니다.
    # """
    for target_fname in os.listdir(target_dir):          ← 대상 디렉터리의 파일을 반복
        if filecmp.cmp(fname, os.path.join(target_dir, target_fname)):   ←
            return          ← 파일을 디렉터리에서 바로 복사하지 않고 get_good_file_name 함수를 거친다
    shutil.copy(fname, get_good_filename(
                os.path.join(target_dir, os.path.basename(fname))))
```

파일이 대상 디렉터리에 있는 파일 중 하나와 동일한 것으로 확인되면

이 함수에 부여된 이름이 대상 디렉터리에 없다는 것을 확인한다.

이제 최상위 함수인 make_copies 함수를 작성하는 일만 남았습니다. 필요한 경우 각 사진 디렉터리에 있는 파일에 대해 make_copy 함수를 호출해 파일을 복사하는 코드를 넣습니다.

코드 9.8 사진 병합 작업을 위한 make_copies 함수

```
def make_copies(dirs, target_dir):
    """
    dirs is a list of directory names.
    target_dir is the name of a directory.
```

```
Check each file in the directories and compare it to all files in target_dir.
If a file is not identical to any file in target_dir, copy it to target_dir
"""
# """
# dirs는 디렉터리 이름으로 이루어진 리스트입니다.
# target_dir은 디렉터리의 이름입니다.

# 디렉터리의 각 파일을 확인하고 target_dir의 모든 파일과 비교합니다.
# 파일이 target_dir의 어떤 파일과도 동일하지 않다면 그것을 target_dir로 복사합니다.
# """
for dir in dirs:                          ← 사진 디렉터리에 들어 있는
                                            파일을 반복해서 살펴본다.
    for fname in os.listdir(dir):         ← 사진 디렉터리에 들어 있는 파일들을
                                            반복해 확인하며 복사 작업을 수행      조건을 만족하는
        make_copy(os.path.join(dir, fname), target_dir)  ← 현재 파일을 대상
                                                            디렉터리에 복사

make_copies(['pictures1', 'pictures2'], 'pictures_combined')  ← 두 개의 사진 디렉터리와 지정된 대상 디렉
                                                                터리 주소를 입력값으로 하여 함수 실행
```

코파일럿의 마지막 코드 줄, `make_copies` 함수에서는 최종 결과를 저장할 대상 디렉터리의 이름을 `pictures_combined`라고 가정하고 있습니다. 이제 pictures1 및 pictures2 디렉터리와 같은 위치에 이 이름을 가진 디렉터리를 만들어 주세요.

이 장의 앞부분에서 PDF 파일로 작업할 때 설명했듯이, 파일을 복사하는 프로그램은 먼저 샘플 디렉터리에서 테스트하는 과정이 꼭 필요합니다. 샘플 디렉터리에서 지워져도 상관없는 파일들을 몇 개 넣어놓고 프로그램을 실행해 보면 프로그램이 예상대로 동작할지를 확인할 수 있습니다. 또한 샘플 디렉터리에 동일한 파일 이름을 가진 파일을 포함하는 것처럼 중요한 엣지 케이스를 포함해야 합니다.

샘플 디렉터리에서 테스트할 때도, 실제로 파일을 복사하는 것이 아니라 작업 결과가 포함된 메시지를 출력하는 '무해한' 버전의 프로그램으로 먼저 테스트해 보는 것이 좋습니다. 우리가 작성한 코드에서는 `make_copy` 함수 코드 줄의 `shutil.copy` 대신 `print` 문을 사용하도록 변경하면 됩니다.

결과를 확인한 후 예상대로 동작한다면 실제 디렉터리에서 프로그램을 실행합니다. 우리가 작성한 프로그램은 파일을 이동시키는 것이 아니라 복사하는 것이므로 실제 디렉터리에서 문제가 발생한다면 원본 디렉터리가 아니라 새 디렉터리에 문제가 있을 가능성이 높다는 점을 염두에 두세요.

이제 pictures1 및 pictures2 디렉터리에서 프로그램을 실행할 준비가 됐다고 가정하겠습니다. 프로그램을 실행하면 사진을 한데 결합한 최종 디렉터리를 확인할 수 있습니다.

최종 디렉터리에는 총 200개의 파일이 담겨 있습니다. 이는 두 사진 디렉터리에 있는 고유한 사진의 수와 정확히 일치합니다. 그렇다면 두 사진 디렉터리에 파일 이름은 같지만 내용물인 사진은 다른 상황도 올바르게 처리했나요? 예, 그렇습니다. 9595.png를 덮어쓰지 않고 9595_라는 이름의 파일이 생겨났음을 알 수 있습니다.

컴퓨터에서 이 프로그램을 실행하는 데는 시간이 얼마나 걸렸나요? 기껏해야 몇 초 정도였죠? '이 방법은 파일이 많은 큰 디렉터리에서는 느릴 수 있다'는 코파일럿의 조언은 결국 우리의 상황에 중요하지 않은 조언이었습니다.

그러나 보통 사람들의 휴대폰에는 샘플 디렉터리처럼 수백 장 정도가 아니라 수천 장이 넘는 사진이 담겨있는 경향이 있습니다. 그래서 저자들은 이 프로그램을 두 개의 실제 휴대폰 사진 라이브러리에서 실행했을 때도 허용 가능한 시간 내에 완료되는지 확인해 보았습니다. 총 10,000개의 파일(이 장에서 사용한 pictures1 및 pictures2 디렉터리에 있는 210개의 사진보다 더 현실적인 상황)에 대해 우리가 만든 프로그램을 테스트한 결과, 1분 만에 모든 작업을 완료했습니다. 파일의 개수가 더 늘어나면 프로그램이 느리게 느껴질 수도 있습니다. 그때는 더 효율적인 프로그램을 만들기 위해 코파일럿 챗에게 더 빠르게 해당 작업을 완료하는 방법을 추가로 물어서 해결하면 됩니다.

이 장에서는 이메일 정리, 수백 개의 .pdf 파일에 표지 추가, 여러 개의 사진 디렉터리를 중복이나 누락 없이 하나로 묶는 세 개의 지루한 작업을 자동화해 보았습니다. 주제는 다르지만 접근 방식은 동일했습니다. 코파일럿 챗으로 정보를 파악하고, 사용할 모듈을 결정한 다음, 책 전체에서 다룬 하향식 설계 방식에 따라 코파일럿에게 필요한 코드를 작성하도록 했습니다.

여러분의 일상에서 같은 작업을 반복하는 도구가 필요하다면 코파일럿과 파이썬을 사용해 자동화할 것을 권장합니다. 이 장에서 소개한 것 외에도 수많은 유용한 파이썬 모듈이 있습니다. 예를 들어, 이미지 조작, 마이크로소프트 엑셀(Microsoft Excel) 또는 워드(Microsoft Word) 파일 작업, 이메일 보내기, 웹 사이트에서 데이터 스크랩하기 등을 위한 모듈도 있습니다. 해야 할 업무가 지루한 작업이라면 누군가가 이를 돕기 위한 파이썬 모듈을 만들어 뒀을 가능성이 높으며, 코파일럿은 해당 모듈을 효과적으로 사용할 수 있도록 도와줍니다.

요약

- 개발자는 종종 지루한 작업을 자동화하는 도구를 만듭니다.

- 도구를 작성할 때는 종종 파이썬 모듈을 사용해야 하는 경우가 있습니다.

- 코파일럿 챗을 사용하면 어떤 파이썬 모듈을 사용할지를 결정할 수 있습니다.

- 코파일럿과 대화하여 사용할 수 있는 다양한 파이썬 모듈의 장단점을 파악해 두면 도움이 됩니다.

- 파이썬에는 클립보드 작업, PDF 파일을 비롯한 기타 파일 형식 작업, 파일 복사 작업 등을 위한 다양한 모듈이 존재합니다.

게임 만들기

이 장에서는 다음 내용을 다룹니다.

- 프로그램에 무작위성 추가하기
- 암호 해석 게임을 설계하고 프로그래밍하기
- 주사위 던지기 게임을 설계하고 프로그래밍하기

사람들이 프로그래밍을 배우는 데는 여러 가지 이유가 있습니다. 어떤 사람은 이전 장에서 했던 것처럼 지루한 작업을 자동화하고 싶어 합니다. 7장에서 살펴본 것처럼 인공지능을 사용하고 싶은 사람도 있습니다. 누군가는 대화형 웹사이트, 안드로이드 또는 iOS 앱 또는 알렉사(Alexa)와 같은 음성 인식 서비스를 만들고 싶어 합니다. 개발자가 만들 수 있는 서비스는 그야말로 무궁무진합니다.

게임 프로그램은 사람들이 프로그래밍으로 만들고 싶어 하는 대표적인 분야입니다. 그래서 10장에서는 여러분과 함께 두 가지 작은 컴퓨터 게임을 만들어 보면서 코파일럿을 사용한 프로그래밍 여정을 마무리하려고 합니다. 첫 번째는 단서를 사용하여 컴퓨터의 비밀번호를 알아내는 코드 해석 게임입니다. 두 번째는 2인 주사위 게임으로, 각 참가자는 위험과 운의 균형을 맞춰가며 다른 참가자보다 높은 점수에 도달해야 합니다. 이 게임들은 그래픽과 애니메이션을 사용하는 대신 텍스트를 사용합니다. 게임이 표현되는 방식이나 참가자가 게임과 상호작용하는 방식보다는 게임 로직에 집중하기 위해 이러한 결정을 내렸습니다. 이 과정에서 게임 제작 능력을 발전시키고 싶은 분들을 위해 몇 가지 다음 단계를 제공합니다. 현재 실력으로도 충분히 작성할 수 있으니 걱정하지 마세요.

10.1 게임 프로그램

가족이나 친구들과 보드 게임을 하는 상황을 떠올려 봅시다. 보통 두 가지 순서로 진행됩니다. 첫 번째 단계는 게임 준비입니다. 여기에는 게임 보드 설정, 각 참가자에게 초기 자금 또는 카드 분배하기 등이 포함됩니다. 두 번째 단계는 게임 플레이입니다. 보드 게임은 일반적으로 누군가가 이기기 전까지 모든 참가자가 순서대로 한 사람씩 자기 차례에 맞춰 게임을 진행합니다. 차례가 바뀔 때마다 게임 상태(보드 및 카드 배분 상태, 참가자에게 남아있는 자금 등)가 모두 바뀝니다. 컴퓨터 게임을 프로그래밍할 때도 이러한 각 단계를 구현하는 데 주의를 기울여야 합니다.

비디오 게임 디자인에 적합한 많은 프로그래밍 환경에서는 아예 이 두 단계를 별도의 표준 함수로 제공하는 경우가 많습니다. 게임을 설정하기 위해 수행되는 셋업 함수와 참가자가 취하는 행동이나 시간의 흐름에 따라 게임 상태를 변경하는 업데이트 함수가 있습니다. 그림 10.1은 비디오 게임의 기본 흐름을 표현한 흐름도입니다.

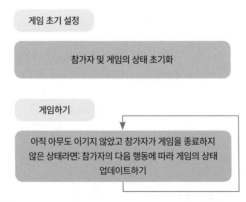

그림 10.1 비디오 게임의 기본 흐름도

잠시 게임의 상태 업데이트 부분에 집중해 봅시다. 2D 게임에서 참가자가 키보드의 버튼을 눌러 앞으로 이동한다고 가정하겠습니다. 업데이트 기능은 참가자의 캐릭터가 앞 칸으로 이동하도록 하고, 참가자의 움직임이 현재 게임판의 어떤 설정과 상호작용했는지 확인합니다. 일부 게임은 참가자의 행동과 관계없이 시간에 따라 상태가 변경되기도 합니다. 이러한 게임에서는 업데이트 함수가 게임판의 상태도 변경합니다(예: 팩맨 게임에서 유령은 팩맨의 위치와 상관없이 시간의 변화에 따라 방향을 움직입니다). 또 이번 차례에 할당된 시간이나 사용자 동작이 끝날 때마다 게임의 종료 조건과 일치하는지를 확인합니다. 게임의 종료 조건은 일반적으로 다음과 같습니다.

- 참가자가 목표를 달성하고 게임에서 승리하는 경우

- 참가자가 절벽에서 떨어지거나 몬스터와 부딪히는 등의 이유로 게임에서 패배하는 경우

- 참가자가 게임을 종료하기로 결정한 경우

게임 디자인에 적합한 프로그래밍 환경은 여러 가지가 있으며, 파이썬으로 게임을 구현하려는 경우 파이게임(Pygame)[1]이라는 모듈을 좋은 시작점으로 추천합니다. 프로그래밍 경험이 어느 정도 쌓인 후 게임 프로그래밍을 좀 더 깊이 있게 탐구하고 싶다면 3D 게임 디자인용 유니티(Unity)[2]를 추천합니다. 다만 이 장에서는 새로운 환경을 배우지 않고 기본적인 게임 설계 방법을 보여드리기 위해 표준 파이썬으로만 작업하겠습니다.

10.2 무작위성 추가

이 장에서 만들 두 가지 게임을 포함해 많은 게임이 무작위성을 이용해 재미를 더합니다. 첫 번째 게임에서는 추론할 비밀번호가 되는 랜덤 숫자를 생성하기 위해 무작위성이 필요합니다. 두 번째 게임에서는 주사위를 굴려서 1에서 6 사이의 난수를 생성해야 합니다. 무작위성은 적의 행동, 퍼즐의 초기 방향, 적의 공격으로 인한 피해 수치 등 다양한 게임 요소와 게임 설계의 많은 측면에 관여합니다.

우리가 만드는 프로그램에서도 파이썬에서 난수를 생성해야 합니다. 난수 생성 방법을 배우기 위해 이전 장에서처럼 코파일럿 챗에게 물어보겠습니다.

사람   **파이썬 프로그램에서 난수를 생성해야 하려면 어떻게 해야 하나요?**

코파일럿 random 모듈을 사용하면 난수를 생성할 수 있습니다. 예를 들어 보겠습니다:

```python
import random

# Generate a random integer between 1 and 10 (inclusive)
random_number = random.randint(1, 10)
print(random_number)
```

---

1   Pygame(파이게임). https://www.pygame.org/. Accessed July 20, 2023.
2   Unity Real-Time Development Platform. https://unity.com/. Accessed July 20, 2023.

```
# Generate a random float between 0 and 1
random_float = random.random()
print(random_float)
```

이 코드는 random 모듈을 가져온 다음 randint 함수를 사용하여 1과 10 사이의 임의의 정수를 생성하고(포함), random 함수를 사용하여 0과 1 사이의 임의의 실수를 생성합니다.

코파일럿은 random이라는 모듈의 함수를 사용하여 난수를 생성하라고 제안합니다. 다음으로 random 모듈이 파이썬에 내장돼 있는지 확인해 보겠습니다.

사람   random 모듈은 파이썬에 내장되어 있습니까?

코파일럿 네, random 모듈은 파이썬의 내장 모듈로 추가 패키지를 설치하지 않아도 됩니다. 파이썬 코드로 불러와 기능을 사용하기만 하면 됩니다.

코파일럿의 제안대로 random 모듈을 가져와서 방금 안내받은 두 가지 함수를 테스트해 보겠습니다. 이전 장에서 파이썬의 동작 방식을 살펴보기 위해 사용했던 파이썬 >>> 프롬프트에서 이 작업을 수행합니다. 파이썬 프롬프트로 이동하려면 [Ctrl]+[Shift]+[P]를 누르고 REPL을 입력한 다음, 파이썬을 선택합니다.

첫 번째 질문에 대한 코파일럿의 답변에 따르면 randint 함수를 사용하면 최솟값과 최댓값을 범위로 지정하고 이 범위 내에서 임의의 정수를 생성할 수 있습니다.

이 함수를 사용하여 더 큰 숫자를 만들 수 있는 자릿수별 숫자를 하나씩 생성합시다. 각 자리에는 0에서 9 사이의 숫자가 들어가야 하므로 randint에 0에서 9 사이의 임의의 숫자를 요청합니다.

```
>>> import random
>>> random.randint(0, 9)
5
>>> random.randint(0, 9)
1
>>> random.randint(0, 9)
9        ←── 우연히 최댓값을 얻음
>>> random.randint(0, 9)
9
```

```
>>> random.randint(0, 9)
5
>>> random.randint(0, 9)
0        ←── 우연히 최솟값도 얻음
>>> random.randint(0, 9)
4
```

또는 주사위를 굴려서 랜덤한 숫자를 얻는 동작도 구현할 수 있습니다. 주사위의 숫자는 1에서 6 사이이므로 randint 함수를 다음과 같이 사용하면 됩니다.

```
>>> random.randint(1, 6)
2
>>> random.randint(1, 6)
2
>>> random.randint(1, 6)
4
>>> random.randint(1, 6)
1
>>> random.randint(1, 6)
5
```

코파일럿이 알려준 또 다른 함수의 이름은 random입니다. (모듈명과 함수명이 모두 random입니다! 따라서 이 함수를 호출하려면 random.random()을 사용합니다.) 이 함수는 임의의 정수를 생성하는 것이 아니라 0과 1 사이의 임의의 숫자(1은 포함하지 않음)를 생성합니다. 예를 들어 5처럼 정수가 아닌 0.1926502와 같은 임의의 숫자를 얻게 됩니다. 소수점이 있는 이러한 종류의 숫자를 실수(또는 부동 소수점 숫자)라고 합니다. 다음은 이 함수의 몇 가지 호출 결과입니다.

```
>>> random.random()
0.03853937835258148
>>> random.random()
0.44152027974631813
>>> random.random()
0.774000627219771
>>> random.random()
0.4388949032154501
```

이 함수는 게임에서도 유용하게 사용될 수 있습니다. 예를 들어, 이러한 실수 값은 이벤트가 발생할 확률로 생각할 수 있으며, 숫자가 높을수록 확률이 높습니다. 그런 다음 이 실수 값을 사용하여 이벤트가 발생할지 여부를 결정할 수 있습니다. 하지만 이 장의 게임에서는 이 함수가 필요하지 않습니다.

10.3 예시 1: 숫소와 암소

첫 번째 게임은 숫소와 암소(Bulls and Cows)라는 오래된 암호 해석 게임을 기반으로 합니다. 가로세로 낱말 맞추기 같은 게임을 떠올릴 수도 있지만, 조금 다릅니다. 이 게임은 컴퓨터와 대결하며 암호를 맞춰나가는 게임입니다. 이 게임에서 무작위성은 매우 중요한 역할을 합니다.

10.3.1 게임 동작 방식

이 게임은 참가자 1은 4자릿수의 암호를 수수께끼로 내고, 참가자 2는 그 비밀번호를 알아내는 방식으로 진행됩니다. 우리는 컴퓨터가 참가자 1이 되고 사람이 참가자 2가 되도록 프로그래밍 하겠습니다.

동작 방식은 다음과 같습니다. 컴퓨터가 중복없이 무작위로 4자리 숫자를 선택합니다. 이것이 바로 비밀번호입니다. 예를 들어 1862라는 숫자를 선택할 수 있습니다. 그런 다음 사람은 컴퓨터가 정한 네 자리 숫자가 무엇인지 알아냅니다. 예를 들어 3821을 추측했다고 가정해 봅시다.

사용자가 추측한 값을 입력할 때마다 화면에는 두 가지 정보가 표시됩니다. 먼저, 추측한 숫자가 비밀번호의 해당 자릿수와 정확히 일치하는 숫자가 몇 개인지 알려줍니다. 비밀번호의 정확한 자리에 있는 숫자는 '정답'입니다. 컴퓨터가 만든 비밀번호가 1862이고 사용자는 3821을 입력했다면, 추측한 숫자와 비밀번호의 두 번째 자리 숫자가 8이므로 일치합니다. 다른 일치하는 숫자가 없으므로 이 입력에 대해 정답 자릿수가 1이라는 메시지가 화면에 표시됩니다.

둘째, 사용자가 추측한 숫자가 비밀번호의 다른 위치에 몇 개나 존재하는지 알려줍니다. 비밀번호에 있기는 하지만 다른 자리에 있는 숫자를 '잘못 배치된' 숫자라고 합니다. 비밀번호로 1862를 맞춰야 하는 상태 그대로, 사용자가 추측값으로 3821을 입력한다고 가정해 보겠습니다. 추측값의 세 번째 숫자는 2입니다. 비밀 코드의 세 번째 숫자(6)와 일치하지 않지만 비밀 코드의 다른 자리에는 2가 있습니다. 마찬가지로, 추측값의 네 번째 숫자는 1입니다. 비밀번호의 네 번째 자리 숫자와 일치하지 않지만 다른 자리에는 1이 있습니다. 결국, 예상한 자리와 일치하지 않지만 비밀번호 숫자 4개 중에 포함된 숫자가 두 개(1과 2) 존재합니다. 이 결과를 통해 잘못 배치된 자릿수가 2라는 것을 알 수 있습니다. 이러한 단서를 사용하여 비밀번호가 무엇인지 범위를 좁혀나가는 게임입니다.

가로세로 낱말 맞추기

이전에 가로세로 낱말 맞추기 게임을 해 봤다면 우리가 만드는 게임과의 유사점을 발견했을 겁니다. 가로세로 낱말 맞추기 게임에서는 문자를 사용하고 우리가 만들 게임은 숫자를 사용하지만, 추측값을 입력하고 받는 피드백 유형은 비슷합니다. 두 경우 모두 올바른 위치나 잘못된 위치에 있는 글자 또는 숫자에 대해 알려줍니다. 낱말 맞추기 게임에서는 각 글자 자체에 대한 힌트가 주어집니다. 예를 들어, 추측한 첫 글자가 'h'인 경우 'h'가 단어에 있지만 잘못된 위치에 있다는 메시지가 표시될 수 있습니다. 반면, 예제 게임에서는 각 숫자에 대한 힌트가 개별적으로 제공되지 않고 추측값에 대한 전반적인 힌트가 주어집니다. 이처럼 게임 프로그램들은 유사한 패턴을 갖추고 있다는 점을 이해했으면 합니다. 이제 막 프로그래밍에 입문한 우리가 벌써 최근 전 세계적으로 유행하는 게임과 비슷한 게임을 만들고 있습니다!

---

https://www.mathsisfun.com/games/bulls-and-cows.html에 접속하면 무료로 숫소와 암소 게임을 해 볼 수 있습니다. 예제 게임을 만들기 전에 직접 몇 차례 게임을 해 보며 게임의 동작 방식을 익혀두는 것도 좋습니다. (**정답** 대신 **숫소**, **오답** 대신 **암소**라는 용어를 사용한다는 점에 유의하세요.)

표 10.1에는 게임과의 상호작용 예시가 나와 있습니다. 각 추측을 통해 도달한 게임 상태와 이 과정에서 배운 점을 전달하기 위해 정답 추측 과정이라는 열을 포함했습니다.

표 10.1 게임 진행 예시

추측한 입력값	자리 불일치(자리는 틀리나 숫자는 일치)	정답(자리와 숫자 모두 일치)	정답 추측 과정
0123	1	0	0, 1, 2, 3 중 하나가 정답에 포함되는 숫자이나, 올바른 자리는 아닙니다.
4567	3	0	4, 5, 6, 7 중 3개가 정답에 포함되는 숫자이나, 올바른 자리는 아닙니다.
9045	0	1	첫 번째 시도했던 0123 중 숫자 1개와 두 번째 시도했던 4567 중 숫자 3개가 정답 중 하나라는 결과를 바탕으로 정답에 8과 9가 없다는 사실을 알고 있습니다. 이를 바탕으로 숫자 0, 4, 5 중 하나가 숫자와 자리가 모두 일치하는 정답이라고 추측할 수 있습니다. 그러나 첫 번째 시도의 0과 두 번째 시도의 4, 5가 모두 비밀번호에 쓰인 숫자라면 정답 1 외에 자리 불일치인 숫자도 몇 개 있어야 할 텐데, 자리 불일치 값이 0인 것으로 보아 0은 비밀번호에 쓰인 숫자가 아니라는 것을 추측할 수 있습니다. 0이 정답이 아니라면 4 또는 5가 올바른 위치에 있다는 뜻입니다.

추측한 입력값	자리 불일치(자리는 틀리나 숫자는 일치)	정답(자리와 숫자 모두 일치)	정답 추측 과정
9048	0	0	이전 추측에서 8, 9, 0이 정답에 포함되지 않는다는 것을 파악했습니다. 이번에는 정답이 아닌 숫자들과 함께 4를 사용해 4도 답이 아니라는 것을 알아냈습니다. 그렇다면 5가 마지막 비밀번호 숫자라는 것을 알 수 있습니다.
1290	1	0	첫 번째 추측값으로 돌아가서 1, 2, 3 중 어느 숫자가 정답에 포함되는지 알고 싶습니다. 9와 0은 정답에 없다는 것을 알고 있으므로 1 또는 2 중 하나가 정답이며 자리만 불일치함을 알 수 있습니다. 3은 정답에 없습니다.
6715	2	1	두 번째 추측했던 값에서 4가 정답에 없으므로 5, 6, 7이 정답에 포함된다는 것을 알 수 있습니다. 또 세 번째 시도에서 5가 가장 마지막 자리의 비밀번호라는 것도 파악했습니다. 이번 시도에서는 1은 정답에 없고 6과 7은 자리는 틀리나 숫자는 일치하는 값이라는 것을 알아냈습니다 첫 번째 시도의 결과를 생각해 보면 1이 정답이 아니면 2가 정답이 됩니다. 그리고 앞에서 두 번째와 세 번째 자리에 2를 넣었을 때 틀린 자리라는 결과가 출력됐기 때문에 2는 첫 번째 위치에 있어야 합니다. 6 역시 이전에 첫 번째와 세 번째 자리에 넣어 입력해 봤지만, 틀린 자리라는 결과가 출력됐기 때문에 6은 두 번째 자리에 있어야 합니다. 자연스레 세 번째 자리의 숫자가 7이 됩니다. 다 찾았습니다!
2675	0	4	네! 정답입니다!

이 게임의 도전 과제는 비밀번호를 입력하는 추측 횟수가 제한되어 있다는 점입니다. 표 10.1의 예제에서는 코드 2675를 맞히기 위해 7번의 추측을 했습니다. 각 추측마다 틀린 숫자와 맞는 숫자가 주어져 다음 추측을 유도했습니다.

위에서 소개했던 무료 버전 게임에서는 같은 숫자를 여러 번 입력하는 것이 허용되지 않습니다. 예를 들어, 1231을 입력하면 1이 두 개 있기 때문에 허용되지 않습니다. 이 제한은 유료 버전에서도 유지됩니다.

10.3.2 하향식 설계

우리가 해결할 과제는 컴퓨터와 대결하는 숫소와 암소 게임을 위한 프로그램을 작성하는 것입니다. 7장과 9장에서 했던 것처럼 이 대규모 작업에 대한 하향식 설계를 시작하겠습니다.

이 게임은 어떤 순서로 실행돼야 할까요? 이 질문에 대한 해결책을 생각해 보면 게임을 더 작은 작업으로 분해하는 데 도움이 됩니다. 이를 돕기 위해 게임의 규칙과 예시를 통해 게임의 각 단계에서 일어나는 일을 나눴습니다. 그림 10.2에 기록된 상위 단계를 바탕으로 하나씩 세분화해 보겠습니다.

게임 설정:

비밀번호를 임의로 생성

게임 진행:

```
참가자가 이기지 않았고 추측 시도 횟수가 남아있는 상태:
    참가자에게 유효한 추측값을 입력하도록 지시한다
    참가자가 입력한 값을 읽는다
    추측값을 비밀번호와 비교한다
    if 추측값 == 비밀번호인 경우:
        참가자 승리, 참가자에게 승리했다고 알린다
        참가자에게 추측에 대한 피드백 제공
    추측 시도 횟수 업데이트
참가자가 추측 시도 횟수를 모두 사용했으므로 참가자에게 정답을 알려주고 게임을 종료한다
```

그림 10.2 숫소와 암소 게임의 단계

게임 설정부터 시작하겠습니다. 게임을 시작하려면 컴퓨터가 자체적으로 비밀번호를 생성해야 합니다. 이 번호는 각 자리의 번호가 중복되지 않도록 해야 합니다. 이 작업은 충분히 복잡하고 독립적이어서 자체적인 하위 함수로 만들어야 할 것 같습니다.

컴퓨터가 비밀번호를 생성하고 나면 게임 진행으로 넘어갑니다. 여기서부터 참가자가 추측을 시작합니다. 참가자에게 추측한 수를 물어보는 과정은 별도의 함수를 사용할 수 있습니다. 하지만 참가자가 정확한 숫자를 입력했는지, 그리고 추측에 중복된 숫자가 포함되지 않았는지는 확인해야 합니다. 이 작업은 한 번의 input 함수 호출로 처리할 수 있는 것보다 더 많은 작업이 필요하므로 이 작업도 자체 함수로 만들 것입니다.

참가자가 추측값을 입력하면 어느 자리 숫자가 맞고 어느 자리의 숫자가 틀렸는지, 두 가지를 파악해야 합니다. 이 두 가지 작업은 하나의 함수로 만드는 게 좋을까요? 아니면 정답을 확인하는 함수와 자릿수가 불일치하는 값을 확인하는 함수 두 개로 나눠야 할까요? 둘 다 괜찮은 방법입니다. 두 가지 작업을 하나의 함수에 통합하면 참가자의 추측값에 대한 피드백을 한곳에 집중시킬 수 있고, 피드백이 올바른지 확인하기가 쉬워집니다. 반면에 두 개의 개별 함수를 사용하면 피드백에 대한 로직이 두 개의 함수에 분산되는 대신 각 유형의 피드백(정답이 맞는지, 자릿수가 일치하는지)을 테스트하기가 더 쉬워집니다. 이 책에서는 단일 함수를 사용하겠지만, 두 개의 개별 함수를 사용하고 싶다면 이 절의 작업을 마친 후 직접 시도해 보기 바랍니다.

지금까지 결정한 내용을 요약해 보겠습니다. 비밀번호를 생성하는 함수가 있습니다. 그리고 참가자의 추측값을 입력받고 유효한 입력값인지 확인하는 함수가 있습니다. 다음으로 참가자가 입력한 값이 비밀번호와 일치하는지 또는 숫자는 일치하나 자리가 틀렸는지를 확인하는 함수가 있습니다. 이 세 가지 주요 하위 작업은 최상위 함수의 하위 함수로 분할해 작성할 예정입니다.

분할해야 할 다른 하위 작업은 없을까요? 최상위 함수에서 할 일이 조금 더 남아있습니다. 예를 들어 참가자가 입력한 값이 비밀번호와 일치하는 경우 게임을 종료해야 합니다. 하지만 이를 위해 하위 함수까지 만들 필요는 없다고 생각합니다. 사용자의 추측이 비밀번호와 일치하는지 확인하려면 두 값이 같은지 여부를 알려주는 파이썬의 == 연산자를 사용하면 됩니다. 그리고 게임을 종료할 때는 return 문을 사용하여 최상위 게임 함수를 종료하면 프로그램을 중지할 수 있습니다. 한편 참가자가 주어진 횟수 안에 비밀번호와 일치하는 숫자를 입력하지 못한 경우에는 게임에서 졌다고 알려줘야 하는데, 이 역시 짧은 파이썬 코드로 해결할 수 있습니다. 따라서 여기서는 세 개의 하위 작업을 수행하는 함수와 이들을 호출하는 최상위 함수 하나까지만 작성하겠습니다.

7장의 저자 식별 프로그램은 풀어야 할 문제가 너무 복잡해서 하위 작업을 하위 작업의 하위 작업으로 다시 나누어야 했습니다. 어떤 하위 작업은 절대 나누지 못할 것처럼 복잡해 보이기도 했습니다. 하지만 여기서는 세 가지 하위 작업을 각각 하나의 함수로 관리할 수 있습니다.

예를 들어, 첫 번째 하위 작업인 중복되는 숫자가 없는 네 자릿수 비밀번호 생성 작업을 다시 생각해 봅시다. 이 작업을 다시 하위 작업으로 분할할 수 있을까요? 생성된 비밀번호에 중복된 숫자가 있는지 확인하는 함수를 만들 수도 있을 겁니다. 그다음 중복이 없다고 판단될 때까지 하위 작업 함수를 호출하며 비밀번호를 계속 생성할 수 있습니다. 이 방법도 효과적이지만 애초에 비밀번호를 한 자리씩만 생성하면서 숫자가 중복되지 않도록 만들 수도 있습니다. 두 번째 방법은 하위 작업을 분할할 필요가 없으므로 두 번째 방법을 선택하겠습니다.

이제 두 번째 하위 작업인 참가자의 추측값을 입력받고 유효한 입력값인지 확인하는 함수를 생각해 봅시다. 여기서 추측이 유효한지(즉, 길이가 정확하고 중복된 숫자가 없는지) 알려주는 하위 작업을 분할할 수 있습니다. 이 작업은 어렵지 않습니다. 하위 작업 함수에서 몇 가지 검사를 수행하면 됩니다. (7장에서 강력한 비밀번호를 입력받기 위한 유효성 검사를 자체 함수로 분리했던 것을 기억하시나요? 보통 중요한 작업 단위로 함수를 작성하므로 비밀번호가 유효한지 확인하는 것은 현재 프로그램에서의 유효성 검사보다 더 중요한 작업일 가능성이 높다는 차이가 있습니다.) 이 작업도 다른 하위 작업으로 분리해도 좋겠지만, 그렇게 하지 않고 계속 진행하겠습니다.

세 번째 하위 작업인 정답 여부 확인은 해당 함수 안에서 해결하기로 설계했으므로 하향식 설계 과정은 이쯤에서 마치겠습니다.

최상위 함수에 play라는 이름을 붙이겠습니다. 이 함수에서는 방금 식별한 세 개의 하위 작업에 해당하는 세 개의 함수를 호출합니다. 첫 번째 하위 작업을 담은 random_string 함수를 호출하고, 두 번째 하위 작업을 담은 get_guess 함수를 호출하고, 세 번째 하위 작업을 담은 guess_result 함수를 호출하는 순서로 동작합니다. 이 하향식 설계 결과를 그림 10.3처럼 수형도로 그릴 수 있습니다.

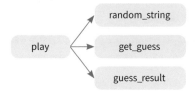

그림 10.3 숫소와 암소 게임을 위한 하향식 설계 다이어그램. 최상위(가장 왼쪽) 함수는 play로, random_string, get_guess, guess_result 함수를 호출합니다.

10.3.3 매개변수 및 반환값의 자료형

일반적으로는 하향식 설계 과정에서 각 함수의 매개변수 유형과 반환값을 정의하지만, 이번에는 미묘한 부분이 있기 때문에 하향식 설계 과정을 마치고 나서 따로 작업해 보겠습니다. 예를 들어, 여러분은 정수인 int 자료형으로 비밀번호와 추측값을 저장하겠다고 생각했을 수도 있지만, 이 자료형은 최선의 선택이 아닙니다. 각 함수를 작성하기 전에 각 함수가 어떤 자료형의 데이터를 사용할 것인지에 대해 몇 가지 결정을 내려 봅시다.

play 함수는 최상위 함수이자 게임의 시작점입니다. 이 함수에 매개변수를 받지 않는 것도 가능합니다. 함수의 코드 어딘가에 비밀번호는 4자리 숫자로 이루어져 있으며, 참가자는 10번의 추측을 할 수 있다는 사실을 하드코딩해야 합니다. 하지만 코드를 이렇게 작성하면 유연성이 떨어집니다. 만약 나중에 비밀번호가 7자리이고 참가자가 100번의 추측을 할 수 있도록 게임의 규칙을 변경하고 싶다면 어떻게 해야 할까요? 코드에 들어가서 필요한 모든 사항을 변경해야 할 것입니다. 따라서 게임을 쉽게 변경할 수 있도록 이 함수에 몇 가지 파라미터를 제공할 수 있습니다. 예를 들어, 비밀번호를 항상 4자리로 고정하는 대신 파라미터를 사용하여 비밀번호의 길이를 원하는 대로 설정할 수 있습니다. 마찬가지로 참가자가 시도 가능한 최대 추측 횟수도 함수에 직접 입력하는 대신 파라미터를 사용할 수 있습니다.

그러면 향후에도 함수 자체의 코드를 건드릴 필요 없이 이 파라미터만 변경해 게임의 규칙을 변경할 수 있습니다.

매직넘버를 피하기 위한 매개변수 및 변수 사용

최대 추측 시도 횟수와 비밀번호의 자릿수, 그리고 각 추측 시 숫자의 자릿수는 코드 설계의 중요한 원칙을 설명하기 좋은 예입니다. 바로 코드를 작성할 때 매개변수나 변수로 숫자를 사용할 수 있다면 반드시 그렇게 해야 한다는 원칙입니다. 코드를 숫자 매개변수와 연동해 두면 최대한 다양한 방식으로 해당 코드를 활용할 수 있게 됩니다. 개발자는 의미를 이해할 수 있는 단어로 작성한 매개변수 대신 숫자가 하드코딩되어 있는 경우, 이 숫자들을 의미는 모르지만 동작에는 필요한 숫자라는 의미에서 '매직 넘버'라고 부릅니다. 이는 우리가 피해야 할 코딩 방법입니다. 참가자에게 허용된 최대 추측 횟수 또는 비밀번호의 자릿수를 작성하는 함수에서 '매직 넘버를 피해라'라는 원칙을 준수한다면 100이나 4 같은 상수 대신 max_tries나 length 같은 이해할 수 있는 단어를 매개변수로 사용해야 합니다. 코드를 동작시킬 때도 이러한 매개변수에 구체적인 숫자를 입력할 때, 가능한 한 코드의 상위 수준에서 이 값을 할당토록 설계해야 합니다(예: 사용자가 게임을 시작하면서 이러한 매개변수를 설정할 수 있음).

일반적인 원칙을 준수하기 위해 코드에서 숫자(예: 4)가 보일 때마다 이것을 매개변수나 변수로 대체할 수 있는지 자문해 보세요. 대부분의 경우 가능할 겁니다.

이렇게 매개변수를 추가하는 것은 3장에서 설명한 것처럼 함수의 사용 범위를 제한하지 않고 범용적으로 만드는 방법입니다.

random_string 함수는 컴퓨터가 비밀번호를 생성하는 함수입니다. 이 함수의 이름에는 왜 문자열을 의미하는 string이라는 단어가 들어 있을까요? 1862와 같은 랜덤 정수를 반환해야 하니 숫자인 int 자료형을 사용해야 하는 것 아닐까요? 비밀번호를 숫자 자료형으로 반환할 때의 문제점은 비밀번호가 0으로 시작되는 경우도 있다는 것입니다. 0825와 같은 비밀 코드는 완벽하게 유효한 4자리 비밀번호입니다. 하지만 int 자료형으로 0825를 저장하면 0이 생략되므로 825가 됩니다. 반면, '0825'를 string 자료형으로 저장하면 각각의 숫자로 이루어진 네 개의 문자에 불과하므로 '0'으로 시작해도 아무 문제가 없습니다. 그 외에도 컴퓨터가 비밀번호를 가지고 최종적으로 하게 될 작업을 미리 떠올려 봅시다. 게임 참가자가 입력한 추측과 한 자릿수씩 비교하며 어떤 숫자가 일치하는지를 확인합니다. 이때도 string 자료형의 인덱싱을 사용하면 문자열의 각 문자에 쉽게 접근할 수 있습니다. 정수의 개별 자릿수에 접근하려면 꽤 복잡한 로직을 거쳐야 해서 더 어렵습니다.

따라서 random_string 함수는 필요한 비밀번호 자릿수를 매개변수로 받아 해당 길이의 임의의 문자열을 반환합니다. 문자열의 각 문자는 숫자로 이루어져 있습니다. 숫자이긴 해도 자료형은 string이므로 'a' 또는 '*'와 마찬가지로 여전히 문자처럼 취급됩니다. 숫자처럼 보인다고 해서 혼동하지 마세요! 다음은 숫자로 된 문자열도 다른 모든 문자열과 동일한 방식으로 동작한다는 것을 보여주는 예시입니다.

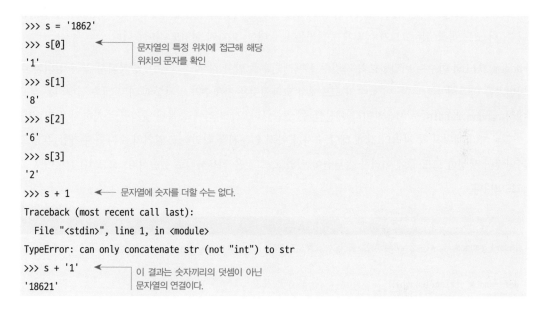

```
>>> s = '1862'
>>> s[0]          ←──  문자열의 특정 위치에 접근해 해당
'1'                    위치의 문자를 확인
>>> s[1]
'8'
>>> s[2]
'6'
>>> s[3]
'2'
>>> s + 1         ←── 문자열에 숫자를 더할 수는 없다.
Traceback (most recent call last):
  File "<stdin>", line 1, in <module>
TypeError: can only concatenate str (not "int") to str
>>> s + '1'       ←──┐ 이 결과는 숫자끼리의 덧셈이 아닌
'18621'              └ 문자열의 연결이다.
```

참가자의 다음 추측값을 가져오는 함수인 get_guess는 어떨까요? random_string과 마찬가지로 이 함수도 참가자에게 입력받은 문자열 중 비밀번호와 일치하는 값의 자릿수를 알아야 하므로 이를 매개변수로 만들겠습니다. 이 함수는 참가자의 추측값을 문자열로 반환합니다.

마지막으로 어느 자리가 맞고 어느 자리가 틀렸는지를 알려주는 함수 guess_result를 살펴봅시다. 이 함수는 참가자가 입력한 문자열과 컴퓨터의 비밀번호 문자열을 모두 필요로 하므로 이 두 가지 매개변수를 가져와야 합니다. 맞힌 숫자와 틀린 숫자의 두 가지 정보를 반환해야 하므로 두 개의 정수로 된 리스트를 반환합니다.

10.3.4 기능 구현

하향식 설계를 완료했으니 이제 코파일럿을 사용해 각 함수의 코드를 작성할 수 있습니다. 항상 그래왔 듯이 아래에서 위 순서대로 함수를 작성할 것입니다. 즉, 먼저 세 가지 하위 작업 함수를 구현한 다음, 최 상위 함수인 play를 구현할 것입니다.

RANDOM_STRING

코드 생성을 요청할 때는 함수 헤더와 독스트링을 작성한 다음 코파일럿에게 코드를 작성하도록 요청합 니다. 각 코드 목록에는 코드가 어떻게 동작하는지에 대한 몇 가지 설명도 적어줍니다.

random_string 함수는 비밀번호의 자릿수를 매개변수로 받아 각 자리의 값이 중복되지 않는 임의의 비 밀번호를 반환해야 합니다. 이 함수의 코드에서 코파일럿은 자릿수가 일치할 때까지 계속 실행되는 루프 에서 random.randint를 사용하리라 예상할 수 있습니다. 각 자리에 중복된 숫자를 추가하지 않기 위해 코드는 이미 채워진 각 자리의 값에 해당 숫자가 아직 없는지를 확인하고 임의의 숫자를 추가합니다. 코 파일럿이 생성한 코드 중에 이러한 솔루션이 있었고, 그것을 적용하기로 했습니다. 코드 10.1이 바로 그 코드입니다.

코드 10.1 비밀번호 생성을 위한 함수 random_string

```python
import random    ◀── random 모듈을 불러오는 것을 잊지 말자!

def random_string(length):
    """
    length is an integer.

    Return a string of the given length, where each character
    is a digit from 0 to 9, and with no repeated digits.
    """
    # """
    # length는 정수입니다.

    # 각 문자가 0에서 9까지의 숫자이며
    # 반복되는 숫자가 없는 주어진 길이의 문자열을 반환합니다.
    # """
    s = ''    ◀── 비밀번호라는 변수는 빈 문자열(앞으로 숫자로 된
                   문자를 넣을 변수)로 시작
    while len(s) < length:    ◀── 각 자릿수만큼 루프를 반복
        r = random.randint(0, 9)    ◀── 0에서 9 사이의 임의의 정수를 생성
```

```
        if str(r) not in s:     ◀── 이 숫자가 아직 비밀번호에 없는 경우
            s += str(r)         ◀── 비밀번호에 이 숫자를 추가한다.
    return s    ◀── 비밀번호를 반환
```

이 장에서는 테스트해 보지는 않겠지만, 테스트를 한다고 해도 이 함수에 대한 독스트링에 입력값으로 정확한 문자열을 입력했는지 확인하는 테스트를 작성하지는 않을 것입니다. 이 함수는 random 모듈로 만든 임의의 결과에 의존하기 때문입니다. 무작위로 만들어진 임의의 값은 제어하기 어렵기 때문에 이런 함수를 테스트하기는 꽤 까다롭습니다. 위 코드를 테스트하려면 생성된 비밀번호의 자릿수가 입력받은 매개변수 값과 일치하는지, 각 자리의 숫자가 중복되지 않는지를 확인하는 테스트를 독스트링에 추가하면 됩니다. 또한 함수를 실행했을 때 결과가 항상 0~9라는 정해진 범위 내에 있는지, 결과가 무작위로 나타나는지를 테스트할 수도 있습니다.

테스트를 계속 진행해 보면 이 함수가 완벽하게 구현돼 있고 더 이상 손댈 필요가 없다는 것을 알게 될 것입니다. 코드 완성이 목표라면 바로 get_guess 함수 작성을 시작하는 부분으로 건너뛰어도 됩니다. 다만 이 절에서는 이번 기회에 파이썬과 함수 설계에 대해 더 자세히 알아보기 위해 이 함수에 대한 다양한 방안을 살펴보는 시간을 가져보려고 합니다.

random_string을 동작시키기 위해 코파일럿이 제안한 다른 코드를 확인하려면 [Ctrl]+[Enter] 창을 살펴보기 바랍니다. 예를 들어, 0에서 9까지의 값을 담은 정수 리스트를 만든 다음 random.shuffle이라는 함수를 사용해 이 리스트를 임의의 순서로 섞을 수도 있습니다. 그다음 셔플된 리스트에서 length 매개변수로 입력받은 값(여기서 length는 비밀번호의 길이)만큼의 요소를 가져오면 비밀번호가 됩니다! 이 리스트에는 중복되는 숫자가 없기 때문에 중복되는 숫자가 발생하지 않는다는 것이 보장됩니다. 해당 버전의 함수는 코드 10.2와 같이 작성할 수 있습니다.

코드 10.2 함수 random_string의 대체 방안

```
import random


def random_string(length):
    """
    length is an integer.

    Return a string of the given length, where each character
    is a digit from 0 to 9, and with no repeated digits.
    """
    # """
```

```
# length는 정수입니다.

# 각 문자가 0에서 9까지의 숫자이며
# 반복되는 숫자가 없는 주어진 길이의 문자열을 반환합니다.
# """
digits = list(range(10))
random.shuffle(digits)
return ''.join(str(d) for d in digits[:length])
```

[0, 1, 2, 3, 4, 5, 6, 7, 8, 9]와 같은 리스트를 생성

random.shuffle을 호출해 무작위로 리스트의 순서를 변경

순서가 변경된 리스트에 length 매개변수의 입력값과 일치하는 개수만큼 요소를 꺼내 string으로 결합해 반환

이 코드에 대해 자세히 알아보고 싶다면 유용한 도구가 이미 있습니다! 이제 우리가 이해할 수 없는 코드는 없습니다. 코파일럿에게 코드에 대한 설명을 요청하면 다음과 같은 설명을 출력합니다.

사람　random_string 함수는 어떤 기능을 하나요?

코파일럿　이 코드는 정수 length를 입력으로 받아 해당 개수만큼 각 문자가 0에서 9 사이의 숫자 사이의 반복되는 숫자가 없도록 문자열을 반환하는 random_string이라는 파이썬 함수입니다.

이 함수는 먼저 range 함수를 사용하여 0에서 9까지의 숫자 리스트를 만들고 리스트 생성자를 호출합니다. 그런 다음 random 모듈의 shuffle 함수를 사용해 리스트를 섞습니다. 이렇게 하면 숫자가 임의의 순서로 정렬됩니다.

마지막으로 이 함수는 리스트 컴프리헨션을 사용해 셔플된 리스트의 첫 번째 숫자를 문자열로 변환하고 join 메서드를 사용하여 단일 문자열로 결합합니다.

전반적으로 random_string 함수는 반복되는 숫자가 없는 임의의 숫자 문자열을 생성하므로 고유 식별자나 비밀번호를 생성하는 데 유용할 수 있습니다.

리스트 컴프리헨션(list comprehension)은 또 무엇일까요? 혼자 알아낼 필요 없이 코파일럿에게 설명해 달라고 요청하면 됩니다.

사람　리스트 컴프리헨션은 어떻게 작동합니까?

코파일럿　random_string 함수의 리스트 컴프리헨션은 셔플된 리스트의 요소 개수를 입력받아 각 요소를 문자열로 변환하고 join 함수를 사용하여 하나의 문자열로 결합합니다.

다음은 리스트 컴프리헨션이 작동하는 방식을 분석한 것입니다:

- digits[:length]에서 d 변수를 받아 str(d)라는 함수를 사용해 문자열 리스트를 생성합니다. 리스트 digits의 각 숫자를 str 함수를 사용하여 문자열로 변환한 후 결과 문자열을 반환합니다.
- digits[:length]는 리스트 컴프리헨션을 반복하는 리스트의 구간입니다. 리스트 digits의 요소들이 무작위로 뒤섞입니다.
- 리스트 컴프리헨션을 감싸고 있는 괄호로 인해 이 표현식은 생성된 요소들로 새로운 리스트를 만듭니다.

마지막으로 join 함수는 문자열 리스트에서 호출된 각각의 요소들을 구분자가 없는 하나의 문자열로 결합합니다.

코파일럿의 응답 중 일부는 완전히 이해되지 않을 수 있습니다. 그때마다 동작 방식에 대해 충분히 이해할 수 있을 때까지 계속 설명을 요청하면 됩니다.

이 함수에 대해 두 번째 대안까지 확인할 필요는 없었지만, 책의 마지막 부분에 다다른 만큼 이 기회를 통해 여러분이 얼마나 많은 것을 할 수 있게 되었는지 상기시켜 주고 싶었습니다. 여러분은 이 책을 따라오면서 소프트웨어를 이해하고 제작하는 도구와 기술을 연마해 왔을 뿐만 아니라 계속 더 많은 것을 스스로 배울 수 있다는 자신감도 가지게 됐을 것입니다!

이제 당면한 문제로 돌아가서 다음 하위 함수를 해결해 보겠습니다.

GET_GUESS

get_guess 함수는 필요한 자릿수를 매개변수로 받아 참가자가 입력한 추측값이 유효한 값인지를 반환합니다. 입력받은 추측값이 유효하려면 문자열에 숫자만 포함돼 있어야 하며, 중복된 숫자가 없어야 합니다. 다음은 코파일럿이 생성한 get_guess 함수입니다.

코드 10.3 사용자 입력이 유효한 값인지 확인하는 get_guess 함수

```
def get_guess(length):
    """
    length is an integer.

    Keep asking the player to enter a string where each character
    is a digit from 0 to 9, until they enter a valid guess.
    A valid guess has the given length and has no repeated digits.
    """
    # """
    # length는 정수입니다.

    # 참가자가 유효한 추측을 입력할 때까지
    # 각 문자가 0에서 9까지의 숫자인 문자열을 입력하도록 계속 요청합니다.
    # 유효한 추측은 주어진 길이를 가지며 반복되는 숫자가 없습니다.
    # """
    guess = input('Enter a guess: ')     ◄── 먼저 참가자로부터 추측값을 입력받는다.
    while len(guess) != length or not guess.isdigit()\        길이가 length와 일치하지 않거나, 문자열의
            or len(set(guess)) != length:                     모든 자리가 숫자가 아니거나 중복된다면
        guess = input('Enter a guess: ')   ◄── 다시 참가자로부터 추측값을 입력받는다.
    return guess     ◄── 유효한 추측을 반환한다.
```

GUESS_RESULT

guess_result 함수는 참가자가 입력한 가장 최근 추측값(guess)과 비밀번호(secret_code)라는 두 문자열을 매개변수로 받습니다. 이 함수는 자릿수와 값이 일치하는 정답의 개수와 자릿수는 틀리지만 값은 일치하는 숫자의 개수라는 두 가지 정수를 리스트에 담아 반환합니다.

이 함수는 제대로 구현하기가 꽤 까다로운 함수이므로 random_string 함수와 달리 독스트링에 명시적인 테스트를 몇 개 작성해 보겠습니다. 독스트링에 테스트를 추가하는 이유는 이 함수의 로직이 코드만 읽어서는 올바르게 동작하는지 판단하기 어려울 정도로 복잡하기 때문입니다. 독스트링에 작성할 테스트 코드를 위해 함수가 반환해야 할 정답(자리와 숫자 모두 일치)과 자리 불일치(자리는 틀리나 숫자는 일치)와 값이 예상대로 반환되는지 확인할 몇 가지 예제가 필요합니다. 물론 6장에서 설명한 대로 테스트에 관심이 많다면 더 많은 테스트 케이스를 추가해도 좋습니다.

첫 번째 테스트 케이스는 아래와 같이 정했습니다.

```
>>> guess_result('3821', '1862')
```

이 함수의 올바른 반환 값은 [1, 2]인데, 이는 정답(8)이 하나 있고 자리 불일치 값(2와 1)이 두 개 있기 때문입니다. 두 번째 테스트 케이스는 아래와 같이 정했습니다.

```
>>> guess_result('1234', '4321')
```

이번에는 올바른 반환 값이 [0, 4]인데, 정답은 0개이고, 추측한 값은 모두 자리 불일치 값이기 때문입니다.

코드 10.4는 테스트 케이스와 코파일럿 코드를 포함한 전체 코드입니다.

코드 10.4 추측 결과를 얻기 위한 guess_result 함수

```python
def guess_result(guess, secret_code):
    """
    guess and secret_code are strings of the same length.

    Return a list of two values:
    the first value is the number of indices in guess where
    the character at that index matches the character at the
    same index in secret_code; the second value is the
    number of indices in guess where the character at that
```

```
index exists at a different index in secret_code.

>>> guess_result('3821', '1862')
[1, 2]
>>> guess_result('1234', '4321')
[0, 4]
"""
# """
# guess와 secret_code는 같은 길이의 문자열입니다.

# 두 가지 값으로 이루어진 리스트를 반환합니다:
# 첫 번째 값은 guess의 인덱스 중에서
# 해당 인덱스의 문자가 secret_code의 같은 인덱스의 문자와 일치하는 인덱스의 수입니다.
# 두 번째 값은 guess의 인덱스 중에서
# 해당 인덱스의 문자가 secret_code의 다른 인덱스에 존재하는 인덱스의 수입니다.
# """
correct = 0          ◀── correct 변수에는 정답 개수를 계산해 저장
misplaced = 0        ◀── misplaced 변수에는 자리 불일치 값의 개수를 계산해 저장
for i in range(len(guess)):    ◀── 입력받은 숫자의 각 인덱스를 통과
    if guess[i] == secret_code[i]:    ◀── 자릿수와 숫자가 일치하는 경우
        correct += 1     ◀── correct 변수의 값을 1만큼 증가시킨다.
    elif guess[i] in secret_code:    ◀── 숫자는 일치하나 자릿수가 틀린 경우
        misplaced += 1    ◀── misplaced 변수의 값을 1만큼 증가시킨다.
return [correct, misplaced]    ◀── 두 결괏값을 하나의 리스트에 담아서 반환한다.
```

위 코드에서 elif 구문이 어떻게 사용됐는지 기억해 두세요. 이 구문을 elif가 아닌 if 절로 작성했다면 코드는 제대로 동작하지 않을 것입니다! 그 이유를 잘 모르겠다면 다음 설명을 읽기 전에 코파일럿과 대화를 시도해 보세요.

if 조건문의 guess[i] == secret_code[i]가 True라고 가정합시다. 이 경우 correct 변수를 1씩 증가시키고 elif 문은 건너뜁니다. (elif 상태문은 먼저 작성된 if 조건이나 elif 조건이 모두 False인 경우에만 실행된다는 점을 기억하세요.)

이 elif를 if로 변경했다고 가정해 봅시다. if 조건문의 guess[i] == secret_code[i]가 True이면 여전히 correct 변수는 1씩 증가합니다. 그리고 별도로 guess[i] in secret_code 조건도 확인합니다. 이것도 True가 될 것입니다. 이 경우 guess[i] == secret_code[i]이며, 이는 guess[i]가 secret_code 변수의 어딘가에 있다는 것을 의미합니다. 따라서 misplaced += 1의 코드 줄도 동작하게 됩니다. 절

대 일어나서는 안 될 오류입니다(특정 자리의 값이 숫자와 자릿수가 모두 일치할 경우 정답을 의미하는 correct 변수만 1이 증가해야 합니다)!

PLAY

이제 숫소와 암소 게임을 위한 하위 함수를 모두 완성했습니다! 최상위 함수인 play만 작성하면 됩니다.

함수 play는 두 개의 정수를 매개변수로 입력받습니다. 비밀번호의 자릿수와 참가자가 추측값을 입력할 수 있는 최대 시도 횟수입니다. 이 함수는 아무 것도 반환하지 않고 게임을 시작합니다! 이 함수의 최종 프롬프트와 코드는 다음과 같습니다.

코드 10.5 게임 실행을 위한 최상위 함수 play

```python
def play(num_digits, num_guesses):
    """
    Generate a random string with num_digits digits.
    The player has num_guesses guesses to guess the random
    string. After each guess, the player is told how many
    digits in the guess are in the correct place, and how
    many digits exist but are in the wrong place.
    """
    # """
    # num_digits 자릿수를 가진 무작위 문자열을 생성합니다.
    # 참가자는 무작위 문자열을 추측하기 위해 num_guesses번의 추측 기회를 가집니다.
    # 각 추측 후에 참가자에게 추측에서 몇 개의 숫자가 올바른 위치에 있는지,
    # 그리고 몇 개의 숫자가 숫자는 맞지만 잘못된 위치에 있는지 알려줍니다.
    # """
    answer = random_string(num_digits)         # ← 컴퓨터가 생성한 임의의 비밀번호를 가져온다.
    print('I generated a random {}-digit number.'.format(num_digits))
    print('You have {} guesses to guess the number.'.format(num_guesses))
    for i in range(num_guesses):               # ← 가능한 플레이어 추측을 한 번 반복한다.
        guess = get_guess(num_digits)          # ← 참가자에게 유효한 입력값을 받는다.
        result = guess_result(guess, answer)   # ←
        print('Correct: {}, Misplaced: {}'.format(result[0], result[1]))  # ← 참가자에게 힌트를 알려준다.
        if guess == answer:         # ← 참가자가 비밀번호를 정확하게 맞춘다!
            print('You win!')
            return         # ← 함수를 종료한다. 그러면 게임도 종료된다.
    print('You lose! The correct answer was {}.'.format(answer))  # ←
```

참가자가 이번에 추측한 값 중 정답과 자리만 불일치한 값에 대한 피드백을 출력한다.

이 코드가 실행된다는 것은 참가자가 최대 추측 시도 횟수에 도달했음을 의미한다.

지금 프로그램을 실행하면 아무 일도 일어나지 않습니다. 아직 play 함수를 호출하지 않았기 때문입니다! 함수를 호출하기 위해 재생 함수 아래에 다음과 같은 코드 줄을 추가합니다.

```
play(4, 10)
```

4는 자릿수가 4개인 비밀번호를 맞추는 게임을 하겠다는 의미이고, 10은 최대 10번만 추측을 할 수 있게 최대 횟수를 지정한다는 의미입니다. 이러한 인수를 사용해 게임의 규칙을 원하는 방식으로 조정할 수 있습니다!

이제 게임을 한 번 해보겠습니다. 처음 몇 개의 추측값과 최종 추측값을 보여드리겠습니다.

```
I generated a random 4-digit number.
You have 10 guesses to guess the number.
Enter a guess: 0123
Correct: 1, Misplaced: 0
Enter a guess: 4567
Correct: 1, Misplaced: 0
Enter a guess: 8901
Correct: 2, Misplaced: 0
Enter a guess: 8902
Correct: 2, Misplaced: 1
...
Enter a guess: 2897
Correct: 1, Misplaced: 3
You lose! The correct answer was 8927.
```

이 책에서 작성한 다른 프로그램들과는 조금 다른 종류인 컴퓨터 게임 프로그램의 설계를 성공적으로 마쳤습니다. 이 컴퓨터 게임은 사용자와 상호작용하고, 무작위성이 있으며, 두 명의 참가자와 승패 조건이 있습니다. 이전에 작성한 프로그램들과는 많이 달랐습니다! 이 책을 차근차근 진행하며 우리가 얼마나 많은 것을 배우고 발전시켰는지 확인했으면 좋겠습니다. 결과는 조금씩 다르더라도 여전히 하향식 설계 방법을 적용하고, 함수를 설계하고, 코드를 테스트하고, 작성한 코드를 읽고, 코파일럿과 대화를 나누며 프로그램을 만들어 냈습니다. 이전 장에서는 작성해 본 적이 없지만, 우리는 이미 게임을 작성할 수 있는 기술을 갖추고 있었습니다. 겉으로 보기에 새로운 유형의 프로그램이나 앱도 결국 같은 과정을 거쳐 만들어지므로 도전을 멈추지 마세요.

10.3.5 숫소와 암소를 위한 그래픽 인터페이스 추가하기

현재 우리가 완성한 게임이 그래픽이 없고 텍스트만 있는 게임이라 실망할 수도 있습니다. 우리가 만든 게임은 입력을 받을 멋진 입력 화면도 없고 클릭할 버튼 같은 그래픽 인터페이스도 전혀 없습니다. 이 장에서 텍스트 게임에 집중하는 이유에 대해 이미 설명했지만, 이 게임을 그래픽 인터페이스 형식으로 바꾸는 것도 충분히 가능합니다. 코파일럿과 상호작용하면서 코드를 작성하면 그래픽 인터페이스를 구현할 수도 있습니다.

문제는 그래픽 사용자 인터페이스는 **이벤트 중심 프로그래밍(Event-driven programming)**이라는 프로그래밍 방법론을 통해 만든다는 점입니다. 이 프로그래밍 방법론은 이 장에서 다루기에는 너무 방대합니다. 우선 여러분이 이벤트 중심 프로그래밍 방법으로 작성된 코드를 읽고 어느 정도 이해할 수 있어야 하며, 코파일럿에게 그래픽 인터페이스를 생성하는 코드를 작성해 달라고 요청할 때도 이 방법론에 기반해 프롬프트를 작성해야 합니다. 또, 이벤트 기반 프로그래밍에 익숙하지 않다면 코파일럿이 원하는 코드를 제공하지 않을 때 문제를 해결하기 어려울 수도 있습니다. 이벤트 중심 프로그래밍 방법론을 더 자세히 알고 싶다면 파이썬의 그래픽 사용자 인터페이스와 이벤트 기반 프로그래밍이 포함된 게임 프로그래밍에 관한 좋은 책인 『**나만의 Python Game 만들기**』(정보문화사, 2014)[3]를 참조하세요.

> **이벤트 중심 프로그래밍**
>
> 이벤트 중심 프로그래밍은 일반적으로 사용자와 상호작용하는 프로그램에 많이 사용됩니다. 이 방법으로 작성된 프로그램은 고수준에서 사용자가 버튼을 누르거나 텍스트를 입력하는 등 프로그램과 상호작용할 수 있는 방법을 설정한 다음, 사용자가 특정 행동을 하기를 기다리며, 때로는 사용자의 입력을 기다리는 동안 게임 상태를 업데이트하기도 합니다. 사람이 게임과 상호작용하는 동작이 발생하면, 이 상호작용을 이벤트로 인식합니다. 각 이벤트에는 이벤트가 발생할 때 실행해야 하는 코드가 연동되어 있습니다. 예를 들어 사용자가 게임 종료 버튼을 누르면 사용자가 종료하고자 할 때 실행해야 하는 코드(예: 게임 상태 저장 및 프로그램 종료)가 트리거(연쇄적으로 동작)됩니다.

숫소와 암소 게임을 위한 그래픽 인터페이스를 만들어 달라고 코파일럿에게 요청했을 때 생성된 결과물이 매우 인상적이었기 때문에 보여드리고자 합니다. 이벤트 중심 프로그래밍을 몰라도 어느 정도는 코드를 읽을 수 있을 겁니다. 예를 들어 게임 제목을 찾아서 변경하는 정도의 간단한 수정은 지금 여러분 수준에서도 충분히 할 수 있습니다. 이를 위해 코파일럿 챗에 이 질문을 던졌습니다.

---

3   A. Sweigart, Invent Your Own Computer Games with Python, 4th Edition, No Starch Press, 2016.

코파일럿은 이를 위해 필요한 변경 사항을 단계별로 설명하며 요청에 응답했습니다. 이 응답을 바탕으로 어떤 모듈을 사용할지 등 기본 설정을 정한 뒤에는 코드 작성을 요청하여 게임에서 텍스트 인터페이스 대신 버튼과 편집 상자가 있는 그래픽 인터페이스를 사용하도록 했습니다. 새로운 인터페이스는 그림 10.4와 같습니다. 이 인터페이스를 생성하는 코드를 직접 실행해 보거나 코드에 대해 배우고 싶은 경우 이 책의 웹 사이트를 참조하기 바랍니다.

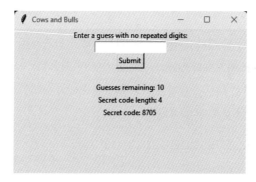

그림 10.4 코파일럿이 제공한 숫소와 암소 게임의 그래픽 인터페이스. 테스트를 위해 넣은 값들이 초깃값으로 제공된다.

10.4   예시 2: 보가트

두 번째로 만들어볼 게임은 2인용 주사위 게임입니다. 숫소와 암소 게임에서는 두 명의 참가자 중 한 명은 사람, 다른 한 명은 컴퓨터였습니다. 이번에는 두 명의 사람 참가자를 위한 게임을 만들겠습니다. 이 게임도 무작위성이 중요한 역할을 합니다. 게임 작성을 마치면 친구나 가족과 함께 해 보기 바랍니다!

10.4.1   게임 동작 방식

이번에 만들어 볼 게임은 보가트(Bogart)입니다(보가트 게임은 1999년 제임스 어니스트(James Ernest)가 만들었으며, 이 책에서는 제임스 어니스트와 Cheapass Games의 허가를 받아 사용합니다. https://crabfragmentlabs.com/). 디자인은 크랩 프래그먼트 랩에서 담당했으며 원본 게임의 설명서는 웹사이트에서 무료로 PDF 파일로 다운로드할 수 있습니다(https://crabfragmentlabs.com/shop/p/chief-herman-1).

게임을 해 보고 재미있었다면 크랩 프래그먼트 랩의 웹사이트를 방문하여 하고 있는 일을 후원해 주기 바랍니다. 다시 한번, 크랩 프래그먼트 랩 분들께 게임을 사용할 수 있게 허락해 주셔서 감사드립니다!

이 게임은 2인용 주사위 게임입니다. 실물 게임은 주사위와 칩이나 코인을 사용합니다. 하지만 우리는 이 게임을 컴퓨터 게임으로 구현하기 때문에 실제 주사위나 칩은 필요하지 않습니다!

게임이 시작될 때 칩 냄비는 비어 있습니다(칩이 한 개도 들어 있지 않습니다). 그리고 두 참가자 중 한 명이 무작위로 선택되며 게임이 시작됩니다. 그리고 게임이 끝날 때까지 각 참가자가 돌아가며 게임을 진행합니다. 차례대로 게임을 진행한다는 것이 어떤 의미인지 설명한 다음, 게임 종료 규칙을 설명하겠습니다. 그림 10.5는 게임의 흐름에 대한 개요도입니다.

각 참가자의 차례가 시작될 때 칩 하나가 냄비에 추가되고, 해당 참가자는 주사위를 한 번 던집니다. 주사위의 눈금이 1이 나오면 그 참가자의 차례가 끝나고 칩도 반납합니다. 주사위 눈금이 1이 아닌 경우, 참가자는 자기 차례를 계속할지 여부를 결정합니다. 자신의 차례가 남아있는데도 차례를 계속하지 않기로 선택하면, 현재 냄비에 담긴 모든 칩을 가져갈 수 있습니다.

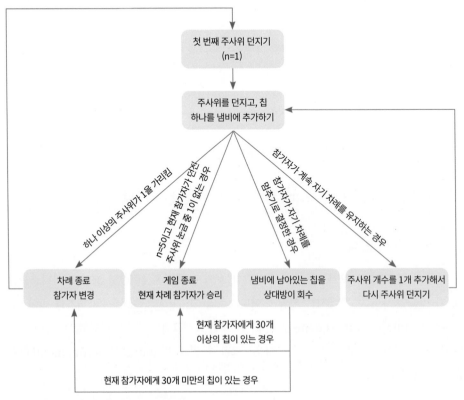

그림 10.5 보가트에서 자기 차례에 벌어질 수 있는 상황들

참가자가 자신의 차례를 계속하기로 결정하면, 냄비에 칩 두 개가 추가되고 주사위 두 개를 던질 수 있는 기회가 생깁니다. 이때 두 번의 주사위 눈금 중 한 번 또는 두 번 다 1이 나오면 참가자의 차례가 끝납니다. 주사위 눈금으로 1이 한 번도 없었다면, 참가자는 다시 자신의 차례를 계속할지 여부를 결정합니다.

자신의 차례가 되면 주사위 세 개, 그다음 네 개, 그다음은 다섯 개처럼 개수를 한 개씩 늘려가며 던집니다. (참가자는 던지는 주사위의 개수를 건너뛸 수 없습니다. 즉, 주사위를 한 개부터 순차적으로 던져야 합니다). 주사위를 굴려서 1이 나오면 자기 차례가 끝나고 칩도 가져갈 수 없습니다. 자기 차례가 끝나면 냄비에 담긴 칩은 모두 상대의 몫이 됩니다.

주사위 눈금이 1이 나오는 것이 나쁜 소식입니다. 주사위를 한 개 던질 때 1이 나올 확률은 낮습니다. 주사위를 동시에 두 개 던지면 1이 하나 이상 나올 확률이 더 높아집니다. 주사위를 세 개, 네 개, 다섯 개 던질 때마다 1이 나올 확률도 갈수록 더 높아집니다. 따라서 자기 차례가 길어질수록 주사위 눈금 1 때문에 아무것도 얻지 못할 확률이 높아집니다. 더 나쁜 것은, 나보다 더 보수적으로 게임에 임하는 상대 참가자를 만나면 상대는 냄비를 가득 채우고도 남을 가능성이 높다는 것입니다. 동시에, 내 차례가 길어질수록 내 냄비에 칩이 더 빨리 쌓이고 결국 차례가 끝날 때 더 많은 칩을 모을 확률도 높아집니다. 요령은 더 많은 칩을 얻기 위해 어디까지 운을 시험하면서 얼마쯤에서 현재 가져갈 수 있는 것에 만족할지 결정하는 것입니다.

이것이 이 게임의 차례 진행 방식입니다. 참가자들은 게임이 끝날 때까지 주사위를 굴리고 칩을 모으며 교대로 차례를 바꿉니다. 게임은 언제 끝나냐구요?

게임 종료를 선언하는 방법은 두 가지가 있습니다:

1. 한 참가자가 30개 이상의 칩을 모으면 그 참가자가 승리합니다.

2. 자신의 차례에 한 참가자가 주사위를 한 개, 두 개, 세 개, 네 개, 다섯 개까지 총 다섯 번을 던지는 동안 한 번도 눈금 1이 나오지 않는 경우, 그 선수는 즉시 승리합니다. 얼마나 많은 칩을 모았는지는 중요하지 않으며, 주사위를 던지는 동안 1이 하나도 나오지 않는 것이 중요합니다.

보가트 게임 예시

게임을 몇 차례 진행해 보면서 보가트 게임의 규칙을 이해해 보겠습니다.

처음에는 냄비가 빈 상태로 시작합니다. 참가자 1이 무작위로 먼저 진행하도록 선택됐다고 가정해 보겠습니다. 참가자 1은 냄비에 칩 하나를 추가하고 주사위를 하나 던집니다. 5가 나왔다고 가정해 봅시다.

이제 참가자 1은 자신의 차례를 끝내고 냄비에 담긴 칩 하나를 가져갈지, 아니면 자신의 차례를 계속할지 결정해야 합니다.

참가자 1이 자신의 차례를 계속한다고 가정해 봅시다. 냄비에 두 개의 칩을 추가하여 이제 냄비에는 세 개의 칩이 있습니다. 참가자 1은 주사위를 두 개 던집니다. 그 결과 눈금이 4와 2가 나왔다고 가정해 봅시다.

이제 그만 자기 차례를 끝내고 칩 세 개를 가져가야 할까요? 아니요. 참가자 1은 더 많은 칩을 가지고 싶어 하는 군요. 자기 차례를 계속합니다. 칩 3개가 냄비에 추가되어 총 6개가 냄비에 담깁니다. 참가자 1은 주사위 3개를 던집니다. 이번에는 6, 5, 그리고 맙소사! 1이 나와버렸습니다. 참가자 1의 차례가 끝났습니다. 참가자 1은 칩을 하나도 얻지 못했고, 참가자 2에게 6개의 칩을 한번에 가져갈 기회가 고스란히 넘어갑니다.

이제 참가자 2의 차례입니다. 냄비에 칩을 하나 추가하고(이제 칩은 7개입니다!), 참가자 2가 주사위를 하나를 던집니다. 참가자 2가 던진 주사위의 눈금이 2가 나왔다고 가정해 보겠습니다. 참가자 2가 여기서 자신의 차례를 끝내면 냄비에 남아있는 7개의 칩을 가져갈 수 있습니다. 참가자 2가 이런 결정을 한다고 가정해 봅시다.

이제 냄비는 텅 비었고 다시 참가자 1의 차례가 되었습니다. 참가자 1이 가진 칩은 0개이고 참가자 2는 칩을 7개나 가지고 있기 때문에 따라잡아야 합니다. 참가자 중 한 명이 칩을 30개 이상 모으거나 주사위 5개를 동시에 던져서 1이 하나도 나오지 않을 때까지 게임은 계속됩니다. 게임에 대한 설명은 여기서 생략하겠습니다.

10.4.2 하향식 설계

숫소와 암소 게임을 구현할 때와 마찬가지로 보가트 게임을 구현하기 위한 하향식 설계에도 넘어야 할 큰 산이 있습니다. 지금부터 이 문제점을 설명하겠지만, 여러분도 구현을 시작하기 전에 직접 고민해 보기 바랍니다. 이 게임은 상호작용하는 요소가 많기 때문에 하향식 설계가 효과적이지 않을 수 있습니다. 예를 들어 참가자의 차례를 끝내는 방법이 세 가지나 됩니다. 1) 칩을 가져가거나, 2) 칩을 가져가는 대신 주사위에 한 번 더 운을 걸어보거나, 3) 동시에 다섯 개를 던진 주사위 눈금에 1이 한 번도 없어서 바로 승리하거나 등의 옵션이 있습니다. 우리는 이 중 어떤 상황이 발생하는지에 따라 프로그램의 다음 동작을 결정할 수 있어야 합니다. 또 다른 예로, 각 참가자의 차례가 끝나면 다른 참가자 차례가 되어야 하지만, 항상 그렇지는 않습니다. 참가자 중 한 명이 게임에서 승리하면 그 자리에서 게임이 끝나버리므로 다음 참가자의 차례로 넘어가지 않습니다! 이 책은 주로 하향식 설계가 성공하는 경우를 다루고 있지만, 때때로 우리가 내린 결정의 이유와 그 결정이 초래하는 문제점에 대해서도 설명할 것입니다.

이번에도 최상위 함수에 play라고 이름을 붙이겠습니다. 보가트 게임을 실행하기 위해 해결해야 할 주요 하위 작업은 다음과 같습니다.

1. 냄비를 초기화하고 참가자 1과 참가자 2라는 사용자를 만들어 0개의 칩을 부여합니다. 이것은 게임 설정 단계의 일부 입니다.

2. 참가자들 중 무작위로 한 명을 선택하여 해당 참가자 차례로 먼저 게임을 시작합니다. 이 역시 게임 설정의 일부입 니다.

3. 이제 게임 진행 단계로 들어갑니다. 게임이 끝나지 않은 상태입니다

   a. 냄비에 있는 칩, 참가자 1이 가진 칩, 참가자 2가 가진 칩의 개수를 모두 출력합니다.

   b. 현재 참가자의 차례를 모두 진행합니다.

   c. 현재 참가자가 칩을 획득한 경우, 현재 참가자에게 냄비에 들어 있는 칩을 모두 주고 칩이 0이 되도록 냄비를 초기 화합니다.

   d. 다음 참가자에게 차례를 넘깁니다.

4. 게임에서 승리한 참가자(참가자 1 또는 참가자 2)의 이름을 출력합니다.

지금쯤이면 코파일럿으로 코드 작성하기에 충분히 익숙해져서 어떤 작업에 분리된 하위 함수가 필요한 지가 직관적으로 파악될 겁니다. 1번 작업은 변수를 할당하는 작업 몇 개에 불과하므로 별도의 함수까지 는 필요하지 않습니다. 2번 작업(random.randint 호출)도 별도의 함수까지는 필요하지 않아 보입니다. 3의 a(print 문을 몇 번 호출)번 작업, 4(print 문을 한 번 호출)번 작업도 마찬가지입니다. 나머지 하위 작업은 각각 함수로 만들겠습니다.

과제 3. 게임 진행 단계

게임이 끝나지 않고 계속되는 동안은 while 루프가 동작하고 있을 겁니다. 이 루프 안에는 게임이 끝났 는지 여부를 알려주는 함수가 필요합니다! 게임이 끝났는지 여부를 확인하는 함수는 어떻게 만들어야 할 까요? 참가자 1이 현재 가진 칩의 개수와 참가자 2가 현재 가진 칩의 개수를 알아야 합니다. 이렇게 하 면 둘 중 하나가 서른 개 이상인지를 확인할 수 있습니다. 하지만 게임을 종료하는 다른 규칙도 있습니 다. 그것은 참가자가 주사위 다섯 개를 던졌는데, 그 중 하나도 1이 나오지 않는 경우입니다. 따라서 이 함수는 현재 참가자가 가장 최근에 주사위를 던진 횟수와 눈금도 알고 있어야 합니다.

이 함수의 이름을 game_over라고 짓겠습니다. game_over 함수에는 세 개의 매개변수가 필요합니다. 참가자 1의 칩 개수, 참가자 2의 칩 개수, 주사위를 던진 결과를 저장한 리스트입니다. 게임이 끝나면 True를 반환하고 그 외에는 False를 반환합니다. 이 함수의 코드는 몇 가지 조건을 확인해야 하지만, 다른 하위 작업으로 나누지 않고도 수행할 수 있을 듯합니다.

과제 3.B. 현재 참가자 차례 진행

이 함수의 이름을 take_full_turn이라고 짓겠습니다. 이 함수는 현재 냄비에 칩이 몇 개나 있는지를 알아야 상황에 맞게 값을 업데이트할 수 있습니다. 또한 냄비에 있는 칩의 업데이트된 개수도 반환해야 합니다. 그 외에도 많은 변수를 확인하며 참가자의 차례를 시작부터 끝날 때까지 유지하기 위해 복잡성을 제어해야 합니다. 이 함수가 해야 할 작업에 대해 떠오르는 내용은 다음과 같습니다.

1. 참가자는 자신의 차례가 끝날 때까지 한 개, 두 개, 세 개 등 개수를 늘려가며 주사위를 던집니다.

2. 이번 차례에 일어난 일에 따라 현재 참가자의 칩 수를 업데이트합니다. 이 함수를 호출한 사람에게 업데이트된 정보를 전달하기 위해 반환값을 추가할 수 있습니다.

3. 게임이 끝났는지 여부를 판단합니다. True는 게임이 끝남, False는 끝나지 않음을 의미하는 반환값으로 사용하겠습니다.

처음에는 하나의 함수가 위의 세 가지 작업을 모두 수행하도록 하려고 했지만, 코파일럿으로부터 만족스러운 코드를 받을 수 없었습니다. 함수에 너무 많은 것을 요구했기 때문입니다. 그래서 이 함수의 핵심인 1번 작업, 주사위 던지기에 집중하기로 했습니다.

하지만 1번 작업에만 초점을 맞춘다면 현재 참가자의 칩 수(2번 작업)는 어떻게 업데이트하고 게임이 끝났는지(3번 작업)는 어떻게 파악할까요? 2번 작업의 경우, 현재 참가자의 칩 수는 그대로 두고 한 차례가 끝날 때마다 냄비에 있는 총 칩의 개수를 반환하는 방법으로 해결했습니다.

예를 들어, 냄비에 열 개의 칩이 있었고 현재 참가자 차례에서 칩 여섯 개가 냄비에 더 쌓였다면, 열 여섯 개의 칩을 반환합니다. 참가자는 이 열 여섯 개의 칩을 받을 수도 있고 받지 못할 수도 있습니다. 이는 참가자가 이번 차례를 어떻게 끝내는지에 따라 달라집니다. (이 부분은 따로 호출함수를 만들어 관리할 것이므로 지금은 다루지 않겠습니다.)

3번 작업(게임 종료 여부 확인)에 대한 해결책은 함수가 반환 값에 가장 최근 참가자가 던진 주사위의 눈금을 담은 리스트를 반환하는 것입니다. (이 리스트는 2번 작업을 위한 호출 함수에도 필요합니다.) 그러면 이 함수를 호출하는 함수는 주사위를 던진 결과 리스트를 확인해 게임이 끝났는지 여부를 판단할 수 있습니다.

요약하면, 이 함수는 냄비에 있는 칩의 개수를 매개변수로 사용해 참가자의 차례가 끝난 후 냄비에 남아 있는 칩의 개수와 가장 최근의 주사위 리스트라는 두 가지 값을 리스트로 반환합니다.

전체 차례를 진행하려면 먼저 주사위 한 개, 주사위 두 개, 주사위 세 개 등의 방식으로 주사위를 던질 수 있어야 합니다. 이를 roll_dice라는 함수로 분할하겠습니다. 이 함수는 던져야 할 주사위의 개수를 매개변수로 받아 주사위를 던진 결과를 리스트로 반환합니다. 예를 들어 함수에 주사위 3개를 던지라고 요청하면 [6, 1, 4]가 반환될 수 있습니다.

또한 가장 최근의 주사위 던지기 결과에 따라 현재 참가자의 차례가 끝났는지 여부를 판단해야 합니다. 참가자가 이번 시도에서 지금까지 던져온 주사위 중에 한 번이라도 1이 나왔거나 다섯 번째 시도로 주사위 5개를 한꺼번에 던졌는데 그중 한 개도 1이 나오지 않았다면 차례가 끝난 것입니다. 이 역시 turn_over라는 함수로 분할하겠습니다. 이 함수는 참가자가 주사위를 던진 결과를 매개변수로 받아 차례가 끝나면 True를, 끝나지 않으면 False를 반환합니다.

차례가 끝나지 않았다면 참가자에게 차례를 계속할 것인지 물어봐야 합니다. 예(y) 또는 아니오(n) 응답을 요청받기 위해 input 함수를 호출합니다. 계속 진행을 원하는 참가자는 다시 roll_dice를 호출하면 됩니다. 사용자 입력을 요청하기 위한 함수는 input 함수로 충분하므로 이 부분은 더 이상 세분화하지 않겠습니다. 만약 사용자 입력의 유효성을 검사(Y 또는 N이 아닌 응답을 거부)하고 싶다면 복잡성이 증가하므로 분할을 고려할 것입니다. 요약하자면, take_full_turn 함수에 대해 두 개의 하위 작업을 함수화해 roll_dice와 turn_over를 분할했습니다. 이 함수들은 더 이상 세분화할 필요가 없습니다. roll_dice의 경우, random.randint를 루프에서 사용하여 주사위 던지기를 구현할 수 있습니다. 그리고 turn_over는 주사위를 던진 결과를 확인해 현재 참가자의 차례를 계속 이어갈지를 결정합니다.

과제 3.C. 현재 참가자가 칩을 획득한 경우

한 참가자의 차례가 끝나면 냄비에 남아있는 새로운 칩 수와 해당 차례를 끝낸 최종 주사위 던지기 결과가 제공됩니다. 이제 참가자가 냄비에 든 칩을 받을 수 있는지 여부를 결정해야 합니다. (주사위 던지기를 수행한 최종 결과에 1이 없으면 참가자는 칩을 가져갈지를 결정할 수 있고, 1이 한 번이라도 나왔다면 칩은 냄비에 남아 있고 다음 참가자에게 차례가 넘어갑니다.)

참가자가 칩을 선택했는지 여부를 알려주는 함수를 분리하겠습니다. 함수의 이름은 wins_chips입니다. 이 함수는 가장 최근의 주사위 던지기 결과를 리스트 매개변수로 받고 참가자가 칩을 획득하면 True, 그렇지 않으면 False를 반환합니다.

과제 3.D. 상대 참가자 차례로 전환하기

이 함수의 이름은 switch_player라고 짓겠습니다. 현재 참가자가 방금 자신의 차례를 끝냈다고 가정해 봅시다. 게임이 아직 끝나지 않은 경우라면 다른 참가자의 차례로 전환해야 합니다. switch_player 함수는 이 로직을 캡슐화(Encapsulation)[4]할 것입니다. 게임이 끝났는지 확인하기 위해 game_over를 호출해야 하므로 switch_ player에는 참가자 1의 칩, 참가자 2의 칩, 가장 최근의 주사위 던지기 결과 등 최소 세 개의 매개변수가 필요합니다. 또한 다른 참가자의 수를 반환할 수 있도록 현재 참가자(1 또는 2)를 나타내는 매개변수도 필요합니다. switch_player 함수는 이 네 가지 값을 매개변수로 받아 다음에 전환할 참가자를 나타내는 1 또는 2를 반환합니다.

게임이 끝나면 이 함수는 아무 일도 하지 않습니다. 게임이 끝나지 않았다면 1을 2로, 2를 1로 변경해야 합니다. 게임이 끝나는 상황에 대해서는 이미 완성한 game_over 함수를 이용하면 됩니다.

하향식 설계가 완성되었습니다! 함수 수형도는 그림 10.6과 같습니다.

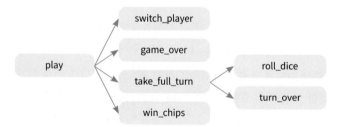

그림 10.6 보가트 게임을 구현하기 위한 하향식 설계

10.4.3 기능 구현

이제 코파일럿을 사용해 각 함수에 대한 코드를 작성할 차례입니다. 항상 그렇듯이 가장 하위 함수부터 시작해서 다른 모든 함수를 구현한 후 최상위 함수인 play를 구현하는 방식으로 아래에서 위로 진행합니다.

GAME_OVER

이 함수는 참가자 1이 보유한 칩 수, 참가자 2가 보유한 칩 수, 가장 최근의 주사위 던지기 결과라는 세 가지 매개변수를 받습니다. 게임이 종료되면 True를 반환하고, 계속되면 False를 반환합니다. 다음 코드를 참조하세요.

---

4   (옮긴이) 프로그래밍에서 서로 연관 있는 속성과 기능을 하나의 캡슐(capsule)처럼 클래스(Class)라는 단위로 감싸도록 만들어 데이터와 데이터를 처리하는 함수를 함께 관리하는 것을 의미합니다.

코드 10.7 보가트 게임 – game_over 함수

```python
def game_over(player1, player2, rolls):
    """

    player1 is the number of chips that player 1 has.
    player2 is the number of chips that player 2 has.
    rolls is the last list of dice rolls.

    Return True if the game is over, False otherwise.

    The game is over if player1 has at least 30 points,
    or player 2 has at least 30 points,
    or there are 5 rolls none of which is a 1.
    """
    # """
    # player1은 참가자 1이 가진 칩의 수입니다.
    # player2는 참가자 2가 가진 칩의 수입니다.
    # rolls는 주사위 굴림의 마지막 리스트입니다.

    # 게임이 끝났다면 True를 반환하고, 그렇지 않다면 False를 반환합니다.

    # player1이 적어도 30점을 가지고 있거나,
    # player2가 적어도 30점을 가지고 있거나,
    # 5번 주사위를 굴렸는데 1이 하나도 나오지 않으면 게임이 끝납니다.
    # """
    return player1 >= 30 or player2 >= 30 or (len(rolls) == 5
            and not 1 in rolls)    ◀── 게임이 끝나는 세 가지 경우
```

이 게임이 끝나는 경우는 세 가지입니다. 1) 참가자 1이 30개 이상의 칩을 가지고 있거나, 2) 참가자 2가 30개 이상의 칩을 가지고 있거나, 3) 마지막 차례를 진행한 참가자가 개수를 늘려가며 주사위를 5번 연속 던지는 동안 1이 한 번도 나오지 않은 경우입니다. 아마도 **if-else** 구문으로 **True**와 **False**를 반환하는 아래와 유사한 여러 줄짜리 코드를 예상했을 겁니다.

```python
if player1 >= 30 or player2 >= 30 or (len(rolls) == 5
        and not 1 in rolls):
    return True
else:
    return False
```

이 방법도 잘 동작하지만 실무에서는 True/False를 사용한 표현식을 return 문에 직접 사용하는 것이 더 일반적입니다. 표현식이 참이면 True가 반환되고 표현식이 거짓이면 False가 반환되기 때문입니다. 코드 10.7의 반환문 결과는 if-else 구문과 정확히 일치합니다!

ROLL_DICE

이 함수는 주사위를 던져 게임에 무작위성을 추가하는 함수입니다. 이 함수는 던질 주사위의 개수를 매개변수로 받고 주사위를 던진 결과를 리스트로 반환합니다. 코파일럿은 random.randint를 사용할 것으로 예상됩니다.

이 함수는 주사위를 던진 결과를 리스트로 반환하는 기능 외에 각 주사위 던지기 시도의 결과를 인쇄하기에도 유용합니다. 이 함수에 print 문을 추가하면 참가자에게 자신이 던진 주사위의 결과를 바로 확인시킬 수 있습니다. 독스트링에 추가 내용을 작성해 코파일럿이 주사위를 던진 결과를 반환하는 것 외에 결과를 출력하는 기능도 함께 요청합니다.

코드 10.8 보가트 게임 – roll_dice 함수

```python
import random
def roll_dice(n):
    """
    Create a list of n random integers between 1 and 6.
    Print each of these integers, and return the list.
    """
    # """
    # 1과 6 사이의 n개의 무작위 정수로 구성된 리스트를 생성합니다.
    # 이 정수 각각을 출력하고 리스트를 반환합니다.
    # """
    rolls = []          ◀── 1과 6 사이의 정수를 랜덤으로 사용해 주사위를 던진 결과를 생성하고, 리스트 결과를 추가한다.
    for i in range(n):  ◀──
        roll = random.randint(1, 6)  ◀── randint를 사용하여 1과 6 사이의 임의의 정수를 생성한다.
        print(roll)     ◀── 참가자가 볼 수 있도록 주사위를 던진 결과를 화면에 인쇄한다.
        rolls.append(roll)  ◀── 주사위를 던진 결과를 담은 리스트에 현재 주사위 던지기 결과를 추가한다.
    return rolls        ◀── 현재까지 저장된 주사위 던지기 결과를 리스트로 반환한다.
```

던져야 할 주사위 개수를 n으로 입력받아 루프를 n번 반복하며 주사위를 n번 던진 것과 같은 결과를 생성한다.

TURN_OVER

이 함수는 가장 최근에 주사위를 던진 결과를 확인해 현재 참가자의 차례가 끝났는지 여부를 판단합니다. 현재 참가자의 차례가 끝난다면 True를 반환하고, 끝나지 않는다면 False를 반환합니다. 다음 코드를 참조하세요.

```
코드 10.9 보가트 게임 – turn_over 함수

def turn_over(rolls):
    """
    Return True if the turn is over, False otherwise.

    The turn is over if any of the rolls is a 1,
    or if there are exactly five rolls.
    """
    # """
    # 차례가 끝났다면 True를 반환하고, 그렇지 않다면 False를 반환합니다.

    # 주사위를 굴려 1이 하나라도 나오거나 정확히 다섯 번 굴렸다면 차례가 끝납니다.
    # """
    return 1 in rolls or len(rolls) == 5     ◀── 참가자의 차례가 끝나는 두 가지 경우
```

참가자의 차례가 끝나는 경우는 두 가지가 있습니다. 첫 번째는 주사위를 던진 결과 중 1이라는 눈금이 나왔을 때입니다. 두 번째는 참가자가 주사위 5개를 한 번에 던졌을 때입니다.

len(roll) == 5이면 정말 차례가 끝날까요? 리스트에 1이 없는지 확인해야 하지 않나요? 아니요, 참가자가 주사위를 한번에 다섯 개 던지게 되는 경우 참가자 차례는 주사위의 결괏값과 상관없이 종료됩니다. 1이 하나라도 나왔다면 1이 나왔기 때문에 칩은 냄비에 남겨둔 채 차례가 끝납니다. 1이 하나도 나오지 않아도 주사위 다섯 개를 한꺼번에 던지는 경우 차례가 종료됩니다(이 경우 현재 참가자가 게임에서 승리하며 차례가 끝납니다).

TAKE_FULL_TURN

이제 다음 목록과 같이 take_full_turn을 사용할 준비가 되었습니다. 이 함수는 현재 냄비에 있는 칩의 개수를 매개변수로 받습니다. 그리고 현재 차례인 참가자의 모든 주사위 던지기 결과를 처리한 다음 현재 냄비에 남아 있는 새로운 칩 수와 최종 주사위 던지기 결과라는 두 가지 값을 리스트로 반환합니다.

코드 10.10 보가트 게임 – `take_full_turn` 함수

```python
def take_full_turn(pot_chips):
    """
    The pot has pot_chips chips.

    Take a full turn for the current player and, once done,
    return a list of two values:
    the number of chips in the pot, and the final list of dice rolls.

    Begin by rolling 1 die, and put 1 chip into the pot.
    Then, if the turn isn't over, ask the player whether
    they'd like to continue their turn.
    If they respond 'n', then the turn is over.
        If they respond 'y', then roll one more die than last time,
        and add 1 chip to the pot for each die that is rolled.
        (for example, if 3 dice were rolled last time, then
        roll 4 dice and add 4 chips to the pot.)
    If the turn is not over, repeat by asking the player again
    whether they'd like to continue their turn.
    """
    # """
    # 냄비에 pot_chips 칩이 있습니다.

    # 현재 참가자에 대해 전체 차례를 진행하고 완료되면
    # 두 가지 값을 포함하는 리스트를 반환합니다:
    # 냄비에 있는 칩의 수, 그리고 주사위 굴림의 최종 리스트.

    # 1개의 주사위를 굴리고 냄비에 1개의 칩을 넣습니다.
    # 그런 다음, 차례가 끝나지 않았다면 참가자에게 계속 진행하고 싶은지 물어봅니다.
    # 참가자가 'n'으로 응답하면 차례가 끝납니다.
    #       참가자가 'y'로 응답하면 마지막 번보다 하나 더 많은 주사위를 굴리고,
    #       굴린 주사위마다 냄비에 1개의 칩을 추가합니다.
    #       (예를 들어, 마지막에 3개의 주사위를 굴렸다면
    #       4개의 주사위를 굴리고 냄비에 4개의 칩을 추가합니다.)
    # 차례가 끝나지 않았다면 참가자에게 다시 물어보기를 반복하여
    # 자기 차례를 계속 진행하고 싶은지 물어봅니다.
    # """
    rolls = roll_dice(1)     ◀── 주사위 하나를 던진다.
    pot_chips += 1     ◀── 냄비에 칩 하나를 추가한다.
```

```
    while not turn_over(rolls):      ◀── 현재 참가자의 차례가 끝나지 않은 상태라면
        keep_going = input('Continue? (y/n) ')      ◀── 참가자에게 차례를 계속할지 묻는다.
        if keep_going == 'y':      ◀── 현재 참가자가 자기 차례를 계속하기를 원한다면
            rolls = roll_dice(len(rolls) + 1)      ◀── 지난 번 시도보다 주사위 한 개를 더 던지게 한다.
            pot_chips += len(rolls)      ◀── 냄비에 던질 주사위 개수만큼의 칩을 추가한다.
        else:
            break      ◀── 냄비의 칩 수와 현재 차례의 주사위 던지기 결과를 모두 반환
    return pot_chips, rolls      ◀── while 루프를 벗어난다.
```

WINS_CHIPS

이 함수는 이번 차례에서 던진 모든 주사위의 눈금을 결과 리스트의 매개변수로 받습니다. 그리고 주사위를 던진 결과에 1이 하나도 포함되어 있지 않으면 현재 참가자가 냄비에 담긴 칩을 가져갑니다. 던진 주사위 중 1이 하나라도 포함되어 있으면 참가자는 칩을 가져갈 수 없습니다. 이 함수는 다음 코드와 같이 참가자가 칩을 가져갈 수 있으면 True, 그렇지 않으면 False를 반환합니다.

코드 10.11 보가트 게임 – wins_chips 함수

```python
def wins_chips(rolls):
    """
    Return True if the player wins chips, False otherwise.

    The player wins the chips if none of the rolls is a 1.
    """
    # """
    # 참가자가 칩을 얻으면 True를 반환하고, 그렇지 않으면 False를 반환합니다.

    # 주사위를 굴려 1이 하나도 나오지 않으면 참가자가 칩을 얻습니다.
    # """
    return not 1 in rolls      ◀── 매개변수로 받은 리스트 rolls에
                                    1이 없을 때만 True를 반환
```

SWITCH_PLAYER

이 함수는 참가자 1이 가진 칩 수, 참가자 2가 가진 칩 수, 가장 최근의 주사위 던지기 결과(현재 참가자가 던진 것), 현재 차례의 참가자가 몇 번 참가자인지(참가자 번호) 등 네 개의 값을 매개변수로 받습니다. 게임이 끝나지 않은 경우, 이 함수는 다음 차례를 진행할 다른 참가자의 번호를 반환합니다. 게임이 끝나면 다음 차례가 없기 때문에 현재 참가자의 번호를 반환합니다. 다음 코드를 참조하세요.

코드 10.12 보가트 게임 – game_over 함수

```
def switch_player(player1, player2, rolls, current_player):
    """

    player1 is the number of chips that player 1 has.
    player2 is the number of chips that player 2 has.
    rolls is the last list of dice rolls.
    current_player is the current player (1 or 2).

    If the game is not over, switch current_player to the other player.
    Return the new current_player.
    """
    # """
    # player1은 참가자 1이 가진 칩의 수입니다.
    # player2는 참가자 2가 가진 칩의 수입니다.
    # rolls는 주사위 굴림의 마지막 리스트입니다.
    # current_player는 현재 참가자입니다.(1 또는 2).

    # 게임이 끝나지 않았다면 current_player를 다른 참가자로 바꿉니다.
    # 새로운 current_player를 반환합니다.
    # """
    if not game_over(player1, player2, rolls):    ◀── 게임이 끝나지 않은 경우
        if current_player == 1:    ◀── 참가자 차례가 1에서 2로 또는 2에서 1로 전환
            current_player = 2
        else:
            current_player = 1
    return current_player    ◀── 다음 차례를 진행할 참가자 번호를 반환
```

PLAY

이제 최상위 함수인 **play**를 만들면 끝입니다! 이 함수는 어떤 매개변수도 받지 않고 아무것도 반환하지 않습니다. 오직 코드 10.13처럼 게임을 시작합니다.

코드 10.13 보가트 게임 – play 함수

```
def play():
    """

    Play the game until the game is over.

    The pot starts with 0 chips, and each player starts with 0 chips.
```

```
Randomly decide whether player 1 or player 2 goes first.
Before each turn, print three lines of information:
1. The number of chips in the pot
2. The number of chips that each player has
3. Whether it is player 1's turn or player 2's turn

Take a full turn for the current player.
If they won the chips, add the chips in the pot to the
total for that player and reset the pot to have 0 chips.

Then, switch to the other player's turn.

Once the game is over, print the current player
(that's the player who won).
"""
# """
# 게임이 끝날 때까지 게임을 진행합니다.

# 냄비는 0개의 칩으로 시작하고, 각 참가자는 0개의 칩으로 시작합니다.

# 참가자 1 또는 참가자 2 중 누가 먼저 게임을 시작할지 무작위로 결정합니다.
# 각 차례가 시작되기 전에 다음 세 줄의 정보를 출력합니다:
# 1. 냄비에 있는 칩의 수
# 2. 각 참가자가 가진 칩의 수
# 3. 참가자 1의 차례인지 참가자 2의 차례인지

# 현재 참가자에 대해 전체 차례를 진행합니다.
# 만약 참가자가 칩을 얻었다면
# 냄비의 칩을 그 참가자의 총계에 더하고 냄비에는 0개의 칩이 있도록 재설정합니다.

# 그런 다음, 다른 참가자의 차례로 전환합니다.

# 게임이 끝나면 현재 참가자를 출력합니다 (즉, 이긴 참가자를 출력합니다).
# """
pot_chips = 0
player1 = 0            냄비와 각 참가자 변수를
player2 = 0            초기화하고 값을 0으로 설정
current_player = random.randint(1, 2)    ◀── 참가자 1과 참가자 2 중 무작위로 차례를 정해 게임을 시작하게 한다.
```

```
    rolls = []
    while not game_over(player1, player2, rolls):    ◄── 게임이 진행되는 동안
        print('Pot chips:', pot_chips)
        print('Player 1 chips:', player1)
        print('Player 2 chips:', player2)              게임의 현재 상태를 출력
        print('Player', current_player, 'turn')
        pot_chips, rolls = take_full_turn(pot_chips)   ◄── 현재 참가자 차례를 진행
        if wins_chips(rolls):    ◄── 현재 참가자가 칩을 얻는 상황이고
            if current_player == 1:    ◄── 그것이 참가자 1이라면
                player1 += pot_chips    ◄── 냄비에 있는 칩을 참가자 1에게 준다.
            else:
                player2 += pot_chips    ◄── 그렇지 않으면, 참가자 2에게 냄비의 칩을 준다.
            pot_chips = 0    ◄── 냄비에 남은 칩의 개수를 0으로 재설정
        current_player = switch_player(player1, player2,    ◄── 다른 참가자 차례로 전환
                                       rolls, current_player)
    print('Player', current_player, 'wins!')    ◄── 게임의 최종 결과, 누가 이기는지 출력
```

이제 게임에 필요한 모든 코드가 준비됐습니다. 기존 코드 아래에 딱 한 줄을 추가해 play 함수를 호출만 하면 됩니다.

```
play()
```

게임을 시작해 볼까요!

게임 커스터마이징하기

완성도 높은 게임이 만들어졌습니다. 코파일럿이 제공한 코드는 꽤 만족스럽습니다. 하지만 참가자와의 상호작용 부분을 개선하고 싶다는 생각이 들었습니다. 예를 들어, 게임을 실행하고 y를 여러 번 눌러보면 다음과 같은 상황이 발생합니다.

```
Pot chips: 0
Player 1 chips: 0
Player 2 chips: 0
Player 2 turn
4
Continue? (y/n) y
5
```

```
2
Continue? (y/n) y
3
1
4
Pot chips: 6
Player 1 chips: 0
Player 2 chips: 0
Player 1 turn
2
Continue? (y/n)
```

이 게임에는 환영 메시지도 없습니다. 4, 5, 2 같은 주사위 숫자도 게임을 작성한 사람이 아니라면 무슨 숫자인지 이해하기 힘들게 맥락 없이 그냥 표시됩니다. 'Continue? (y/n)'라는 메시지도 마찬가지입니다. 무엇을 계속하라는 것인지 명확하지가 않습니다.

참가자와의 상호작용이 원활해지도록 함수의 호출 부분을 조금만 꾸미면 프로그램의 완성도가 높아질 것 같습니다. 각 print 문에 원하는 내용을 직접 넣으면 됩니다. 코파일럿을 사용하지 않는 이유는 무엇일까요? 이런 작업은 코파일럿에게 우리가 원하는 것을 정확하게 인쇄하도록 지시하는 것보다 직접 코드를 수정하는 편이 더 쉬울 수 있기 때문입니다.

예를 들어, 코드 10.14는 사용자에게 현재 상황을 설명하고, 게임의 출력 형식을 개선하기 위한 print 문들만 추가한 새로운 play 함수입니다.

코드 10.14 보가트 게임 – play 함수의 출력 형식 개선

```
def play():
    """
    Play the game until the game is over.

    The pot starts with 0 chips, and each player starts with 0 chips.

    Randomly decide whether player 1 or player 2 goes first.

    Before each turn, print three lines of information:
    1. The number of chips in the pot
    2. The number of chips that each player has
    3. Whether it is player 1's turn or player 2's turn
```

```
Take a full turn for the current player.
If they won the chips, add the chips in the pot to the
total for that player
and reset the pot to have 0 chips.

Then, switch to the other player's turn.

Once the game is over, print the current player
(that's the player who won).
"""
# """
# 게임이 끝날 때까지 게임을 진행합니다.

# 냄비는 0개의 칩으로 시작하고, 각 참가자는 0개의 칩으로 시작합니다.

# 참가자 1 또는 참가자 2 중 누가 먼저 시작할지 무작위로 결정합니다.

# 각 차례가 시작되기 전에 다음 세 줄의 정보를 출력합니다:
# 1. 냄비에 있는 칩의 수
# 2. 각 참가자가 가진 칩의 수
# 3. 참가자 1의 차례인지 참가자 2의 차례인지

# 현재 참가자에 대해 전체 차례를 진행합니다.

# 만약 참가자가 칩을 얻었다면 냄비의 칩을 그 참가자의 총계에 더하고
# 냄비는 0개의 칩을 가지도록 재설정합니다.

# 그런 다음, 다른 참가자의 차례로 전환합니다.

# 게임이 끝나면 현재 참가자를 출력합니다
# (즉, 이긴 참가자를 출력합니다).
# """
pot_chips = 0
player1 = 0
player2 = 0
current_player = random.randint(1, 2)
rolls = []
```

```
    print('Welcome to Bogart!')        ←── 시작 메시지를 출력
    print()        ←── 빈 줄을 출력

    while not game_over(player1, player2, rolls):
        print('Pot chips:', pot_chips)
        print('Player 1 chips:', player1)
        print('Player 2 chips:', player2)
        print('Player', current_player, 'turn')
        pot_chips, rolls = take_full_turn(pot_chips)
        if wins_chips(rolls):
            print('Player', current_player, 'gets', pot_chips, 'chips!')   ←──┐ 현재 참가자가
            if current_player == 1:                                          │ 칩을 가져간다는
                player1 += pot_chips                                         │ 문구를 출력
            else:
                player2 += pot_chips
            pot_chips = 0
        current_player = switch_player(player1, player2, rolls, current_player)

        print()
        print()
        print('-=' * 20)        ←── 현재 차례와 다음 차례를 구분해 출력
        print()

    print('Player', current_player, 'wins!')
```

여러분이 직접 다른 부분에도 print 문을 추가해 게임의 상호작용을 개선해 보세요! 예를 들어, roll_dice 함수에 print 문을 추가해 참가자에게 곧 주사위를 던지겠다고 알릴 수 있습니다. take_full_turn 함수에서는 참가자에게 차례를 계속할지 여부를 묻기 전에 현재 냄비에 담겨있는 칩의 개수를 출력하는 print 문을 추가할 수 있습니다. 이러한 변경 후 게임을 시작하면 다음처럼 좀 더 몰입감있는 프로그램을 만들 수 있습니다.

```
Welcome to Bogart!
Pot chips: 0
Player 1 chips: 0
Player 2 chips: 0
Player 2 turn
**ROLLS**
```

```
2
The pot currently has 1 chips.
Continue turn? (y/n) y
**ROLLS**
6
3
The pot currently has 3 chips.
Continue turn? (y/n) y
**ROLLS**
1
1
6
-=-=-=-=-=-=-=-=-=-=-=-=-=-=-=-=-=-=
Pot chips: 6
Player 1 chips: 0
Player 2 chips: 0
Player 1 turn
**ROLLS**
5
The pot currently has 7 chips.
Continue turn? (y/n)
```

여러분의 코드에도 여러 가지 개선을 시도해 나만의 게임을 만들어 보세요! 이번 장에서는 코파일럿을 사용해 워들과 유사한 비밀번호 맞추기 논리 게임과 2인용 주사위 게임이라는 두 가지 컴퓨터 게임을 작성했습니다. 문제 분해, 명확한 독스트링 작성, 코파일럿 챗과의 상호작용 등 이 책 전체에서 연마한 기술을 사용해 이 작업을 수행했습니다.

요약

- 게임에는 게임 설정 및 실행을 포함한 일반적인 프로그램의 흐름이 있습니다.

- 무작위성은 많은 게임에서 중요한 요소입니다.

- Random 모듈의 함수들을 사용하면 파이썬 게임에 무작위성을 추가할 수 있습니다.

- 책 전체에서 사용한 것과 동일한 설계 주기를 사용하면 코파일럿으로 게임을 구현할 수 있습니다. 이때 문제 분해가 핵심적인 역할을 합니다.

향후 방향

이 장에서는 다음 내용을 다룹니다.

- 프롬프트 패턴을 사용하여 코드를 작성하거나 설명 얻기
- 현재 생성형 AI 도구의 한계점과 향후 방향성

마지막 장에서는 현재 사람들이 깃허브 코파일럿 및 ChatGPT와 같은 생성형 AI 도구를 사용하는 창의적인 방법을 살펴보고자 합니다. 예를 들어, 사용자가 질문하는 대신, 코파일럿 챗이 질문을 하도록 만들 수 있습니다. 또한 현재 프로그래밍 작업에 더욱 도움이 되도록 코파일럿이 특정 사용자의 페르소나를 맡도록 할 수도 있습니다. 이번 장은 간략하게 진행하려고 하며, 아직 표준으로 자리잡은 이론은 아니지만, 새로운 도구로 창의력을 발휘할 수 있는 방법을 보여주려고 합니다. 또한 현재 나와 있는 생성형 AI 도구의 몇 가지 한계점을 이야기하고(이 책에서 이미 몇 가지를 살펴봤습니다!), 다음 단계로 나아갈 수 있는 방향성을 제시합니다.

11.1 프롬프트 패턴

이 책에서는 파이썬을 사용한 직접 프로그래밍과 코파일럿을 사용한 프로그래밍의 차이점을 살펴봤습니다. 코파일럿을 사용한 프로그래밍은 코드를 작성하는 대신 프롬프트를 작성하고 생성된 코드와 상호작

용하여 코드가 올바른지 여부를 확인한 뒤 필요한 경우 수정하는 과정에 중점을 둡니다. 이런 차이점에도 불구하고 코파일럿을 사용하지 않는 프로그래밍과 코파일럿을 사용한 프로그래밍은 유사한 점이 많습니다.

개발자가 코드를 작성하는 전체 과정을 떠올려 봅시다. 새 프로그램을 작성한다고 아예 처음부터 코드를 작성하는 경우는 없습니다. 연구자와 개발자들은 프로그램을 더 쉽게 작성하고, 디버깅이나 기능을 확장할 수 있도록 프로그램을 구성하는 범용적인 방법론을 만들었습니다. 이렇게 모아놓은 가장 유명한 방법론은 **디자인 패턴(Design Pattern)**이라고 불립니다. 디자인 패턴을 다루는 유명한 책으로는 『**GoF의 디자인 패턴 – 재사용성을 지닌 객체지향 소프트웨어의 핵심요소**』(프로텍미디어, 2015)가 있습니다. 4명의 저자가 집필했기 때문에 '4인조 책(Gang of Four의 앞글자를 따서 GoF)'이라고도 불리웁니다. 우리 책에서는 다루지 않는 객체 지향 프로그래밍에 대해 잘 알고 있어야 하므로 아직 이 책을 읽어보라고 권하지는 않겠습니다. 다만 수천 명의 개발자가 이 책의 패턴을 사용하여 바퀴를 재발명하는 수천 시간을 절약했다고 말했다는 설명으로 프로그래밍 업계에서 이 책의 중요성을 설명하겠습니다.

디자인 패턴의 한 가지 예로, 사람 참가자가 컴퓨터와 대결하는 컴퓨터 게임을 작성한다고 가정해 보겠습니다. 다양한 난이도(예: 초급, 중급, 고급, 전문가)의 AI 상대를 구현해 사람 참가자에게 제공하려고 합니다. 각 AI 상대는 행동을 결정하는 고유한 코드를 갖습니다. `if` 조건을 사용하면 AI 상대의 수준을 결정할 수도 있습니다.

```python
if ai_opponent == 'beginner':
    # make decision consistent with beginner AI opponent
elif ai_opponent == 'intermediate':
    # make decision consistent with intermediate AI opponent
...
```

하지만 이런 방식은 체계적이지 않다는 단점이 있습니다. 여러 수준의 인공지능 상대에 대한 모든 인공지능 코드를 한곳에 모아두어야 하기 때문입니다. 이 책에서 배운 내용을 통해 우리는 이처럼 여러 동작을 하나의 함수에 설계하거나 테스트하기가 쉽지 않다는 것을 알고 있습니다.

이런 프로그램을 설계하는 깔끔한 방법은 전략 패턴(Strategy Pattern)이라는 패턴을 사용하는 것입니다. 이 패턴에 대한 자세히 설명은 생략하겠지만, 중요한 것은 다른 사람들이 사용할 수 있도록 이 패턴을 문서화[1]했다는 점입니다. 패턴 문서에는 패턴의 의도(목적), 왜 이 패턴을 사용해야 하는지(동기), 패턴 구현에 필요한 코드 구조, 예제 코드가 설명돼 있습니다.

---

[1] E. Gamma, R. Helm, R. Johnson, and J. Vlissides. Design Patterns: Elements of Reusable Object-Oriented Software. Addison-Wesley Professional, 1994.

최근 연구자들은 디자인 패턴처럼 깃허브 코파일럿 및 ChatGPT[2]와 같은 생성형 AI 도구에 사용할 수 있는 패턴을 목록화하기 시작했습니다. 이를 프롬프트 패턴이라고 하며, 디자인 패턴처럼 원하는 목표를 달성하기 위한 프롬프트 작성법을 알려줍니다. 이러한 각 패턴에 대한 문서는 디자인 패턴에 대한 문서와 유사한 내용을 다루고 있으며 예제 코드 대신 사용할 수 있는 프롬프트 예제를 제공합니다.

이 책에서는 대부분의 시간을 코드 생성(VS Code에서 [Tab] 키를 누름)과 코드 설명(코파일럿 랩 또는 채팅 인터페이스 사용)이라는 두 가지 유형의 AI 응답에 할애했습니다. 여기에 더해 새롭게 등장하는 새로운 프롬프트 패턴을 익혀둔다면 생성형 AI 도구에게서 수동적으로 응답을 받는 정도를 넘어 다른 개발 관련 작업에도 유용하게 쓸 수 있을 겁니다.

이번 장에서는 프롬프트 패턴의 최신 기술을 엿볼 수 있는 몇 가지 예시를 소개합니다. 더 많은 프롬프트 패턴을 보기 위해서는 프롬프트 패턴 목록을 확인하기 바랍니다.[3] 다만 주의할 점은 아직까지 이 분야는 신생 분야이기 때문에 초보자를 위한 가이드가 없어서 학술 논문에서 소개된 내용을 참조하고 있다는 점입니다(아직 잘 알려지지 않은 새로운 내용입니다).

> **코파일럿 챗은 다음과 같은 프롬프트 패턴을 사용하지 않을 수 있다**
>
> 이 글을 쓰는 현재 기준으로 코파일럿 챗은 지원하지 않는 방식이라는 알림과 함께 일부 프롬프트 패턴을 거부합니다. 이 책에서 소개하는 일부 패턴은 프로그래밍과 직접적인 관련이 적을 수도 있지만, 모두 개발자를 돕기 위해 설계된 패턴입니다. ChatGPT와 달리 코파일럿은 항상 프로그래밍이라는 주제에 집중하도록 설계됐습니다. 코파일럿과의 상호작용이 생산적이지 않고, 다양한 패턴을 활용해 코드를 생성하고 싶다면 코파일럿 대신 ChatGPT를 사용해 보기를 추천합니다.

11.1.1 뒤집힌 상호작용 패턴

지금까지는 사용자가 코드를 요청하고 질문하면 코파일럿이 대답하는 방식으로 코파일럿 챗을 사용했습니다. 하지만 스크립트를 뒤집어 코파일럿이 질문하고 우리가 답변해도 상호작용을 설계할 수도 있습니다. 이를 뒤집힌 상호작용 패턴(Flipped Interaction Pattern)이라고 합니다.

이 패턴은 개발자가 작업을 수행하는 데 필요한 정보를 잘 모를 때 AI와의 상호작용에 도움을 주기 위해 사용됩니다. AI가 스스로 부족한 부분을 질문하게 함으로써 사용자가 불완전하거나 도움이 되지 않는 정보를 제공했을 때보다 더 빨리 목표에 도달하기 위해 필요한 내용을 파악할 수 있기 때문입니다.

---

2   J. White, Q. Fu, S. Hays, M. Sandborn, C. Olea, H. Gilbert, et al. "A Prompt Pattern Catalog to Enhance Prompt Engineering with ChatGPT." https://arxiv.org/abs/2302.11382. Feb. 2023.

3   위와 같음.

프롬프트의 구조는 다음과 같습니다.

"X를 달성하기 위한 질문을 해 주세요. 여기서 X는 우리가 달성하고자 하는 목표입니다"

이 구조는 사용자가 프롬프트를 정확하게 작성하기 위한 구조가 아닙니다. 그보다는 우리가 프롬프트에 작성할 핵심 아이디어를 알려주는 역할을 합니다. 예를 들어, 여기서 핵심 아이디어는 코파일럿이 질문하게 하고 싶다는 것과 목표가 달성될 때까지 멈추지 않기를 원한다는 것입니다.

우리는 3장에서 사용자가 강력한 비밀번호를 입력할 때까지 계속 비밀번호를 묻는 함수를 작성했었습니다. 만약 개발자가 이 함수를 어떻게 설계해야 할지 잘 모른다고 가정해 봅시다. 코파일럿에게 코드 프롬프트를 제공하며 설계를 부탁할 수도 있지만, 지시가 엉망이면 코드도 엉망으로 나오기 마련입니다. 그 대신 코파일럿이 질문하도록 할 수 있습니다. 이를 위해 코파일럿 챗을 사용해 보겠습니다.

사람   강력한 비밀번호를 입력할 때까지 계속해서 비밀번호를 물어보는 파이썬 함수를 작성하려고 합니다. 그 파이썬 함수가 완성될 때까지 한 번에 하나씩 질문해주세요.

코파일럿   물론입니다. 사용자에게 강력한 암호를 계속 요청하는 파이썬 함수를 작성하는 것을 기꺼이 도와드리겠습니다! 이 함수 개발을 시작하기 위한 몇 가지 질문이 있습니다:

1. 강력한 암호란 무엇이라고 생각하십니까?

2. 함수에 입력 매개 변수가 있어야 합니까?

3. 이 함수는 무엇을 반환해야 합니까?

4. 이 함수는 콘솔에 메시지를 인쇄하는 등의 부가기능이 필요합니까?

5. 이 함수에는 사용자의 잘못된 입력을 처리하는 등의 예외외 처리가 있어야 합니까?

코파일럿의 응답은 "한 번에 하나씩 질문해달라"는 프롬프트의 지시를 따르지 않았습니다. 코파일럿에게 해당 내용을 다시 알려줍니다.

사람   한 번에 하나씩 질문해주세요.

코파일럿   물론입니다. 첫 번째 질문부터 시작하겠습니다.

1. 강력한 암호란 무엇이라고 생각하십니까?

이제 코파일럿은 자신이 코드를 작성하기 위해 필요한 질문을 하나씩 사용자에게 묻습니다

사람　　강력한 암호는 하나 이상의 대문자, 하나 이상의 숫자 및 하나 이상의 특수기호를 가져야 합니다.

코파일럿　좋습니다, 알려주셔서 감사합니다! 다음 질문이 있습니다:

　2.함수에 입력 매개 변수가 있어야 합니까?

사람　　잘 모르겠네요. 매개변수를 어디에 사용할 수 있을까요?

코파일럿　입력 매개변수는 함수에 데이터를 전달하는 데 사용되어 함수가 해당 데이터에 대한 어떤 연산을 수행할 수 있습니다. 예를 들어, 우리가 두 숫자를 더하는 함수를 작성하려면, 우리는 그 두 숫자를 입력 매개변수로 함수에 전달해야 할 것입니다.

암호 함수의 경우 강력한 암호에 대한 요구 사항을 정의하는 몇 가지 매개 변수를 전달하고자 할 수 있습니다. 예를 들어, 암호의 최소 길이, 필요한 대문자 수, 필요한 숫자 수, 필요한 문장 부호 수를 전달하고자 할 수 있습니다.

또는 이러한 요구 사항을 함수 자체에 하드 코딩할 수도 있지만 입력 매개 변수를 사용하면 함수가 더 유연하고 재사용할 수 있습니다.

사람　　하드코딩해 주세요.

코파일럿　물론입니다. 암호에 대한 요구 사항을 함수 자체에 하드 코딩하겠습니다. 다음 질문이 있습니다:

　3.이 함수는 무엇을 반환해야 합니까?

사람　　강력한 사용자 비밀번호를 반환해야 합니다.

코파일럿　감사합니다! 다음 질문이 있습니다:

　4.이 함수에 콘솔에 메시지를 인쇄하는 등의 부가기능이 필요한가요?

전체 대화 내용을 읽는 것은 지루할 듯하니 여기서 멈추겠습니다. 개발자는 코파일럿과 대화를 계속하면서 4번과 5번 질문에 답했고, 그 결과 코파일럿에게 우리가 원하는 코드를 작성하는 데 필요한 정보를 제공했습니다. 개발자가 코파일럿이 물어보는 다섯 가지 질문에 모두 답하고 나서 최종적으로 받은 코드는 다음과 같습니다.

코드 11.1 뒤집힌 상호작용 패턴을 사용한 코파일럿으로 설계된 함수

```python
import string


def get_strong_password():
    """
    Keep asking the user to enter a password until they provide
    a strong password.
    A strong password has at least one uppercase character, one
    number, and one punctuation character.
```

```
"""
# """
# 사용자에게 강력한 비밀번호를 제공할 때까지 비밀번호를 입력하라고 계속 요청합니다.
# 강력한 비밀번호는 하나 이상의 대문자, 하나 이상의 숫자, 하나 이상의 구두점 문자를 포함합니다.
# """
# Print the password requirements
print("Your password must contain at least:")
print("- One uppercase letter")
print("- One number")
print("- One punctuation character")

# Keep asking for a password until a strong one is provided
while True:        ◀── 이 참인 조건을 거짓으로 만들 방법은 없다!
    password = input("Enter a password: ")

    # Check if the password meets the requirements
    if not any(c.isupper() for c in password):    ◀── 암호에 대문자가 없는지 확인한다.
        print("Password does not contain an uppercase letter.")
    elif not any(c.isdigit() for c in password):    ◀── 암호에 숫자가 없는지 확인한다.
        print("Password does not contain a number.")
    elif not any(c in string.punctuation for c in password):    ◀── 암호에 문장부호가 없는지 확인한다.
        print("Password does not contain a punctuation character.")
    else:
        print("Password is strong!")
        return password    ◀── 이것이 우리가 'While True' 루프에서 벗어나는 방법이다.
```

지금까지 작성해온 코드에서는 while 루프에 항상 언젠가 False가 되는 조건을 사용했습니다(그렇지 않으면 무한 루프가 됩니다). 예를 들어 다음 상황을 가정해 봅시다.

사실상 '비밀번호가 유효하지 않은 동안' 반복되는 루프가 있다고 상상해 보세요. 코드가 While True를 전제로 루프를 반복하고 있으며, 절대로 False가 될 수 없는 조건입니다. 이 루프에서 벗어날 다른 방법이 있을까요? 있습니다! 비밀번호가 유효한지를 확인하는 조건문 아래에 return 문을 사용하면 루프에서 벗어날 수 있습니다. 즉, '비밀번호가 유효하지 않은 동안'이 아니라 '루프를 영원히 반복하되, 비밀번호가 유효하면 반복을 중지한다'는 논리를 사용합니다. while 루프에 True 조건을 사용하면 반복문 형식은 이 책 전반에서 살펴본 형식을 대체하는 구조입니다.

이 코드는 우리의 작업을 잘 구현합니다. 강력한 비밀번호에 대한 규칙을 사용자에게 알려주는 몇 가지 안내 문구를 출력하며 프로그램을 시작합니다. 또한 입력받은 비밀번호가 강력하지 않은 경우 사용자에 게 비밀번호의 문제점을 알려줍니다. 이 동작이 사용자가 강력한 비밀번호를 입력할 때까지 계속 반복됩니다. 그리고 사용자가 강력한 비밀번호를 입력하면 반복을 종료하며 강력한 비밀번호를 반환합니다.

우리는 3장에서 다룬 내용 덕분에 이 함수를 작성하는 방법을 이미 알고 있습니다. 그리고 파이썬 지식 도 충분하므로 책 전체에서 해왔던 것처럼 코파일럿이 코드를 작성하도록 함수 헤더를 작성할 수도 있습니다. 하지만 프로그래밍이 익숙하지 않고 어디서부터 시작해야 할지 모르는 작업의 경우 이 뒤집한 상호작용 패턴을 사용하면 큰 도움이 됩니다.

11.1.2 페르소나 패턴

페르소나 패턴(Persona Pattern)의 의도는 AI가 특정 페르소나 또는 관점을 취하도록 하는 것입니다. 왜 이렇게 해야 할까요? 예를 들어, 여러분이 파이썬 프로그래밍 입문 과정을 수강하는 학생이라고 가정해 봅시다. 강사가 강의에 코파일럿을 사용하고 있지만, 파이썬 기초 학습에 방해가 된다고 생각되는 일부 파이썬 기능은 허용하지 않습니다. 이런 경우 코파일럿에게 해당 강사를 대신해 자신이 작성한 코드나 코파일럿에게 요청해 생성한 코드를 확인하고 수업에서 허용되지 않는 파이썬의 기능을 찾아서 필요한 경우 제거하도록 도와달라고 요청할 수 있습니다.

프롬프트의 구조는 다음과 같습니다.

"이제부터 페르소나 X가 되어 페르소나 X가 만들 수 있는 결과물을 제공하세요." 특정 페르소나의 이름을 X라고 부르기로 합니다.

프로그래밍 입문 강사의 페르소나를 코파일럿에게 맡기고 이 작업을 해 보겠습니다. 종종 등장하는 고급 파이썬 개념에 대한 설명이 생소하더라도 걱정하지 않으셔도 됩니다.

> **사람**   이제부터 파이썬 입문 과정의 프로그래밍 강사의 입장에서 답변해주세요. 가르치는 과정에서 리스트 컴프리헨션, 제 너레이터, lambda나 any 같은 파이썬 함수 및 기능은 허용되지 않습니다. 입력받은 코드를 검토해서 위에 언급한 파이썬 기능 이 들어있는지 확인하고 해당 기능을 사용하지 않도록 코드를 다시 작성할 겁니다.
>
> **코파일럿**   물론 가능합니다! 제가 검토하기를 원하는 코드를 제공해 주세요.

이제 방금 만든 `get_strong_password` 함수를 제공하겠습니다. 이 함수는 우리가 만든 페르소나 규칙이 금지하는 any 함수를 사용합니다. 다음은 원본 코드와 이에 대한 응답으로 코파일럿이 수행하는 작업입니다.

사람

```python
def get_strong_password():
    """
    Keep asking the user to enter a password until they provide
    a strong password.
    A strong password has at least one uppercase character, one
    number, and one punctuation character.
    """
    # Print the password requirements
    print("Your password must contain at least:")
    print("- One uppercase letter")
    print("- One number")
    print("- One punctuation character")

    # Keep asking for a password until a strong one is provided
    while True:
        password = input("Enter a password: ")

        # Check if the password meets the requirements
        if not any(c.isupper() for c in password):
            print("Password does not contain an uppercase letter.")
        elif not any(c.isdigit() for c in password):
            print("Password does not contain a number.")
        elif not any(c in string.punctuation for c in password):
            print("Password does not contain a punctuation character.")
        else:
            print("Password is strong!")
            return password
```

코파일럿 get_strong_password 함수는 파이썬 프로그래밍 과정에서 허용되지 않는 any 함수를 사용합니다. 여기에 any 함수를 사용하지 않는 수정된 버전의 함수가 있습니다:

```python
import string


def get_strong_password():
    """
    Keep asking the user to enter a password until they provide
    a strong password.
```

```
A strong password has at least one uppercase character, one
number, and one punctuation character.
"""
# Print the password requirements
print("Your password must contain at least:")
print("- One uppercase letter")
print("- One number")
print("- One punctuation character")

# Keep asking for a password until a strong one is provided
while True:
    password = input("Enter a password: ")

    # Check if the password meets the requirements
    has_uppercase = False
    has_number = False
    has_punctuation = False
    for c in password:        ◄── any 함수를 대체하는 반복문
        if c.isupper():
            has_uppercase = True
        elif c.isdigit():
            has_number = True
        elif c in string.punctuation:
            has_punctuation = True
    if not has_uppercase:
        print("Password does not contain an uppercase letter.")
    elif not has_number:
        print("Password does not contain a number.")
    elif not has_punctuation:
        print("Password does not contain a punctuation character.")
    else:
        print("Password is strong!")
        return password
```

이 함수는 for 루프를 사용하여 암호의 각 문자를 반복해 접근하며 해당 암호가 요구 사항을 충족하는지 확인합니다. 이 접근 방식은 any 함수를 사용하는 것보다 길지만 허용되지 않는 파이썬 기능은 사용하지 않습니다.

코파일럿 챗에서 언급했듯이, 이 프로그램은 any 함수를 사용하지 않습니다. 코파일럿은 해당 함수를 사용하지 않도록 프로그램을 재작성하여 파이썬 프로그래밍 페르소나에 설정된 규칙을 따랐습니다.

any 함수는 인수의 하나 이상의 값이 참이면 True를 반환하고, 인수의 모든 값이 거짓이면 False를 반환합니다. 이 과정에서 any 함수는 각 값을 살펴보고 참인지 거짓인지를 확인합니다. 루프와 비슷하지 않나요? 실제로 코파일럿은 여기서 any 함수 호출을 대체하기 위해 루프를 사용했습니다.

11.2   한계점과 향후 방향성

이 책을 집필하는 동안 코파일럿(및 학생들)과 함께 일하고 출판된 연구 논문들을 읽으면서 생성형 AI 모델의 몇 가지 한계점과 향후 가능성을 발견했습니다. 이번 절에서는 해당 내용을 공유합니다.

11.2.1   현재 코파일럿이 어려움을 겪는 부분

코파일럿은 인위적인 문제, 잘못 정의된 문제, 대규모 작업 등 세 가지 유형의 시나리오에서 어려움을 겪는 것으로 나타났습니다.

인위적인 문제

ChatGPT와 깃허브 코파일럿이 전 세계를 강타하면서 프로그래밍 강사들은 이러한 도구가 잘 수행할 수 없는 작업 유형을 찾기 위해 노력을 거듭하고 있습니다. 초기에 발견된 것 중 하나는 인위적인 작업, 즉 코파일럿과 같은 도구에게 일부러 잘못된 코드를 생성하도록 유도하는 모호하고 복잡하게 만든 작업에 대해 좋지 않은 결과를 보였다는 경향성이었습니다. 우리가 보기에 이러한 과제는 학생들에게 전혀 흥미롭지 않고 불공평해 보이며, 이러한 과제를 사용하는 것은 기존 스타일의 프로그래밍 학습 과정을 유지하려는 시도라고 보여집니다.

코파일럿과 같은 도구가 가져온 혼란을 인정합니다. 저희는 모델이 계속 개선됨에 따라 이러한 인위적인 작업도 결국 코파일럿을 통해 해결될 것이라고 생각하지만, 그렇지 않더라도 사서 고생을 만드는 이러한 유형의 문제들은 별로 중요한 지점이 아니라고 여겨집니다.

잘못 정의된 문제

잘못 정의한 문제란 정확하게 정의되지 않은 문제를 의미합니다(즉, 무엇을 해야 하는지 정확히 알려주지 못해서 각 상황에 대해 어떤 결정을 내려야 하는지 모르는 경우를 의미합니다). 예를 들어, 개발자가

'강력한 비밀번호'의 의미를 제대로 정의하지 않은 상태라면 코파일럿에게 비밀번호가 강력한지 여부를 판단하는 기능을 요청하는 것은 적절하지 않습니다. 코파일럿은 사람만큼 직관적이지 못해 구체적인 지시를 내려야 동작하므로 이런 종류의 문제에 더 취약하리라고 예상할 수 있습니다. 개발자도 원하는 동작을 정확하게 지정하는 데 어려움을 겪는데, 어떻게 코파일럿에 필요한 동작을 구현하라고 전달할 수 있을까요? 코파일럿에게 잘못 정의한 문제는 분명 어려운 문제지만, 해결이 불가능한 것은 아닙니다. 이 장의 앞부분에서 살펴본 뒤집힌 상호작용 프롬프트 패턴을 기억하시나요? 언젠가는 코파일럿이 프롬프트의 지시에 따라 문제를 해결하면서 사용자가 알려준 정보가 충분하지 않은 경우에는 자동으로 해당 모드로 전환될 것으로 예상됩니다.

대규모 작업

책 전반에 걸쳐 작은 함수를 설계하는 방법과 큰 문제를 해결하기 위해 하향식 설계를 사용하여 함수를 구성하는 방법을 설명하는 데 많은 시간을 할애했습니다. 이렇게 문제를 분해한 이유는 코파일럿은 단일화된 과제를 풀어야 할 때 어려움을 겪기 때문입니다. 이것이 코파일럿과 같은 도구의 본질적인 한계일까요, 아니면 AI가 이를 극복할 수 있을까요? 아직 잘 모르겠습니다. 현재 코파일럿은 문제 분해에 어려움을 겪고 있으며, 설령 문제를 풀 수 있다고 해도 제대로 된 코드가 나올 확률이 낮습니다. 특히 코파일럿은 코드가 길어질수록 틀릴 확률이 높아집니다. 예를 들어, 코파일럿에게 대규모 작업을 지시한 결과 코파일럿이 생성한 코드에서 하나의 작업을 해결하기 위해 20개의 함수를 작성했고 각 함수가 평균 10줄씩이라면 어딘가에서는 분명히 실수를 할 것이 확실합니다. 그러므로 이러한 시스템에 무조건 의존하는 것은 어리석은 일입니다. 다만 코파일럿의 학습하는 방식이 나날이 발전하고 있기 때문에 대규모 작업에 대해서도 올바른 코드를 작성하는 날이 그리 멀지 않았을 수도 있습니다.

11.2.2 코파일럿은 새로운 프로그래밍 언어인가요?

파이썬과 같은 언어로 컴퓨터 코드를 작성하면 뒤에서 컴파일러가 파이썬을 컴퓨터가 이해할 수 있는 어셈블리 코드 또는 기계어 코드로 변환합니다. 개발자가 포트란이나 C와 같은 오래된 컴퓨터 언어로 코드를 작성하고 컴파일러를 실행하여 어셈블리 언어로 코드를 생성한 다음, 어셈블리 코드를 확인하여 올바른 코드인지를 확인하던 시절이 있었습니다. 우리가 태어나기도 전의 이야기이고, 짧게 지나간 시기이지만, 당시 개발자들이 컴파일러를 신뢰하지 않았던 이유를 이해할 수 있습니다. 컴파일러는 새로운 기술이었고 버그가 생기면 해결하는 데 시간이 걸렸기 때문입니다. 또한 컴파일러의 코드 출력은 수작업으로 작성하는 어셈블리 언어에 비해 상당히 비효율적이었을 것입니다. 하지만 수십 년에 걸쳐 정확성과 효율성이 개선되면서(컴파일러 최적화는 호기심이 있는 개발자라면 누구나 관심을 가질 만한 흥미로운 주제입니다!) 이제 개발자가 컴파일러의 출력을 살펴보는 경우는 거의 없습니다. 인간이 단순히 대규모 언어 모델(LLM)을 컴퓨터에 대한 기본 인터페이스로 사용하고 생성된 코드를 검토하는 데 많은 시간을 소비하지 않는 시대가 올까요? 이 질문에 대한 두 가지 가능한 답을 생각해 봅시다.

LLM이 프로그래밍 언어를 대체할 수 없는 이유

LLM이 인간의 컴퓨터 프로그래밍을 위한 기본 인터페이스를 대체하지 못할 것이라고 생각하는 데는 몇 가지 이유가 있습니다. 첫 번째 이유는 LLM이 엄격한 프로그래밍 언어가 아니라는 점입니다. 우리가 컴파일러를 신뢰하는 이유는 컴파일러는 각 프로그래밍 언어에 대한 프로그래밍 언어 규격 사양이 엄격하게 만들어져 있어 우리가 작성한 각 코드 줄에 대해 예상되는 동작이 정확히 정해져 있기 때문입니다. LLM에는 이런 강력한 규칙이 없습니다. 누군가가 영어나 다른 자연어를 LLM에 작성하는 것일 뿐입니다. LLM 모델에게는 자연어를 특정 방식으로 해석할 의무가 없습니다. 엄격한 사양에 따라 답을 출력할 필요도 없습니다. 그리고 무작위성과 비결정성으로 인해 답이 달라지거나 틀릴 수도 있습니다! 컴파일러는 결정론적이기 때문에 이미 성숙하고 신뢰할 수 있는 기술입니다. 컴파일러는 비결정성과 무작위성 같은 문제에 직면하지 않습니다.

LLM이 프로그래밍 언어를 대체할 수 있는 이유

하지만 컴파일러와 마찬가지로 LLM도 점점 더 발전하여 기본 인터페이스가 될 것이라고 생각할 만한 이유도 있습니다. 실제로 데이터 과학 분야에서는 이미 이런 일이 일어나기 시작했습니다.

책 전반에 걸쳐 언급했듯이 코파일럿을 사용하는 데 있어 가장 큰 어려움은 생성된 코드가 올바른지를 파악하는 것입니다. 우리가 선호하는 자연어를 코파일럿에 제공하면 코파일럿은 자연어가 아닌 코드(컴퓨터가 선호하는 코드)를 돌려주기 때문에 개발자가 아닌 사람에게는 불공평할 수 있습니다. '코드를 건너뛰고' 자연어를 사용하여 코파일럿과 소통할 뿐만 아니라 답변까지 받을 수 있다면 좋을 것 같습니다.

실제로 연구자들은 수백만 명의 컴퓨터 사용자가 관심을 갖는 제한된 영역에서 이러한 가능성을 탐색하기 시작했습니다. 한 가지 예로 데이터 과학 분야를 생각해 봅시다. 데이터 과학자는 데이터를 탐색하고 시각화하고 예측함으로써 데이터를 이해합니다. 데이터 과학자의 업무 대부분은 스프레드시트 병합, 데이터의 특정 열 정리, 데이터를 의미 있는 카테고리로 군집화하거나 단순화하여 핵심 기본 구조에 집중하는 등의 분석을 수행하는 등 제한적이고 잘 이해된 방식으로 조작하는 것과 관련돼 있습니다. 파이썬을 사용하는 데이터 과학자가 사용하는 인기 라이브러리 중 하나인 판다스를 살펴보겠습니다.

연구자들은 판다스로 데이터 과학 업무를 수행하는 과정에서 성공적으로 '코드 작업을 건너뛰는' 데 성공했습니다.[4] 동작 방식은 다음과 같습니다.

1. 사용자가 영어와 같은 자연어로 자신의 의사를 표현합니다.

2. AI가 파이썬 코드를 생성하고 이를 실행하여 사용자에게 결과(예: 분석 결과 표 또는 새 스프레드시트)를 가져옵니다. 중요한 점은 사용자가 이 파이썬 코드를 볼 수 없다는 것입니다.

3. AI는 코드를 다시 자연어로 변환하여 사용자에게 자연어로 다시 표시(파이썬 코드가 아닙니다!)합니다. AI의 응답 결과를 보고 사용자는 다음 작업을 자연어로 재요청할 수 있습니다. 이때 사용자가 AI에게 다시 요청하는 자연어는 AI가 안정적으로 해석할 수 있도록 일관된 형식으로 작성해야만 합니다. 연구진은 사용자에게 요청 방식에 대해 다음과 같이 안내합니다. "당신이 원하는 작업을 수행하려면 AI에게 이러한 특정 형식으로 요청해야 합니다." 이러한 안내는 사용자가 AI의 기능과 효과적인 쿼리 유형을 이해하는 데 도움이 됩니다.

4. 사용자는 3단계에서 입력한 자연어가 정확하지 않은 경우 수정할 수 있습니다. 사용자가 수정한 경우 새 프롬프트를 제출할 수 있으며, 이 과정이 반복됩니다.

연구진이 제공한 예시 사례는 이 과정을 잘 설명합니다[5]. 사용자에게 스프레드시트 파일 하나가 있는데, 행당 한 명의 우주비행사의 정보가 적혀 있다고 가정해 보겠습니다. 각 행에는 우주비행사의 이름, 우주에서의 총 체류 시간, 참여한 미션 목록이라는 세 개의 관련 내용이 담겨 있고, 우주비행사가 참여한 미션 목록 칸에는 참여한 미션의 이름을 쉼표로 구분해 나열했습니다. 이 CSV 파일에서 각 우주비행사의 평균 미션 기간을 계산하려고 합니다.

1단계에서 사용자는 '미션당 평균 수행 시간 계산하기'와 같은 프롬프트를 작성합니다.

2단계에서는 AI가 해당 프롬프트에 해당하는 코드를 생성합니다. 코드를 실행하고 평균 미션 길이를 포함하는 새 열을 사용자의 스프레드시트에 추가합니다.

3단계에서는 AI가 코드를 다음과 같은 자연어 작업 목록으로 변환합니다.

1. '미션당 평균 수행 시간' 열을 생성합니다.

2. 사용자가 제출한 스프레드시트에서 '우주에서의 총 체류(시간)' 열에 있는 숫자를 '미션 목록' 열의 구분자인 쉼표(,) 개수에 1을 더한 값으로 나눕니다.

---

4   M. X. Liu, A. Sarkar, C. Negreanu, B. Zorn, J. Williams, N. Toronto, et al. "'What It Wants Me To Say': Bridging the Abstraction Gap Between End-User Programmers and Code-Generating Large Language Models." In Proc. of the 2023 CHI Conf. on Hum. Fact. in Comp. Syst., 598 (Apr. 2023).

5   위와 같음.

4단계에서 사용자는 3단계에 AI가 출력한 자연어를 직접 편집하고 업데이트된 작업을 다시 AI에게 제출할 수 있습니다.

'판다스를 이용한 데이터 과학'이라는 좁은 범위가 아니라 훨씬 더 광범위한 '파이썬 프로그래밍' 영역에서도 코드 작업을 건너뛸 수 있을까요? 아직은 불가능합니다. 데이터 관련 작업은 스프레드시트와 그래프를 통해 사용자에게 직접 보여주고 응답을 구체적으로 받을 수 있는 시각적 매체에서 작업한다는 이점이 있으며, 사용자는 분석이 올바른지 또는 추가적인 엔지니어링 작업이 필요한지를 즉각적으로 파악할 수 있습니다. 이러한 시각적 표현은 범용 프로그래밍에 적용하기 쉽지 않은 영역입니다.

하지만 문제 분해, 프로그램 동작 지정, 테스트 작성, 알고리즘 설계 등과 같은 중요한 작업은 인간이 계속 맡고, 코드를 짜거나 함수를 프로그래밍하는 작업은 전적으로 LLM을 사용하는 새로운 시대를 상상해 볼 수 있습니다. 사람이 AI 도구에게 프로그램이 수행해야 할 작업을 알려주고 테스트 케이스를 제공하면 AI가 코드를 생성합니다. 그러면 사람은 코드를 보지 않고도 프로그램이 제대로 동작하는지 확인할 수 있습니다.

LLM이 프로그래밍 언어를 대체할 것인지에 대한 또 다른 견해는 프로그래밍 및 컴파일러 전문가인 크리스 라트너(Chris Lattner)[6]가 작성한 블로그 게시물을 참조하기 바랍니다. 라트너는 LLM의 코드에 미묘한 오류가 있을 수 있기 때문에 단기적으로는 물론 장기적으로도 프로그래밍 언어가 사라지지 않을 것이라고 주장합니다. 프로그래밍 언어가 한동안 계속 사용된다면 어떤 프로그래밍 언어를 사용해야 할까요? 라트너는 'LLM에 가장 적합한 언어는 사람이 사용하기 쉽고 읽기 쉬우면서도 다양한 사용 사례와 애플리케이션에 맞게 구현을 확장할 수 있는 언어'라고 설명합니다[7]. 기존 언어들이 이 목표를 충족할 수 있을까요? 예를 들어 파이썬보다 더 읽기 쉬운 프로그래밍 언어가 등장하면 더 나은 결과를 얻을 수 있을까요? 이는 계속 지켜봐야 할 영역입니다.

프로그래밍 언어가 사라질 수도 있고, 사라지지 않을 수도 있고, 바뀔 수도 있습니다. 그렇다면 미래에는 개발자의 일자리가 사라지게 될까요? 저저들은 그렇지 않다고 생각합니다. 소프트웨어 회사에서 일해 본 사람이라면 누구나 개발자가 하는 일이 코드 작성만이 아니며 심지어 주된 업무도 아니라고 말할 것입니다. 개발자는 고객과 만나서 필요한 것이 무엇인지 논의하기도 합니다. 개발자는 프로그램이 어떤 기능을 하고 어떻게 결합해야 할지를 정합니다. 시스템의 성능 및 보안 문제를 점검합니다. 다른 팀과 협력하여 거대한 소프트웨어의 설계를 조율합니다. 코드 작성 단계가 쉬워지면 이런 본질적인 업무에 더

---

6   C. Lattner, "Do LLMs Eliminate the Need for Programming Languages?" https://www.modular.com/blog/do-llms-eliminate-the-need-for-programming-languages, Accessed July 4, 2023.

7   위와 같음.

시간을 쏟을 수 있게 되어 더 유용한 소프트웨어를 만들 수 있습니다. 이것이 바로 우리가 고급 언어를 얻었을 때 일어나는 일입니다. 아무도 다음 킬러 앱들을 어셈블리로 코딩하지 않을 것입니다! 컴파일러는 소프트웨어의 제작 방식을 개선합니다. 컴파일러를 신중하게 사용한다면 LLM도 이런 역할을 할 수 있다고 생각합니다.

흥미진진한 미래

앞으로 어떤 일이 일어날지는 아직 확실하지 않지만, LLM이 프로그래밍의 미래를 극적으로 변화시킬 것임은 분명합니다. 현재로서는 개발자가 더 나은 코드를 작성하는 데 도움이 되는 보조 도구에 불과할 수도 있습니다. 아마도 5년 후에는 대부분의 소프트웨어가 LLM에 의해 작성되고 소수의 개발자만 처음부터 코드를 작성하게 될 것입니다. 변화는 빠르게 진행되고 있으며, 더 많은 사람이 자신의 필요에 맞는 소프트웨어를 작성할 수 있게 될 것입니다.

무엇보다도, 이제 여러분이 LLM을 사용하여 프로그래밍하는 방법과 LLM이 프로그래밍의 미래에 어떤 의미를 가질 수 있는지에 대해 스스로의 관점에 입각한 결정을 내릴 수 있기를 바랍니다. "프로그래밍은 끝났다!"라고 열렬히 주장하는 사람도 있고, 반대로 "프로그래밍은 크게 달라지지 않을 것이다!"라고 주장하는 사람도 있습니다.[8] 이러한 주장과 변화가 우리와 우리가 아끼는 사람들에게 어떤 영향을 미칠 수 있는지에 대해서 스스로 판단할 수 있어야 합니다. 이러한 도구는 인간에게 도움이 될 수 있을까요? 저희는 그렇게 생각합니다. 따라서 이러한 도구를 사용하되 책임감 있게 사용해야 합니다. 우려되는 점이 있나요? 이 책 전체에서 논의한 바와 같이, AI를 사용한 프로그래밍은 아직 완전하지 않습니다. 우려되는 점을 보완하기 위해 테스트 및 디버깅과 같은 조치가 필요합니다.

이 책에서 취한 프로그래밍 교육 접근 방식은 새로운 것입니다. 프로그래밍 강의가 어떻게 진행돼야 하는지는 여전히 교수와 교사들이 결정하고 있습니다. 하지만 직장에서 가끔씩 지루한 작업을 자동화하기 위해 코드를 작성하든, 전문 개발자가 되려고 마음먹었든, 누구에게나 필요한 좋은 소프트웨어를 만드는 필수적인 기술을 이 책에서 배웠다는 점을 강조하고 싶습니다. 우리가 이 책에서 다룬 여러 기술과 사고 방식은 여러분이 앞으로 어떤 길을 가든 탄탄한 기반이 될 것이라고 생각합니다.

8　A. J. Ko. "Large Language Models Will Change Programming . . . A Little." https://medium.com/bits-and-behavior/large-language-models-will-change-programming-a-little-81445778d957. Accessed July 4, 2023.

요약

- 프롬프트 패턴은 주어진 목표를 달성하기 위한 프롬프트를 구성하는 데 도움이 되는 규격화된 템플릿을 의미합니다.

- 뒤집힌 상호작용 패턴을 사용하면 LLM에 질문하는 대신 LLM이 우리에게 질문하는 방식으로 스크립트를 바꿀 수 있습니다.

- 뒤집힌 상호작용 패턴은 LLM에게 문제를 해결하도록 효과적으로 유도하는 방법을 모를 때 유용하게 쓰일 수 있습니다.

- 페르소나 패턴은 AI가 '프로그래밍 입문 강사'와 같은 특정 페르소나 또는 관점을 취하게 하는 데 사용됩니다.

- 페르소나 패턴은 LLM이 주어진 규칙이나 관점을 가지고 프로그래밍을 하게 할 때 유용합니다.

- 현재 코파일럿은 인위적이거나 잘 정의되지 않았거나 규모가 큰 작업을 과제로 제시하면 어려움을 겪고 있어 전반적인 결과물이 좋지 않습니다.

- 어떤 사람들은 LLM이 프로그래밍 언어를 대체할 것이라고 믿고, 어떤 사람들은 프로그래밍 언어가 계속 유지될 것이라고 믿습니다.

- LLM은 사람들이 파이썬 코드를 보지 않고도 데이터 과학을 할 수 있도록 도와줍니다.

- 프로그래밍 언어 자체가 대체되지는 않겠지만, 주요 언어가 오늘날의 언어보다 더 읽기 쉬운 언어로 개발될 것이라고 예측됩니다.

찾아보기

Memo